"十四五"职业教育国家规划教材

住房和城乡建设部"十四五"规划教材

全国住房和城乡建设职业教育教学指导委员会
建设工程管理专业指导委员会规划推荐教材

建设工程项目管理（第二版）

银　花　主　编

斯　庆　副主编

刘鉴秾　韩　平　主　审

中国建筑工业出版社

图书在版编目（CIP）数据

建设工程项目管理 / 银花主编；斯庆副主编.
2 版. -- 北京：中国建筑工业出版社，2025. 7.
（"十四五"职业教育国家规划教材）（住房和城乡建设
部"十四五"规划教材）（全国住房和城乡建设职业教育
教学指导委员会建设工程管理专业指导委员会规划推荐教
材）. -- ISBN 978-7-112-31269-6

Ⅰ. F284

中国国家版本馆 CIP 数据核字第 202563445N 号

本教材依据国家规范《建设工程项目管理规范》GB/T 50326—2017 编写，注重建设工程项目管理基本知识的了解和基本技能的掌握。考虑到高职学生的学习特点，本教材添加了【知识链接】【案例】【本章习题】【数字资源】内容，让学生更好地掌握所学知识。本教材基本内容包括：建设工程项目管理概述、建设工程项目前期阶段和设计阶段管理、建设工程项目招标投标与合同管理、建设工程项目进度管理、建设工程项目质量管理、建设工程项目成本管理、建设工程职业健康安全与环境管理、建设工程项目风险管理与信息管理、建设工程项目收尾管理及绩效评价。

本教材可作为职业院校建设工程管理类专业及相关专业的课程教材，也可作为建设工程项目管理从业人员的学习用书和参考资料。

为更好地支持相应课程的教学，我们向采用本书作为教材的教师提供教学课件，有需要者可与出版社联系，邮箱：jckj@cabp.com.cn，电话：01058337285，建工书院 http://edu.cabplink.com。

* * *

责任编辑：吴越恺 张 晶
责任校对：赵 菲

"十四五"职业教育国家规划教材
住房和城乡建设部"十四五"规划教材
全国住房和城乡建设职业教育教学指导委员会
建设工程管理专业指导委员会规划推荐教材

建设工程项目管理（第二版）

银 花 主 编
斯 庆 副主编
刘鉴秾 韩 平 主 审

*

中国建筑工业出版社出版、发行（北京海淀三里河路 9 号）
各地新华书店、建筑书店经销
北京红光制版公司制版
北京君升印刷有限公司印刷

*

开本：787 毫米×1092 毫米 1/16 印张：18½ 字数：459 千字
2025 年 7 月第二版 2025 年 7 月第一次印刷
定价：**56.00 元**（赠教师课件）
ISBN 978-7-112-31269-6
（45297）

教材编审委员会名单

主　　任：胡兴福

副主任：黄志良　贺海宏　银　花　郭　鸿

秘　　书：袁建新

委　　员：（按姓氏笔画排序）

王　斌　王立霞　文桂萍　田恒久　华　均

刘小庆　齐景华　孙　刚　吴耀伟　何隆权

陈安生　陈俊峰　郑惠虹　胡六星　侯洪涛

夏清东　郭起剑　黄春蕾　程　媛

出 版 说 明

党和国家高度重视教材建设。2016 年，中办国办印发了《关于加强和改进新形势下大中小学教材建设的意见》，提出要健全国家教材制度。2019 年 12 月，教育部牵头制定了《普通高等学校教材管理办法》和《职业院校教材管理办法》，旨在全面加强党的领导，切实提高教材建设的科学化水平，打造精品教材。住房和城乡建设部历来重视土建类学科专业教材建设，从"九五"开始组织部级规划教材立项工作，经过近 30 年的不断建设，规划教材提升了住房和城乡建设行业教材质量和认可度，出版了一系列精品教材，有效促进了行业部门引导专业教育，推动了行业高质量发展。

为进一步加强高等教育、职业教育住房和城乡建设领域学科专业教材建设工作，提高住房和城乡建设行业人才培养质量，2020 年 12 月，住房和城乡建设部办公厅印发《关于申报高等教育职业教育住房和城乡建设领域学科专业"十四五"规划教材的通知》（建办人函〔2020〕656 号），开展了住房和城乡建设部"十四五"规划教材选题的申报工作。经过专家评审和部人事司审核，512 项选题列入住房和城乡建设领域学科专业"十四五"规划教材（简称规划教材）。2021 年 9 月，住房和城乡建设部印发了《高等教育职业教育住房和城乡建设领域学科专业"十四五"规划教材选题的通知》（建人函〔2021〕36 号）。为做好"十四五"规划教材的编写、审核、出版等工作，《通知》要求：（1）规划教材的编著者应依据《住房和城乡建设领域学科专业"十四五"规划教材申请书》（简称《申请书》）中的立项目标、申报依据、工作安排及进度，按时编写出高质量的教材；（2）规划教材编著者所在单位应履行《申请书》中的学校保证计划实施的主要条件，支持编著者按计划完成书稿编写工作；（3）高等学校土建类专业课程教材与教学资源专家委员会、全国住房和城乡建设职业教育教学指导委员会、住房和城乡建设部中等职业教育专业指导委员会应做好规划教材的指导、协调和审稿等工作，保证编写质量；（4）规划教材出版单位应积极配合，做好编辑、出版、发行等工作；（5）规划教材封面和书脊应标注"住房和城乡建设部'十四五'规划教材"字样和统一标识；（6）规划教材应在"十四五"期间完成出版，逾期不能完成的，不再作为《住房和城乡建设领域学科专业"十四五"规划教材》。

住房和城乡建设领域学科专业"十四五"规划教材的特点，一是重点以修订教育部、住房和城乡建设部"十二五""十三五"规划教材为主；二是严格按照专业标准规范要求编写，体现新发展理念；三是系列教材具有明显特点，满足不同层次和类型的学校专业教学要求；四是配备了数字资源，适应现代化教学的要求。规划教材的出版凝聚了作者、主审及编辑的心血，得到了有关院校、出版单位的大力支持，教材建设管理过程有严格保障。希望广大院校及各专业师生在选用、使用过程中，对规划教材的编写、出版质量进行反馈，以促进规划教材建设质量不断提高。

住房和城乡建设部"十四五"规划教材办公室
2021 年 11 月

第二版前言

　　建设工程项目管理是运用系统的理论和方法，对建设工程项目进行的计划、组织、指挥、协调和控制等专业化活动。我国推行建设工程项目管理是对工程建设体制和管理模式改革的重大里程碑。从1986年国务院提出学习推广鲁布革工程管理经验开始，我国不断探索和发展建设工程项目管理模式，形成"项目法施工"等项目管理模式、成立"中国建筑业协会工程项目管理委员会"、制定建设工程项目管理国家标准，在建设工程项目管理研究和实践领域有了飞跃式发展。特别是自"十三五"以来，在建设工程项目管理领域取得了显著的成就，如以BIM和"互联网十"为代表的信息化技术提高工程项目全寿命期集成化水平、以绿色施工示范工程推动项目管理绿色发展、以PPP模式的推广应用促进了建筑企业商业模式创新等。教育部于2014年公布的高等职业教育专业目录中设置了建设工程项目管理专业。全国建设类高职院校创办建设工程管理专业的居多，并在此专业的课程体系中有建设工程项目管理、建设工程管理、工程管理、工程项目管理、建筑工程项目管理等不同名称的课程，从教学目标和教学内容上来看多数都是通过该课程的讲授使学生了解工程项目管理的基本知识、掌握项目管理的基本技能。本次修订《建设工程项目管理》教材，为课程教学目标实现提供更好的辅助作用。本教材编写的目的主要有三个方面：一是编写与建设工程项目管理专业相适应的教材，对建设工程项目管理进行系统介绍；二是结合新修订的《建设工程项目管理规范》GB/T 50326—2017，反映建设工程项目管理内容、要求之变化；三是与建设工程项目管理工作相关的新规定、新政策、新要求体现在教材中，让读者及时更新和补充项目管理工作内容和要求。

　　本教材主要按照《建设工程项目管理规范》GB/T 50326—2017的内容框架，针对工程建设全寿命周期，结合建设工程项目管理工作流程及岗位工作标准，设计了9章内容。第1章主要介绍建设工程项目管理的基础知识，也是整本教材的基础；第2章介绍建设工程项目前期阶段和设计阶段管理，编写本章的主要目的是让建设工程管理类专业的学生对项目前期工作和设计管理有所认知；第3章介绍招标投标与合同管理，这章主要梳理了最新招标投标管理规定和要求，并以知识链接的形式把规范文本附在本章内容中；第4～7章分别介绍进度、质量、成本、安全四大目标管理，把资源管理和绿色建筑的内容分别融入相关章节中；第8章介绍风险管理与信息管理，由于建设工程管理类专业均设置了信息化管理课程，在本教材中只是做了概要介绍；第9章介绍项目收尾管理及绩效评价，这一章里涉及项目管理绩效评价的目的，一方面让读者了解项目管理绩效评价的基本原则和标准，另一方面使项目管理者通过绩效评价牢牢树立总结经验、不断提升项目管理水平的意识。

　　本教材注重落实立德树人根本任务，促进学生成为德智体美劳全面发展的社会主义建设者和接班人。教材内容融入思想政治教育，推进中华民族文化自信自强。

　　本教材为了能够使读者便于学习，每一章都设计了【学习要求】，对章节内容做一简要介绍，明确了具体学习要求。在内容架构上充分考虑高职教育特点，以"必须、够用"

为原则，充分体现了高职行动导向课程改革成果。各章引入了【案例】【知识链接】和大量数字资源，为读者更好地掌握操作技能和理解知识提供了资源。结合各章内容的重点和难点，安排了大量的【习题】和【实训题】（每章合计100分，分值可依据教学需要灵活调整。参考答案及采分点与课件一同作为附加资源，可通过版权页注明的方式获取），还做了【本章小结】，为学生巩固各章内容提供参考。本教材由内蒙古建筑职业技术学院银花教授担任主编，负责全书总体框架设计、提出写作大纲，并进行全书统稿。具体编写分工如下：第1章由内蒙古建筑职业技术学院银花、辽宁城市建设职业技术学院赵星编写；第2章和第5章由内蒙古建筑职业技术学院包格日乐图、山东城市建设职业学院王君编写；第3章由内蒙古建筑职业技术学院牛萍编写；第4章由内蒙古建筑职业技术学院斯庆、广西建设职业技术学院陈晓桐编写；第6章和第8章由内蒙古建筑职业技术学院陈红、包头市住房保障事业发展中心刘学顺编写；第7章由内蒙古建筑职业技术学院白静编写；第9章由辽宁城市建设职业技术学院赵星编写。四川建筑职业技术学院刘鉴秾教授和内蒙古兴泰建设股份有限公司董事长韩平高级工程师任本教材主审。

本教材编写过程中，为了能够准确把握《建设工程项目管理规范》GB/T 50326—2017的主旨思想，编写团队教师参加由中国建设教育协会组织的宣贯、培训，多次与内蒙古自治区发展和改革委员会项目管理专家进行政策咨询，到施工现场了解项目管理实施环节，为教材的编写打下了良好基础。上述过程中得到了内蒙古兴泰股份有限公司、内蒙古建设股份有限公司等企业以及很多专家的大力支持和帮助，在这里表示感谢！教材编写过程中，教师和企业技术人员开展多次沟通和反复论证，同时也征求了兄弟院校专业教师的意见和建议，但限于编者的水平和经验，仍难免有不妥之处，请广大读者指正。本书参阅了部分项目管理相关教材、著作、报刊，遗漏未列出的文献，敬请作者谅解！在此，向为本教材编写提供支持的所有企业和专家，一并表示感谢！

第一版前言

　　建设工程项目管理是运用系统的理论和方法，对建设工程项目进行的计划、组织、指挥、协调和控制等专业化活动。我国推行建设工程项目管理是对工程建设体制和管理模式改革的重大里程碑。从1986年国务院提出学习推广鲁布革工程管理经验开始，我国不断探索和发展建设工程项目管理模式，形成"项目法施工"等项目管理模式、成立"中国建筑业协会工程项目管理委员会"、制定建设工程项目管理国家标准，在建设工程项目管理研究和实践领域有了飞跃式发展。特别是自"十三五"以来，在建设工程项目管理领域取得了显著的成就，如以BIM和"互联网＋"为代表的信息化技术提高工程项目全寿命期集成化水平、以绿色施工示范工程推动项目管理绿色发展、以PPP模式的推广应用促进了建筑企业商业模式创新等。教育部于2014年公布的高等职业教育专业目录中设置了建设工程项目管理专业。全国建设类高职院校创办建设工程管理专业的居多，并在此专业的课程体系中有建设工程项目管理、建设工程管理、工程管理、工程项目管理、建筑工程项目管理等不同名称的课程，从教学目标和教学内容上来看多数都是通过该课程的讲授使学生了解工程项目管理的基本知识、掌握项目管理的基本技能，但目前尚没有对建设工程项目管理进行系统阐释的高职教材。本教材编写的目的主要有三个方面：一是编写与建设工程项目管理专业相适应的教材，对建设工程项目管理进行系统介绍；二是结合新修订的《建设工程项目管理规范》GB/T 50326—2017，反映建设工程项目管理内容、要求之变化；三是与建设工程项目管理工作相关的新规定、新政策、新要求体现在教材中，让读者及时更新和补充项目管理工作内容和要求。

　　本教材主要按照《建设工程项目管理规范》GB/T 50326—2017的内容框架，针对工程建设全寿命周期，结合建设工程项目管理工作流程及岗位工作标准，设计了10章内容。第1章主要介绍建设工程项目管理的基础知识，也是整本教材的基础；第2章介绍建设工程项目前期和设计阶段管理，编写本章的主要目的是让建设工程管理类专业的学生对项目前期工作和设计管理有所认知；第3章和第4章分别介绍招标投标管理与合同管理，这两章内容反映了最新招标投标管理规定和要求，并以知识链接的形式把规范文本附在本章内容中；第5~8章分别介绍进度、质量、成本、安全四大目标管理，把资源管理和绿色建筑的内容分别融入相关章节中；第9章介绍风险管理和信息管理，由于工程管理类专业均设置了信息化管理课程，在本教材中只是做了概要介绍；第10章介绍项目收尾管理和绩效评价，这一章里涉及项目管理绩效评价的目的，一方面让读者了解项目管理绩效评价的基本原则和标准，另一方面使项目管理者通过绩效评价牢牢树立总结经验、不断提升项目管理水平的意识。

　　本教材注重落实立德树人根本任务，促进学生成为德智体美劳全面发展的社会主义建设者和接班人。教材内容融入思想政治教育，推进中华民族文化自信自强。

　　本教材为了能够使读者便于学习，每一章都设计了【学习要求】，对章节内容做一简要介绍，明确了具体学习要求。在内容架构上充分考虑高职教育特点，以"必须、够用"

为原则，充分体现了高职行动导向课程改革成果。各章引入了【案例】和【知识链接】，为读者更好地掌握操作技能和理解知识提供了资源。结合各章内容的重点和难点，安排了大量的【习题】和【实训题】，还做了章节【小结】，为学生巩固各章内容提供参考。本教材由内蒙古建筑职业技术学院银花担任主编，负责全书总体框架设计、提出写作大纲，并进行全书统稿。具体编写分工如下：第1章由内蒙古建筑职业技术学院银花、辽宁城市建设职业技术学院赵星编写；第2章和第6章由内蒙古建筑职业技术学院包格日勒图编写；第3章和第4章由内蒙古建筑职业技术学院牛萍编写；第5章由内蒙古建筑职业技术学院斯庆编写；第7章和第9章由内蒙古建筑职业技术学院陈红编写；第8章由内蒙古建筑职业技术学院白静编写；第10章由辽宁城市建设职业技术学院赵星编写。本教材主审是新疆建设职业技术学院汤万龙教授和内蒙古兴泰建设股份有限公司董事长韩平高级工程师。

本教材编写过程中，为了能够准确把握《建设工程项目管理规范》GB/T 50326—2017的主旨思想，编写团队教师参加由中国建设协会组织的宣贯、培训，多次与内蒙古自治区发展和改革委员会项目管理专家进行政策咨询，到施工现场了解项目管理实施环节，为教材的编写打下了良好基础。上述过程中得到了内蒙古兴泰股份有限公司、内蒙古建设股份有限公司等企业以及很多专家的大力支持和帮助，在这里表示感谢！教材编写过程中，教师和企业技术人员开展多次沟通和反复论证，同时也征求了兄弟院校专业教师的意见和建议，但限于编者的水平和经验，仍难免有不妥之处，请广大读者指正。本书参阅了部分项目管理相关教材、著作、报刊，遗漏未列出的文献，敬请作者谅解！在此，为本教材编写提供支持的所有企业和专家，一并表示感谢！

目　　录

1 建设工程项目管理概述

掌握：建设工程项目和建设工程项目管理的概念、建设工程项目管理的目标和任务、建设工程项目管理组织结构、项目经理部及项目团队构建、项目经理的任务和责任、项目经理的素质要求。

熟悉：建设工程项目的分类及层次分解、建设工程项目建设程序、建设工程项目管理组织设置原则及程序、项目经理的选用方式和程序。

了解：项目的概念、管理的职能、项目管理的内容、建设工程项目管理发展历程、组织的概念、项目经理的含义。

1.1 建设工程项目管理基础知识

1.1.1 项目的概念、特征

1. 项目的概念

项目是由一组有起止日期的、相互协调的受控活动组成的独特过程，是指在一定的约束条件下（主要是限定资源、限定时间），具有特定目标的一次性任务。项目包括许多内容：可以是建设一项工程，如建造一栋大楼、一座酒店、一座工厂、一座电站；也可以是完成某项科研课题，或研制一项设备，甚至写一篇论文。这些都是一个项目，都有一定的时间、质量要求，也都是一次性的任务。

项目的概念

2. 项目的特征

（1）项目实施的一次性

这是项目最基本、最主要的特征，没有完全相同的两个项目，有些项目从表面上看比较类似、地理位置比较接近或建设时间相同，但从任务本身的性质与最终成果上分析都有自己的特征。只有认识项目的一次性特征，才能有针对性地根据项目的特殊性进行管理。

（2）项目有明确的目标

项目的目标有成果性目标和约束性目标。成果性目标是指项目的功能要求，即设计规定的生产产品的规格、品种、生产能力目标；约束性目标是指限制条件，如工程质量、工期、投资目标、效益指标等。

（3）项目的整体性

项目的整体性也可称为项目的系统性，一个项目是一个整体，是一个开放系统，是由人、技术、资源、时间、信息、环境等各种要素组合到一起，为实现项目特定目标而形成的有机整体。在按项目需要配置生产要素时，必须追求高的经济效益，做到数量、质量、结构的总体优化。

（4）项目与环境之间的相互制约性

项目总是在一定的环境下立项、实施、交付使用，要受环境的制约；项目在其寿命全过程中又对环境造成正负两方面的影响，从而对周围的环境造成制约。

对任何项目进行项目定位，必须看是否具备了以上四个基本特征，缺一不可。重复的大批量的生产活动及其成果，不能称作为"项目"。

1.1.2 管理与管理的职能

1. 管理的内涵

管理是指一定组织中的管理者，通过实施计划、组织、人员配备、指导与领导、控制等职能来协调与他人之间的活动，共同实现既定目标的活动过程。

2. 管理的职能

管理活动表现在管理的各种职能之中。由于分工的发展和管理专业化，人们在管理活动过程中划分出一系列相对独立的具体活动，这些具体活动、任务（行动）的总和构成了完整的管理职能。管理的基本职能包括计划、组织、领导和控制。

（1）计划

计划职能是指在一定时间内，对组织的预期目标和行动方案做出的选择和具体安排，它是一切管理活动的前提，离开了计划，其他管理职能就无法行使。管理职能的各个要素中，决策是计划职能的中心，计划是决策的具体表现，它预先决定做什么、如何做和谁去做。

（2）组织

组织职能在于保持完成计划所必需的活动的连贯性和协调一致，保证活动系统内部过程发展的平衡并给予调整。组织职能的任务是设计和维持一种职务结构，使人们明确自己在组织中的位置，了解自己在相互协调中应起的作用，自觉地为实现组织目标而有效工作。

（3）领导

领导职能是在组织确立以后，各级管理者利用组织赋予的权力和自身影响力，指导和影响组织成员为实现组织目标所做出的努力和贡献的过程与艺术。有效的领导工作是组织任务完成的关键因素。

（4）控制

控制职能是指为了确保系统按预期目标运作，对其发展过程不断调整和施加影响的过程。控制通过监督，揭示计划执行中的偏差，找出偏差的部位、性质和原因，并采取积极措施加以调节；或者把不符合要求的活动拉回到正常轨道上来，使之按照原来的决策计划发展；或者重新决策，修正计划。

1.1.3 项目管理的概念、基本内容

1. 项目管理概念

项目管理（Project Management）是项目管理者在有限的时间和资源约束条件下，为使项目取得成功，运用系统理论和方法对项目及其资源所进行的全过程、全方位的计划、组织、协调与控制，旨在实现项目特定目标的系统化管理过程。项目管理贯穿于项目的整个生命周期，其核心是目标控制。

2. 项目管理的基本内容

项目管理的基本内容主要包括以下方面：项目整体管理、项目范围管理、项目时间管理、项目费用管理、项目质量管理、项目人力资源管理、项目沟通管理、项目风险管理、项目采购管理。除此之外，随着项目管理的实践，项目管理内容增加了项目创新管理、项目知识管理、项目信息管理、项目健康安全与环境管理、项目文化管理。

1.1.4　建设工程项目的概念、特征及分类

1. 建设工程项目的概念

建设工程项目是为完成依法立项的新建、扩建、改建的各类工程而进行的、有起止日期的、达到规定要求的一组相互关联的受控活动，包括策划、勘察、设计、采购、施工、试运行、竣工验收和考核评价等阶段。建设工程项目是为人们的生产、生活提供场所或辅助工程设施。建设工程项目的全寿命周期包括项目的决策阶段、实施阶段和使用阶段（或称运营阶段）。建设工程项目的含义从以下几点理解：

（1）建设工程项目是项目的一类

它和科研项目、IT项目、投资项目、开发项目、航天项目等是同等地位的项目，其中包括新建、扩建、改建等工程项目。

1）新建项目是指以技术、经济和社会发展为目的，从无到有、"平地起家"的项目。现有企业、事业单位和行政单位一般不应建设新建项目。有的单位如果原有基础建设薄弱需要再兴建的项目，其新增加的固定资产价值超过原有全部资产价值（原值）3 倍以上时，才可算新建项目。

2）扩建项目是指企业为扩大生产能力或新增效益而增建的生产车间或工程项目，以及事业和行政单位增建业务用房等。

3）改建项目是指建设资金用于对企、事业单位原有设施进行技术改造或固定资产更新，以及相应配套的辅助性生产、生活福利等工程和有关工作。其目的是在技术进步的前提下，通过采用新技术、新工艺、新设备、新材料提高产品的质量，增加品种，促进升级换代，降低能源或原材料消耗，加强资源的综合利用和治理污染，提高社会综合经济效益的工程项目。

（2）建设工程项目运用了项目的概念

建设工程项目是由一组起止日期的、相互协调的受控活动组成的一次性过程。项目除了交付产品之外，还要达到时间、成本和资源约束条件在内的规定要求的目标。

（3）建设工程项目强调项目是过程

该过程有起止时间，是由相互协调的受控活动组成的。所谓过程，是一组将输入转化为输出的相互关联或相互作用的活动。策划、勘察、设计、采购、施工、试运行、竣工验收和考核评价，都是建设工程项目的相互关联的受控活动。

2. 建设工程项目的特点

（1）建设周期长

建设工程项目需要大量的资金完成价值较大的产品，工艺和生产的特点导致需要较长时期的建设才能完工投产、回收资金。

（2）受环境制约性强

建设工程项目的环境包括自然环境和社会环境。一般在露天作业，受水文、气象等因

建设工程项目

素影响较大；建设地点的选择受地形、地质等多种因素的影响；建设过程中所使用的建筑材料、施工机具等的价格受到物价因素的影响。所以说，建设工程项目受环境因素的影响比较突出。

（3）生产要素具有流动性

单个工程项目生产地点的固定性和不同施工项目生产地点的变动性，必然带来工程项目生产要素的流动性，工程生产要素随着建设地点移动。施工项目的生产是产品固定不能移动，生产要素在不同工程的建造地点和一个工程的不同部位之间流动。

3. 建设工程项目的分类

（1）按建设项目及投资的再生产性质分类

可分为基本建设项目和更新改造项目。基本建设项目一般包括新建、扩建、改建项目；更新改造项目主要是指以改进技术、增加产品品种、提高质量、改善劳动安全、节能降耗为主要目的项目。

（2）按专业分类

根据《建设工程工程量清单计价标准》GB/T 50500—2024，建设工程项目可按专业划分如下 9 种：房屋建筑与装饰工程，是指各类房屋建筑及其附属设施和其他配套的线路、管道、设备安装工程及室内外装修工程；仿古建筑工程，是指用于模仿与替代古代建筑、传统宗教寺观、传统造景、历史建筑、文物建筑、古村落群、还原历史风貌概况的建筑；通用安装工程，是指各种设备、装置的安装工程；市政工程，是指在城市区、镇（乡）规划建设范围内设置、基于政府责任和义务为居民提供有偿或无偿公共产品和服务的各种建筑物、构筑物和设备等；园林绿化工程，是指建设风景园林绿地的工程；矿山工程，包括地面和地下工程；构筑物工程，是指不具备、不包含或不提供人类居住功能的人工建造物，比如水塔、水池、过滤池、澄清池、沼气池等；城市轨道交通工程；爆破工程。

（3）按等级分类

1）一级项目：一般公共建筑项目 28 层以上，36m 跨度以上（轻钢结构除外）；单项工程建筑面积 30000m² 以上。

2）二级项目：包括 14～28 层，24～36m 跨度（轻钢结构除外）；单项工程建筑面积 10000～30000m²。

3）三级项目：包括 14 层以下，24m 跨度以下（轻钢结构除外）；单项工程建筑面积 10000m² 以下。

（4）按投资建设的用途分类

可分为生产性建设项目和非生产性建设项目。生产性建设项目是指直接用于物质生产或为物质生产服务的工程项目，如工业项目、农田水利项目、交通运输项目、能源工程项目等；非生产性建设项目，是指用于满足人们物质文化生活需要的项目，如住宅工程项目、公共工程项目、文教工程项目、服务工程项目、基础设施工程项目等。

（5）按投资主体分类

政府投资工程项目；企业、事业单位投资工程项目；私人投资工程项目；各类投资主体联合投资工程项目。

（6）按工作阶段分类

预备工程项目、筹建工程项目、实施工程项目、建成投产工程项目、收尾工程项目等。

1.1.5 建设工程项目层次分解

建设工程项目可划分为建设项目、单项工程、单位工程、分部工程、分项工程。

（1）建设项目

建设项目是按一个总体规划或总体初步设计，竣工后独立发挥作用，由一个或若干个单项工程组成。例如，一所学校的建设，需要有教学场所、学生公寓、食堂、图书馆、运动场等许多单体工程，而这些单体工程及道路、管道等需要总体规划或总体设计，把这些工程统称为建设项目。

（2）单项工程

单项工程是建设项目的组成部分，是指具有单独的设计文件，可独立组织施工和竣工验收，建成后能够独立发挥生产能力和使用效益的工程。如，一个建筑群中的某一栋建筑。

（3）单位工程

单位工程是单项工程的组成部分，是指具有单独的设计文件、独立的施工条件，但建成后不能独立发挥生产能力和效益的工程。如，建筑工程中的一般土建工程、设备安装工程、电梯安装工程等。

（4）分部工程

分部工程是单位工程的组成部分。一般建筑工程主要包括地基与基础、主体结构、建筑装饰装修、建筑屋面、建筑给水排水及供暖、建筑电气、智能建筑、通风与空调、电梯、节能建筑等分部工程。

（5）分项工程

分项工程是分部工程的组成部分，是形成建筑产品的基本构造要素。建筑工程的分项工程一般按构造的不同或按主要工种划分，如，钢筋混凝土结构分为模板、钢筋、混凝土等分项工程。

1.1.6 建设工程项目的建设程序

建设工程项目建设程序是指建设工程项目从策划、选择、评估、决策、设计、施工到竣工验收、投入生产和交付使用的整个建设过程中，各项工作必须遵循的先后工作次序，是工程建设过程客观规律的反映。

按照我国现行规定，根据投资主体不同，建设工程项目前期阶段的工作程序有所不同。根据《中央预算内直接投资项目管理办法》的规定，中央预算内直接投资项目实行审批制，包括审批项目建议书、可行性研究报告、初步设计；情况特殊、影响重大的项目，需要审批开工报告。根据中华人民共和国国务院第673号令《企业投资项目核准和备案管理条例》的相关规定，企业投资的对关系国家安全、涉及全国重大生产力布局、战略性资源开发和重大公共利益等项目，实行核准管理；对前款规定以外的项目，实行备案管理。

1. 项目建议书阶段

项目建议书要对项目建设的必要性、主要建设内容、拟建地点、拟建规模、投资匡算、资金筹措以及社会效益和经济效益等进行初步分析，并附相关文件资料。项目建议书的编制格式、内容和深度应当达到规定要求。

政府投资项目的项目建议书编制完成后，由项目单位按照规定程序报送项目审批部门审批。项目审批部门对符合有关规定、确有必要建设的项目，批准项目建议书，并将批复文件抄送城乡规划、自然资源、环境保护等部门。项目审批部门可以在项目建议书批复文件中规定批复文件的有效期。项目单位依据项目建议书批复文件，组织开展可行性研究，并按照规定向自然资源和规划、环境保护等部门申请办理规划选址、用地预审、环境影响评价等审批手续。

2. 项目可行性研究

项目可行性研究是对工程项目在技术上是否可行和经济上是否合理进行的科学分析和论证，是技术经济的深入论证阶段，为项目决策提供依据。可行性研究的主要任务是通过多方案对比，提出评价意见，推荐最佳方案。项目单位应当委托工程咨询机构编制可行性研究报告，对项目在技术和经济上的可行性以及社会效益、节能、资源综合利用、生态环境影响、社会稳定风险等进行全面分析论证，落实各项建设和运行保障条件，并按照有关规定取得相关许可、审查意见。可行性研究报告的编制格式、内容和深度应当达到规定要求。

政府投资建设的项目，项目可行性研究报告编制完成后，由项目单位按照规定程序报送项目审批部门审批，并应当附以下文件：自然资源和规划行政主管部门出具的选址意见书和用地预审意见；环境保护行政主管部门出具的环境影响评价审批文件；项目的节能评估报告书、节能评估报告表或者节能登记表（由中央有关部门审批的项目，需附国家发展改革委出具的节能审查意见）；根据有关规定应当提交的其他文件。项目审批部门对符合有关规定、具备建设条件的项目，批准可行性研究报告，并将批复文件抄送自然资源和规划、环境保护等部门。项目审批部门对符合有关规定、具备建设条件的项目，批准可行性研究报告，并将批复文件抄送自然资源和规划、环境保护等部门。

3. 设计阶段

建设工程项目的设计工作一般分为四个阶段，即方案设计、初步设计、技术设计和施工图设计阶段，技术设计阶段的有无视项目重要性和复杂程度而定。主要设计阶段内容如下：

（1）初步设计

初步设计是根据可行性研究报告的要求所做的具体实施方案，主要阐明在指定地点、时间和投资控制数内，拟建项目在技术上的可行性和经济上的合理性，并通过对工程项目所做出的基本技术经济规定，在此阶段编制投资概算。

政府投资建设的项目，初步设计应当符合国家有关规定和可行性研究报告批复文件的有关要求，明确各单项工程或单位工程的建设内容、建设规模、建设标准、用地规模、主要材料、设备规格和技术参数等设计方案，并据此编制投资概算。投资概算应当包括国家规定的项目建设所需的全部费用。初步设计不得随意改变可行性研究报告所确定的建设规模、产品方案、工程标准、建设地址和总投资等控制目标。如果初步设计提出的总概算超过可行性研究报告总投资的 10% 或其他主要指标需要变更时，应说明原因和计算依据，并重新向审批单位报批可行性研究报告。初步设计编制完成后，由项目单位按照规定程序报送项目审批部门审批。

（2）施工图设计

根据初步设计或特殊项目技术设计的要求，结合现场实际情况，完整地表现建筑物外形、内部空间分割、结构体系、构造状况以及建筑群的组成和周围环境的配合。技术设计还包括各种运输、通信、管道系统、建筑设备的设计等。在工艺方面，应具体确定各种设备的型号、规格及各种非标准设备的制造加工图。

4. 建设准备阶段

按照建设工程招标投标相关规定和要求，招标确定施工单位以后，建设单位应当按照国家有关规定向工程所在地县级以上人民政府建设行政主管部门申请领取施工许可证。按照国务院规定的权限和程序批准开工报告的建筑工程，不再领取施工许可证。建设单位应当自领取施工许可证之日起三个月内开工。我国《建筑法》规定，申请领取施工许可证，应当具备以下条件：

1）已经办理该建筑工程用地批准手续；

2）在城市规划区的建筑工程，已经领取规划许可证；

3）有保证工程质量和安全的具体措施；

4）需要拆迁的，其拆迁进度符合施工要求；

5）已经确定建筑施工企业；

6）有满足施工需要的施工图纸及技术资料；

7）有保证工程质量和安全的具体措施；

8）建设资金已落实；

9）法律、行政法规规定的其他条件。

5. 施工阶段

项目开工便进入施工阶段。建设工程项目开工时间，是指工程建设项目设计文件中规定的任何永久性工程第一次正式破土开槽日期。工程地质勘查、平整场地、旧建筑物的拆除、临时建筑、施工用临时道路和水、电等施工的日期不能算作正式开工日期。施工安装活动应按照工程设计要求、施工合同条款及施工组织设计的标准和要求进行，达到竣工验收标准后，由施工单位移交给建设单位。

6. 竣工验收阶段

当建设工程项目按设计文件的规定内容和施工图纸的要求全部建成后，便可组织竣工验收。竣工验收是建设工程建设过程的最后一环，是投资成果转入生产或使用的标志，也是全面考核基本建设成果、检验设计和工程质量的重要步骤。竣工验收对促进建设项目及时投产，发挥投资收益及总结建设经验，都有重要作用。通过竣工验收，可以检查建设项目实际形成生产能力或效益。竣工验收合格后，方可交付使用；未经验收或者验收不合格的，不得交付使用。

7. 后评价阶段

项目后评价是建设工程项目竣工投产、生产运营一段时间以后，再对项目的立项决策、设计施工、竣工投产、生产运营等全过程进行系统评价的一种技术经济活动，是固定资产管理的一项重要内容。通过后评价，可以达到肯定成绩、总结经验、研究问题、吸取教训、提出建议、改进工作、不断提高项目决策水平和投资效益的目的。《中央预算内直接投资项目管理办法》规定，中央直接投资项目建成运行后，项目审批部门可以依据有关规定，组织具备相应资质的工程咨询机构，对照项目可行性研究报告批复文件及批准的可行性研究报告的主要内容开展项目后评价，必要时应当参照初步设计文件的相关内容进行对比分析，进一步加强和改进项目管理，不断提高决策水平和投资效益。

1.1.7 建设工程项目管理的内涵及目标、任务

1. 建设工程项目管理的内涵

《建设工程项目管理规范》GB/T 50326—2017 对建设工程项目管理做如下定义："运用系统的理论和方法，对建设工程项目进行的计划、组织、指挥、协调和控制等专业化活动，简称为项目管理"。建设工程项目管理，是自项目开始至项目完成，通过项目策划和项目控制，以使项目的费用目标、质量目标和进度目标得以实现。建设工程项目管理的核心是目标控制，没有明确的费用目标、质量目标和进度目标，项目无法进行定量的目标控制。

建设工程项目管理通常是指涉及建设工程项目全过程的管理，包括项目前期策划与管理（DM—Development Management）、项目实施阶段的管理（PM—Project Management）、项目使用阶段的管理（FM—Facility Management）等三个阶段的管理。建设工程项目管理主要是指项目实施阶段的管理。项目实施阶段包括设计前的准备阶段、设计阶段、施工阶段、动用前准备阶段和保修期。由于项目设计和施工等环节都涉及招标投标，所以不单独列招标投标阶段。

2. 建设工程项目管理目标和任务

一个建设工程项目的参与方比较多，不同的参与单位承担着不同的建设任务和管理任务，由于各参与单位的工作性质、工作任务和利益不尽相同，就形成了代表不同利益的项目管理，即包括业主方项目管理、设计方项目管理、施工方项目管理、供货方项目管理、建设项目总承包方项目管理等。

（1）业主方项目管理的目标和任务

业主方项目管理服务于业主的利益，其项目管理的目标包括项目的投资目标、进度目标和质量目标。投资目标，是指项目的总投资目标，即把建设工程投资控制在批准的限额以内或预期投资估算范围内。进度目标，是指项目动用的时间目标，即项目交付使用的时间目标。质量目标，是指满足相应的技术规范和技术标准的规定，以及满足业主方相应的质量要求。

项目的投资目标、进度目标和质量目标之间具有对立统一的关系，相互间既有矛盾的一面，也有统一的一面。要加快进度往往需要增加投资，要提高质量往往也需要增加投资，过度缩短工期会影响工程质量。适当增加投资，工程质量得以提升，将降低后期运营阶段的工程质量成本；适当增加投资，合理缩短工期，为业主可能创造其他方面的经济效益。

业主方的项目管理工作涉及项目实施全过程，即在设计前的准备阶段、设计阶段、施工阶段、动用前准备阶段和保修期等各阶段均有业主方的项目管理，而各阶段的项目管理主要任务有：投资控制、进度控制、质量控制、安全管理、环境管理、合同管理、信息管理、组织和协调等任务。

（2）设计方项目管理的目标和任务

设计方项目管理主要服务于项目的整体利益和设计方本身的利益。由于项目的投资目标能否得以实现与设计工作有着密切关系，因此，设计方的项目管理目标包括设计成本目标、设计进度目标、设计质量目标，同时还包括项目投资目标。设计方项目管理主要在项

目设计阶段进行，但也涉及设计前准备阶段、施工阶段、动用前准备阶段和保修期。各阶段的项目管理任务主要包括：设计成本控制和与设计工作有关的工程造价控制；设计进度控制；设计质量控制；与设计工作有关的安全管理；设计合同管理；绿色建造与环境管理；设计信息管理；与设计工作有关的组织协调工作。

（3）施工方项目管理的目标和任务

施工方项目管理的目标应符合施工合同的要求，具体包括：施工的安全目标、进度目标、成本目标和质量目标。

施工方项目管理的具体任务，包括施工安全管理、施工进度控制、施工成本控制、施工质量控制、施工合同管理、施工信息管理、绿色建造与环境管理、与施工有关的组织协调等。

施工方项目管理主要是在工程项目施工阶段进行，也涉及工程动用前准备阶段和保修期。

（4）供货方项目管理的目标和任务

供货方的项目管理主要服务于项目的整体利益和供货方自身的利益，其项目管理的目标包括供货方的成本目标、供货方的进度目标和供货方的质量目标。

供货方项目管理的具体任务，包括供货方安全管理、供货方的进度控制、供货方的成本控制、供货方的质量控制、绿色建造与环境管理、供货方合同管理、供货方信息管理、与供货方有关的组织协调等。

供货方项目管理主要在项目施工阶段进行，但也可能涉及设计准备阶段、设计阶段、动用前准备阶段和保修期。

（5）项目总承包方项目管理的目标和任务

项目总包方的项目管理主要服务于项目的整体利益和项目总承包方自身的利益，其项目管理目标应符合项目总承包合同的要求，具体包括：工程建设的安全目标；项目的总承包方进度目标；项目的总投资目标和项目总承包方的成本目标；项目总包方的质量目标。

项目总承包方项目管理的具体任务，包括安全管理、进度控制、项目的总投资控制和项目总承包方成本控制、质量控制、绿色建造与环境管理、合同管理、信息管理、与项目总承包方有关的组织协调。

不同主体之间的项目管理任务的差异主要体现在费用目标上。

1.1.8　建设工程项目管理的发展历程

在 20 世纪 60 年代末 70 年代初，工业发达国家开始将项目管理理论和方法应用于建设工程领域，并于 20 世纪 70 年代中期前后在大学开设了与工程管理相关的专业。同期兴起了项目管理咨询服务，项目管理咨询服务公司的主要服务对象是业主，但它也服务于承包方、设计方和供货方。

我国自 20 世纪 80 年代以来，随着经济体制的变革和发展，建筑业进行了对工程项目管理模式的改革，引进建设工程项目管理的理论和方法。项目管理在我国大致经历了以下发展阶段。

1. 探索研究阶段（1982—1985 年）

1982 年，我国开工建设云南鲁布革水电站引水系统工程，引进了世界银行贷款及招标投标制。当时，日本的大成公司中标，靠科学管理，创造了造价、质量、进度三个方面管理的高水平纪录。

2. 学习试点阶段（1986—1992 年）

1986 年，国务院提出学习推广鲁布革工程经验。1987 年，原国家计委等五部委联合颁布《关于批准第一批推广鲁布革工程管理经验试点企业有关问题的通知》〔计施（1987）2002 号〕文件为起点，多次召开鲁布革工程管理经验的试点工作会议，研究试点工作的方向、方法和步骤，逐步形成了"项目法施工"为特征的国有施工企业生产方式和项目管理模式。1988 年开始推行建设工程监理制。1992 年，"中国建筑业协会工程项目管理委员会"正式成立，标志着项目法施工的推行走上一个新台阶。

3. 总结规范阶段（1993—2002 年）

我国自 1993 年开始系统总结 50 家试点施工企业进行项目管理体制改革的经验，并注重推动企业加快工程项目管理与国际惯例接轨步伐。1994 年，原建设部召开工程项目管理工作会议，明确提出，坚持以工程项目管理为核心继续推进和深化项目管理体制改革，要求围绕建立现代企业制度，加强"两制"建设和加快企业"两个转变"。"两制"是指完善"项目经理责任制"，解决和处理好项目经理和企业法人之间、项目层次与企业层次之间责任和责任关系；完善"项目成本核算制"，明确企业是利益中心、项目是成本中心的关系，切实把企业的成本核算工作的重心落到工程项目上。"两个转变"是指加快企业经营体制从计划经济向社会主义市场经济转变；把经济增长方式从粗放型向集约型转变。

1999 年，中国建筑业协会工程项目管理委员会召开了"工程项目管理专题研讨会"，并发布会议纪要。在贯彻 1996 年原建设部出台的《关于进一步推行建筑业企业工程建设项目管理的指导意见》中规定的规范性意见的基础上，对项目经理部的组建、企业管理层、项目管理层、劳务作业层的关系、项目经理责任制、项目成本核算制、项目经理的地位和合法权利、完善项目经理资质认证管理等问题，提出了规范性意见。2002 年开始实施了《建设工程项目管理规范》。

4. 国际化发展阶段（2003—2010 年）

在我国加入 WTO 之后，建筑企业积极开拓国际承包市场，中国建设工程项目管理国际化步伐不断加快，国际竞争力不断提高。在此期间，我国建设协会工程项目管理委员会牵头组织国际项目管理协会、英国皇家特许建造学会等国家的工程管理协会签署了《国际工程项目管理工作联盟协议》，进一步加强了各方在国际项目管理领域的交流和合作。2006 年颁布了修订后的《建设工程项目管理规范》GB/T 50326—2006。

5. 创新引领发展阶段（2011 年至今）

进入"十二五"以来，中国建设工程项目管理步入创新引领发展的新阶段。建设工程领域先后完成了一系列设计理念超前、结构复杂、科技含量高的诸多重大工程。在此期间，通过推行工程总承包制，项目管理的集成化、信息化水平有较大提高。通过推广新技术，提高了工程建造水平；通过实施绿色施工示范工程，"四节一环保"日益普及；通过各类培训、继续教育，进一步提高了项目管理人才队伍整体素质。2017 年，再次修订颁布了《建设工程项目管理规范》GB/T 50326—2017。

1.2 建设工程项目组织管理

1.2.1 建设工程项目组织

1. 组织

组织是人们为了实现某种既定目标，根据一定的规则，通过明确分工协作关系，建立不同层次的权力、责任、利益制度，而有意形成的职务结构或者职位结构。组织是一种能够一体化运行的人、资源、信息的复合系统。

组织包含两层含义。第一层含义是指各生产要素相结合的形式和制度，重于组织机构的建立。第二层含义是指管理的一种重要职能，侧重于通过组织机构的活动和运行，即通过一定权力体系或影响力，为达到某种工作的目标，对所需要的一切资源（生产要素）进行合理配置的过程。它实质上是一种管理行为。

2. 建设工程项目组织

建设工程项目组织是指为完成特定的建设工程项目而建立起来的，从事建设工程项目具体工作的组织。建设工程项目投资大、建设周期长、参与项目的单位众多、社会性强，项目的实施模式复杂。建设工程项目的实施组织方式是通过研究工程项目的承发包模式，根据工程的合同结构和参与工程项目各方的工作内容来确定。建筑市场的市场体系主要由三方面构成，即以发包人为主体的发包体系；以设计、施工、供货方为主体的承建体系；以工程咨询、评估、监理方为主体的咨询体系。市场主体三方的不同关系就会形成不同的建筑工程项目组织系统。

1.2.2 建设工程项目管理组织

建设工程项目管理组织是指在建设工程项目组织内，由完成各种项目管理工作的人、单位、部门按照一定的规则或规律组织起来的临时性组织机构。通常建设工程项目管理组织的核心是项目经理部或项目管理小组。

1. 建设工程项目管理组织结构模式

（1）职能组织结构的特点及其应用

在人类历史发展过程中，当手工业作坊发展到一定的规模时，一个企业内需要设置对人、财、物和产、供、销管理的职能部门，这样就产生了初级的职能组织结构。因此，职能组织结构是一种传统的组织结构模式。在职能组织结构中，每一个职能部门可根据它的管理职能对其直接和非直接的下属

建设工程项目
管理组织结构
模式

工作部门下达工作指令，因此，每一个工作部门可能得到其直接和非直接的上级工作部门下达的工作指令，会有多个矛盾的指令源。一个工作部门的多个矛盾的指令源会影响企业管理机制的运行。

在图1-1所示的职能组织结构中，A、B1、B2、B3、C5和C6都是工作部门，A可以对B1、B2、B3下达指令；B1、B2、B3都可以在其管理的职能范围内对C5和C6下达指令；因此C5和C6有多个指令源，其中有些指令可能是矛盾的。

图1-1 职能组织结构模式

（2）线性组织结构的特点及其应用

在军事组织系统中，组织纪律非常严谨，军、师、旅、团、营、连、排和班的组织关系是指令按逐级下达，一级指挥一级、一级对一级负责。线性组织结构就是来自这种十分严谨的军事组织系统。在线性组织结构中，每一个工作部门只能对其直接的下属部门下达工作指令，每一个工作部门也只有一个直接的上级部门，因此，每一个工作部门只有唯一

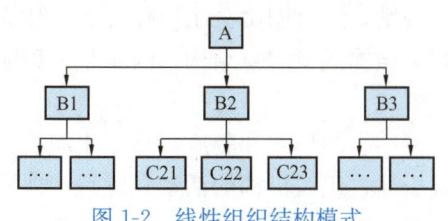

图 1-2　线性组织结构模式

一个指令源，避免了由于矛盾的指令而影响组织系统的运行。在一个特大的组织系统中，由于线性组织结构模式（图 1-2）的指令路径过长，有可能会造成组织系统在一定程度上运行的困难。

1）A 可以对其直接的下属部门 B1、B2、B3 下达指令；

2）B2 可以对其直接的下属部门 C21、C22、C23 下达指令；

3）虽然 B1 和 B3 比 C21、C22、C23 高一个组织层次，但是，B1 和 B3 并不是 C21、C22、C23 的直接上级部门，它们无权对 C21、C22、C23 下达指令。

在该组织结构中，每一个工作部门的指令源都是唯一的。

（3）矩阵组织结构的特点及其应用

矩阵组织结构是一种较新型的组织结构模式。在矩阵组织结构最高指挥者（部门）下设纵向和横向两种不同类型的工作部门。纵向工作部门如人、财、物、产、供、销的职能管理部门，横向工作部门如生产车间等。一个施工企业，如采用矩阵组织结构模式，则纵向工作部门可以是计划管理、技术管理、合同管理、财务管理和人事管理部门等，而横向工作部门可以是项目部（图 1-3）。

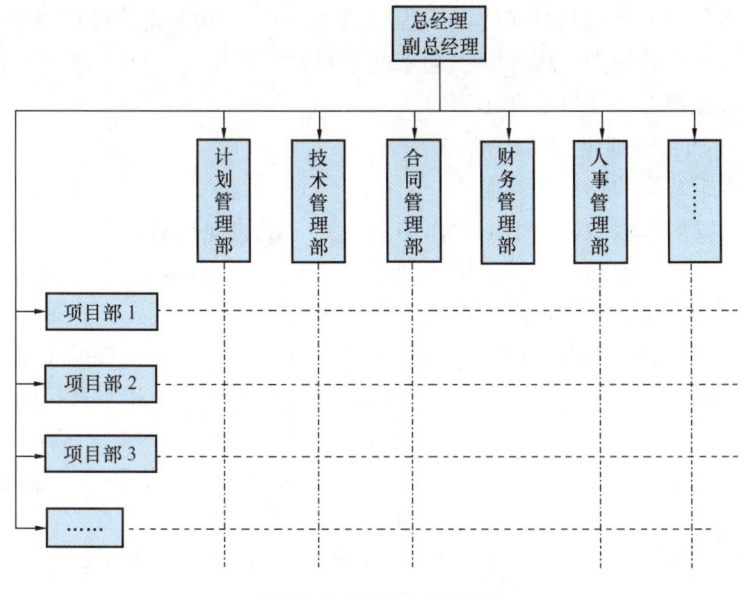

图 1-3　矩阵组织结构

在矩阵组织结构中，每一项纵向和横向交汇的工作，指令来自纵向和横向两个工作部门，因此其指令源为两个。

2. 建设工程项目管理组织设置原则

（1）目的性原则

建设工程项目组织机构设置的根本目的，是为了产生组织功能，实现建设工程项目管理的总目标。从这一根本目标出发，就会因目标设事、因事设机构、定编制，按编制设岗位、定人员，以职责定制度、授权力。

（2）管理跨度和分层统一的原则

管理跨度亦称管理幅度，是指一个主管人员直接管理的下属人员数量。跨度大，管理人员的接触关系增多，处理人与人之间关系的数量随之增大。故跨度太大时，领导者及下属常会出现应接不暇之感。组织机构设计时，必须使管理跨度适当。然而跨度大小又与分层多少有关。不难理解，层次多，跨度会小；层次少，跨度会大。这就要根据领导者的能力和项目的大小进行权衡。组建组织机构时，必须认真设计切实可行的跨度和层次，画出机构系统图，以便讨论、修正、按设计组建。

（3）系统化管理原则

由于建设工程项目是一个开放的系统，由众多子系统组成一个大系统，各子系统之间，子系统内部各单位工程之间，不同组织、工种、工序之间，存在着大量结合部，这就要求项目组织也必须是一个完整的组织结构系统。恰当分层和设置部门，能在结合部上形成一个相互制约、相互联系的有机整体，防止产生职能分工、权限划分和信息沟通上相互矛盾或重叠。要求在设计组织机构时以业务工作系统化原则作指导，周密考虑层间关系、分层与跨度关系、部门划分、授权范围、人员配备及信息沟通等；使项目组织机构自身成为一个严密的、封闭的组织系统，能够为完成项目管理总目标而实行合理分工及协作。

（4）精简原则

建设工程项目管理组织在保证履行必要职能的前提下，应尽量简化机构。"不用多余的人""一专多能"是建设工程项目管理组织人员配备的原则，特别是要从严控制二、三线人员，以便提高效率、降低人工费用。

（5）类型适应原则

建设工程项目管理组织有多种类型，分别适应于规模、地域、工艺技术等各不相同的工程项目，应当在正确分析工程特点的基础上选择适当的类型，设置相应的项目管理组织。

3. 建设工程项目管理组织机构设置程序

建设工程项目管理组织应尽早成立或尽早委托，尽早投入工作。在建设工程项目建设过程中它应有一定的连续性和稳定性。建设工程项目管理组织设置的一般程序为：

（1）确定项目管理目标

建设工程项目管理目标是项目组织设立的前提，明确组织目标是组织设计和组织运行的重要环节之一。建设工程项目管理目标，主要是进度、质量、成本、安全、环境等目标。这些目标应分阶段根据项目特点进行划分和分解。

（2）确定工作内容

根据管理目标确定实现目标所必须完成的工作，并对这些工作进行分类和组合，在进行分类和组合时，应以便于目标实现为目的，考虑项目的规模、性质、复杂程度以及组织成员的技术业务水平、组织管理水平等因素。

（3）选择组织结构形式，确定岗位职责、职权

根据项目的性质、规模、建设阶段的不同，可以选择不同的组织结构形式以适应管理的需要。根据组织结构形式和例行性工作确定部门岗位及其职责，并根据职权一致的原则确定它们的职权。

（4）设计组织运行的工作程序和信息沟通方式

以规范化程序的要求确定各部门的工作程序，规定它们之间的协作关系和信息沟通方式。

（5）人员配备

按岗位职务的要求和组织原则配备合适的管理人员（关键是各级部门的主管人员）。人员配备是否合理直接关系到组织能否有效运行、组织目标能否实现。应根据授权原理将职权授予相应的人员。

1.2.3　建设工程项目管理机构

建设工程项目管理机构（Project Management Organization）是指根据组织授权，直接实施项目管理的单位，是建设工程项目各实施主体和参与方针对工程项目建设所成立的专门性管理机构，负责各单位职责范围内的项目管理工作。如施工企业的项目经理部、工程监理部等。项目管理机构应在项目启动前建立，在项目完成后或按合同约定解体。

建立项目管理机构应遵循下列规定：结构应符合组织制度和项目实施要求；应有明确的管理目标、运行程序和责任制度；机构成员应满足项目管理要求及具备相应资格；组织分工应相对稳定并可根据项目实施变化进行调整；应确定机构成员的职责、权限、利益和需要承担的风险。本节重点以施工企业的项目经理部为例，介绍项目管理机构的建立、工作内容、解体等内容。

1. 项目经理部的含义

项目经理部是项目管理组织必备的项目管理层，对现场资源进行合理使用和动态管理，由项目经理领导，接受企业组织职能部门的指导、监督、检查、服务和考核。项目经理部自项目启动前建立，在项目竣工验收、审计完成后解体。项目经理部居于整个项目组织的中心地位，以项目经理为核心，在项目实施过程中起决定作用。项目能否顺利进行，取决于项目经理部及项目经理的管理水平。

2. 项目经理部的性质

项目经理部是由施工企业授权，在施工项目经理的领导下建立的项目管理组织机构，是施工项目的管理层，是企业内部相对独立的一个综合性的责任单位。其性质可以归结为三个方面：

（1）施工项目经理部的相对独立性

施工项目经理部与企业存在着双重关系。一方面，它作为企业的下属单位，同企业存在着行政隶属关系，要服从企业的全部领导；另一方面，它又是一个施工项目独立利益的代表，存在着独立的利益，同企业形成一种经济承包或其他的经济责任关系。

（2）施工项目经理部的综合性

施工项目经理部是企业所属的经济组织，主要职责是管理施工项目的各种经济活动。施工项目经理部的管理职能是综合的，包括计划、组织、控制、协调、指挥等多方面。项目经理部的管理业务是综合的，从横向看包括人、财、物、生产和经营活动，从纵向看包

括施工项目寿命周期的主要过程。

（3）施工项目经理部的临时性

施工项目经理部仅是企业的一个施工项目的责任单位，要随着项目的开工而成立，随着项目的竣工而解体。

3. 项目经理部的建立

项目经理部的设立应根据施工项目的实际需要进行。项目经理部的组织结构可繁可简、可大可小，其复杂程度和职能范围完全取决于组织管理体制、规模和人员素质。项目经理部的设立应遵循以下基本原则。

（1）要根据所设计的施工项目组织结构形式设置项目经理部

大、中型施工项目宜建立矩阵式项目组织结构；远离企业所在地的大、中型施工项目宜建立职能式项目组织结构；小型施工项目宜建立直线式项目组织结构。

（2）要根据施工项目的规模、复杂程度和专业特点设置项目经理部

例如，大型项目经理部可以设置职能部、处；中型项目经理部可以设置处、科；小型项目经理部一般只需设置职能人员即可。

（3）项目经理部是一个具有弹性的一次性管理组织

随着施工项目的开工而组建，随着施工项目的竣工而解体，不应建成固定性组织。

（4）项目经理部的人员配备应面向现场

项目经理部的人员配备，应满足现场的计划与调度、技术与质量、成本与核算、劳务与物资、安全与文明施工的需要，而不应设置专管经营与咨询、研究与发展、政工与人事等与施工关系较少的非生产性管理部门。

4. 项目经理部的工作内容

项目经理部的主要工作包括：

（1）在项目经理领导下制订"项目管理实施规划"及项目管理的各项规章制度。

（2）对进入项目的资源和生产要素进行优化配置和动态管理。

（3）有效控制项目工期、质量、成本、安全、环境等目标。

（4）协调企业内部、项目内部以及项目与外部各系统之间的关系，增进项目有关各部门之间的沟通，提高工作效率。

（5）对项目目标和管理行为进行分析、考核和评价，并对各类责任制度执行结果实施奖罚。

5. 项目经理部的解体

项目经理部是一次性并具有弹性的施工现场生产组织机构，工程临近结尾时，业务管理人员乃至项目经理要撤走，项目经理部要解体。具体项目经理部解体的主要条件包括：

（1）工程项目已经竣工验收，已被验收单位确认并形成书面材料。

（2）与各分包单位已经结算完毕。在项目经理部解体前，做好与分包商、材料供应、劳务、技术转让、科技服务等单位之间的债权债务清算工作，使得项目及时终结，避免出现遗漏问题。

（3）已协助组织管理层与发包单位签订了"工程质量保修书"。为了确保发包人的项目利益，由项目经理部代表企业与发包人做好"工程质量保修书"的签订工作。

（4）已经履行完成"项目管理目标责任书"，经过审计合格。"项目管理目标责任书"

是项目经理部的项目管理责任状，企业管理层对责任书确定的各项目标完成情况和实施效果进行综合评定，尤其对经济效果进行严密审计后项目经理部才可解体。

（5）项目经理部解体前，与各相关部门办理交接手续，例如在各种文件的签字，工程档案资料的封存移交，账目清算，资金、原材料、设备的回收，其他善后工作的处理。

（6）项目经理部解体前应做好现场清理工作。主要包括撤回临时设施，清点分类和回收材料，清理润滑保养设备，遣散人员，移交现场管理手续等。

1.2.4 建设工程项目团队建设

1. 项目团队的概念

团队（Team）是由基层和管理层人员组成的一个共同体，它合理利用每一个成员的知识和技能协同工作，解决问题，达到共同目标。项目建设相关方（建设单位、勘察单位、设计单位、施工单位、供应单位、监理单位、咨询单位等）均应实施项目团队建设，明确团队管理原则，规范团队运行。项目建设相关责任方的项目管理团队之间应围绕项目目标协同工作并有效沟通。

2. 建设工程项目团队建设目的

项目团队的建设目的就是要使项目团队所有成员"心往一处想，劲往一处使"，形成"合力"，使项目团队形成一个整体。项目团队建设是随着项目的进展而持续不断进行的过程，是项目经理和项目团队的共同职责。项目团队建设应创造一种开放和自信的氛围，使团队成员有归属感，并为实现项目目标而积极作出贡献。

3. 建设工程项目团队建设要求

（1）项目团队应有明确的目标、合理的运行程序和完善的工作制度。

（2）项目经理对项目团队建设负责，培育团队精神，定期评估团队运作绩效，有效发挥和调动各成员的工作积极性和责任感。

（3）项目经理应通过表彰、奖励、典型塑造、学习交流、文体活动等多种方式营造和谐团队氛围，统一团队思想，树立集体观念，处理管理冲突，提高项目运作效率。

（4）项目团队建设应注重成员的满足感、归属感和自豪感的培育，树立合作意识，敢于面对困难，能够抵御挫折和化解危机，有效发挥个体成员的积极性，并充分利用集体成员的协作效果。

（5）项目团队建设应确保信息准确、及时和有效传递。

1.3 项 目 经 理

1.3.1 项目经理含义

建设工程项目经理是指受企业法定代表人委托和授权，直接负责项目施工的组织实施者，对工程项目施工全过程全面负责的项目管理者。他是工程项目的责任主体，是企业法人代表在工程项目上的委托代理人。

在组织结构中，项目经理是协调各方面关系，使之相互紧密协作、配合的桥梁和纽带。他对项目管理目标的实现，承担着全部责任。即承担合同责任，履行合同义务，执行合同条款，处理合同纠纷，受法律的约束和保护，在施工活动中占有举足轻重的地位。

1.3.2 项目经理的工作性质

（1）在全面实施建造师执业资格制度后仍然要坚持落实项目经理岗位责任制。项目经理岗位是保证工程项目建设质量、成本、工期、安全、环境等目标的重要岗位。

（2）项目经理，是指受企业法定代表人委托对工程项目施工过程全面负责的项目管理者，是施工企业法定代表人在工程项目上的代表人。

（3）建造师是一种专业人士的名称，而项目经理是一个工作岗位的名称，应注意这两个概念的区别和关系。取得建造师执业资格的人员表示其知识和能力符合建造师执业的要求，但其在企业中的工作岗位则由企业视工作需要和安排而定。

1.3.3 项目经理的素质要求

（1）政治素质

项目经理是施工企业重要的管理者，必须具有思想觉悟高、政策观念强的道德品质，在工程项目管理中能认真执行党和国家的方针、政策，遵守国家的法律和地方性法规，执行上级主管部门的有关决定，自觉维护国家利益，保护国家的财产，正确处理国家、企业和职工三者的利益关系。

（2）领导素质

项目经理是一名领导者，应具有较高的组织领导能力，满足下列要求：

1）博学多识，通情达理。即具有马克思主义世界观，现代管理、科学技术、心理学等基础知识，见多识广，眼光开阔。按照社会主义的思想、品质、道德的要求去处理人与人之间的关系。

2）多谋善断，灵活机动。即解决问题办法多，善于选择最佳的办法，能当机立断。当情况发生变化时，能够随机应变地追踪决策，见机处理。

3）知人善任，善与人同。即知人所长，知人所短，用其所长，避其所短，宽容大度，有容人之量，善于与人求同存异。

4）公道正直，以身作则。即要求下属的，自己首先做到；定下的制度、纪律，自己首先遵守。

5）铁面无私，赏罚严明。即对被领导者赏功罚过，不讲情面，以此建立管理权威，提高管理效率，赏要从严，罚要谨慎。

6）在哲学素养方面，项目经理必须有讲求效率的"时间观"，能取得人际关系主动权的"思维观"，有处理问题注意目标和方向、构成因素、相互关系的"系统观"，有根据客观环境和主观可能、适时选择最恰当的管理方法的"权变观"。

（3）专业素质

项目经理既必须是复合型管理人才，又必须是一个专家。他要懂得专业技术知识，是建设行业的内行，真正的行中人。他应该具有建设工程专业的管理知识、经营知识、法律知识及相关经济知识，了解建筑市场的运行规律，懂得行业的管理规律。项目经理应当受过项目管理的专门训练，参加过项目管理，具有项目管理的实际经验，对具体的项目管理问题具有处理能力。项目经理应当是具有较强的决策能力、组织能力、指挥能力、应变能力，能够带领项目经理班子成员、团结广大群众一道工作的内行、专家，而不能是一名一般性的行政领导人员。项目经理也不能是一名只知个人苦干，成天忙忙碌碌，只干不管的具体办事人员，而应该是会"点将"、善运筹的"帅才"。

（4）身体健康

项目经理必须有良好的身体素质，这是因为项目管理不但要承担繁重的工作，而且生活条件和工作条件都因现场性强而相当艰苦。因此，项目经理必须年富力强，具有健康的身体，以便保持充沛的精力和必需的体力。

1.3.4　项目经理的职责、权力和地位

1. 项目经理职责

项目经理在承担工程项目施工管理过程中，应履行下列职责：

（1）贯彻执行国家和工程所在地政府的有关法律、法规和政策，执行企业的各项管理制度；

（2）严格财务制度，加强财经管理，正确处理国家、企业与个人的利益关系；

（3）执行项目承包合同中由项目经理负责履行的各项条款；

（4）对工程项目施工进行有效控制，执行有关技术规范和标准，积极推广应用新技术，确保工程质量和工期，实现安全、文明生产，努力提高经济效益。

2. 项目经理的权力

项目经理在承担工程项目施工的管理过程中，应当按照建设施工企业与建设单位签订的工程承包合同，与本企业法定代表人签订项目承包合同，并在企业法定代表人授权范围内，行使以下管理权力：

（1）组建项目管理班子；

（2）以企业法定代表人的代表身份处理与所承担的工程项目有关的外部关系，受托签署有关合同；

（3）指挥工程项目建设的生产经营活动，调配并管理进入工程项目的人力、资金、物资、机械设备等生产要素；

（4）选择施工作业队伍；

（5）进行合理的资金分配；

（6）企业法定代表人授予的其他管理权力。

3. 项目经理的地位

在一般的施工企业中设工程计划、合同管理、工程管理、工程成本、技术管理、物资采购、设备管理、人事管理、财务管理等职能管理部门（各企业所设的职能部门的名称不一，但其主管的工作内容是类似的），项目经理可能在工程管理部或项目管理部下设的项目经理部主持工作。施工企业项目经理往往是一个施工项目施工方的总组织者、总协调者和总指挥者，他所承担的管理任务不仅依靠所在的项目经理部的管理人员来完成，还依靠整个企业各职能管理部门的指导、协作、配合和支持。项目经理不仅要考虑项目的利益，还应服从企业的整体利益。企业是工程管理的一个大系统，项目经理部则是其中的一个子系统。过分地强调子系统的独立性是不合理的，对企业的整体经营也是不利的。

1.3.5　项目经理的任务和责任

1. 项目经理的任务

项目经理的任务包括项目的行政管理和项目管理两个方面，其在项目管理方面的主要任务是：

（1）施工安全管理；

项目经理的
任务和责任

（2）施工成本控制；

（3）施工进度控制；

（4）施工质量控制；

（5）工程合同管理；

（6）工程信息管理；

（7）工程环境管理；

（8）工程组织与协调等。

2. 项目经理的责任

（1）项目经理需要按照经审查合格的施工文件和施工技术标准进行项目施工，应对因施工导致的工程施工质量、安全事故或问题承担全面责任。

（2）项目经理需要负责建立质量安全管理体系，配备专职质量、安全等施工现场管理人员，落实质量安全责任制、质量安全管理制度和操作规程。

（3）项目经理需要负责施工组织设计、质量安全技术措施、专项施工方案的编制工作，认真组织质量、安全技术交底。

（4）项目经理需加强进入现场的建筑材料、构配件、设备、预拌混凝土等的检验、检测和验证工作，严格执行技术标准规范要求。

（5）项目经理对进入现场的起重机械、模板、支架等的安装、拆卸及运行使用全过程监督，发现问题，及时整改。

（6）项目经理需要加强安全文明施工费用的使用和管理，严格按规定配备安全防护和职业健康用具，按规定组织相关人员的岗位教育，严格特种工作人员岗位管理工作。

项目经理由于主观原因，或由于工作失误有可能承担法律责任和经济责任。政府主管部门将追究的主要是其法律责任，企业将追究的主要是其经济责任，但是，如果由于项目经理的违法行为而导致企业的损失，企业也有可能追究其法律责任。在国际上，由于项目经理是施工企业内的一个工作岗位，项目经理的责任则由企业领导根据企业管理的体制和机制，以及根据项目的具体情况而定。

1.3.6 项目经理的选用与培养

项目经理是决定项目成功实施的关键人物，因此如何选择出合适的项目经理、如何培养、培训项目经理非常重要。

1. 项目经理的选用原则

选择什么样的人担任项目经理，除了考虑候选人本身的素质特征外，还取决于两个方面：一是项目的特点、性质、技术复杂程度等；二是项目在该企业规划中所占的地位。选用项目经理应遵循如下原则：

（1）考虑候选人的能力

候选人最基本的能力主要有两方面，即技术能力和管理能力。对项目经理来说，对其技术能力要求视项目类型不同而不同，他应具备相关技术的沟通能力，能向高层管理人员解释项目中的技术，能向项目小组成员解释顾客的技术要求。然而，无论何种类型的项目，对项目经理的管理能力要求都很高，项目经理应该有能力保证项目按时在预算内完成，保证准时、及时地汇报，保证资源能够及时获得，保证项目小组的凝聚力，并能在项目管理过程中充分运用谈判及沟通能力。

（2）考虑候选人的敏感性

敏感性具体指三方面，即对企业内部权力的敏感性，对项目小组成员及成员与外界之间冲突的敏感性及对危险的敏感性。对权力的敏感性，使得项目经理能够充分理解项目与企业之间的关系，保证其获得高层领导必要的支持。对冲突的敏感性能够使得项目经理及时发现问题及解决问题，而对危险的敏感性，使得项目经理能够避免不必要的风险，及时规避风险。

（3）考虑候选人的领导才能

项目经理应具备领导才能，能知人善任，吸引他人投身于项目，保证项目组成员积极努力地投入项目工作。

（4）考虑候选人的应对压力的能力

压力产生的原因有很多，如管理人员缺乏有效的管理方式与技巧，其所在的企业面临变革，或经历连续的挫折而迫切希望成功。由于项目经理在项目实施过程中必然面临各种压力，项目经理应能妥善处理压力，争取在压力中获得成功。

2. 项目经理的选用方式与程序

一般建设工程施工企业选用项目经理的方式有以下三种：

（1）由企业高层领导任命

这种方式的一般程序是，由企业高层领导提出人选或由企业职能部门推荐人选，经企业人事部门听取各方面的意见，进行资质考察，合格则经由总经理任命。这种方式要求公司总经理本身必须是负责任的主体，并且能知人善任。这种方式的优点是能坚持一定的客观标准和组织程序，听取各方面的评价，有利于选出合格的人选。

（2）由企业和用户协商选择

这种方式的一般程序是，分别由企业内部及用户提出项目经理的人选，然后双方在协商的基础上加以确定。这种方式的优点是能集中各方面的意见，形成一定的约束机制。由于用户参与协商、一般对项目经理人选的资质要求较高。

（3）竞争上岗的方式

其主要程序是由上级部门（有可能是一个项目管理委员会）提出项目的要求，广泛征集项目经理人选，候选人需提交项目的有关目标文件、由项目管理委员会进行考核与选拔。这种方式的优点是可以充分挖掘各方面的潜力，有利于人才的选拔，有利于发现人才，同时有利于促进项目经理的责任心和进取心。竞争上岗需要一定的程序和客观的考核标准。

对项目经理的选用应在获得充分信息的基础上进行。这些信息包括：执业资格、个人简历、学术成就、成绩评估、心理测试以及员工的职业发展计划。

3. 项目经理的培养

项目经理的培养主要靠工作实践，这是由项目经理的成长规律决定的。成熟的建筑工程项目经理都是从建筑工程项目管理的实际工作中选拔、培养而成长起来的。

（1）项目经理的培养

取得了实际经验和基本训练之后，对比较理想和有培养前途的对象，应在经验丰富的项目经理的带领下，委任其以助理的身份以协助项目经理工作，或者令其独立主持单项专业项目或小项目的项目管理，并给予适时的指导和考察。这是锻炼项目经理才干的重要阶段。对在小项目管理或助理岗位上表现出较强组织管理能力者，可让其挑起大型项目管理的重担，并创造条件让其多参加一些项目管理研讨班和有关学术活动，使其从理论和管理技术上进一步开阔眼界，通过这种方式使其逐渐成长为经验丰富的项目经理。

（2）项目经理的培训

除了实际工作锻炼之外，对有培养前途的项目经理人选还应有针对性地进行项目管理基本理论和方法的培训。建筑工程项目经理作为一种通才，其知识面要求既宽又深，除了其已具备的建筑工程专业知识以外，还应进行业务知识和管理知识的系统培训，内容涉及管理科学、行为科学、系统工程、价值工程、计算机及项目管理信息系统等。

知识链接

相关政策性文件拓展阅读

中华人民共和国国家发展和改革委员会第 44 号令《固定资产投资项目节能审查办法》（简称《办法》），自 2017 年 1 月 1 日起施行。《办法》第三条规定，固定资产投资项目节能审查意见是项目开工建设、竣工验收和运营管理的重要依据。政府投资项目，建设单位在报送项目可行性研究报告前，需取得节能审查机关出具的节能审查意见。企业投资项目，建设单位需在开工建设前取得节能审查机关出具的节能审查意见。未按本办法规定进行节能审查，或节能审查未通过的项目，建设单位不得开工建设，已经建成的不得投入生产、使用。

中华人民共和国国务院第 673 号令《企业投资项目核准和备案管理条例》（简称《条例》），自 2017 年 2 月 1 日起施行。《条例》第六条规定，企业办理项目核准手续，应当向核准机关提交项目申请书；由国务院核准的项目，向国务院投资主管部门提交项目申请书。项目申请书应当包括下列内容：企业基本情况；项目情况，包括项目名称、建设地点、建设规模、建设内容等；项目利用资源情况分析以及对生态环境的影响分析；项目对经济和社会的影响分析。企业应当对项目申请书内容的真实性负责。《条例》第十三条规定，实行备案管理的项目，企业应当在开工建设前通过在线平台将下列信息告知备案机关：企业基本情况；项目名称、建设地点、建设规模、建设内容；项目总投资额；项目符合产业政策的声明。企业应当对备案项目信息的真实性负责。

项目管理的应用与发展趋势

项目管理始于第二次世界大战时期，参战各国需要大量的武器、设备，战争前夕，横道图成为计划和控制军事工程与建设项目的重要工具。20 世纪 50 年代，美国军界和各大企业寻找有效的计划和控制技术——诞生了网络计划。20 世纪 60 年代，华罗庚教授引进网络计划，在我国称为"统筹法"。20 世纪 80 年代，我国推广使用项目管理，主要在进度、质量和费用方面。20 世纪 90 年代初，在西北工业大学等单位的倡导下，成立了我国第一跨学科的项目管理专业学术组织——中国项目管理研究委员会（Project Management Research Committee，PMRC），PMRC 成立十周年之际，推出了《中国项目管理知识体系》（C-PMBOK）。C-PMBOK 研究工作从 1993 年开始，西北工业大学钱福培教授提出课题，2001 年 5 月正式推出。建设工程和国防工程是我国最早应用项目管理的领域。

项目管理模式的发展和趋势。虽然项目管理的起步时间不同，但就其发展阶段和项目管理特点而言，国内外项目管理包括了大致相同的三种形式。业主自行管理、EPC 方式、PMC 方式。

（1）业主自行管理模式。其特征是业主与设计、施工单位直接签订合同，业主组成相应机构直接行使对项目的管理。在中国国内这种业主自行管理形式从 20 世纪 50 年代开始一直延续到今天，成为国内主要的基本建设方式。但是，这种自行管理模式正在受到越来越大的冲击，在目前国内大型合资项目上，中外双方矛盾的焦点集中在项目管理模式上，中方往往坚持自行管理方式，即"指挥部"模式，既是项目的投资主体，又是项目的管理主体。而外方往往坚持采用专业的工程公司作为项目集成管理的主体。

（2）业主委托承包商承包建设模式（即 EPC 方式）。国内从 20 世纪 80 年代中期，在政府部门的干预下起步，组建了具有总承包能力的工程公司，但由于认识和体制方面的多种原因，国内总承包模式依然存在很多争论，远非国内基本建设的主流。而在西方国家，这是 20 世纪 80、90 年代项目建设的主流形式。

（3）业主聘请管理承包商模式（即 PMC 方式，Project Management Contractor，项目管理承包商）。即由业主聘请管理承包商作为业主代表或业主的延伸，对项目进行集成化管理。PMC 项目管理模式对国际上一些知名工程公司来说已经不是新鲜事物，但就国内建设领域的实践而言还是一个新的管理方式。

思政案例

优秀项目经理典范

顾建平作为华东建筑集团股份有限公司资深总工程师、国家超高层建筑工程技术研究中心首席专家，是我国建筑领域兼具卓越技术能力与领导魄力的杰出项目经理代表。

在重大工程实践中，他作为项目经理主持完成厦门翔安国际机场航站楼等国家地标性工程项目，率先推动"近零能耗超高层"示范工程，集成光伏幕墙、氢能储能等创新技术。他主导研发的"BIM＋AI"智能施工决策系统，已广泛应用于新一代超高层建设，彰显了科技自主创新的中国力量。在项目管理品格上，作为一名项目经理，他始终以担当精神直面挑战，危急关头冲锋在前，以精益管理锻造精兵团队。其总结的《超高层建造关键技术》已被纳入国家工法标准，重塑行业技术标杆。其团队更成为攻坚克难的旗帜，诠释了"毫米之间见匠心"的职业信仰。顾建平作为中国超高层建筑领域的领军人物，其思想体系融合了技术创新、人文关怀与可持续发展理念，展示出中国建筑工程师的精气神与综合素质，为中国高层建筑建设事业做出巨大贡献，也为项目经理这一职业树立杰出榜样。

请同学们深入研析上海中心大厦等超级工程的相关资料及文献，重点思考：

(1) 项目经理如何统筹技术突破与风险管控？

(2) "担当精神"在重大工程决策中如何具象化？

(3) 精益管理为何是团队效能的核心驱动力？

期望同学们从顾建平的事迹中领悟，以爱国情怀铸就职业信仰，以工匠精神承载时代使命——这正是一名卓越工程师的终极追求。

 本章小结

本章重点介绍了建设工程项目管理的基础知识、建设工程项目管理发展历程、建设工程项目管理组织、项目经理等内容。概念解释按项目-建设工程项目，管理-项目管理-建设工程项目管理的层层递进关系进行解释核心概念，集成基本特征、管理内容、管理任务等内容，帮助读者更全面、系统掌握建设工程项目管理的基础知识。建设工程项目管理组织形式的选择、组织框架的构建是建设工程项目管理的一项重要工作，本章系统介绍了项目组织形式的选择条件、项目团队建设原则、沟通管理方法技巧，有利于提高项目管理者开展项目管理活动的实际效率。

 **本章习题**

一、单项选择题

1. 项目最基本最主要的特征是(　　)。

A. 一次性　　　　　　　　　　B. 目标明确

C. 受环境制约　　　　　　　　D. 复杂多变

2. 使人、技术、资源、时间、信息、环境各种要素组合到一起，实现项目特定目标是项目管理的(　　)特征。

A. 一次性　　　　　　　　　　B. 系统性

C. 目的性　　　　　　　　　　D. 复杂性

3. 为了确保系统按预期目标运作，对其发展过程不断调整和施加影响的过程是管理的(　　)职能。

A. 计划　　　　　　　　　　　B. 组织

C. 领导　　　　　　　　　　　D. 控制

4. 项目管理的核心是(　　)。

A. 组织协调　　　　　　　　　B. 目标控制

C. 沟通管理　　　　　　　　　D. 信息处理

5. 项目风险管理的正确管理过程是(　　)。

A. 风险管理规划→风险识别→风险分析→风险应对规划→风险监控

B. 风险识别→风险管理规划→风险分析→风险应对规划→风险监控

C. 风险管理规划→风险分析→风险识别→风险应对规划→风险监控

D. 风险识别→风险管理规划→风险应对规划→风险分析→风险监控

6. 企业为扩大生产能力或新增效益而增建的生产车间或工程项目,以及事业和行政单位增建业务用房等,属于( )项目。

A. 迁建
B. 改建
C. 扩建
D. 新建

7. ( )是指具有单独的设计文件,可独立组织施工和竣工验收,建成后能够独立发挥生产能力和使用效益的工程。

A. 建设项目
B. 单项工程
C. 单位工程
D. 分部工程

8. 中央预算内直接投资项目实行( )。

A. 审批制
B. 核准管理
C. 备案管理
D. 自由投资管理

9. 企业投资的对关系国家安全、涉及全国重大生产力布局、战略性资源开发和重大公共利益等项目,实行( )。

A. 审批制
B. 核准管理
C. 备案管理
D. 自由投资管理

10. 中央预算内直接投资项目,项目单位依据( )批复文件,按照规定向城乡规划、国土资源、环境保护等部门申请办理规划选址、用地预审、环境影响评价等审批手续。

A. 项目建议书
B. 可行性研究报告
C. 初步设计
D. 开工报告

11. 项目初步设计阶段编制( )。

A. 投资估算
B. 总概算
C. 施工图预算
D. 施工预算

12. 如果初步设计提出的总概算超过可行性研究报告总投资的( )或其他主要指标需要变更时,应说明原因和计算依据,并重新向审批单位报批可行性研究报告。

A. 5%
B. 10%
C. 20%
D. 30%

13. 建设工程项目开工时间,是指( )。

A. 工程建设项目设计文件中规定的任何永久性工程第一次正式破土开槽日期

B. 工程地质勘查、平整场地施工的日期

C. 旧建筑物的拆除日期

D. 临时建筑、施工用临时道路和水、电等施工的日期

14. 建设工程项目管理使用( ),开展项目全寿命集成管理。

A. 头脑风暴法
B. 过程管理方法
C. 系统理论和方法
D. 赢得值法

15. 建设工程项目不同主体之间的项目管理任务的差异主要体现在( )上。

A. 质量目标
B. 安全目标
C. 环境目标
D. 费用目标

16. 建设工程项目目标控制的正确过程是( )。

A. 制定目标→对比分析→检查运行→纠正偏差

B. 制定目标→检查运行→对比分析→纠正偏差

C. 检查运行→制定目标→对比分析→纠正偏差

D. 检查运行→制定目标→纠正偏差→对比分析

17. 限制纵向领导深度，以便集中精力在职责范围内实施有效的领导是建设工程项目管理组织设置的（　　）。

A. 目的性原则   B. 管理跨度原则

C. 系统化管理原则   D. 精简原则

18. 建设工程项目管理组织机构设置的正确程序是（　　）。

A. 确定管理目标→分配工作任务→制定管理流程→建立规章制度→设计管理信息系统

B. 确定管理目标→制定管理流程→分配工作任务→建立规章制度→设计管理信息系统

C. 确定管理目标→建立规章制度→分配工作任务→制定管理流程→设计管理信息系统

D. 确定管理目标→分配工作任务→建立规章制度→制定管理流程→设计管理信息系统

19.（　　）组织形式对每一个工作部门可能有多个矛盾的指令源。

A. 直线制   B. 职能制   C. 矩阵制   D. 项目管理

20.（　　）组织形式适用于大中型项目和工期紧迫的项目。

A. 直线制   B. 职能制   C. 矩阵制   D. 项目管理

21. 建筑工程项目经理是企业法人代表在建筑工程项目上的委托代理人，其工作性质说法错误的是（　　）。

A. 代表企业法人代表开展企业经营管理工作

B. 对工程项目施工过程全面负责的项目管理者

C. 项目经理是一个工作岗位的名称

D. 建筑工程项目经理要具备建造师执业资格

22.（　　）方式选拔项目经理有利于促进项目经理的责任心和进取心。

A. 由企业高层领导任命   B. 由企业和用户协商选择

C. 竞争上岗的方式   D. 行政管理部门任命

23. 项目经理的培养主要依靠（　　）。

A. 学历提升   B. 进修培训

C. 考察交流   D. 工作实践

24.（　　）是否合理直接关系到组织能否有效运行、组织目标能否实现。

A. 目标确定   B. 组织结构选择

C. 职责确定   D. 人员配备

25. 关于建设工程项目团队建设方面说法不正确的是（　　）。

A. 团队是由基层和管理层人员组成的一个共同体，它合理利用每一个成员的知识和技能协同工作，解决问题，达到共同目标

B. 项目建设相关方均应实施项目团队建设，明确团队管理原则，规范团队运行

C. 项目建设相关责任方的项目管理团队之间应围绕项目目标协同工作并有效沟通

D. 项目建设相关责任方的项目团队之间沟通好，达成一致的意愿可以不受法律限制

二、多项选择题

1. 建设工程项目的全寿命周期包括项目的（　　　）。

A. 决策阶段 　　　　　　　　　　B. 实施阶段

C. 使用阶段 　　　　　　　　　　D. 勘察设计

E. 项目管理阶段

2. 建筑工程项目有（　　　）等特点。

A. 建设周期长 　　　　　　　　　B. 生产要素有流动性

C. 产品有流动性 　　　　　　　　D. 受环境影响大

E. 一次性

3. 中央预算内直接投资项目，须审批（　　　）。

A. 项目建议书 　　　　　　　　　B. 可行性研究报告

C. 初步设计 　　　　　　　　　　D. 施工图设计

E. 开工报告

4. 中央预算内直接投资的项目，可行性研究报告编制完成后，由项目单位按照规定程序报送项目审批部门审批，并应当附（　　　）等文件。

A. 城乡规划行政主管部门出具的选址意见书

B. 国土资源行政主管部门出具的用地预审意见

C. 环境保护行政主管部门出具的环境影响评价审批文件

D. 项目的节能评估报告书、节能评估报告表或者节能登记表

E. 项目初步设计审查意见书

5. 初步设计不得随意改变可行性研究报告所确定的（　　　）等控制目标。

A. 建设规模 　　　　　　　　　　B. 产品方案

C. 工程标准 　　　　　　　　　　D. 建设地址

E. 总投资

6. 以下各选项中（　　　）不属于建设工程项目管理任务。

A. 组织协调 　　　　　　　　　　B. 安全管理

C. 环境管理 　　　　　　　　　　D. 物业管理

E. 合同管理

7. 建立项目管理机构应遵循（　　　）等规定。

A. 明确管理机构和政府之间关系

B. 应有明确的管理目标、运行程序和责任制度

C. 机构成员应满足项目管理要求及具备相应资格

D. 应确定机构成员的职责、权限、利益和需要承担的风险

E. 结构应符合组织制度和项目实施要求

8. 建设工程项目管理组织机构设置的依据包括（　　　）。

A. 项目内在联系 　　　　　　　　B. 技术联系

C. 人员配备要求 　　　　　　　　D. 制约和限制

E. 政策法规

9. 组织工具是组织基本理论应用的手段，基本的组织工具有(　　)。

A. 组织结构图　　　　　　　　　　B. 任务分工表

C. 工作流程图　　　　　　　　　　D. 工作标准

E. 工作职责

10. 建设工程项目团队建设的磨合阶段主要处理好(　　)方面的磨合。

A. 成员与成员之间　　　　　　　　B. 成员与内外部环境的磨合

C. 成员与政府领导的磨合　　　　　D. 项目团队与其所在组织的磨合

E. 项目经理与企业经理的磨合

11. 项目经理的权力包括(　　)。

A. 贯彻执行国家和工程所在地政府的有关法律、法规和政策，执行企业的各项管理制度

B. 严格财务制度，加强财经管理，正确处理国家、企业与个人的利益关系

C. 调配并管理进入工程项目的人力、资金、物资、机械设备等生产要素

D. 选择施工作业队伍

E. 进行合理的经济分配

12. 选用项目经理应考虑的因素包括(　　)。

A. 候选人的社会活动能力　　　　　B. 候选人的敏感性

C. 候选人的领导才能　　　　　　　D. 候选人的应对压力的能力

E. 候选人的技术能力和管理能力

13. 项目经理部解体的主要条件包括(　　)。

A. 工程项目已经竣工验收

B. 与各分包单位已经结算完毕

C. 已协助组织管理层与发包单位签订了"工程质量保修书"

D. 已经履行完成"项目管理目标责任书"，经过审计合格

E. 已经办理土地使用许可证书

14. 项目团队建设应注重成员(　　)培育。

A. 满足感　　　　　　　　　　　　B. 归属感

C. 自豪感　　　　　　　　　　　　D. 独立意识

E. 化解危机意识

15. 对项目经理的素质要求包括(　　)。

A. 政治素质　　　　　　　　　　　B. 身体素质

C. 文化素质　　　　　　　　　　　D. 专业素质

E. 领导素质

三、思考题

1. 中央预算内直接投资项目和企业投资项目的前期阶段工作有什么不同？

2. 简述建设工程项目管理各项目标之间的关系。

3. 建设工程项目管理的主要任务包括哪些？

4. 建设工程项目各相关方项目管理团队之间如何沟通？

5. 项目经理如何提高项目管理整体效果？

四、实训题

某工程，建设单位与甲施工单位签订了施工总承包合同，并委托一家监理单位实施施工阶段监理。经建设单位同意，甲施工单位将工程划分为 A1、A2 标段，并将 A2 标段分包给乙施工单位。根据监理工作需要，监理单位设立了投资控制组、进度控制组、质量控制组、安全管理组、合同管理组和信息管理组六个职能管理部门，同时设立了 A1 和 A2 两个标段的项目监理组，并按专业分别设置了若干专业监理小组，组成直线职能制项目监理组织机构（图 1）。请绘制监理单位设置的项目监理机构的组织机构图，并说明其优缺点。

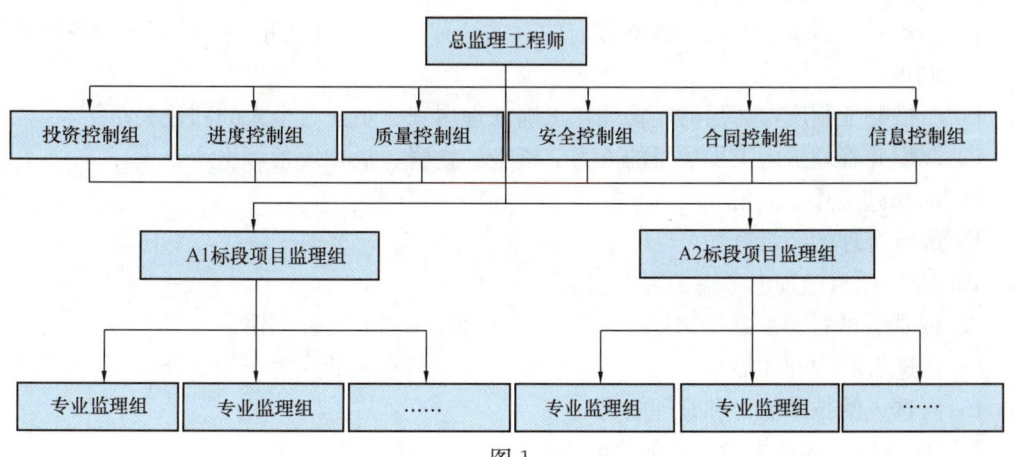

图 1

2 建设工程项目前期阶段和设计阶段管理

学习要求

掌握：建设工程项目可行性研究基本概念、可行性研究报告概念、作用。可行性研究报告基本内容（框架）、项目各阶段设计管理。

熟悉：项目可行性研究报告内容体系，财务评价、经济评价基本参数，项目（方案）评估基本方法，设计管理任务。

了解：项目可行性研究的编制意义，财务评价、国民经济评价的基本思路体系，项目总评估的决策框架，设计管理内容。

2.1 建设工程项目可行性研究

2.1.1 建设工程项目可行性研究概念

建设工程项目可行性研究

建设工程项目的可行性研究是指在项目投资决策之前根据当下国民经济长期战略发展规划、区域发展规划和建设行业发展规划的基本要求，对与拟建项目有关的自然、社会、经济、技术等各方面情况进行深入细致的调查与研究，对各种可能采用的技术方案和建设方案进行认真的技术经济分析和比较论证，对项目建成后的社会经济效益进行科学的预测和评价。在此基础上对拟建项目的技术先进性、时效性和适用性、经济合理性和有效性以及建设可能性和可行性，进行全面分析、系统论证、多方案比选和综合指标评价，最后依据以上内容框架确定该项目是否应该投资和如何投资等结论性意见，为项目投资决策提供可靠的科学依据和为开展以后的项目建设工作打下坚实论证基础。简言之，可行性研究就是在建设项目的投资前期，对拟建项目进行全面、系统的技术经济分析与论证，从而为项目投资决策提供可靠依据的一种科学方法和工作手段。

从目前建设项目咨询行业发展的趋势来看，对于一个项目的可行性研究完整程度而言，其应从三个主要方面进行全人员、全项目、全过程的论证，具体如下：

（1）分析论证投资项目建设的必要性

主要是通过市场预测工作（即通过市场预测分析项目所生产的产品市场需求情况）或参考类似项目案例比对来完成的。

（2）项目投资建设的可行性

主要是通过经济技术分析和生产技术论证来完成的，目的在于推理项目的建设及使用是否符合项目建设的初衷。

（3）项目投资建设的合理性（财务上的盈利性和经济上的合理性）

主要是通过项目的效益分析来完成的。其中项目投资建设的合理性是可行性研究中最核心的问题。

2.1.2　建设工程项目可行性研究报告概念及分类

建设工程项目可行性研究报告是从事一种建设项目经济活动（投资）之前，双方要从经济、技术、生产、销售使用到社会各种环境、法律等各种因素进行具体调查、研究、分析，确定有利和不利的因素、项目是否可行，估计成功率大小、经济效益和社会效果程度，为决策者和主管机关审批上报文件。可行性研究报告依据其内容可分为：

（1）用于企业融资、对外招商合作的可行性研究报告

此类研究报告通常要求市场分析精准、方案比选合理、并提供竞争分析（SWOT 分析、层次分析等）、营销计划、管理方案、技术研发等实际运作方案。

（2）用于国家发展和改革委员会立项的可行性研究报告

此文件是大型基础设施项目立项的基础文件，发展和改革委员会根据可行性研究报告进行核准、备案或批复，决定某个项目是否实施。

（3）用于银行贷款的可行性研究报告

商业银行在前期进行风险评估时，需要项目方出具详细的可行性研究报告。对于国家开发银行等国内银行，该报告由具有相关行业资质的单位出具，通常不需要再组织专家评审。部分银行的贷款可行性研究报告不需要委托咨询方具有资质要求，但要求融资方案合理，分析正确，信息全面。

（4）用于申请进口设备免税

主要用于进口设备免税用的可行性研究报告，申请办理中外合资企业、内资企业项目确认书的项目需要提供项目可行性研究报告。

（5）用于境外投资项目核准的可行性研究报告

企业在实施"走出去"战略，对国外进行项目援建等投资活动时，需要编写可行性研究报告报给国家发展和改革委员会或省发展和改革委员会，需要申请中国进出口银行境外投资重点项目信贷支持时，也需要可行性研究报告。

在上述五种可研中，第（2）、（3）、（4）类准入门槛高，需要编写单位拥有工程咨询资格，该资格由国家发展和改革委员会颁发，分为甲级、乙级、丙级三个等级，其中甲级资质最高。

2.1.3　建设工程项目可行性研究的阶段划分

可行性研究可分为三个阶段：投资机会研究、初步可行性研究和详细可行性研究。

1. 投资机会研究

投资机会研究阶段主要是为项目主体（项目主要组织、投资及负责者）寻求具有良好发展前景，对经济发展有较大贡献，并具有较大成功可能性的投资发展机会，通过机会研究形成项目设想及后期运营设想。投资机会研究的一般方法是从国家经济、技术、社会及自然状况等大的方面发生的变化中挖掘潜在的发展机会，通过创造性的思维提出项目设想，为投资主体寻求合理的说服性建议，陈述投资的收益点及盈利的可能性。但投资机会研究弊端就是其研究成果较粗糙，缺乏细节性的分析结果。

2. 初步可行性研究

初步可行性研究亦称预可行性研究，为项目可行性研究的准备性阶段，该阶段由于是投资机会研究工作的进一步深化，需投入相关人力、财力、物力进行再认证以确定该项目是否可持续跟进研究。作为投资机会研究与详细可行性研究的纽带，初步可行性研究工作

的研究目标须明确，具体如下：

（1）确定是否可转入详细可行性研究阶段。

（2）通过专项方案确定哪些关键问题需要进行辅助性专题研究。但初步可行性研究阶段工作存在研究虽由抽象转为具体，粗糙转为细致，但仍未对项目问题的质及量进行深刻剖析，相关问题如论证通过才需转到详细可行性研究阶段。

3. 详细可行性研究

详细可行性研究阶段又可称为最终可行性研究阶段，为所有阶段中的关键环节，是对可行性研究报告的综合阐述，研究内容的深度及广度均达到了专业水平，整体对项目的各项经济技术指标利用专业工具及方法进行客观论证，对相关内容进行严格的数据采集，目的是获得具有前瞻性、合理性、可行性的项目可行性论断。

2.1.4　建设工程项目可行性研究的一般性工作程序

对于常规建设工程项目的可行性研究，可采用如下编制程序进行项目内容的研究。

1. 签订委托协议

可行性研究报告编制单位与委托单位，就项目可行性研究报告编制工作的范围、重点、深度要求、完成时间、费用预算和质量要求交换意见，并签订委托协议，据以开展可行性研究各阶段的工作。

2. 组建工作小组

根据委托项目可行性研究的工作量、内容、范围、技术难度、时间要求等组建可行性研究报告编制小组。

3. 制定工作计划

计划内容包括研究工作的范围、重点、深度、进度安排、人员配置、费用预算及可行性研究报告编制大纲，并与委托单位交换意见。

4. 调研并收集资料

各专业组根据可行性研究报告编制大纲进行实地调查，收集整理有关资料，包括：向市场和社会调查，向行业主管部门调查，向项目所在地区调查，向项目涉及的有关企业、单位调查，收集项目建设、生产运营等各方面所必需的信息资料和数据。

5. 方案设计及优选

在以上调查研究、收集资料的基础上，对项目的建设规模与产品方案、场（厂）址方案、技术方案、设备方案、工程方案、原材料供应方案、总图布置与运输方案、公用工程与辅助工程方案、环境保护方案、组织机构设置方案、实施进度方案以及项目投资与资金筹措方案等，提出备选方案，进行论证比选优化，构造项目的推荐方案。

6. 项目评价

对推荐的建设方案进行环境评价、财务评价、国民经济评价、社会评价及风险分析等，以判别项目的环境可行性、经济可行性、社会可行性和抗风险能力。当有关评价指标结论不足以支持项目方案成立时，应对原设计方案进行调整或重新设计。

7. 编写可行性研究报告

项目可行性研究的各专业方案经过技术经济论证和优化之后，由各专业组分工编写。经项目负责人衔接协调、综合汇总，提出可行性研究报告初稿。

8. 与委托单位交换意见

可行性研究报告初稿形成后，与委托单位交换意见，修改完善，形成正式可行性研究报告。

2.1.5　建设工程项目可行性研究报告的基本内容

依据国家发展和改革委员会审定发行的《投资项目可行性研究指南》的规定，一般民用项目可行性研究报告应按以下结构内容进行编写：总论、市场预测（主要经济指标）、资源条件评价、场（厂）址选择、建设规模和产品方案、公用工程方案、节能与节水方案、消防与安全、环境影响评价、项目组织与管理、工程项目实施进度、项目招标投标、投资估算与资金筹措、项目社会效益评价、结论与建议、附表、附图、附件等内容。

2.2　建设工程项目经济评价

2.2.1　建设工程项目经济评价的基本组成

建设工程项目
经济评价的
基本组成

工程项目财务评价和经济评价均是建设工程项目经济评价的重要组成部分。其中财务评价是根据国家现行财税制度和价格体系，分析、计算项目直接发生的财务效益和费用，通过各种财务分析指标编制财务报表，计算评价指标，考察项目的盈利能力、清偿能力以及外汇平衡等财务状况，据以判别项目的财务可接受性，其评价结论是决定项目取舍的重要决策依据；经济评价又称国民经济评价，是从社会经济资源有效配置的角度分析工程项目的建设对经济发展所做出的贡献，评价工程项目所耗费的社会资源的经济合理性。

2.2.2　建设工程项目财务评价

1. 财务评价作用

建设项目的财务评价无论是对项目投资主体，还是对为项目建设和生产经营提供资金的其他机构或个人，均具有十分重要的作用。主要表现在：

（1）考察项目的财务盈利能力

项目的财务盈利水平如何，是否达到国家规定的基准收益率，项目投资主体能否取得预期的投资效益；项目的清偿能力如何，是否低于国家规定的投资回收期，项目债权人的权益是否有保障等；是项目投资主体、债权人以及国家、地方各级决策部门、财政部门共同关心的问题。因此项目是否值得兴建，首先要考察项目的财务盈利能力等各项经济指标，要进行财务评价。

（2）用于制定适宜的资金规划

确定项目实施所需资金的数额，根据资金的可能来源及资金的使用效益，安排恰当的用款计划及选择适宜的筹资方案，都是财务评价要解决的问题。项目资金的提供者据此安排各自的出资计划，以保证项目所需资金能及时到位。

（3）为协调企业利益和国家利益提供依据

对某些国民经济评价结论好，财务评价不可行，但又为国计民生所急需的项目，必要时可向国家提出采取经济优惠措施的建议，使项目具有根本的生存能力。此时，财务评价可以为优惠方式及幅度的确定提供依据。

（4）为中外合资项目提供双方合作的基础

对中外合资项目的外方合营者而言，财务评价是做出项目决策的唯一依据。项目的财务可行性是中外双方合作的基础。中方合营者应审批机关的要求必要时还应进行国民经济评价。

2.财务评价的内容和指标体系

建设项目财务评价的评价内容、基本报表及评价指标的对应关系见表2-1。

财务评价内容与评价指标
表 2-1

评价内容	基本报表	财务评价指标	
		静态指标	动态指标
盈利能力分析	全部投资现金流量表	全部投资回收期	财务内部收益率 财务净现值
	自有资金现金流量表		财务内部收益率 财务净现值
	损益表	投资利润率 投资利税率 资本金利润率	
清偿能力分析	资金来源与运用表	借款偿还期	
	资产负债表	资产负债率 流动比率 速动比率	
外汇平衡分析	财务外汇平衡表		

3.财务盈利能力分析

财务盈利能力分析是项目财务分析的重要组成部分,从是否考虑资金时间价值的角度,财务盈利分析分为动态指标分析与静态指标分析。

(1) 动态指标分析

动态指标分析采用现金流量分析方法,在项目计算期内,以相关效益费用数据为现金流量,编制相关现金流量表,考虑资金时间价值,采用折现方法计算净现值、内部收益率等指标用以分析考察项目投资盈利能力。

1) 项目投资财务净现值（$FNPV$）。项目投资财务净现值是指按设定的折现率 i_c 计算的项目计算期内各年净现金流量的现值之和。计算公式如下:

$$FNPV = \sum_{t=1}^{n} (CI - CO)_t (1 + i_c)^{-t} \tag{2-1}$$

式中　　CI——现金流入;

　　　　CO——现金流出;

$(CI - CO)_t$——第 t 年的净现金流量;

　　　　n——计算期年数;

　　　　i_c——设定的折现率,通常可选用财务内部收益率的基准值(可称财务基准收益率)。

项目投资财务净现值是考察项目盈利能力的绝对量指标,它反映项目在满足按设定折现率要求的盈利之外所能获得的超额盈利的现值。项目投资财务净现值大于或等于零,表明项目的盈利能力超过或达到了设定折现率所要求的盈利水平，该项目财务效益可以被接受。

2) 项目投资财务内部收益率（FIRR）。项目投资财务内部收益率是指能使项目在整个计算期内各年净现金流量现值累计等于零时的折现率，是考察项目盈利能力的相对量指标。表达式如下：

$$\sum_{t=1}^{n}(CI-CO)_t(1+FIRR)^{-t}=0 \tag{2-2}$$

式中　　$FIRR$——欲求取的项目投资财务内部收益率。

（2）静态指标分析

静态指标分析是指不考虑资金时间价值，直接用未经折现的数据进行计算分析的方法，包括静态投资回收期、计算总投资收益率和项目资本金利润等指标的方法。

1) 项目投资回收期

项目投资回收期是指以项目的净收益回收项目投资所需要的时间，一般以年为单位，并从项目建设开始算起，若从项目投产开始时算起的，应予以特别注明。公式：

$$\sum_{t=1}^{P_t}(CI-CO)_t=0 \tag{2-3}$$

式中　　　CI——现金流入；

　　　　　CO——现金流出；

$(CI-CO)_t$——第 t 年的净现金流量；

　　　　　P_t——项目投资回收期。

投资回收期短，表明投资回收快，抗风险能力强。对于某些风险较大的项目，需要计算投资回收期指标。当投资回收期小于或等于设定的基准投资回收期时，表明投资回收速度符合要求。基准投资回收期的取值可根据行业水平或投资者的要求确定。

2) 总投资收益率

总投资收益率表示总投资的盈利水平，是指项目达到设计能力后正常年份的年息税前利润或运营期内年平均息税前利润与项目总投资的比率。计算公式如下：

总投资收益率＝年息税前利润/项目总投资×100%

息税前利润＝利润总额＋支付的全部利息　　　　　（2-4）

或：

息税前利润＝营业收入－营业税金及附加－营业成本－折旧和摊销

总投资收益率高于同行业的收益率参考值，表明用总投资收益率表示的盈利能力满足要求。

3) 项目资本金净利润率

项目资本金净利润率表示项目资本金的盈利水平，是指项目达到设计能力后正常年份的年净利润或运营期内年平均净利润与项目资本金的比率。计算公式为：

项目资本金净利润率＝年净利润/项目资本金×100%

项目资本金净利润率高于同行业的净利润率参考值，表明用项目资本金净利润率表示的盈利能力满足要求。

4. 项目清偿能力分析

对于筹措债务资金的借款项目，其偿债能力分析评估是在项目盈利能力分析评估的基础上，根据项目借款还本付息计划表（含建设期利息估算表）和资产负债表等财务报表，通过计算项目的借款偿还期、利息备付率和偿债备付率以及资产负债率、流动比率和速动比率等评估指标，判断项目的偿债能力，考察项目是否具有按期偿还借款的能力，并且分析评估投资项目能否达到预先规定的借款偿债能力及其满足要求的程度。

（1）借款偿还期（P_d）

借款偿还期是指按照国家财政的规定及项目具体的财务条件，以项目投产后获得的可用于还本付息的资金（包括利润、折旧费、摊销费及其他项目收益），来偿还借款本息所需要花费的时间（以年为单位），它是反映工程项目偿还借款的能力和经济效益好坏的一个综合性评估指标，可根据借款还本付息计划表，按下列公式计算：

$$I_d = \sum_{t=1}^{P_d} (R_p + D' + R_0 - R_t)_t \tag{2-5}$$

式中　　　　　I_d ——固定资产投资借款本息之和；

P_d ——借款偿还期；

R_p ——可用于还款的利润；

D' ——可用于还款的折旧费和摊销费；

R_0 ——可用于还款的其他收益；

R_t ——还款期间的企业留利；

$R_p + D' + R_0 - R_t$ ——第 t 年可用于还款的资金额。

当借款偿还期能满足贷款结构的要求期限（P_c）时，就可认为该项目具有偿还债务能力。借款偿还期指标旨在计算最大偿还能力，适用于尽快还款项目，不适用于已约定借款偿还期限的项目。对于已约定借款偿还期限的项目，应采用利息备付率和偿债备付率指标分析项目的偿债能力。

（2）利息备付率（ICR）

利息备付率是指项目在借款偿还期内，各年可用于支付利息的息税前利润（EBIT）与当前应付利息费用（PI）的比值，如下：

$$利息备付率(ICR) = \frac{息税前利润(EBIT)}{当期应付利息费用(PI)} = \frac{利润总额 + 利息费用}{利息费用(PI)} \tag{2-6}$$

息税前利润＝利润总额＋计入总成本费用的利息费用；当期应付利息是指计入总成本费用的全部利息。

利息备付率可以按年计算，也可以按整个借款期计算。利息备付率表示使用项目的息税前利润偿付利息的保证倍率，它是从付息资金来源的充裕性角度反映项目偿付债务利息的能力。

（3）偿债备付率（DSCR）

偿债备付率是指项目在借款偿还期内，将项目贷款条件（如贷款年限、利率、宽限期、还款方式和每年应还本金等）作为约束条件的情况下，各年可用于还本付息的资金与当期应还本付息金额的比值，如下：

$$偿债备付率(DSCR) = \frac{可用于还本付息的资金(EBITDA - TAX)}{当期应还本付息金额(PD)} \tag{2-7}$$

式中　TAX ——企业所得税；

PD——当期应还本付息金额，包括当期应偿还的借款本金和计入总成本费用的全部利息。融资租赁费用可视同借款偿还。在营业期内的短期借款本息也应纳入计算。

本计算公式是根据我国规定在所得税后还款的要求和债权人要求的还款期限与利率，按最大还款资金能力计算。

偿债备付率可以按年计算，也可以按整个借款期计算。偿债备付率表示可用于还本付息的资金偿还借款本息的保证程度。

（4）资产负债率（LOAR）

资产负债率是负债总额（TL）与资产总额（TA）的比值，它反映了总资产中有多大比例是通过借债来筹集的，可用于衡量企业在清算时对债权人利益的保障程度。该指标可通过资产负债表，根据如下公式推出：

$$资产负债率(LOAR) = \frac{负债总额(TL)}{资产总额(TA)} \times 100\% \qquad (2-8)$$

负债总额应包括长期负债与短期负债；而资产总额则是指扣除累计折旧后的净额。在项目财务分析评估中，长期债务还清后，可不再计算资产负债率。

该项指标亦是反映项目各年所面临的财务风险程度及偿债能力的指标，衡量项目投资者承担风险程度的尺度。对项目资产负债率指标的分析评估，应结合国家的宏观经济状况、行业发展趋势、企业所处的竞争环境等具体条件进行。

（5）流动比率

流动比率是反映项目偿还流动负债能力的评估指标，即为流动资产与流动负债的比值，它表示项目短期负债和随时可变为支付手段的资金之间的关系，可根据下式计算：

$$流动比率 = \frac{流动资产}{流动负债} \qquad (2-9)$$

流动比率不仅反映企业（项目）清偿短期债务的能力，而且还是企业需要通过借款与发行债券用以筹集融通额外资金时的粗略分析手段。

（6）速动比率

速动比率亦称酸性试验比率，它是反映项目快速偿付流动负债能力的指标，即为速动资产与流动负债的比率。速动资产是指容易转变为现金的流动资产（如现金、有价证券和应收账款净额等）。该指标表明项目的流动负债可用容易转变为现金的速动资产来偿还的倍数。计算公式如下：

$$速动比率 = \frac{流动资产 - 存货}{流动负债} = \frac{速动资产}{流动负债} = \frac{资金 + 有价证券 + 应收账款净额}{流动负债}$$

$$(2-10)$$

速动比率最好保持在 1.0～1.2 之间，即符合要求，它是衡量企业资金短期流动性的尺度和项目在资产流动性方面所面临的风险程度。

2.2.3 建设工程项目国民经济评价

1. 国民经济评价的概念与目的

国民经济评价是从国民经济的社会整体角度出发，按照资源合理配置的原则，采用货物影子价格、影子汇率和社会折现率等国家参数，分析社会成员为项目投资活动所付出的代价及项目占用经济资源所产生的各种经济效果，分析项目投资的经济效益和对社会福利所做出的贡献，计算项目对国民经济和社会的净贡献，运用经济费用效益分析和经济费用效果分析方法判断和评估项目投资的资源配置效率，衡量项目在经济上的合理性和可行性。国民经济评估的结论是政府审批或核准项目投资决策的重要依据之一。

项目国民经济评价的目的是把国家有限的各种资源（包括资金、外汇、劳动力、土地和自然资源等）投入到国家和社会最需要的项目中，使这些可用于投资的有限资源能够合理配置和有效使用，以取得最大的投资效益。

除了全面识别整个社会为项目付出的成本以及项目为提高社会福利所做出的贡献、评估项目投资的经济合理性以外，对项目进行国民经济评估的具体目的还包括：

（1）分析项目国民经济评价的经济费用效益流量与财务评价财务现金流量存在的差别及其原因，提出相关的政策调整建议。

（2）对于市场化运作的基础设施等项目，通过国民经济评估来论证项目的经济价值，为制定财务方案提供依据。

（3）分析各利益相关者为项目付出的代价及获得的收益，通过对受损者及受益者的国民经济评估为下一步的项目社会评估提供实际的依据。

2. 国民经济评价的对象

由于国民经济评价是一项较复杂的评估工作，根据目前我国的实际条件，只是针对某些在国民经济建设中涉及国民经济安全、有重大影响和具有自然垄断性作用的大中型重点建设项目及特殊行业、基础性与公益性等投资项目；投入产出市场竞争不充分或不具备市场交易，受到过度行政干预的项目；主要产出物和投入物的市场价格不能反映其真实价值、市场无法依据价格有效配置资源、具有明显的外部效果、财务分析评估结论会偏离或不能反映该项目的目标并导致决策失误的项目，才进行国民经济评价。

3. 国民经济评价的内容和程序

对投资项目进行国民经济评价涉及的内容较多、范围较广，测算与核实基础数据与参数的工作较复杂，一般可按下列步骤进行分析评估：

（1）对投资项目的经济效益和经济费用进行识别和划分、鉴定与分析，主要包括直接和间接效益和费用、内部与外部效益与费用，重点应注意对转移支付与外部效果的鉴别分析，考察项目对经济发展和资源合理利用和环境的影响。

（2）合理选取和测算项目的投入物与产出物的影子价格和经济评估参数进行鉴定、分析和评估，这是国民经济评价的关键。

（3）依据确定的影子价格和国家参数，计算项目的经济效益和经济费用等基础数据并对其进行调整、分析和评估。

（4）根据调整确定的项目经济基础数据，编制项目国民经济评估报表并对其进行分析评估。

（5）对项目国民经济评估指标的计算、分析和评估，主要包括项目国民经济盈利能力分析，以及对难以用货币价值量化的外部效果进行分析和评估。

（6）对项目进行国民经济的不确定性与风险分析评估，判别项目投资的国民经济效益的可靠性和抗风险能力。

（7）对项目技术方案和建设方案进行国民经济效益比较和优选的评估，以利于提高项目投资的经济效益和投资决策的合理有效性。

（8）综合分析评估，提出项目经济评估结论和建议。按照国家的有关经济政策，对项目涉及的各项经济因素进行综合分析和总评估，做出经济评价结论，并对在评估中发现的问题和不同的看法提出建议和说明。

4. 项目经济费用及效益分析

经济费用效益分析是按照既定的国家经济和社会目标，运用近似社会价值的影子价格，对拟建项目、规划或投资方案的费用与效益进行识别度量、计算、分析和比较，以便从中选择最佳方案的一种科学分析方法。它是在给定有限的可用资源条件下，保证拟建项目为达到既定目标、产生最佳经济效益的一种有效工具，也是评价可供选择的多种投资方案或规划，并从中选择出最优方案的良好工具。在经济发达国家，经济费用效益分析主要用于公共工程项目的社会经济效果评价。在我国社会主义市场经济体制下，费用效益分析是政府对公共项目进行项目国民经济和社会评价的重要方法。在新的投资体制下，经济费用效益分析还用于强调从资源配置经济效益的角度分析项目的外部效果和公共性效益，据以分析判断项目建设的经济合理性和有效性，作为政府审批或核准项目的重要依据。

5. 项目费用效益及效果分析

(1) 项目费用效益分析

1) 经济净现值

经济净现值（ENPV）是指用社会折现率将项目计算期内各年的经济净效益流量折算到项目建设期初的现值之和，是经济费用效益分析的主要指标。

经济净现值的计算式为：

$$ENPV = \sum_{t=1}^{n} (B-C)_t (1+i_s)^{-t} \qquad (2-11)$$

式中　B——经济效益流量；

　　　C——经济费用流量；

$(B-C)_t$——第 t 年的经济净效益流量；

　　　n——计算期，以年计；

　　　i_s——社会折现率。

经济净现值是反映项目对社会经济净贡献的绝对量指标。项目的经济净现值等于或大于零表示社会经济为拟建项目付出代价后，可以得到符合或超过社会折现率所要求的以现值表示的社会盈余，说明项目的经济盈利性达到或超过了社会折现率的基本要求，认为从经济效益看，该项目可以被接受。经济净现值越大，表明项目所带来的以现值表示的经济效益越大。

2) 经济内部收益率

经济内部收益率（EIRR）是指能使项目在计算期内各年经济净效益流量的现值累计等于零时的折现率，是经济费用效益分析的辅助指标。经济内部收益率可由下式表达：

$$\sum_{t=1}^{n} (B-C)_t (1+EIRR)^{-t} = 0 \qquad (2-12)$$

式中　$EIRR$——经济内部收益率，其余符号同前。

经济内部收益率可由上式采用数值解法求解，手算可用人工试算法，利用计算机可使用软件程序或函数求解。

经济内部收益率是从资源配置角度反映项目经济效益的相对量指标，表示项目占用的资金所能获得的动态收益率，反映资源配置的经济效益。项目的经济内部收益率等于或大于社会折现率时，表明项目对社会经济的净贡献达到或者超过了社会折现率的要求。

（2）项目费用效果分析

费用效果分析是通过对该项目预期效果和所支付费用的比较，判断项目费用的有效性和项目经济合理性的分析方法。

效果是指项目引起的效益或效能，表示项目目标的实现程度，往往不能或难于货币量化。费用是指社会经济为项目所付出的代价，是可以货币量化计算的。

费用效果分析是项目决策分析与评价的基本方法之一。当项目效果不能或难于货币量化时，或货币量化的效果不是项目目标的主体时，在经济分析中可采用费用效果分析方法，并将其结论作为项目投资决策的依据。例如医疗卫生保健、政府资助的普及教育、气象、地震预报、交通信号设施、军事设施等项目。

作为一种方法，费用效果分析既可以应用于财务分析，采用财务现金流量计算；也可以应用于经济分析，采用经济费用效益流量计算。用于前者，主要用于项目各个环节的方案比选、项目总体方案的初步筛选；用于后者，除了可以用于上述方案比选、筛选以外，对于项目主体效益难以货币量化的，则取代经济费用分析，作为经济分析的最终结论。

2.3　建设工程项目决策技术

2.3.1　项目方案比较评估原理

1. 项目投资方案比较评估的内容和目的

（1）投资方案比较评估的内容

项目投资方案比较评估的内容包括两个方面：

1）项目单个技术方案或建设投资方案的技术经济分析与评估；

2）项目总体建设投资方案的综合技术经济分析论证与评估。

（2）投资方案比较评估的目的

投资方案比选是寻求合理的建设和技术方案的必要手段，也是项目经济的重要组成部分。在项目可行性研究过程中所进行的各项主要经济和技术决策，如工厂规模、产品方案、工艺流程和主要设备的选择，原材料、燃料和动力供应方式的确定，厂址的选择、工厂布置及资金的筹措等，均应根据实际情况提出各种可能的备选方案进行筛选，并对筛选的若干方案进行经济效果计算，结合其他因素进行详细论证、比较和评估，最终选择出能最有效地分配和使用有限的资金，以获得能够取得最佳投资效益的投资建设方案。因此，投资项目方案比较评估是项目评估的前提和核心内容。

2. 投资方案比较评估的依据和原则

（1）投资方案比较评估的依据

各类方案的经济效果是方案比选的主要依据，对于不同的方案原则上应根据项目的财务效益评估和国民经济评估或社会效果的结论进行比选，按照项目本身的特点和评估的要求不同，确定方案比选决策的依据。

（2）投资方案比较评估的原则

投资方案比较评估必须遵循多方案比选的原则，应满足以下条件：

1) 备选方案应在两个或两个以上，且为互斥方案或可转化为互斥方案。方案比选应遵循效益与费用计算口径对应一致的原则。

2) 备选方案必须具有共同的既定目标，对于目标不同的方案或是不能满足最低效益要求的方案不可进行比较。

3) 备选方案的投入物应能用货币量化作为费用。

4) 对于效果不能用货币量化的项目，可采用同一种非货币量化计量单位来衡量项目的效果（效用）。

5) 备选方案应具有可比的寿命周期（计算期）、项目功能、服务年限、计算基础资料、设计深度和计算方法，如果备选方案的计算期不一致时，可采用年值计算方法。

6) 项目效果计算单位选择，应能切实度量项目目标的实现程度，且便于计算。假如项目的目标不止一个或项目的效果难以直接度量的，则需要建立次级分解目标进行度量，并可借助层次分析法对项目的效果进行加权评分计算。

7) 对于重大基础设施和公益性项目的方案比较，原则上应通过国民经济评估和综合评估类来确定。

3. 投资方案比较评估的步骤

投资方案评选须注重方案的横向细节对比，应能准确把握方案比较评估顺序，切勿将评估体系弄得复杂烦乱。具体方案比较评估步骤如下：

(1) 确立项目目标；

(2) 构想和建立备选方案；

(3) 将项目目标转化为具体可量化的效果指标；

(4) 识别费用和效果要素，并估计各个备选方案的费用与效果；

(5) 利用相关指标，综合比较、分析各个方案优缺点；

(6) 推荐最佳方案或提出优先采用的次序。

2.3.2 投资项目分类及方案选择方法

1. 投资项目的分类

(1) 按照经济关系分类

投资项目分类

1) 独立型项目（方案）：是指项目（方案）的采纳与否只受自身条件的制约，方案之间不具有排斥性。也就是说，在独立型项目（方案）中，选择某一项目（方案）并不排斥选择另一个项目（方案），它们在经济上互不相关，接受或放弃某个项目（方案），并不影响其他项目（方案）的取舍。

2) 互斥型项目（方案）：是指同一个项目有若干个备选方案，而且各个方案彼此不可以相互代替。因此，方案具有排他性，采取方案组中的某一个方案，就会自动排斥这组方案中的其他方案。

3) 互补型项目（方案）：是指投资项目（方案）之间有时也会出现经济上的互补问题。

(2) 按照约束条件分类

1) 无约束项目（方案）：是指没有资金、劳动力、材料、设备及其他资源拥有量限制的项目（方案）。这里主要是指无资金约束的方案，即在达到要求的基准收益的条件下，项目总能筹集到所需要的资金。

2）有约束项目（方案）：是指只能从一组项目中选择一部分项目进行投资实施，这就出现了资金合理分配的问题，通常是可通过项目排列组合（独立项目按优劣排序并达到满足约束条件的项目的最优组合）来优选项目，而且各个项目组合之间是互斥的。因此，有约束条件的独立项目（方案）的选择又成为互斥项目（方案）组合的选择问题。

2. 方案比选

方案比选可按各个方案所含的全部因素（含相同因素与不同因素）计算各方案的全部经济效益和费用，进行全面对比；也可以仅就不同因素计算相对经济效益和费用，进行局部的对比，必要时应考虑相关效益和相关费用。

投资方案比较评估应遵循效益与费用计算口径的对应一致原则和各方案之间的可比性原则，包括项目功能、服务年限、计算基础资料、设计深度和计算方法的可比性。对于不同结构类型的投资方案，要按照方案的计算期、产出效益、产品产量，以及资金约束条件和项目（方案）之间的经济关系等实际情况，选用适当的比选方法和评估指标，以避免使用方法和指标不当而产生相反的评估结论。

这里着重分析评估互斥项目（方案）的经济评估比选方法。依据项目（方案）分类和投资方案比选的原则和要求，互斥型项目（方案）进行经济评估比选时可采用如图 2-1 所示的方法。

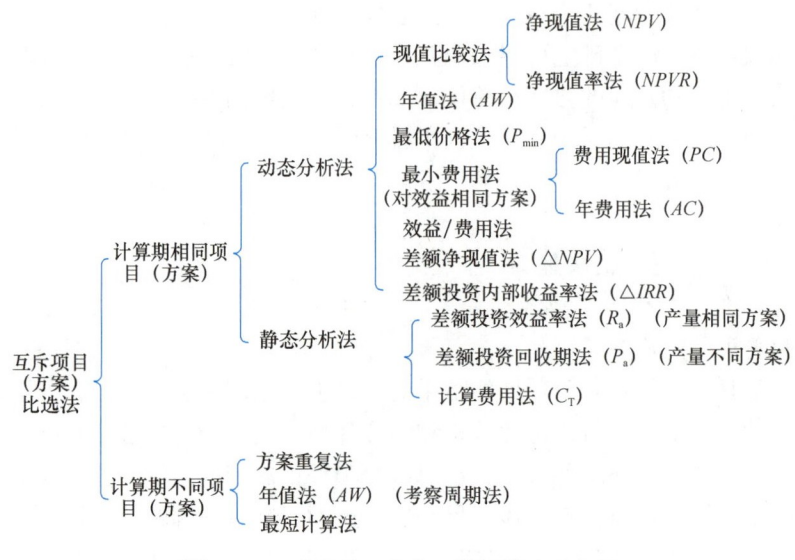

图 2-1　互斥项目（方案）的经济比选方法

2.3.3　投资项目比较指标的选择和投资方案优化组合

1. 投资方案比较指标的适用范围

（1）净现值（NPV）、内部收益率（IRR）和净现值率（NPVR）是在对于单个方案进行投资项目经济评估、对互斥方案进行比较选优和对独立方案项目进行排队与组合选优等时经常使用的评估指标。用 NPV、IRR 和 NPVR 这 3 个指标来判断项目的可行性研所得出的结论是一致的，因此，可以选用任一指标进行评估判断。

（2）在进行方案比选时，总费用现值和年费用现值指标是没有一定限制条件的。在无资金约束条件时，可以采用净现值和差额投资内部收益率指标，但在事先已明确资金又限定范围时，则可采用净现值率来比选择优。

（3）当多个项目进行排队和组合优选时，亦可采用净现值率选择既符合资金限制条件又能使净现值率最大的方案组合，以实现有限资金的合理利用。

2. 方案比选评估指标的选用

（1）在项目不受资金约束条件下，可采用差额内部收益率法、净现值法和年值法；当有明确规定的资金限额时，一般采用净现值率法和净现值法。

（2）对计算期不同的方案进行方案比选时，宜采用年值法和年费用法。如果采用差额内部收益率、净现值率法等方法进行比选时，则应对各个方案的计算期进行适当调整处理。

（3）对效益相同或效益基本相同但难以具体估算的方案进行比选时，可采用最小费用法，包括费用现值比较法和年费用比较法。

3. 投资项目（方案）优化组合

在项目比较和选优过程中，最常见的约束是资金的约束。由于受资金总拥有量的约束，在项目选择时，不可能采用所有经济上合理的项目。

在有约束条件下，不管项目间是互斥的或是独立的，它们的解法都一样，即把所有的满足约束条件的投资项目的组合列出来，然后进行取舍。实质上是将多个互不相关的独立项目的经济评估比选问题转化为在可行方案总体中互斥的方案组的优选问题。因此，在列出方案总体的项目组合的基础上可以采用互斥项目选择的方法进行选择。其具体优选步骤是：①形成所有可能的互斥的方案组总体；②把各方案按约束因素（在总投资有限时则按各方案组的初始投资额）的大小，从大到小排序；③除去那些不满足约束条件的方案组；④留待考虑的互斥的方案组，可用差额投资内部收益率法或增量投资净现值法和净现值率法等从中选出最优者。

2.3.4 投资项目总评估决策

1. 项目总评估的概念与必要性

（1）项目总评估的概念

项目总评估是指在汇总各分项评估结果的基础上，运用系统分析研究方法，对拟建投资项目的可行性及预期效益进行全面分析和综合评估，提出结论性意见和建议。项目总评估是整个评估工作的最后一个环节。通过对各分项评估内容的系统整理，保证项目评估内容的完整性和系统性，通盘衡量整体项目，做出全面、准确的判断和总评估，提出明确结论。它不仅综合反映了前期各分项评估工作的成果和质量，而且还能直接为项目投资决策提供科学依据。

（2）项目总评估的必要性

项目总评估的必要性在于事物本身的复杂性。

1）企业财务评估、国民经济评估和社会评估的结论往往是初步的、分散的。有的评估指标有时可能存在相互矛盾之处，如财务效益好而经济效益差或经济效益好而社会效益差等，这就需要在充分调查研究、取得大量可靠的数据基础上，把分散的结论联系起来，进行综合分析，评估利弊得失，纠正在分析评估中存在的偏颇之处，明确矛盾的主要方面，用尽可能少的社会劳动消耗，获得尽可能多的经济效益，提出尽可能满意的方案，从而得出正确的评估结论。

2）不同的项目有不同的规模和特性，有的项目在某些问题上需要进行特别周密深入的分析，因而在企业财务收益和国民经济收益与社会评估完成后，还需要在某些方面进行弥补缺漏或重点分析。

3）在项目可行性研究中，往往对项目提出几个不同的方案，有的表现在厂址上，有的在工艺上，有的在规模上，有的则涉及几个方面。虽然在分析评估时已对不同方案做了初步分析，在分项评估完成后，需要联系各个方面做进一步的分析，对方案做出最后抉择。

（3）项目总评估的目的

根据国际经验，项目综合评估的目的是使项目设计适应于所处的整个社会环境，保证项目建设达到预期的经济目的，促进社会的进步与变革。

投资项目总评估有两种目的：①在各个方面、各层次分析评估的基础上，谋求项目方案的整体优化，而并非强调某一项指标或几项指标必须达到最优；②将从不同的角度进行分析评估所得出的结论进行综合，得出对项目整体效果和影响的完整概念。总之，投资项目总评估应能弥补各方面、各层次分析评估提供信息的分散和不足，给决策者提供全面的信息，有利于权衡利弊、科学决策。

2. 项目总评估的内容

建设项目总评估应根据国家宏观管理的要求和项目的具体特点，在财务效益评估和国民经济效益与影响评估的基础上，进行综合计算、分析和论证。评估的内容一般包括以下六个方面：

（1）综述在项目研究评估过程中重大方案的选择和推荐意见，主要论述项目建设方案的必要性和可行性。必要性是指项目建设符合国家的建设方针和投资的优先方向，产品适应市场需求，项目建设，能解决阻碍原有企业发展的问题，并与原来的生产技术条件协调配合。可行性是指项目的建设条件和生产条件能得到充分保证，要进行工艺设备、生产技术等是否先进、适用、安全，产品方案、建设规模是否可行，项目所需各项投入物供应能否保证资源节约与综合利用、生态环境影响和劳动安全卫生等方面的分析论证评估工作，并确定相关项目的同步建设问题。

（2）综述项目建设方案的企业财务效益，包括项目投资来源和筹措方式、融资方案，以及生产成本、销售收入、利润、税金和贷款还本付息等财务基础数据的测算工作，编制各类现金流量表、利润和利润分配表、资金来源与运用表、项目总投资使用计划与资金筹措表、借款还本付息计划表和资产负债表等基本报表，并且据此进行各种企业财务效益评估指标的计算、分析和论证工作。

（3）综述项目建设方案的国民经济效果影响分析评估和社会效益和社会影响分析评估，包括国民收入和社会净收益等经济效果指标的计算和分析，还应考虑收入分配效果、劳动就业效果、外汇效果、综合能耗和环境保护等社会效果的计算和分析，还包括行业发展与产业结构、区域经济与宏观经济影响分析评估，以及各种非数量化的社会效益与影响等定性分析。

（4）综述不确定因素对项目经济效益的影响及项目投资的风险程度。为了检验企业财务评估、国民经济评估和社会评估的可靠性，还必须运用盈亏平衡分析、敏感性分析和概率分析等不确定性分析和风险分析方法，据此判断项目效果的客观性和真实性，采取积极措施，确保项目投资的可靠性，减少投资的风险程度。

（5）综述项目非量化的社会效果。应根据项目的具体情况及特点，确定综合分析的内容。一般应包括以下方面：

1）对提高人民物质文化生活及社会福利的影响；

2）对项目产品用户的影响；

3）对节约及合理利用国家资源（如土地、水、矿产等）的影响；

4）对节约能源的影响；

5）对节约劳动力消耗或提供就业机会的影响；

6）对环境保护和生态平衡的影响；

7）对发展区域经济部门（行业）和宏观经济的影响；

8）对提高国家、地区和部门科学技术水平的影响；

9）对国民经济长远发展的影响；

10）对国防建设和国家安全的影响；

11）对工业布局和产业结构、行业垄断和经济安全的影响；

12）对部门、地区公平分配的影响。

（6）提出在项目评估中存在的问题和有关建议，主要是对各种技术方案、总体建设方案、投资方案等进行多方案选择和论证，最后推荐一个可行方案，或者对原方案提出改进或"重新设计"的建议，甚至做出项目不可行的建议。总之，应根据上述各项目计算、分析的结果，进行综合平衡的分析，将结论提供给上级决策部门，作为项目投资决策的科学依据。

3. 项目总评估的结论要点

项目总评估的结论应包括推荐方案内容、分析评估结论和主要比选方案的概述、最终的结论性意见与建议。

（1）推荐方案概述与分析评估结论

1）推荐方案的主要内容和分析研究结果

① 市场预测。简述市场预测的主要结论，指出投资项目产品目标市场定位、竞争能力、销售前景及营销策略。

② 建设规模与产品方案。简述确定的建设规模与主要产品方案。

③ 厂（场）址方案。概述通过比选后选定的厂（场）址方案及其优缺点。

④ 工艺技术和主要设备选型方案。简述选定的工艺技术和主要设备。

⑤ 主要原材料、燃料动力供应方案。简述主要原材料、燃料动力供应的来源、运输方式和保障程度。

⑥ 公用工程、辅助工程及其配套设施和外部条件。简述主要的公用工程、辅助工程及其配套设施的方案，以及必须配套的外部条件。

⑦ 节约资源和综合利用、资源开发项目的资源条件评估。对于资源开发项目需对资源条件进行简要描述，对资源条件是否能满足项目目标要求进行分析并做出评估结论。

⑧ 生态环境影响评估与环境保护措施方案。简述拟采用的环境保护措施的主要方案及生态环境影响评估结论。

⑨ 项目投入总资金估算和融资方案。项目投入总资金估算和融资方案的分析是项目

效益估算的基础，也是下一步落实项目资金筹措的基础，要对项目投资估算和融资方案分析的结果加以简要描述。

⑩ 财务效益、经济效益和社会效益与影响。投资项目的效益表现在多个方面。应简要描述所估算的财务效益、经济效益和社会效益与影响，可以采用定量分析与定性分析相结合的方式并列出关键性的指标。这种描述一定要针对项目的具体情况和基本目标有重点地进行，并非对所有的项目都千篇一律、面面俱到。

A. 不确定性分析和风险分析的结论与对策。任何经济活动都可能有风险，只不过风险大小各异。在推荐方案的总体描述中必须把项目可能面临的主要风险进行简要描述，同时说明所研究的风险对策。使决策者明晰项目风险，在充分估计风险的前提下，权衡风险与效益，做出合理的决策，同时也为下一步的风险管理打下良好的基础。

B. 对于项目推荐方案实施的基本条件。有些项目目标的实现是以某些限定条件为前提的。对于这类项目要明确描述项目（方案）实施的基本条件以及通过分析研究所认定的基本条件的满足程度。

C. 由于投资项目情况复杂，目标各异，应根据不同项目的具体情况和特点，做出相应的针对性的描述或提出特定的建议。

2) 推荐方案的不同意见和存在的主要问题。投资项目的决策分析与综合评估过程中强调多方案比较，在上述研究的多个方面都不同程度地进行方案比较，最终提出推荐方案。由于任何方案都不是完美的，总有这样或那样的不足，人们对相关问题的观点又可能不同，所以对于推荐方案一般会有不同的意见，因此，应对推荐方案的不同意见和存在的有待解决的主要问题进行实事求是的描述。

3) 推荐方案的结论性意见归纳。根据上述对推荐方案的主要内容和分析研究结果的总体描述，归纳出对推荐方案的结论性意见。应着重说明项目建设的必要性和可能性，项目目标可实现性、项目的外部影响、项目可能面临的风险程度及拟采取的风险对策，以及项目建设的必要条件。

（2）主要比选方案的概述

在投资项目的决策分析与评价过程中，通过多方案比较，推荐相对优化的方案。在结论部分应对由于各种原因未被推荐的一些重大比选方案进行描述，阐述方案的主要内容、优缺点和未被推荐的原因，以便决策者从多方面进行考量并做出决策。

（3）通过对推荐方案的详细分析论证，明确提出项目和方案是否可行的结论和意见，并对下一步工作提出建议。其主要可包含两个方面内容：

1) 对投资项目下一步工作的重要意见和建议。例如，在技术谈判、初步设计、建设实施过程中需要引起重视的问题和工作安排的意见和建议。

2) 在项目实施过程中需要协调解决的问题和相应的意见和建议。

4. 项目总评估的程序和步骤

项目总评估不是简单地罗列和汇总各分项评估的结论，也不能简单地重复可行性研究的内容，而是要以可行性研究和各分项评估为基础依据，将所获数据资料加以检验审核和整理，进行对比分析、归纳判断，"去伪存真、去粗取精、由此及彼、由表及里"地进行综合分析研究，结合拟建项目的实际情况，提出项目总的最终评估结论和建议。为此，项目总评估应遵循下列程序和步骤：

（1）检查和分析各分项评估资料

由于在进行项目建设必要性分析、生产建设条件探查、工艺技术与设备选型、财务与社会效益影响等各分项评估活动时，已经搜集、测算了各项基础数据和评估指标，并做出了判断和结论。因此，到项目总评估阶段，首先应该对各分项评估所取得的数据资料和测算的指标进行检查、审核、整理和归类，剔除重复和不切实际的内容，修正错误的数据，调整价格和参数，增补一些遗漏的资料，做到数据准确、内容完整、结论可靠，为编写评估报告打好基础。

（2）对比分析，寻求产生差异的原因，编制对照表

总评估时应进行两方面的对比分析，不仅要对各分项评估结论进行对比分析，考虑各分项评估的质量和深度，纠正在各分项评估中某些结论的误差，最主要的是将这些分项评估结论同可行性研究报告的结果进行对比分析。由于项目评估与可行性研究两者的主体和分析角度不同，很可能出现不同的评估结论，因此应分析论证两者的差异，寻找原因、发现问题，做出相应的说明。例如，说明是由于基础数据的不同、预测和估算的方法不同，还是纯属计算误差等，而后进行切合实际的调整补充和修正，提高分项评估质量，并进一步更全面和系统地编制和对照项目评估前、后的主要基础数据与技术经济指标。

（3）归纳判断，提出最终结论和建议

分项评估的初步结果将以若干问题的形式，被客观公正地进行分类，用以判断项目建设的必要性与可行性，并对技术、财务、经济和社会等各方面进行多方案的比较和优选，针对关键问题进行深入研究和补充分析，最后进行综合分析论证，提出最终结论和建议。同时，基于不同服务对象和评估目的，提出有所侧重的建议意见。例如，对于政府有关部门批准立项并提出决策依据的项目评估，应着重考虑项目建设是否符合国家的产业政策和战略布局，提出是否建议权威机构批准该项目的建议。又如，对于由项目贷款银行（含政策性银行和商业银行）和其他金融机构提供贷款决策依据的项目评估，应着重考虑企业资信、项目贷款偿还能力和贷款风险，提出能否给予贷款的建议意见。

（4）编写项目评估报告

这是项目总评估的最后一个阶段，他体现了整个项目评估的所有成果。评估报告应全面系统地反映各分项评估的内容和结果，提出综合评估结论，写明最终结论和决策建议。

2.4　建设工程项目设计阶段管理

项目设计是建设工程项目实施过程中的一个重要阶段，其是将建设者对项目的功能、观感、形象等要求，通过现有项目场地、水文地质、建筑材料、建筑设备、施工工艺等一系列要素，用工程语言确定并表述出来的过程。设计的全过程根据与业主签订的项目承包合同或设计合同的要求，依照国家政策和法律，吸收国内外先进的科学技术成果、先进的技术装备和材料设备，以及生产实践经验，选择最佳建设方案实现技术先进或者目标适宜的设计工作，并为项目实施过程提供建设依据的设计文件和图纸的整个活动过程。

设计管理和控制是项目管理全过程中的一个重要方面。设计管理与控制水平的高低，直接关系到项目的安全、进度、费用、质量和材料的控制水平，也直接影响到项目的使用功能、经营利润和外部形象。

2.4.1 设计管理各阶段的工作内容

按照国内通常的做法，设计管理可分为项目方案设计、项目初步设计、项目施工图设计、项目施工、项目竣工验收与竣工图、项目后评价等六个阶段。

建设工程设计
管理各阶段的
工作内容

1. 项目方案设计阶段的工作内容

（1）由设计企业提供工艺技术，此阶段的设计管理工作内容包括：

1）进行主要的工艺计算，完成物料平衡和能源平衡计算，确定工艺设备的主要技术参数，初步确定总图布置和工艺布置。

2）提出必要的辅助系统和公用系统方案，并进行初步的计算。

3）初步的设备表、主要设备数据表和建议的设备布置图。

4）提出共用物料及能源介质的规格、消耗定额和消耗量。

5）污染排污排放及治理措施。

6）编制重要设备和材料清单。

7）初步的安全分析。

8）进行设备布置研究和风险区划分的研究。

9）其他专业针对设计目标、范围进行项目研究、初步编制项目设计技术统一规定、投资分析、进度计划。

10）完成供各专业做准备和开展工作用的工艺布置方案和物料、能源平衡方案。

11）完成批准控制估算。

（2）由第三方提供工艺技术，此阶段的设计管理工作内容包括：

1）研究并消化第三方提供的工艺技术和执行标准。

2）考虑工艺技术对公辅设施的要求，提出必要的辅助系统和公用系统方案。

3）准备基本设计的设计条件、内容、要求和设计原则，编制设计统一规定，明确执行标准。

4）编制工程规定和制定汇总表，并提交用户批准。

5）初步的安全分析。

6）编制项目设计数据和现场数据。

7）编制重要设备和材料清单。

8）完成供各专业做准备和开展工作用的工艺布置方案和物料、能源平衡方案。

9）完成批准投资估算。

2. 初步设计阶段的工作内容

项目初步设计阶段也称为项目基本设计阶段。在此阶段，设计经理组织各专业负责人编制各专业设计技术统一规定，如设计能力富裕的程度、设计标准的高低、设备材料选择原则、劳动安全卫生要求、环保要求、消防要求等。初步设计可分为三个阶段，即初步设计第一阶段、初步设计第二阶段和详细设计准备阶段。

（1）初步设计第一阶段的工作内容

1）制定初步的费用控制指标，并进行分解。

2）优化工艺设计方案，并编制完成主要/辅助工艺系统的设计方案，并以此完成物料和能源平衡计算。

3) 完成总图布置和工艺设备布置。

4) 完成长周期供货设备的设备规格书和关键设备的请购文件。

5) 提出对辅助系统的要求。

6) 进行机械设备、电气、仪表、安装材料的选型。

7) 完成控制室、变配电室的布置方案。

8) 进行安全分析和环保研究，完成危险区域的划分。

9) 完成地质钻孔平面布置图方案，提出初勘要求。

(2) 初步设计第二阶段的工作内容

1) 完成工艺平、立面布置图。

2) 完成非标设备基本设计。

3) 提出设备规格性能和初步的电机表。

4) 完成共用辅助系统的基本设计。

5) 提出主要设备的请购文件及询价资料，部分大宗材料请购文件。

6) 确定电气系统及电气计算。

7) 完成地基处理方案，建、构筑物的建筑、结构方案以及工程简要说明。

8) 完成区域主要管线综合布置方案，完成车间主要管线、管沟、管廊等方案图。包括电气、仪表主电缆桥架布置图。

9) 完成首次核定估算。

10) 各专业完成成品设计文件。

(3) 详细设计（施工图设计）准备阶段

1) 根据审批部门和业主审核意见完成修改版基本设计。

2) 完成施工用桩基平面图。

3) 部分制造厂先期返回资料的确认。

4) 开始编制操作手册。

3. 详细设计阶段的工作内容

详细设计阶段还可称施工图设计阶段，分为两个阶段，各阶段工作内容如下：

(1) 详细设计第一阶段工作内容

1) 各专业完成订货用的材料表和设备备件清单。

2) 确认供货商提供的图纸、样本和手册。

3) 完成设备设计。

4) 完成管线详细设计。

5) 完成电气、仪表、计算机、通信等详细设计。

6) 完成软件功能规格书。

7) 开始软件编制。

8) 完成施工用桩图、基础图、建筑图、混凝土结构图和钢结构图等。

9) 剩余大宗材料的采购。

(2) 详细设计第二阶段工作内容

1) 完成各专业成品图纸、资料、说明文件。

2) 补充订货材料表。

3）完成操作手册等材料。

4）完成软件编程。

5）完成二次核定估算。

2.4.2 工程项目设计管理任务

1. 组建和管理设计团队

项目设计阶段的设计管理应由业主项目管理机构委派的设计与技术管理部门主持。设计阶段主要进行质量控制、进度控制和投资控制，不同阶段设计管理的任务和要求有所不同。总体来说，设计管理部门应依据项目需求和相关规定组建和管理设计团队，制定设计的流程和规范要求，明确设计策划方案，确定项目设计、验证、评审和确认的程序，并将设计、验证、评审和确认的结果融入设计。在规定的时间或阶段，督促、组织设计单位编写设计报审文件，并审查设计人所提交的设计成果，提出设计评审报告。

2. 审查设计人员提交的设计成果

对于设计人员所提交的设计成果，应明确从产品方案的质量、进度、成本等方面进行项目设计成果的综合控制，目的是为得到满足质量要求、美观需求、功能完善且性价比较高的项目设计方案。因此，项目设计人员可从以下几个方面进行设计任务的综合控制。

（1）质量控制的主要任务

组织人员编制设计方案，优化任务书中有关质量控制的内容，审核优化设计方案是否满足业主的质量要求，组织专家对已优化的设计方案进行评审，督促设计单位完成设计工作，从质量角度对设计方案提出合理化建议，跟踪审核设计图纸，若发现图纸中的问题及时向设计单位提出。

（2）进度控制的主要任务

编制设计阶段进度计划，并严格控制其执行。审核设计单位提出的设计进度计划，实时比较进度计划值与实际值的偏差程度，以预防进度拖延所带来的成本追加。编制各阶段进度控制报表和报告，审核设计进度计划和出图计划，并严格控制执行。避免发生因设计单位推迟进度而造成施工单位要求的索赔。协调总包设计单位与分包设计单位的关系，协调主设计与特殊专业设计的关系，控制施工图设计进度并使其满足招标工作、材料及设备订货和施工进度的要求，编制设计阶段进度控制总结报告。

（3）投资控制的主要任务

设计阶段对工程项目的投资影响巨大，做好设计阶段的管理工作，对提高整个工程项目的经济性有着显著作用。在此阶段，投资控制的主要任务包括：编制设计优化任务书中有关投资控制的内容，对设计单位提出投资评价建议，根据优化设计方案编制项目总投资修正估算，审核施工图预算，比较施工图预算与投资概算，比较各种特殊专业设计的概算和预算，提交投资控制报表和报告，控制设计变更，注意审核设计变更的结构安全性、经济性等。设计阶段是投资控制的关键阶段，投资控制工作不仅是项目财务和经济方面的工作，还是包括组织措施、经济措施、技术措施、合同措施在内的一项综合性工作。

3. 编制设计评估报告

设计管理部门应对设计各阶段的质量控制、进度控制、投资控制工作的实施情况及设计成果，与设计任务书中所提到的要求进行比较，从而确定相匹配的程度以进行书面报告。同时管理组织应对设计管理部门提交的设计评估报告进行批示。

2.4.3 项目各阶段设计管理

1. 项目方案设计阶段的项目管理

方案设计阶段的基本任务如下：

1) 收集场地资料，现场踏勘调查；

2) 根据规划设计方案所提供的条件进行场地设计；

3) 根据功能的需要，做出建筑各层的平面初稿设计，并选择出适合建筑性质和业主要求的意向性立面风格。

4) 根据业主同意的概念设计方案，进行建筑的平面设计，立面设计，整理相关的图文说明，绘制协调总平面图，绘制效果图。

5) 完成建筑方案设计文本后，报政府部门审批。

6) 落实政府部门的意见修改，并最终取得政府部门认可，就可以对建筑施工图设计单位（或小组）进行交底。

2. 项目初步设计阶段的项目管理

项目初步设计阶段，项目管理机构应完成项目初步设计任务，做出设计概算，或对委托的设计承包人初步设计内容实施评审工作，并提出勘察工作需求，完成地勘报告申报管理工作。控制初步设计的工程建设规模、选址、标准、建筑物形式、建设工期和总投资。组织新技术、新材料、新工艺、新设备科研试验研究。协调落实外部接入系统、资源条件、环境影响与水土保持评价、地方政府承诺的征地和移民安置规划等。部分建设项目应根据相关规定和要求，在初步设计成果基础上，编制建设项目报告书，报送国家主管部门评估和批准。本阶段的具体的管理内容如下：

（1）编制各专业设计技术统一规定及设计规程规范汇总表等

各专业负责人按照公司《设计技术统一规定的编制规定》编写本专业设计统一规定。内容应包括本专业的设计原则及主要技术要求。同时专业负责人将本专业中采用的专业标准、规范与规定的目录汇总，编制专业设计规程规范汇总表，也可将该表附于专业设计统一规定中。

设计经理将各专业设计规程规范汇总表汇编成项目设计规程规范总表，送相应审批机构审批通过后执行。当业主有要求时，项目经理应将项目设计规程规范总表送业主审批。业主审查意见要形成文件归档，设计经理应按照审查意见修改设计规程规范汇总表，并通知有关专业负责人。

（2）初期控制估算

总承包项目应编制初期控制估算，初期控制估算由项目费用控制工程师根据已批项目技术方案、设备表、总平面布置图、初步的设备布置图及建议的项目进度表在报价的合同价格基础上编制初期控制估算。经设计经理审核后交项目经理批准，由费用审核部门对各专业费用进行修正，交设计经理核准，分发至专业负责人。

（3）设计方案评审会

设计方案评审会是对项目的工艺流程、工艺设备选择、平面布置及安全环保等总体方案进行内部评审，设计方案评审会根据公司文件规定由相关人员主持。必要时公司工程项目主管、公司总（副）工程师、公司技术委员会专家参加，评审会意见形成书面文件，作为下一步设计工作的依据。会议应准备如下资料：

1）设计基础资料。

2）工艺流程图。

3）工艺平面布置图。

4）供审查的设备布置图。

5）工艺准备的各项文件及数据表。

设计周期较短或比较简单的项目总平面图和工艺设备布置图的评审可以合并进行。

（4）专业设计方案的评审

专业负责人提出本专业需进行评审的设计方案，按照各专业设计方案评审规定的要求进行评审，必要时邀请相关专业负责人参加。评审应做出结论性意见，并由专业负责人组织修改，经审核后，作为基本设计的依据。

（5）编制设备及材料请购技术文件

按照合同技术附件要求、专业设计方案、业主需求以及有关规定，编制各类工艺设备、附属设备的请购技术文件。请购技术文件内容包括：请购单、说明书和数据文件，必要时，还应包括：标准、规范、图纸，设备、材料性能数据等。

请购技术文件经过审核，确保设备、材料规格书、数据表的完整性，经签署后报设计经理和项目经理批准，转交业主或项目部的采购经理。

（6）报价书的技术评价及询价技术文件的编制

专业负责人对由设计经理传递的报价书技术文件，组织设计人员对照询价文件的各项技术要求逐项进行评价，并将评审结果形成书面文件，经审核签署后交设计经理。设计经理将批准的技术评价文件汇总并递送业主或项目部的采购经理。

技术评价过程中需澄清的问题应由专业负责人提交设计经理，由业主或项目部采购经理与分包方联系，取得书面答复。必要时，可由业主或采购经理组织技术评价协调会。专业负责人接收的报价书技术文件和返回的对报价技术文件的评价意见均应建档。

设计经理组织暖通、电气等有关专业负责人按照各专业的相关规定编制大宗材料统计表、规格书等询价技术文件，经审核并签署，由项目经理（设计经理）进行审查，汇总后提交业主或采购经理。

（7）项目进展协调会

设计经理应根据项目控制工程师编制的项目进展报告、人力负荷情况及专业设计进展情况检测表，对互提设计条件的交付、制造厂资料的提供及设计完成情况等进行研究，发现问题应及时召开项目进展协调会，在人力与进度方面进行协调，提出措施和处理意见。对于总承包项目，应由项目费用控制工程师对项目费用控制情况进行报告，项目经理（设计经理）在项目进程中发现费用控制出现偏离情况时，应及时提出措施和处理意见。设计经理对项目内部质量审核提出的有关质量问题，组织有关专业负责人进行纠正，对于共性的问题应在项目进展协调会上进行通报，以避免同类问题再发生。项目进展协调会由项目经理或设计经理主持，进度控制工程师、费用控制工程师、各专业负责人参加。

（8）编制首次核定估算及基本设计文件的外部确认

在基本设计完成后，项目估算师将基本设计条件与批准的控制估算对比后，组织编制首次核定估算。经过审核后交设计经理和项目经理批准。由费用控制工程师对各专业费用控制进行调整，交设计经理（项目经理）批准，分发至专业负责人。同时设计经理将已经完成的基本设计文件提交业主审查，审查意见形成文件，作为详细设计的依据。

（9）编写阶段备忘录

设计经理组织专业负责人编写本项目在基本设计阶段的备忘录，并由设计经理签署后存入项目档案。

3. 项目施工图设计阶段的项目管理

项目施工图设计阶段，项目管理机构应根据初步设计要求，组织完成施工图设计和审查工作，确定施工图预算，建立设计文件收发管理制度和流程。具体工作如下：

（1）调整设计组人员

控制工程师指挥专业负责人按照设计组要求组织专业设计人员进入设计组。

（2）编制详细设计计划和进度

控制工程师按照合同要求及项目实施计划安排编制详细设计进度表，经设计经理批准后上报项目部，分发有关专业负责人。

（3）各专员间提出详细设计补充条件

专业负责人组织设计工程师按照合同内容、业主要求、初步设计审核意见，编制详细设计的补充设计条件。

（4）确认分包方技术资料

1）先期确认图纸资料。设计经理组织各专业负责人对设备、材料分包方提供的非最终版图纸、文件进行先期确认，评审其是否满足设计要求，并将确认意见形成文件，交设计经理汇总后交业主或采购经理，由采购经理将确认文件返回分包方。

2）最终确认图纸资料。分包方对经过业主方确认并提出修改意见的非最终版的图纸资料进行修改，经深化作为最终版图纸资料，提供给业主方进行确认。由设计经理组织各专业负责人对该资料进行最终确认，评价其是否按照先期确认所提出的意见和规定进行修改。

（5）设计文件审核

专业设计成品应由符合审核资格的人员按照有关设计文件审核及签署的规定对设计成品进行审核。

（6）设计文件会签

设计经理组织各专业对相关专业经审核后的设计文件进行会签，确认是否符合相关工程技术部门提出的要求。并由核对专业在被核对专业的设计成品的会签栏中签署，并将会签过程中的意见形成记录。会签过程中，如出现原则性修改，则应向原审核专业的专业负责人汇报，并征得同意。如发现意见分歧，则应提请设计经理进行协商，以取得一致意见。

（7）编制最终设备及材料请购文件

设计经理根据项目设计进展情况，组织专业负责人按照各专业相关规定要求编制最终材料综合表、规格书等请购技术文件，经审核并签署，由项目经理（设计经理）进行审查，汇总后提交业主或采购经理。

（8）编制二次核定估算

对于总承包项目，在详细设计基本完成后，项目估算师根据详细设计条件与首次核定估算进行对比，组织编制二次核定估算，作为预测工程施工完成时将要发生的费用的依据。对于只承担设计、采购或单一设计项目的设计单位，不编制二次核定估算。

（9）项目进展协调会

设计经理应根据项目控制工程师编制的项目进展报告、人力负荷情况及专业设计进展情况检测表对互提设计条件的交付、制造厂资料的提供及详细设计完成情况等进行研究，发现问题应及时召开项目进展协调会，在人力与进度方面进行协调，提出处理措施和意见。

对于总承包项目应由项目费用控制工程师对项目费用控制情况进行报告，项目经理（设计经理）在项目进程中发现费用控制出现偏离情况时，应及时提出措施和处理意见，并报工程项目主管。设计经理对项目内部质量审核提出的有关质量问题，组织有关专业负责人进行纠正，对于共性的问题应在项目进展协调会上进行通报，以避免问题再发生。项目进展协调会由项目经理（设计经理）主持，进度控制工程师、费用控制工程师、各专业负责人参加。

（10）设计完工

设计经理编制设计完工报告，送交项目经理批准后报送项目部和公司。同时设计经理按照项目技术资料归档管理有关规定，负责组织专业负责人准时、完整地将全部应归档的文件资料如数归档，由质量工程师进行监督检查。

4. 项目施工设计阶段的项目管理

项目施工阶段，项目管理机构应编制施工组织设计，组织设计交底、设计变更控制和深化设计，根据施工需求组织和实施设计优化工作，组织关键施工部位的设计验收管理工作。

（1）组织施工阶段的设计配合工作

项目施工阶段组织设计交底，派遣现场服务工程师，审查并组织设计修改。

（2）组织联调试车阶段的设计配合工作

项目联调试车阶段，参加联调试车方案的讨论，组织设计人员参加联调试车前对单机设备、系统设备的施工安装检查，组织设计人员参加联调试车、达标试验、指标考核和竣工验收。

5. 项目竣工验收与竣工图阶段的项目管理

项目竣工验收与竣工图阶段，项目管理机构应组织项目设计负责人参与项目竣工验收工作，并按照约定实施或组织设计承包人对设计文件进行整理归档，编制竣工决算，完成竣工图的编制、归档、移交工作。

（1）参与竣工验收

竣工验收是由项目验收主体及交工主体等组成的验收机构，以批准的项目设计文件、国家颁布的施工验收规范和质量检验标准为依据，按照一定的程序和手续，在项目建成后，对项目总体质量和使用功能进行检验、评价、鉴定和认证的活动。工程项目竣工验收的交工主体是施工单位，验收主体是项目法人，竣工验收的客体应是设计文件规定、施工合同约定的特定工程对象。

竣工验收项目时，与设计相关的管理内容有：

1）设计文件和合同约定的各项施工内容已经施工完毕；

2）有完整并经核定的工程竣工资料，符合验收规定；

3）由勘查、设计、施工、监理等单位分别签署确认的工程质量合格文件。

（2）编制竣工决算

竣工决算是建设工程经济效益的全面反映，是项目法人核定各类新增资产价值，办理其交付使用的依据。通过竣工决算，一方面能够正确反映建设工程的实际造价和投资结果；另一方面可以通过竣工决算与概算、预算的对比分析，考核投资控制的工作成效，总结经验教训，积累技术经济方面的基础资料，提高未来建设工程的投资效益。

工程竣工决算是指在工程竣工验收交付使用阶段，由建设单位编制的建设项目从筹建到竣工验收、交付使用全过程中实际支付的全部建设费用。竣工决算是整个建设工程的最终价格，是作为建设单位财务部门汇总固定资产的主要依据。竣工决算是由建设单位编制的反映建设项目实际造价和投资效果的文件。

（3）竣工图编制

竣工图是各项建设工程在施工过程中，根据施工现场的各种真实施工记录和指令性技术文件，对施工图进行修改而重新绘制的与工程实体相符的图。《关于编制基本建设工程竣工图的几项暂行规定》第二条规定："各项新建、扩建、改建的基本建设工程，特别是基础、地下建筑、管线、结构、井巷、峒室桥梁、隧道、港口、水坝以及设备安装等隐蔽部位，都要编制竣工图。"

6. 项目后评价阶段的项目管理

项目后评价阶段，项目管理机构应组织设计承包人针对项目决策至项目竣工后运营阶段设计工作进行总结，对设计管理绩效开展后评价工作。

项目后评价是指建设项目在竣工投产、生产运营一段时间后，对项目的立项决策、设计施工、竣工投产、生产运营等全过程进行系统评价的一种技术经济活动，是固定资产投资管理的一项重要内容，同时也是固定资产投资管理的最后一个环节。

 思政案例

国际工程 EPC 市政水务项目设计管理案例探究

自我国"一带一路"倡议实施以来，其引领的项目建设在亚洲取得显著成就。疫情期间，由我国企业承建的柬埔寨西哈努克省 3 座污水泵站、1 座既有泵站升级改造及附属管线建设项目，其设计均采用中国行业标准，并且在高效保证项目质量同时，为确保该国民生不受疫情的进一步影响，项目工期压缩为 6 个月。该项目为议标类 EPC 市政水务项目，我国某企业经过前期与业主的沟通，业主最终将本 EPC 项目交由该企业负责建造，并由其聘请国内知名市政设计院进行项目设计工作，由企业设计咨询部主导设计管理工作，主要负责设计进度、质量、成本及风险的把控。

项目管理过程中，企业面对如下困难：一是因全球新冠肺炎疫情原因，导致设计人员无法赴现场实地踏勘，无法与现场项目部、勘察单位形成有效三方沟通，造成设计图纸不符合实际、图纸有缺陷以及施工技术难度大等问题；二是本项目管理接口较多，在设计文件的管理方面有较大难度，如由于大多数合同中对于项目文件会做出约定，项目设计成果文件需要经过业主审批通过后才能进行施工，项目执行进度受阻；又如项目存在边设计、

边采购、边施工的"三边"现象,同样影响项目实际进度及质量要求。

针对疫情影响导致设计人员无法赴现场进行现场踏勘及与项目人员、业主及时进行沟通等问题,由企业设计咨询部牵头,组织设计院与企业项目部、勘察单位召开云端会议,及时就设计问题进行沟通,解决设计缺陷问题,建立项目设计周报、日报、会议纪要等项目成文信息。针对项目管理接口复杂的症结,我国企业凭借国内先进技术优势,大力推进及采用建设项目信息化管理手段,将我国现有的项目协同及信息化智能系统应用于多方沟通及管理过程,面向程序阻塞问题予以有效纾困,呈现了我国建设行业过硬的专技本领及技术创新驱动能力。

随着我国经济的快速发展和综合国力的快速提升,在大力倡导"一带一路"等对外开放举措的同时,我国国际工程业务紧跟国家经济政策发展方向,承揽了越来越多的国际EPC工程项目,在国际工程领域取得了一定的发展和进步,彰显大国负责任的态度。"一带一路"伟大倡议的提出,可实现我国经济的转型升级,更好地加强与共建国家间的沟通交流,良性促进经济的共同繁荣,更好地诠释"人类命运共同体"的理念。

 本章小结

本章重点介绍了建设工程项目的财务评价、国民经济评价、决策技术及设计管理的内容。对项目前期阶段和设计阶段的内容做概要介绍,让读者对项目前期阶段和设计阶段的项目管理内容有一定的认识,熟悉可行性研究工作内容和研究方法,熟练运用财务评价指标体系,具备项目财务评价能力。由于本章涉及建设项目经济性分析和设计管理等内容,初学者可能会对相关概念和基本理论的掌握较为吃力。所以本章在内容阐述中,本着适度、够用的原则做了概要性介绍。

 本章习题

一、单项选择题

1. 对于一个项目的可行性研究完整程度而言,投资项目不应考虑以下哪一项(　　)。

A. 必要性　　　　　　　　　　B. 可行性

C. 合理性　　　　　　　　　　D. 制约性

2. 可行性研究是投资前期的主要工作,以下哪一项不是该阶段的主要研究内容(　　)。

A. 投资必要性研究　　　　　　B. 初步可行性研究

C. 投资机会研究　　　　　　　D. 详细可行性研究

3. 以下内容对建设项目的财务评价重要作用阐述错误的是(　　)。

A. 考察项目的财务盈利能力

B. 制定适宜的资金规划

C. 方便投资方赢得高额商业利润

D. 协调企业利益和国家利益提供依据

4. 以下不是财务评价中盈利能力分析所依据的基本报表的选项(　　)。

A. 资金来源与运用表　　　　　B. 全部投资现金流量表

C. 自有资金现金流量表　　　　　　　D. 损益表

5. 下列哪项不是国民经济评估的具体目的（　　　）。

A. 分析项目国民经济评价的经济费用效益流量与财务评价财务现金流量存在的差别及其原因，提出相关的政策调整建议

B. 对于市场化运作的基础设施等项目，通过国民经济评估来论证项目的经济价值从而为制定财务方案提供依据

C. 考察项目的财务盈利能力，判别项目的财务盈利水平是否达到国家规定的基准收益率，项目投资主体能否取得预期的投资效益

D. 分析各利益相关方为项目付出的代价及获得的收益，通过国民经济评估为下一步的项目社会评估提供实际的依据

6. 按照项目相互之间的经济关系对投资项目（方案）进行分类，以下哪项不在此类（　　　）。

A. 独立型项目　　　　　　　　　　　B. 互斥型项目
C. 互逆型项目　　　　　　　　　　　D. 互补型项目

7. 以下关于方案比选的说法不正确的是（　　　）。

A. 对于不同结构类型的投资方案，可按照方案的计算期、产出效益、资金约束条件和项目之间的经济关系等实际情况进行比选，也可采用参照标准严格一致的规则进行比选

B. 方案比选可按各个方案所含的全部因素计算各方案的全部经济效益和费用从而进行全面的对比

C. 方案比选可仅就不同因素计算相对经济效益和费用从而进行局部的对比

D. 方案比较评估应遵循效益与费用计算口径的对应一致原则和各方案之间的可比性原则

8. 对于单个方案进行投资项目经济评估时，以下哪项指标不能作为评估指标（　　　）。

A. 净现值　　　　B. 内部收益率　　　　C. 净现值率　　　　D. 借款偿还期

9. 以下不属于项目设计管理阶段的是（　　　）。

A. 项目竣工验收　　　　　　　　　　B. 项目后评价
C. 项目可行性研究　　　　　　　　　D. 项目施工图设计

10. 以下不属于项目设计阶段的管理控制范围的是哪一项（　　　）。

A. 质量控制　　　　　　　　　　　　B. 进度控制
C. 投资成本控制　　　　　　　　　　D. 安全施工控制

11. 投资控制的主要任务不包括以下哪一项（　　　）。

A. 编制各阶段进度控制报表和报告，审核设计季度计划和出图计划

B. 编制设计优化任务书中有关投资控制的内容

C. 根据优化设计方案编制项目总投资修正估算

D. 审核施工图预算，比较施工图预算与投资概算

12. 以下不属于项目协调会议内容的是（　　　）。

A. 总承包项目，应由项目费用控制工程师对项目费用控制情况进行实时报告

B. 对项目的工艺流程、工艺设备选择、平面布置及安全环保等总体方案进行内部

评审

C. 项目经理在项目进程中发现费用控制出现偏离情况时，应及时提出措施和处理意见

D. 设计经理对项目内部质量审核提出的有关质量问题应进行通报及纠正

二、多项选择题

1. 项目可行性研究报告的用途是( )。

A. 用于企业融资、对外招商合作   B. 用于国家发展和改革委员会立项

C. 用于银行贷款   D. 用于申请进口设备免税

E. 用于向施工单位汇报项目立项可行性

2. 投资项目按照经济关系分类，可分为( )。

A. 互补型项目   B. 无约束型项目

C. 互斥型项目   D. 有约束型项目

E. 独立型项目

3. 项目财务评价的作用是( )。

A. 考察项目的财务盈利能力

B. 用于制定适宜的资金规划

C. 把国家有限的各种资源投入到国家和社会最需要的项目中

D. 为协调企业利益和国家利益提供依据

E. 为中外合资项目提供双方合作的基础

4. 详细可行性研究的主要目标是( )。

A. 为项目主体寻求具有良好发展前景，对经济发展有较大贡献的投资发展机会

B. 为项目的进一步可行性研究提供准备工作

C. 提出项目建设方案，包括建筑产品方案等内容

D. 效益分析和最佳方案选择

E. 确定项目的最终可行性和选择依据标准，对拟建项目提出结论性意见

5. 以下哪些项是设计管理各阶段的工作内容( )。

A. 项目方案设计   B. 项目初步设计

C. 项目施工图设计   D. 项目竣工验收与竣工图

E. 项目后评价

6. 项目方案设计阶段的基本任务是( )。

A. 依据规划设计方案所提供的条件进行场地设计

B. 根据初步设计要求，组织完成施工图设计或审查工作，确定施工图预算

C. 根据功能需求做出建筑项目各层的平面初稿设计

D. 根据业主同意的概念设计方案进行建筑的平、立面设计等

E. 收集场地资料，现场踏勘调查

7. 以下属于施工设计阶段项目管理工作的是( )。

A. 组织设计交底，派遣现场服务工程师，审查并组织设计修改

B. 组织设计人员参加联调试车方案的讨论

C. 组织相关设计人员参加联调试车、达标试验、指标考核等活动

D. 组织设计承包人针对项目决策至项目竣工后运营阶段设计工作进行总结

E. 组织相关人员对设计管理绩效开展后评价工作

8. 以下哪些项不是图纸设计阶段的质量控制内容（　　）。

A. 组织设计人员编制设计方案并优化有关质量控制的内容

B. 实时比较进度计划值与实际值的偏差程度以预防进度拖延所带来的成本追加

C. 审核优化设计方案是否满足业主的质量要求

D. 编制设计优化任务书中有关投资控制的内容

E. 从质量角度对设计方案提出合理化建议并跟踪审核图纸设计情况

三、思考题

1. 可行性研究工作一般可分几个阶段？每个阶段需做哪些工作？

2. 可行性研究报告的编制依据和要求？

3. 项目可行性研究的一般工作步骤？

4. 请简要介绍项目清偿能力分析的各项参数使用意义？

5. 什么是影子价格？

6. 项目总评估的程序是什么？

7. 项目初步设计阶段项目管理任务？

8. 项目竣工决算的实际意义？

四、实训题

目的：掌握财务分析中的静态指标分析方法。

资料：某公司目前有两个项目（A、B）可供选择，两者计算期相同，其净现金流量见表1，该公司要求项目投入资金必须在3年内回收以满足公司财务周转要求。

要求：依据财务数据分析，该公司应选择哪个项目？（将具体分析表格及计算步骤列出）

某公司投资项目净现金流量（单位：万元）　　　　　　　　　　　　　　　　**表1**

年份	1	2	3	4
项目 A 净现金流量	−6000	3200	2800	1200
项目 B 净现金流量	−4000	2000	960	2400

3　建设工程项目招标投标与合同管理

掌握：建设工程项目招标和投标的概念、建设工程招标投标程序、建设工程项目招标范围、必须招标项目的规定、建设工程施工合同主体和《建设工程施工合同（示范文本）》的组成等。

熟悉：建设工程招标投标活动的原则、建设工程施工招标资格审查程序和内容、建设工程招标文件、投标文件的编制、建设工程合同及建设工程项目合同管理的主要条款等。

了解：我国建设工程招标的种类、建设工程项目招标投标的性质、建设工程合同的概念和种类、建设工程施工合同的一般规定以及建设工程施工合同管理的概念。

3.1　建设工程项目招标与投标概述

3.1.1　建设工程招标投标概述

1. 建设工程项目招标投标的概念

建设工程项目招标投标，是在市场经济条件下，国内外的工程承包市场上为买卖特殊商品而进行的由一系列特定环节组成的特殊交易活动。

上述概念中的"特殊商品"是指建设工程，既包括建设工程实体又包括建设工程实体形成过程中的建设工程技术咨询活动。

《招标投标法》
的立法目的和
适用范围

"特殊交易活动"的特殊性表现在两个方面，一是欲买卖的商品是未来的，并且还未开价；二是这种买卖活动是由一系列特定环节组成，即招标、投标、开标、评标、定标以及签约和履约等环节。

2. 建设工程项目招标投标的主体

建设工程项目招标投标主体包括建设工程项目招标人、建设工程项目招标代理机构、建设工程项目投标人、建设工程项目招标投标行政监管机关等。

建设工程招标人是指依法提出招标项目，进行招标的法人或其他组织。通常为该建设工程的投资人即项目业主或建设单位。在建筑工程实践中，建设单位既可以自己招标，也可以委托依法成立的招标代理机构进行招标。

建设工程项目投标是指响应招标、参加投标竞争的法人或其他组织。

建设工程项目招标代理机构指依法成立、从事招标代理业务并提供相关服务的社会中介组织。

建设工程项目招标投标行政监管机关是指为了国家利益、社会公共利益和公众安全而设置的政府监管机构。

3. 建设工程项目招标投标的性质

我国《中华人民共和国民法典》（后简称《民法典》）合同编第四百七十三条明确规

定，招标公告为要约邀请。也就是说，招标投标实质如下：

招标是邀请投标人对其提出要约，属于要约邀请。

投标则是要约，它符合要约的所有法定条件，投标书的内容具有足以使合同成立的主要条件，中标人将会受到投标书的约束。

招标人向中标人发出的中标通知书，属于承诺，是招标人同意接受中标人的投标条件，即同意接受该投标人的要约的意思表示。

4. 建设工程项目招标投标活动的原则

（1）公开原则

公开原则是指招标投标活动应有较高的透明度，招标人应当将招标信息公布于众，以吸引投标人作出积极反应。在招标采购制度中，公开原则要贯穿于整个招标投标程序中。具体表现在建设工程招标投标信息公开、条件公开、程序公开和结果公开。公开原则的意义在于使每个投标人对招标项目认识清楚。

（2）公平原则

公平原则要求招标人平等地对待每一个投标竞争者，使其享有同等的权利并履行相应的义务，不得对不同的投标竞争者采用不同的标准。按照这个原则，招标人不得在招标文件中要求或者标明含有倾向或排斥潜在投标人的内容，不得以不合理的条件限制或者排斥潜在投标人，不得对潜在投标人实行歧视待遇。

（3）公正原则

公正原则即程序规范，标准统一，要求所有招标投标活动必须按照招标文件中的统一标准进行，做到程序合法、标准公正。按照这个原则，招标人必须按照招标文件事先确定的招标、投标、开标的程序和法定时限进行，评标委员会必须按照招标文件确定的评标标准和方法进行评审，招标文件中没有规定的标准和方法不得作为评标和中标的依据。

（4）诚实信用原则

诚实信用原则招标投标当事人应以诚实、守信的态度行使权利，履行义务，以保护双方的利益。诚实是指真实合法，不可用歪曲或隐瞒真实情况的手段去欺骗对方。违反诚实原则的行为是无效的，且应承担由此带来的损失。信用是指遵守承诺，履行合同，不弄虚作假，不损害他人、国家和集体的利益。

公正、诚信这些原则也是社会主义核心价值观的重要组成部分。遵循建设工程项目招标投标活动的原则，不仅有助于维护市场秩序和公共利益，也有助于培育和践行个人社会主义核心价值观，是推动社会和谐与进步、引领社会思潮、凝聚社会共识的重要精神力量。

3.1.2 建设工程项目招标范围与规定

1. 必须招标项目的范围

根据《中华人民共和国招标投标法》（后简称《招标投标法》）第三条的规定："在中华人民共和国境内进行下列工程建设项目包括项目的勘察、设计、施工、监理以及与工程建设有关的重要设备、材料等的采购，必须进行招标：

（1）大型基础设施、公用事业等关系社会公共利益、公众安全的项目；

（2）全部或者部分使用国有资金投资或者国家融资的项目；

（3）使用国际组织或者外国政府贷款、援助资金的项目。

前款所列项目的具体范围和规模标准，由国务院发展计划部门会同国务院有关部门制订，报国务院批准。法律或者国务院对必须进行招标的其他项目的范围有规定的，依照其规定。"

前款所称工程，是指建设工程，包括建筑物和构筑物的新建、改建、扩建及其相关的装修、拆除、修缮等所称与工程建设有关的货物，是指构成工程不可分割的组成部分，且为实现工程基本功能所必需的设备、材料等；所称与工程建设有关的服务，是指为完成工程所需的勘察、设计、监理等服务。

2. 必须招标的工程项目规定

根据《招标投标法》第 3 条的规定，中华人民共和国国家发展和改革委员会令第 16 号发布了《必须招标的工程项目规定》，自 2018 年 6 月 1 日起施行。规定内容如下：

（1）全部或者部分使用国有资金投资或者国家融资的项目包括：

1）使用预算资金 200 万元人民币以上，并且该资金占投资额 10％以上的项目；

2）使用国有企业事业单位资金，并且该资金占控股或者主导地位的项目。

（2）使用国际组织或者外国政府贷款、援助资金的项目包括：

1）使用世界银行、亚洲开发银行等国际组织贷款、援助资金的项目；

2）使用外国政府及其机构贷款、援助资金的项目。

（3）不属于本规定情形的大型基础设施、公用事业等关系社会公共利益、公众安全的项目，必须招标的具体范围由国务院发展改革部门会同国务院有关部门按照确有必要、严格限定的原则制订，报国务院批准。

（4）本规定范围内的项目，其勘察、设计、施工、监理以及与工程建设有关的重要设备、材料等的采购达到下列标准之一的，必须招标：

1）施工单项合同估算价在 400 万元人民币以上；

2）重要设备、材料等货物的采购，单项合同估算价在 200 万元人民币以上；

3）勘察、设计、监理等服务的采购，单项合同估算价在 100 万元人民币以上。

同一项目中可以合并进行的勘察、设计、施工、监理以及与工程建设有关的重要设备、材料等的采购，合同估算价合计达到前款规定标准的，必须招标。

3.1.3 建设工程招标投标的种类和方式

1. 建设工程招标的种类

建设工程项目招标投标涉及面广、种类繁多，按照不同的标准可以有不同的分类。

（1）按照工程建设程序分类

1）建设项目咨询招标

建设项目咨询招标是指对建设项目的可行性研究任务进行的招标。投标方一般为工程咨询企业。中标的承包方要根据招标文件的要求，向发包方提供拟建工程的可行性研究报告，并对其结论的准确性负责。承包方提供的可行性研究报告，应获得发包方的认可。

2）勘察设计招标

勘察设计招标指根据已批准的可行性研究报告，择优选择勘察设计单位。勘察和设计是两种不同性质的工作，可由勘察单位和设计单位分别完成。

3）材料设备采购招标

材料设备采购招标是指在工程项目初步设计完成后，对建设项目所需的建筑材料和设备（如电梯、供配电系统、空调系统等）采购任务进行的招标。投标方通常为材料供应商或成套设备供应商。

4）工程施工招标

是在工程项目的初步设计或施工图设计完成后，用招标的方式选择施工单位的招标。施工单位最终向业主交付按招标设计文件规定的建筑产品。工程施工包括施工现场准备、土建工程、设备安装工程、环境绿化工程等。

（2）按工程发包的范围分类

1）工程全过程总承包招标，即选择项目全过程总承包人招标。

2）工程分包招标，是指中标的工程总承包人以其中标范围内的工程任务作为招标工程，通过招标投标的方式，分包给具有相应资质的分承包人，中标的分承包人只对招标的总承包人负责。

3）专项工程承包招标，指在工程承包招标中，对其中某项比较复杂或专业性强、施工和制作要求特殊的单项工程进行单独招标。

（3）按行业或专业类别分类

1）土木工程招标，是指对建设工程中木工程施工任务进行的招标。

2）勘察设计招标，是指对建设项目的勘察设计任务进行的招标。

3）货物采购招标，是指对建设项目所需的建筑材料和设备采购任务进行的招标。

4）安装工程招标，是指对建设项目的设备安装任务进行的招标。

5）建筑装饰装修招标，是指对建设项目的建筑装饰装修的施工任务进行的招标。

6）生产工艺技术转让招标，是指对建设工程生产工艺技术转让进行的招标。

7）工程咨询和建设监理招标，是指对工程咨询和建设监理任务进行的招标。

2. 建设工程招标方式

《招标投标法》规定，建设工程招标方式分为：公开招标和邀请招标。

（1）公开招标，是指招标人以招标公告的方式邀请不特定的法人或其他组织投标。

（2）邀请投标，是指招标人以投标邀请书的方式邀请特定的法人或其他组织投标。

招标人采用邀请招标方式的，应当向三个以上具备承担招标项目的能力、资信良好的特定的法人或者其他组织发出投标邀请书。邀请招标虽然也能够邀请到有经验和资信可靠的投标者投标，保证履行合同，但限制了竞争范围，可能会失去技术上和报价上有竞争力的投标者。按照《工程建设项目施工招标投标办法》的规定，国务院发展计划部门确定的国家重点建设项目和各省、市、自治区、直辖市人民政府确定的地方重点项目，以及全部使用国有资金投资或者国有资金投资占控股或者主导地位的工程建设项目，应当公开招标。

依法必须进行公开招标的项目，有下列情形之一的，可以邀请招标：

1）项目技术复杂或有特殊要求，或者受自然地域环境限制，只有少量潜在投标人可供选择；

2）涉及国家安全、国家秘密或者抢险救灾，适宜招标但不宜公开招标；

3）采用公开招标方式的费用占项目合同金额的比例过大。

3.1.4　建设工程招标投标程序

工程招标投标的程序均为招标、投标、开标、评标、定标和订立合同六个环节，分为招标准备、招标投标和决标三个阶段。

1. 工程招标准备阶段

该阶段的主要工作有：确定招标的范围、办理工程报建手续、办理招标备案、选择招标方式、编制招标有关文件和标底等。

（1）确定招标的范围

按建设工程范围来进行招标，包括总承包招标（全过程总承包招标）、建设过程不同阶段的招标（可行性研究阶段、工程勘察设计阶段、施工阶段等分别进行招标）及专项工程承包招标；按建设工程不同的行业来招标，包括勘察招标、设计招标、货物采购招标、建设监理招标还有设备安装招标等。

（2）工程项目报建

工程项目立项批准文件或年度投资计划下达后，具备《工程建设项目报建管理办法》规定条件的建设单位须向当地建设行政主管部门或其授权机构进行报建。未报建的工程建设项目，不得办理招标手续和发放施工许可证，设计、施工单位不得承接该项工程的设计和施工任务。建设工程报建的范围：各类房屋建筑、土木工程、设备安装、管道线路敷设、装饰装修工程等建设工程。

（3）审查招标人资质

资质审查主要是审查招标人是否具备自行招标条件，不具备条件的，须委托有资格的招标代理机构办理招标。

（4）申请招标

招标人自己组织招标或委托招标代理机构后，应持《工程建设项目报建表》到相应的招标投标管理部门领取并填报《建设工程项目招标申请表》。

（5）招标备案

招标人或其委托的招标代理机构在发布招标公告或投标邀请书5日前，应向建设行政主管部门办理招标备案，建设行政主管部门自收到备案资料之日起5个工作日内没有异议的，招标人可以发布招标公告或投标邀请书。

（6）确定招标方式

招标人按照我国《招标投标法》和其他相关法律法规的规定确定招标方式。如：公开招标、邀请招标。

（7）编制招标有关文件

招标有关文件包括资格审查文件（资格预审通告、资格预审申请书、资格预审须知和资格预审合格通知书）、招标公告、招标文件、合同协议条款等。其中，招标文件应当根据招标项目的特点和需要编制，包括招标项目的技术要求、对投标人资格审查的标准、投标报价要求和评标标准等所有实质性要求和条件以及拟签订合同的主要条款。国有资金投资的工程建设项目应实行工程量清单招标，并应编制招标控制价。

2. 工程招标投标阶段

主要包括发布招标公告或发出投标邀请书、资格预审、发售招标文件、踏勘现场、投标预备会、递交投标文件等。

（1）发布招标公告或发出投标邀请书

招标公告和投标邀请书都是以书面的形式，吸引特定、不特定的潜在投标人来参加投标。

（2）资格预审

资格预审公告是以公告的形式广泛邀请潜在投标人来参加资格审查。它在形式和内容上基本和招标公告相似，通常有两种做法：一种是在招标公告中写明将进行投标资格预审，并通告领取或购买投标资格预审文件的地点和时间；另一种就是另行刊登资格预审公告，但一般不再公开发布招标公告。

经资格预审后，招标人应当向资格预审合格的潜在投标人发出资格预审合格通知书，告知获取招标文件的时间、地点和方法、并同时向资格预审不合格的潜在投标人告知资格预审结果。资格预审不合格的潜在投标人不得参加投标。

（3）发售招标文件

招标人按照资格预审确定的投标人名单或者发出投标邀请书的名单来发售招标文件，同时应向建设主管部门备案。招标人发放招标文件可以收取工本费，对其中的设计文件可以收取押金，宣布中标人后收回设计文件并退还押金。

招标人对已发出的招标文件进行必要的澄清或者修改的，应当在招标文件要求提交投标文件截止时间至少十五日前，以书面形式通知所有招标文件收受人，招标文件收受人在收到招标文件的澄清或修改内容后应以书面形式确认。该澄清或者修改的内容为招标文件的组成部分，对招标人和投标人均起到约束作用。

（4）现场踏勘

招标人应当组织投标人进行现场踏勘，了解工程场地周围环境情况收集有关信息，使潜在投标人能依据现场条件提出合理的报价。招标人按投标人须知前附表规定的时间、地点组织投标人踏勘项目现场。投标人踏勘现场发生的费用自理。除招标人的原因外，投标人自行负责在踏勘现场中所发生的人员伤亡和财产损失。招标人在踏勘现场中介绍的工程场地和相关的周边环境情况，供投标人在编制投标文件时参考，招标人不对投标人据此作出的判断和决策负责。

（5）投标预备会

投标预备会，也称标前会议。主要用来澄清招标文件中的疑问，解答投标人提出的有关招标文件和现场勘察的问题。标前会议一般安排在招标文件发出后的 7～28 天内举行。参加会议的人员包括招标人、投标人、代理人、招标文件编制单位的人员、招标投标管理机构的人员等，会议由招标人主持。

（6）递交投标文件

投标人根据招标文件的要求编制好投标文件，按规定进行密封并作好密封标识，在投标截止时间前，送达指定地点。招标人在招标文件中要求投标人提交投标保证金的，投标人应当按照招标文件要求的方式和金额，将投标保证金随投标文件提交给招标人。

3. 决标阶段

主要工作是接收投标文件、开标、评标、定标和签订合同。

（1）接收投标文件

招标人在招标文件规定的时间、地点接收投标文件，按标准流程核验其密封性，记录信息并签收保存。逾期送达、密封不符合要求的投标文件，招标人应当拒收并留存拒收凭证。

（2）开标

在提交投标文件截止时间的同一时间公开进行开标，开标地点应当为招标文件中预先确定的地点。

（3）评标

由招标人依法组建的评标委员会负责。在招标管理机构的监督下，评标委员会依据评标原则、评标方法对各投标单位递交的投标文件进行综合评价，公正合理、择优选择中标单位。

（4）定标

招标人根据评标委员会提出的书面评标报告和推荐的中标候选人确定中标人。中标人确定后，招标人应当向中标人发出中标通知书，并同时将中标结果通知所有未中标的投标人。

（5）签订合同

招标人和中标人应当自中标通知书发出之日起三十日内，按照招标文件和中标人的投标文件订立书面合同。

招标投标不仅是一种市场行为，更是一种受到法律严格约束和规范的法律行为。在招标投标的过程中应做到时刻提醒自己，不断提升自身修养，恪守职业道德，规范职业行为。

3.2 建设工程项目招标与投标

3.2.1 建设工程施工项目招标的概念及应具备的条件

1. 建设工程施工项目招标的概念

建设工程施工项目招标是指招标人在发包建设工程施工项目之前，通过招标公告或邀请书的方式，吸引潜在投标人投标，以便从中选定中标人的一种经济活动。

2. 建设工程施工项目招标应该具备的条件

根据《工程建设项目施工招标投标办法》，依法必须招标的工程建设项目，应当具备下列条件才能进行施工招标：

（1）招标人已经依法成立；

（2）初步设计及概算应当履行审批手续的，已经批准；

（3）有相应资金或资金来源已经落实；

（4）有招标所需的设计图纸及技术资料。

3.2.2 建设工程施工招标资格审查

1. 资格审查形式

资格审查分为资格预审和资格后审两种形式。资格预审，是指在投标前对潜在投标人进行的资格审查。资格后审，是指在开标后对投标人进行的资格审查。

两种形式审查的内容基本相同，进行资格预审的，一般不再进行资格后审，但招标文件另有规定的除外。

2. 资格审查内容

（1）具有独立订立合同的权利。

（2）具有履行合同的能力，包括专业、技术资格和能力，资金、设备和其他物质设施状况，管理能力，经验、信誉和相应的从业人员。

（3）没有处于被责令停业，投标资格被取消，财产被接管、冻结，破产状态。

（4）在最近3年内没有骗取中标和严重违约及重大工程质量问题。

（5）法律、行政法规规定的其他资格条件。

对于大型复杂项目，尤其是需要有专门技术、设备或经验的投标人才能完成时，则应设立设置更加严格的条件。如针对工程所需的特别措施或工艺专长，专业工程施工经历和资质及安全文明施工要求等内容。但标准应适当，过高会使合格投标人过少，影响竞争；过低会使不具备相应能力的投标人获得合同而导致不能按预期目标完成建设项目。

有一项因素不符合审查标准的，不能通过资格预审。

3. 资格审查的方法

资格审查办法一般分为合格制和有限数量制两种。合格制即不限定资格审查合格者数量，凡通过各项资格审查设置的考核因素和标准者均可参加投标。有限数量制则预先限定通过资格预审的人数，依据资格审查标准和程序，将审查的各项指标量化，最后按得分由高到低的顺序确定通过资格预审的申请人。通过资格预审的申请人不得超过限定的数量。

4. 资格审查的程序

（1）初步审查

初步审查是一般符合性审查。

（2）详细审查

通过第一阶段的初步审查后，即可进入详细审查阶段。审查的重点在于投标人财务能力、技术能力和施工经验等内容。

（3）资格预审申请文件的澄清

在审查过程中，审查委员会可以以书面形式，要求申请人对所提交的资格预审申请文件中不明确的内容进行必要的澄清或说明。申请人的澄清或说明应采用书面形式，并不得改变资格预审申请文件的实质性内容。申请人的澄清和说明内容属于资格预审申请文件的组成部分。招标人和审查委员会不接受申请人主动提出的澄清或说明。

（4）提交审查报告

按照规定的程序对资格预审申请文件完成审查后，确定通过资格预审的申请人名单，并向招标人提交书面审查报告。通过资格预审申请人的数量不足3个的，招标人重新组织资格预审或不再组织资格预审而直接招标。

5. 资格审查文件的内容

资格预审文件是告知申请人资格预审条件、标准和方法，并对申请人的经营资格、履约能力进行评审，确定合格投标人的依据。依法必须招标的工程招标项目，应按照国家发展和改革委员会会同相关部门制定的《标准施工招标资格预审文件》结合招标项目的技术管理特点和需求编制招标资格预审文件。《标准施工招标资格预审文件》包括资格预审公告、申请人须知、资格预审办法、资格预审格式和项目建设概况共五章。

3.2.3 建设工程施工项目招标文件编制

1. 施工招标文件的主要内容

一般情况下，各类工程施工招标文件的内容大致相同，但组卷方式可能有所区别。此处以《标准施工招标文件》为范本介绍工程施工招标文件的内容和编写要求。

编写建设工程
施工招标文件
注意的问题

《标准施工招标文件》共包括封面格式和四卷八章的内容。

第一卷　第一章　招标公告

　　　　第二章　投标人须知

　　　　第三章　评标办法（略）。

　　　　第四章　合同条款及格式（略）。

　　　　第五章　工程量清单（略）。

第二卷　第六章　图纸（略）。

第三卷　第七章　技术标准和要求（略）。

第四卷　第八章　投标文件格式（略）。

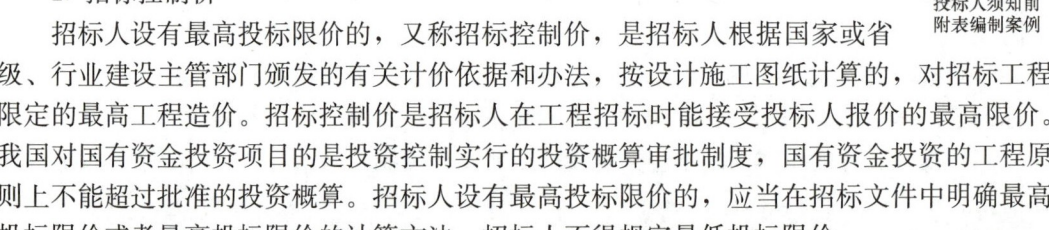

招标公告
编制案例

投标人须知前
附表编制案例

2. 招标控制价

招标人设有最高投标限价的，又称招标控制价，是招标人根据国家或省级、行业建设主管部门颁发的有关计价依据和办法，按设计施工图纸计算的，对招标工程限定的最高工程造价。招标控制价是招标人在工程招标时能接受投标人报价的最高限价。我国对国有资金投资项目的是投资控制实行的投资概算审批制度，国有资金投资的工程原则上不能超过批准的投资概算。招标人设有最高投标限价的，应当在招标文件中明确最高投标限价或者最高投标限价的计算方法。招标人不得规定最低投标限价。

3.2.4　建设工程施工项目投标文件编制

1. 建设工程施工项目投标

建设工程施工项目投标是指经过特定审查而获取投标资格的建设工程项目承包单位，按照招标文件的要求，在规定的时间内向招标单位递交投标文件，争取中标的法律行为。

建设工程施工
投标文件的编制

2. 建设工程施工项目投标文件的构成

投标书一般由商务标和综合标两部分组成。商务标有时又被称作经济标，主要包括投标函及投标函附表、投标保证金、法定代表人身份证明、法定代表人授权委托书、投标人有关的资格证明文件、投标报价等。综合标有时被称作技术标，主要包括初步的施工组织设计、项目班子配备及人员状况，项目组织机构的设置和企业近几年来的业绩等。

根据《标准施工招标文件》的要求，投标文件应包括下列内容：

（1）投标函及投标函附录；

（2）法定代表人身份证明或附有法定代表人身份证明的授权委托书；

（3）联合体协议书；

投标人须知前附表规定不接受联合体投标的，或投标人没有组成联合体的，投标文件不包括联合体协议书。

（4）投标保证金或保函；

（5）已标价工程量清单；

（6）施工组织设计；

（7）项目管理机构；

（8）拟分包项目情况表；

（9）资格审查资料；

（10）投标人须知前附表规定的其他材料。

投标函格式

3. 编制、递交施工投标文件的基本要求

（1）投标文件应按招标文件的"投标文件格式"进行编写，如有必要，可以增加附页，作为投标文件的组成部分。其中，投标函附录在满足招标文件实质性要求的基础上，可以提出比招标文件要求更有利于招标人的承诺。

（2）投标文件应当对招标文件有关工期、投标有效期、质量要求、技术标准和要求、招标范围等实质性内容做出响应。

（3）投标文件应用不褪色的材料书写或打印，并由投标人的法定代表人或其委托代理人签字或盖单位章。委托代理人签字的，投标文件应附法定代表人签署的授权委托书。投标文件应尽量避免涂改、行间插字或删除。如果出现上述情况，改动之处应加盖单位章或由投标人的法定代表人或其授权的代理人签字确认。签字或盖章的具体要求见投标人须知前附表。

（4）投标文件正本一份，副本份数见投标人须知前附表。正本和副本的封面上应清楚地标记"正本"或"副本"的字样。当副本和正本不一致时，以正本为准。

（5）投标文件的正本与副本应分别装订成册，并编制目录，具体装订要求见投标人须知前附表规定。

（6）投标人应当在招标文件要求提交投标文件的截止时间前，将投标文件送达投标地点。在招标文件要求提交投标文件的截止时间后送达的投标文件，招标人应当拒收。

（7）投标人在招标文件要求提交投标文件的截止时间前，可以补充、修改或者撤回已提交的投标文件，并书面通知招标人。补充、修改的内容为投标文件的组成部分。

投标文件的编制、递交是复杂且需要多方面知识和技能共同支撑的过程。这一过程我们应该学会如何分工合作、如何整合专业技能，在培养个人注重细节、严谨负责等职业道德观的同时，培养团队的协作精神和集体荣誉感。

3.3　建设工程项目开标、评标与定标

3.3.1　建设工程项目开标

1. 建设工程项目开标及应满足的要求

（1）建设工程项目开标

建设工程项目的招标人在规定的时间和地点，按照招标文件的要求，当众公开投标人投标资料，宣布各投标人的名称，投标报价等情况，这个过程叫建设工程项目开标。

（2）开标应满足的要求

1）开标应当在招标文件确定的提交投标文件截止时间的同一时间公开进行；开标地点应当为招标文件中预先确定的地点。

2）开标由招标人或招标代理机构主持，邀请所有投标人参与。

3）开标时，应由投标人或者其推选的代表检查投标文件的密封情况，也可以由招标人委托的公证机构检查并公证投标文件的密封情况，确认无误后，当众拆封。

4）开标过程应当记录，并存档备查。

5）投标人可以对唱标做必要的解释，但所做的解释不得超过投标文件记载的范围或改变投标文件的实质性内容。

（3）开标的时间地点及参加人员

1）开标的时间和地点按照投标文件中规定的时间和地点，已建立建设工程交易中心的地方开标应当在建设工程交易中心举行。

2）参加开标会议的人员，包括招标人或其代表人、招标代理人、投标人法定代表人或其委托代理人、招标投标管理机构的监管人员和招标人自愿邀请的公证机构的人员。评标组织成员不参加开标会议。

2. 建设工程项目投标文件拒收的情形

工程建设项目施工招标投标办法（七部委 30 号令）中规定投标文件有下列情形之一的，招标人应当拒收：

（1）逾期送达；

（2）未按招标文件要求密封。

3.3.2 建设工程项目评标

1. 建设工程项目评标的概念及评标应满足的要求

（1）工程施工项目评标的概念

评标就是标委员会按照招标文件确定的评标标准和方法，对投标文件进行评审和比较，并推荐合格的中标候选人。

（2）评标应满足的要求

1）评标委员会应由当地交易中心专家库中抽取的专家组建。

2）评标委员会可以要求投标人对投标文件中含义不明确的内容作必要的澄清或说明，但澄清或说明的不得超出投标文件的范围或改变投标文件的实质性内容。

3）评标委员会应当按照招标文件确定的评标标准和方法，对投标文件进行评审和比较。

4）评标委员会完成评标后，应当向招标人提出书面评标报告，并推荐合格的中标候选人，也可以按照招标人的委托直接确定中标人。

2. 评标的原则

（1）公平、公正、科学、择优；

（2）严格保密；

（3）独立评审；

（4）严格遵守评标方法。

3. 评标委员会的组成

评标委员会成员名单在开标前确定，在中标结果确定前应当保密。

评标委员会成员人数为五人以上单数，由招标人的代表和有关技术、经济等方面的专家组成，其中技术、经济等方面的专家不得少于成员总数的 2/3。

4. 工程施工项目评标步骤及内容

（1）初步评审

确定投标书的有效性，检查内容包括：投标人的资格；投标保证有效性；报送资料的完整性；投标书与招标文件的规定有无实质性背离；投标计算的正确性等。

（2）详细评审

对投标书进行技术和商务方面的详细审查，如：施工方案的可行性，施工进度计划的可靠性，施工质量的保证，工程材料和机器设备供应的技术性能符合设计技术要求，分包商的技术能力和施工经验，审查全部报价数据计算的正确性，分析报价构成的合理性，投标人的业绩、财务状况等，避免将合同授予可能给招标人带来风险的投标人。

（3）投标文件的澄清

评标委员会可以书面方式要求投标人对投标文件中含义不明确、对同类问题表述不一致或者有明显文字和计算错误的内容作必要的澄清、说明或补正。评标委员会不得向投标人提出带有暗示性或诱导性的问题，或向其明确投标文件中的遗漏和错误。

（4）提交评标报告

评标委员会在完成评标后，应向招标人提交书面评标结论性报告，并抄送有关行政监督部门。评标报告由评标委员会全体成员签字。对评标结论持有异议的评标委员会成员可以书面方式阐述其不同意见和理由。评标委员会成员拒绝在评标报告上签字且不陈述其不同意见和理由的，视为同意评标结论。评标委员会应当对此做出书面说明并记录在案。评标委员会推荐的中标候选人，并标明排列顺序。

向招标人提交书面评标报告后，评标委员会即告解散。依法必须进行招标的项目，招标人应当自收到评标报告之日起 3 日内公示中标候选人，公示期不得少于 3 日。

5. 工程施工项目的评标主要方法

建设工程项目评标有很多方法，我国目前常用的评标方法有经评审的最低投标价法和综合评估法等。

（1）经评审的最低投标价法

经评审的最低投标价法是指对符合招标文件规定的技术标准，满足招标文件实质性要求的投标，根据招标文件规定的量化因素及量化标准进行价格折算，按照经评审的投标价由低到高的顺序推荐中标候选人，或根据招标人授权直接确定中标人，但投标报价低于其成本的除外。经评审的投标价相等时，投标报价低的优先；投标报价也相等的，由招标人自行确定。

一般适用于具有通用技术、性能标准或者招标人对其技术、性能没有特殊要求的招标项目。

（2）综合评估法

综合评估法，是对价格、施工组织设计（或施工方案）、项目经理的资历和业绩、质量、工期、信誉和业绩等各方面因素进行综合评价，从而确定中标人的评标定标方法。它是适用最广泛的评标定标方法。

综合评估法按其具体分析方式的不同，可分为定性综合评估法和定量综合评估法。

目前我们常用的是定量综合评估法，又称打分法、百分制计分评估法（百分法）。通常的做法是，事先在招标文件或评标定标办法中对评标的内容进行分类，形成若干评价因素，并确定各项评价因素在百分之内所占的比例和评分标准，由评标组织中的每位成员按照评分规则进行打分，最后统计得分最高者为中标人。

6. 否决投标的情形

《工程建设项目施工招标投标办法》（七部委〔2003〕30 号令）中规定，有下列情形之一的，评标委员会应当否决其投标：

（1）投标文件未经投标单位盖章和单位负责人签字；

（2）投标联合体没有提交共同投标协议；

（3）投标人不符合国家或者招标文件规定的资格条件；

（4）同一投标人提交两个以上不同的投标文件或者投标报价，但招标文件要求提交备选投标的除外；

（5）投标报价低于成本或者高于招标文件设定的最高投标限价；

（6）投标文件没有对招标文件的实质性要求和条件作出响应；

（7）投标人有串通投标、弄虚作假、行贿等违法行为。

3.3.3　建设工程项目定标及签订合同

1. 建设工程项目定标

定标也称决标，招标人根据评标委员会提出的书面评标报告和推荐的中标候选人确定中标的单位或授权评标委员会直接确定中标单位为定标。除特殊情况外，评标和定标应当在投标有效期结束日前30个工作日内完成。

（1）定标应注意的事项

1）评标委员会经评审，认为所有投标都不符合投标文件要求的，可以否决所有投标。

2）在确定中标人前招标人不得与投标人就投标价格、投标方案等实质性内容进行谈判。

3）评标完成后，评标委员会应当向招标人提交书面评标报告和中标候选人名单。中标候选人应当不超过3个，并标明排序。

4）国有资金占控股或者主导地位的依法必须进行招标的项目，招标人应当确定排名第一的中标候选人为中标人。

排名第一的中标候选人放弃中标、因不可抗力不能履行合同、不按照招标文件要求提交履约保证金，或者被查实存在影响中标结果的违法行为等情形，不符合中标条件的，招标人可以按照评标委员会提出的中标候选人名单排序依次确定其他中标候选人为中标人，也可以重新招标。

5）中标人确定后，招标人应当向中标人发出中标通知书，并同时将中标结果通知所有未中标的投标人。

（2）定标程序

1）确定中标人。

2）向中标人发出中标通知书。

3）订立书面合同。

4）向有关行政监督部门提交招标投标情况的书面报告。

2. 建设工程项目签订合同

自《中标通知书》发出之日起30日内，招标人和中标人应当依照招标投标法和实施条例的规定签订书面合同，合同的标的、价款、质量、履行期限等主要条款应当与招标文件和中标人的投标文件的内容一致。招标人和中标人不得再行订立背离合同实质性内容的其他协议。招标人最迟应当在书面合同签订后5日内向中标人和未中标的投标人退还投标保证金及银行同期存款利息。招标文件要求中标人提交履约保证金的，中标人应当按照招标文件的要求提交。履约保证金不得超过中标合同金额的10%。

3.4　建设工程施工合同

3.4.1　合同的概念及分类

1. 合同的概念

《民法典》合同编中给出合同的定义：合同是民事主体之间设立、变更、终止民事法律关系的协议。婚姻、收养、监护等有关身份关系的协议，适用有关该身份关系的法律规定；没有规定的，可以根据其性质参照适用本编规定。

2. 合同的分类

《民法典》合同编规定的典型合同有以下几种：买卖合同，供用电、水、气、热力合同，赠与合同，借款合同，保证合同，租赁合同，融资租赁合同，保理合同，承揽合同，建设工程合同，运输合同（客运合同、货运合同、多式联运合同），技术合同（技术开发合同、技术转让合同和技术许可合同、技术咨询合同和技术服务合同），保管合同，仓储合同，委托合同，物业服务合同，行纪合同，中介合同及合伙合同，在合同编第二分编典型合同里做了详细的规定。

3.4.2　合同的订立

1. 合同的订立

当事人订立合同，可以采取要约、承诺方式或者其他方式。

要约是希望与他人订立合同的意思表示，该意思表示应当符合下列条件：

（1）内容具体确定；

（2）表明经受要约人承诺，要约人即受该意思表示约束。

承诺是受要约人同意要约的意思表示。承诺生效时合同成立，但是法律另有规定或者当事人另有约定的除外。

2. 合同的形式

合同的形式是指合同双方当事人对合同的内容、条款，经过协商，做出共同的意思表示的具体方式。《民法典》合同编中规定当事人订立合同，可以采用书面形式、口头形式或者其他形式。书面形式是合同书、信件、电报、电传、传真等可以有形地表现所载内容的形式。以电子数据交换、电子邮件等方式能够有形地表现所载内容，并可以随时调取查用的数据电文，视为书面形式。其他形式则包括公证、审批、登记等形式。

3. 合同的内容

合同的内容即当事人的权利和义务，合同的内容由当事人约定。《民法典》合同编规定了合同一般应当包括的条款：

（1）当事人的姓名或者名称和住所；

（2）标的；

（3）数量；

（4）质量；

（5）价款或者报酬；

（6）履行期限、地点和方式；

（7）违约责任；

（8）解决争议的方法。

当事人可以参照各类合同的示范文本订立合同。

解决争议的方法是指当事人在订立合同时约定合同履行过程中产生争议后采用的解决方法。解决争议的方法有双方和解、第三方调解、仲裁和诉讼解决。

3.4.3　建设工程合同

1. 建设工程合同定义

建设工程合同是承包人进行工程建设，发包人支付价款的合同。

2. 建设工程合同的种类

建设工程合同包括工程勘察、设计、施工合同。

（1）建设工程勘察、设计合同，是指委托方与承包方为完成特定的勘察设计任务，明确相互权利义务关系而订立的合同。勘察、设计合同的内容一般包括提交有关基础资料和概预算等文件的期限、质量要求、费用以及其他协作条件等条款。

（2）建设工程施工合同，又称建筑安装工程承包合同，是指发包方和承包方为完成商定的施工工程，明确相互权利、义务的协议。施工合同的内容一般包括工程范围、建设工期、中间交工工程的开工和竣工时间、工程质量、工程造价、技术资料交付时间、材料和设备供应责任、拨款和结算、竣工验收、质量保修范围和质量保证期、相互协作等条款。

3.4.4　建设工程施工合同

建设工程施工合同的当事人是发包人与承包人。施工合同的发包人可以是建设工程的建设单位，也可以是取得建设项目总承包资格的项目总承包单位或取得施工总承包资格的承包单位。总承包人或者勘察、设计、施工承包人经发包人同意，可以将自己承包的部分工作交由第三人完成。施工合同的承包人是施工单位，双方是平等的民事主体。建设工程施工合同是建设工程合同的主要合同类型。

第三人就其完成的工作成果与总承包人或者勘察、设计、施工承包人向发包人承担连带责任。承包人不得将其承包的全部建设工程转包给第三人或者将其承包的全部建设工程支解以后以分包的名义分别转包给第三人。转包、违法分包所签订的转包合同、违法分包合同认定为无效。

禁止承包人将工程分包给不具备相应资质条件的单位。禁止分包单位将其承包的工程再分包。建设工程主体结构的施工必须由承包人自行完成。

1. 建设工程施工合同主体资格

建设工程施工合同主体资格要件有别于其他合同的特殊规定，建设工程施工合同主体资格要件对于我们认识建设工程施工合同的效力及处理合同纠纷有重要意义。

建设工程施工合同一般主要涉及三方当事人：发包人、承包人和监理人。由于建设工程施工合同区别于一般合同的在合同签订和履行方面的特殊性，我国的法律对发包和承包人的主体资格还有不同的特殊要求，这些特殊要求也是建设工程施工合同效力认定的重要依据。

（1）发包人

发包人指在协议书中约定，具有工程发包主体资格和支付工程价款能力的当事人以及取得该当事人资格的合法继承人。

（2）承包人

承包人指在协议书中约定，被发包人接受具有工程施工承包主体资格的当事人以及取得该当事人资格的合法继承人。所谓合法继承人是指因资产重组后，合并或分立后的法人或组织可以作为合同的当事人。当事人订立合同，应当具有相应的民事权利能力和民事行为能力。当事人依法可以委托代理人订立合同。承包人的主体资格，按照《招标投标法》第 26 条的规定，投标人应当具备承担招标项目的能力；国家有关规定对投标人资格条件或者招标文件对投标人资格条件有规定的，投标人应当具备规定的资格条件。施工合同签订后，当事人任何一方均不允许转让合同。发包人不得将应当由一个承包人完成的建设工程支解成若干部分发包给数个承包人。

（3）监理人

工程实行监理的，发包人和承包人应在专用合同条款中明确监理人的监理内容及监理权限等事项。监理人应当根据发包人授权及法律规定，代表发包人对工程施工相关事项进行检查、查验、审核、验收，并签发相关指示，但监理人无权修改合同，且无权减轻或免除合同约定的承包人的任何责任与义务。

2. 建设工程施工合同的特点

（1）合同标的的特殊性

建设工程施工合同的标的是施工项目，即建筑安装工程施工活动过程及其产品。

（2）合同内容的繁杂性

由于施工合同标的的特殊性，合同涉及的方面多，涉及多种主体以及他们之间的法律、经济关系，这些方面和关系都要求施工合同内容尽量详细，导致了施工合同内容的繁杂。例如，施工合同除了应当具备合同的一般内容外，还应对安全施工、专利技术使用、发现地下障碍和文物、工程分包、不可抗力、工程变更、材料设备的供应、运输、验收等内容作出规定。

（3）合同履行期限长期性

由于工程建设的工期一般较长，再加上必要的施工准备时间和办理竣工结算及保修期的时间，决定了施工合同的履行期限具有长期性。

（4）合同监督严格性

由于施工合同的履行对国家的经济发展、公共利益等都有重大的影响，国家对施工合同实施非常严格的监督。在施工合同的订立、履行、变更、终止全过程中，除了要求合同当事人对合同进行严格的管理外，合同的主管机关（工商行政管理机构）、建设行政主管机关、金融机构等都要对施工合同进行严格的监督。

建设工程施工合同标的特殊、内容繁杂、履行期限长等特点要求合同双方在合同履行过程中树立正确的价值观，强化诚信意识，诚信为本；同时，也要求双方具备强烈的责任感，确保工程按时、按质、按量完成。合同的监督严格性要求双方必须遵守国家法律法规，加强法律意识，自觉维护法律的尊严和权威，确保合同合法有效。

3. 建设工程施工合同类别

（1）按承包发包的范围和数量分类

按承发包的范围和数量将建设工程合同分为建设工程总承包合同、建设工程承包合同、分包合同。

（2）按完成承包的内容分类

按完成承包的内容来划分建设工程合同可以分为建设工程勘察合同、建设工程设计合同和建设工程施工合同三类。

（3）按发包承包人签订合同时约定方式分类

可划分总价合同、单价合同和成本加酬金合同三大类型。

总价合同指工程承发包双方签订的按合同约定的工程价款结算的方式。该方式内容明确，除变更工程承包内容情况外，一般工程包干价格不得变更。

单价合同是指工程承发包双方签订的按合同规定的分部分项工程单价及实际完成的分部分项工程数量或最终产品单价（如每平方米建筑面积单价）及实际完成的最终产品数量进行工程价款结算的合同。单价合同也被称为"量变价不变合同"。

成本加酬金合同这种合同形式主要适用于工程内容及其技术经济指标尚未全面确定，投标报价的依据尚不充分的情况下，因发包方工期要求紧迫，必须发包；也适用于发包方与承包方之间彼此信任，承包方具有独特的技术特长和经验。

4. 建设工程施工合同的订立

建设工程合同是《民法典》合同编规定的合同类型。建设工程施工合同属于建设工程合同范围，适用建设工程合同有关法条。由于建设工程施工合同本身的特殊性，其合同订立也存在自身的特殊性。

（1）建设工程施工合同订立的基本程序

要约和承诺是订立合同的两个基本程序，建设工程施工合同订立自然也要经历这两道程序，建设工程施工合同订立的基本程序如下：

1）招标公告（或投标邀请书）是要约邀请

要约邀请是希望他人向自己发出要约的表示。招标人通过发布招标公告或者发出投标邀请书吸引潜在投标人投标，希望潜在投标人向自己发出"内容明确的订立合同的意思表示"，所以招标公告（或投标邀请书）是要约邀请。

2）投标文件是要约

投标文件中含有投标人期望订立的具体内容，表达了投标人期望订立合同的意思，因此投标文件是要约。

3）中标通知书是承诺，中标通知书是招标人对投标文件（即要约）的肯定答复，因而中标通知书是承诺。

（2）建设工程施工合同订立符合的规定

1）合同应是承发包双方的真实意思表示；

2）合同应采用书面形式，并符合相关资质管理与许可管理的规定；

3）合同应由当事方的法定代表人或其授权的委托代理人签字或盖章；合同主体是法人或者其他组织时应加盖单位印章；

4）法律、行政法规规定需办理批准、登记手续后合同生效时，应依照规定办理；

5）合同订立后应在规定期限内办理备案手续。

3.4.5 《建设工程施工合同（示范文本）》

我国建设主管部门通过制定《建设工程施工合同（示范文本）》（以下简称《示范文本》）来规范承发包双方的合同行为。《示范文本》适用于房屋建筑工程、土木工程、线路管道和设备安装工程、装修工程等建设工程的施工承发包活动，合同当事人可结合建设工程具体情况，根据《示范文本》订立合同，并按照法律法规规定和合同约定承担相应的法律责任及合同权利义务。尽管示范文本从法律性质上并不具备强制性，但由于其通用条款较为公平合理地设定了合同双方的权利义务，因此得到了较为广泛的应用。

1.《建设工程施工合同（示范文本）》的组成

现行的《建设工程施工合同（示范文本）》（GF—2017—0201）是在 2013 版的基础上进行修订的，该示范文本由协议书、通用条款和专用条款三部分组成。

（1）协议书

《示范文本》合同协议书共计 13 条，主要包括：工程概况、合同工期、质量标准、签约合同价和合同价格形式、项目经理、合同文件构成、承诺以及合同生效条件等重要内容，集中约定了合同当事人基本的合同权利义务。

（2）通用合同条款

通用合同条款是合同当事人根据《中华人民共和国建筑法》《中华人民共和国民法典》合同编等法律法规的规定，就工程建设的实施及相关事项，对合同当事人的权利义务作出的原则性约定。

通用合同条款共计 20 条，具体条款包括：一般约定、发包人、承包人、监理人、工程质量、安全文明施工与环境保护、工期和进度、材料与设备、试验与检验、变更、价格调整、合同价格、计量与支付、验收和工程试车、竣工结算、缺陷责任与保修、违约、不可抗力、保险、索赔和争议解决。前述条款安排既考虑了现行法律法规对工程建设的有关要求，也考虑了建设工程施工管理的特殊需要。

（3）专用合同条款

专用合同条款是对通用合同条款原则性约定的细化、完善、补充、修改或另行约定的条款。合同当事人可以根据不同建设工程的特点及具体情况，通过双方的谈判、协商对相应的专用合同条款进行修改补充。在使用专用合同条款时，应注意以下事项：

1）专用合同条款的编号应与相应的通用合同条款的编号一致；

2）合同当事人可以通过对专用合同条款的修改，满足具体建设工程的特殊要求，避免直接修改通用合同条款；

3）在专用合同条款中有横道线的地方，合同当事人可针对相应的通用合同条款进行细化、完善、补充、修改或另行约定；如无细化、完善、补充、修改或另行约定，则填写"无"或"/"。

2.《示范文本》的性质和适用范围

《示范文本》为非强制性使用文本。《示范文本》适用于房屋建筑工程、土木工程、线路管道和设备安装工程、装修工程等建设工程的施工承发包活动，合同当事人可结合建设工程具体情况，根据《示范文本》订立合同，并按照法律法规规定和合同约定承担相应的法律责任及合同权利义务。

3.建设工程施工合同文件的组成及解释顺序

组成合同的各项文件应互相解释，互为说明。除专用合同条款另有约定外，解释合同文件的优先顺序如下：

（1）合同协议书；

（2）中标通知书（如果有）；

（3）投标函及其附录（如果有）；

（4）专用合同条款及其附件；

（5）通用合同条款；

（6）技术标准和要求；

（7）图纸；

（8）已标价工程量清单或预算书；

（9）其他合同文件。

上述各项合同文件包括合同当事人就该项合同文件所作出的补充和修改，属于同一类内容的文件，应以最新签署的为准。

3.5　建设工程施工合同管理

3.5.1　建设工程施工合同管理概念

1. 合同管理

合同管理是指企业对以自身为当事人的合同依法进行订立、履行、变更、解除、转让、终止以及审查、监督、控制等一系列行为的总称。其中订立、履行、变更、解除、转让、终止是合同管理的内容；审查、监督、控制是合同管理的手段。合同管理必须是全过程的、系统性的、动态性的。

合同管理
避坑指南

2. 建设工程施工合同管理

建设工程施工合同管理，是指各级工商行政管理机关、建设行政主管机关和金融机构，以及工程发包单位、监理单位、承包单位依据法律和行政法规、规章制度，采取法律的、行政的手段对建设工程施工合同关系进行组织、指导、协调及监督，保护合同当事人的合法权益，调解合同纠纷，防止和制裁违法行为，保证合同贯彻实施的法定活动。

可将这些监督管理划分为以下两个层次：第一个层次为国家机关及金融机构对建设工程施工合同的管理；第二个层次为合同当事人及监理单位对建设工程施工合同的管理。我们主要是学习第二个层次。

3.5.2　建设工程施工合同管理规定

1. 建设工程施工合同管理基本要求

（1）建设工程施工合同当事方应建立合同管理制度，明确合同管理责任，设立专门机构或人员负责合同管理工作。

（2）建设工程施工合同当事方应配备符合要求的项目合同管理人员，实施合同的策划和编制活动，规范项目合同管理的实施程序和控制要求，确保合同订立和履行过程中的合规性。

2. 建设工程施工合同管理程序

（1）合同评审

合同订立前，合同当事方应进行合同评审，完成对合同条件的审查、认定和评估工作。以招标方式订立合同时应组织对招标文件和投标文件进行审查、认定和评估。

合同评审应包括下列内容：合法性、合规性评审；合理性、可行性评审；合同严密性、完整性评审；与产品或过程有关要求的评审以及合同风险评估。

如合同内容涉及专利专有技术或者著作权等知识产权时，应对其使用权的合法性进行审查。合同评审中发现的问题应以书面形式提出，要求予以澄清和调整。当事方应根据需要进行合同谈判、细化、完善、补充、修改或另行约定合同条款的内容。

（2）合同订立

合同当事方应根据合同评审和谈判结果，按程序和规定订立合同。

（3）合同实施计划

合同当事方应规定合同实施工作程序，编制合同实施计划。合同实施计划应包括下列内容：

1）合同实施总体安排；

2）合同分解与分包策划；

3）合同实施保证体系的建立。

合同实施保证体系应与其他管理体系协调一致。当事方应建立合同文件沟通方式、编码系统和文档系统。

承包人应对其承接的合同做总体协调安排。承包人自行完成的工作及分包合同的内容，应在质量、资金、进度、管理架构、争议解决方式方面符合总包合同的要求。

分包合同实施应符合法律法规和业主方有关合同管理制度的要求。

（4）合同实施控制

施工项目管理机构应按约定全面履行合同。合同实施控制的日常工作：

1）合同交底

合同实施前，业主方的相关部门和合同谈判人员应对项目管理机构进行合同交底，交底内容：

① 合同的主要内容；

② 合同订立过程中的特殊问题及合同待定的问题；

③ 合同实施计划及责任分配；

④ 合同实施的主要风险；

⑤ 其他应进行交底的合同事项。

2）合同跟踪与诊断

项目管理机构应在合同实施过程定期进行合同跟踪和诊断。合同跟踪和诊断应符合下列要求：

① 合同实施信息进行全面收集分类处理，查找合同实施中的偏差；

② 定期对合同实施中出现的偏差进行定性、定量分析，通报合同实施情况及存在的问题。

3）合同完善与补充

4）信息反馈与协调

项目管理机构应根据合同实施偏差结果制定合同纠偏措施或方案，经授权人批准后实施。实施需要其他相关方配合时，项目管理机构应事先征得各相关方的认同，并在实施中协调一致。

5）其他应自主完成的合同管理工作

① 合同变更的管理工作

合同变更应符合下列条件：

A. 变更的内容应符合合同约定或者法律法规规定。变更超过原设计标准或者批准规模时，应由业主方按照规定程序办理变更审批手续。

B. 变更或变更异议的提出，应符合合同约定或者法律法规的程序和期限。

C. 变更应经当事方法定代表人或其授权人员签字或盖章后实施。

变更对合同价格及工期有影响时，相应调整合同价格和工期。

② 合同中止处理方式

A. 合同终止履行前，应以书面形式通知对方并说明理由。因对方违约导致合同中止履行时，在对方提供适当担保时应恢复履行；中止履行后，对方在合理期限内未恢复履行能力并且未提供相应担保时，应报请组织决定是否解除合同。

B. 合同中止或恢复履行，如依法需要向有关行政主管机关报告和履行核验手续，应在规定的期限内履行相关手续。

C. 合同中止后不再恢复履行时，应根据合同约定或法律规定解除合同。

③ 合同索赔管理工作

A. 索赔应依据合同约定提出。合同没有约定或者约定不明时按照法律法规规定提出。

B. 索赔应全面完整地收集和整理索赔资料。

C. 索赔意向通知及索赔报告应按照约定或法定的程序和期限提出。

D. 索赔报告应说明索赔理由，提出索赔金额及工期。

（5）合同管理总结

项目管理机构应进行项目合同管理评价，总结合同订立和执行过程中的经验和教训，提出总结报告。合同总结报告包括：合同订立情况评价；合同履行情况评价；合同管理工作评价；对本项目有重大影响的合同条款评价；其他经验和教训。

相关部门应根据合同总结报告确定项目合同管理改进需求，制定改进措施，完善合同管理制度，并按规定保存合同总结报告。

严禁无资质、超资质、应招标未招标、应招标中标无效、转包、违法分包、借资质等方式订立和实施建设工程施工合同。

分包、转包、挂靠

3.5.3 建设工程总承包与分包合同管理

1. 建设工程总承包合同管理规定

建设工程总承包企业的合同管理部门应负责项目合同的订立，对合同的履行进行监督，并负责合同的补充、修改和（或）变更、终止或结束等有关事宜的协调与处理。

建设工程总承包项目合同管理应包括工程总承包合同和分包合同管理。项目部应根据工程总承包企业合同管理规定，负责组织对工程总承包合同的履行，并对分包合同的履行实施监督和控制。项目部应根据工程总承包企业合同管理要求和合同约定，制定项目合同变更程序，把影响合同要约条件的变更纳入项目合同管理范围。

工程总承包合同和分包合同以及项目实施过程的合同变更和协议，应以书面形式订立并成为合同的组成部分。

2. 建设工程总承包合同管理

根据建设工程总承包企业相关规定建立工程总承包合同管理程序。

（1）建设工程总承包合同管理主要内容

1）接收合同文本并检查、确认其完整性和有效性；

2）熟悉和研究合同文本，了解和明确向发包人的要求；

3）确定项目合同控制目标，制定实施计划和保证措施；

4）检查、跟踪合同履行情况；

5）对项目合同变更进行管理；

6）对合同履行中发生的违约、索赔和争议处理等事宜进行处理；

7）对合同文件进行管理；

8）进行合同收尾。

（2）合同变更程序

1）提出合同变更申请；

2）组织相关人员开展合同变更评审并提出实施和控制计划；

3）报项目经理审查和批准，重大合同变更应报工程总承包企业负责人签认；

4）经项目发包人签认，形成书面文件；

5）组织并实施。

（3）合同争议处理程序

1）准备并提供合同争议事件的证据和详细报告；

2）通过和解或调解达成协议解决争议；

3）和解或调解无效时按合同约定提交仲裁或诉讼处理。

（4）合同索赔处理的规定

1）应执行合同约定的索赔程序和规定；

2）应在规定时间内向对方发出索赔通知，并提出书面索赔报告和证据；

3）应对索赔费用和工期的真实性、合理性及准确性进行核定；

4）应按最终商定或裁定的索赔结果进行处理。索赔金额可作为合同总价的增补款或扣减款。

（5）合同文件管理规定

1）应明确合同管理人员在合同文件管理中的职责，并依据合同约定的程序和规定进行合同文件管理；

2）合同管理人员应对合同文件定义范围内的信息、记录、函件、证据、报告、合同变更、协议、会议纪要、签证单据、图纸资料、标准规范及相关法规等进行收集、整理和归档。

（6）合同收尾工作相关规定

1）合同收尾工作应依据合同约定的程序、方法和要求进行；

2）合同管理人员应建立合同文件索引目录；

3）合同管理人员确认合同约定的保修期或缺陷责任期已满并完成了缺陷修补工作时，应向项目发包人发出书面通知，要求项目发包人组织核定工程最终结算及签发合同项目履约证书或验收证书；

4）项目竣工后，项目部应对合同履行情况进行总结和评价。

3. 建设工程分包合同管理

总承包方项目部及合同管理人员，应依据合同约定，将需要订立的分包合同纳入整体合同管理范围，并要求分包合同管理与工程总承包合同管理保持协调一致。

项目部应对分包合同生效后的履行、变更、违约、索赔、争议处理、终止或收尾结束的全部活动实施监督和控制。

分包合同管理包括下列主要内容：

(1) 明确分包合同的管理职责；

(2) 分包招标的准备和实施；

(3) 分包合同订立；

(4) 对分包合同实施监控；

(5) 分包合同变更处理；

(6) 分包合同争议处理；

(7) 分包合同索赔处理；

(8) 分包合同文件管理；

(9) 分包合同收尾。

项目部应依据合同约定明确分包类别和职责，组织订立分包合同，协调和监督分包合同的履行。项目可根据工程总承包项目的范围、内容、要求和资源状况等进行分包，分包方式根据项目实际情况确定。

3.5.4　建设工程施工合同管理的主要内容

1. 施工准备阶段的合同管理

(1) 施工图纸

施工图纸是指构成合同的图纸，包括由发包人按照合同约定提供或经发包人批准的设计文件、施工图、鸟瞰图及模型等，以及在合同履行过程中形成的图纸文件。图纸应当按照法律规定审查合格。发包人应按照专用合同条款约定的期限、数量和内容向承包人免费提供图纸，并组织承包人、监理人和设计人进行图纸会审和设计交底。发包人最迟不得晚于开工通知载明的开工日期前 14 天向承包人提供图纸。

因发包人未按合同约定提供图纸导致承包人费用增加和（或）工期延误的，按照因发包人原因导致工期延误约定办理。

(2) 施工进度计划

承包人应当在专用条款约定的日期，将施工组织设计和施工进度计划提交工程师。群体工程中采取分阶段进行施工的单项工程，承包人则应按照发包人提供图纸及有关资料的时间，按单项工程编制进度计划，分别向工程师提交。除专用合同条款另有约定外，发包人和监理人应在收到修订的施工进度计划后 7 天内完成审核和批准或提出修改意见。如果工程师逾期不确认也不提出书面意见，则视为已经同意。

(3) 施工前的准备工作

开工前，合同双方还应当做好其他各项准备工作。

发包人和承包人按照专用条款的规定使施工现场具备施工条件、开通施工现场公共道路，应当做好施工人员和设备的调配工作，特别需要做好水准点与坐标控制点的校验，按时提供标准、规范；做好设计单位的协调工作，按照专用条款的约定组织图纸会审和设计交底。

(4) 开工

开工日期为发包人或监理人发出的开工通知载明的开工日期。除专用合同条款另有约定外，承包人应按照施工组织设计约定的期限，向监理人提交工程开工报审表，经监理人报发包人批准后执行。开工报审表应详细说明按施工进度计划正常施工所需的施工道路、临时设施、材料、工程设备、施工设备、施工人员等落实情况以及工程的进度安排。发包人应按照法律规定获得工程施工所需的许可。经发包人同意后，监理人发出的开工通知应符合法律规定。监理人应在计划开工日期7天前向承发包人应按照法律规定获得工程施工所需的许可。除专用合同条款另有约定外，因发包人原因造成监理人未能在计划开工日期之日起90天内发出开工通知的，承包人有权提出价格调整要求，或者解除合同。发包人应当承担由此增加的费用和（或）延误的工期，并向承包人支付合理利润。

（5）测量放线

除专用合同条款另有约定外，发包人应在至迟不得晚于开工通知载明的开工日期前7天通过监理人向承包人提供测量基准点、基准线和水准点及其书面资料。发包人应对其提供的测量基准点、基准线和水准点及其书面资料的真实性、准确性和完整性负责。

承包人发现发包人提供的测量基准点、基准线和水准点及其书面资料存在错误或疏漏的，应及时通知监理人。监理人应及时报告发包人，并会同发包人和承包人予以核实。发包人应就如何处理和是否继续施工做出决定，并通知监理人和承包人。

承包人负责施工过程中的全部施工测量放线工作，并配置具有相应资质的人员、合格的仪器、设备和其他物品。承包人应校正工程的位置、标高、尺寸或准线中出现的任何差错，并对工程各部分的定位负责。

施工过程中对施工现场内水准点等测量标志物的保护工作由承包人负责。

（6）支付工程预付款

预付款的支付按照专用合同条款约定执行，但最迟应在开工通知载明的开工日期7天前支付。预付款应当用于材料、工程设备、施工设备的采购及修建临时工程、组织施工队伍进场等。在许多项目里工程预付款是与工资监管平台直连的，通过资金流控制保障弱势群体权益。所以说预付款的支付不仅是影响工程进度的问题，更是构建工程建设领域的民生保障防火墙，是社会责任和农民工权益的保障。

除专用合同条款另有约定外，预付款在进度付款中同比例扣回。在颁发工程接收证书前，提前解除合同的，尚未扣完的预付款应与合同价款一并结算。

发包人逾期支付预付款超过7天的，承包人有权向发包人发出要求预付的催告通知，发包人收到通知后7天内仍未支付的，承包人有权暂停施工，并按发包人违约的情形执行。

发包人要求承包人提供预付款担保的，承包人应在发包人支付预付款7天前提供预付款担保，专用合同条款另有约定除外。预付款担保可采用银行保函、担保公司担保等形式，具体由合同当事人在专用合同条款中约定。在预付款完全扣回之前，承包人应保证预付款担保持续有效。

发包人在工程款中逐期扣回预付款后，预付款担保额度应相应减少，但剩余的预付款担保金额不得低于未被扣回的预付款金额。

2. 施工过程的合同管理

（1）对材料和设备的质量控制

1）发包人供应材料与工程设备

发包人自行供应材料、工程设备的，在签订合同时应在专用合同条款的附件《发包人供应材料设备一览表》中明确材料、工程设备的品种、规格、型号、数量、单价、质量等级和送达地点。

承包人应提前 30 天通过监理人以书面形式通知发包人供应材料与工程设备进场。承包人按照施工进度计划的修订约定修订施工进度计划时，需同时提交经修订后的发包人供应材料与工程设备的进场计划。

发包人应按《发包人供应材料设备一览表》约定的内容提供材料和工程设备，并向承包人提供产品合格证明及出厂证明，对其质量负责。发包人应提前 24 小时以书面形式通知承包人、监理人材料和工程设备到货时间，承包人负责材料和工程设备的清点、检验和接收。发包人未按照约定的时间和要求提供原材料、设备等的，承包人可以顺延工程日期，并有权请求赔偿停工、窝工等损失。

2）承包人采购材料与工程设备

承包人负责采购材料、工程设备的，应按照设计和有关标准要求采购，并提供产品合格证明及出厂证明，对材料、工程设备质量负责。合同约定由承包人采购的材料、工程设备，发包人不得指定生产厂家或供应商，发包人违反本款约定指定生产厂家或供应商的，承包人有权拒绝，并由发包人承担相应责任。

承包人采购的材料和工程设备，应保证产品质量合格，承包人应在材料和工程设备到货前 24 小时通知监理人检验。承包人进行永久设备、材料的制造和生产的，应符合相关质量标准，并向监理人提交材料的样本以及有关资料，并应在使用该材料或工程设备之前获得监理人同意。

承包人采购的材料和工程设备不符合设计或有关标准要求时，承包人应在监理人要求的合理期限内将不符合设计或有关标准要求的材料、工程设备运出施工现场，并重新采购符合要求的材料、工程设备，由此增加的费用和（或）延误的工期，由承包人承担。

承包人采购的材料和工程设备由承包人妥善保管，保管费用由承包人承担。法律规定材料和工程设备使用前必须进行检验或试验的，承包人应按监理人的要求进行检验或试验，检验或试验费用由承包人承担，不合格的不得使用。

发包人或监理人发现承包人使用不符合设计或有关标准要求的材料和工程设备时，有权要求承包人进行修复、拆除或重新采购，由此增加的费用和（或）延误的工期，由承包人承担。

监理人有权拒绝承包人提供的不合格材料或工程设备，并要求承包人立即进行更换。监理人应在更换后再次进行检查和检验，由此增加的费用和（或）延误的工期由承包人承担。监理人发现承包人使用了不合格的材料和工程设备，承包人应按照监理人的指示立即改正，并禁止在工程中继续使用不合格的材料和工程设备。

（2）施工质量的管理

工程质量标准必须符合现行国家有关工程施工质量验收规范和标准的要求。有关工程质量的特殊标准或要求由合同当事人在专用合同条款中约定。

因发包人原因造成工程质量未达到合同约定标准的，由发包人承担由此增加的费用和（或）延误的工期，并支付承包人合理的利润。

因承包人原因造成工程质量未达到合同约定标准的，发包人有权要求承包人返工直至工程质量达到合同约定的标准为止，并由承包人承担由此增加的费用和（或）延误的工期。

监理人按照法律规定和发包人授权对工程的所有部位及其施工工艺、材料和工程设备进行检查和检验。承包人应为监理人的检查和检验提供方便，包括监理人到施工现场，或制造、加工地点，或合同约定的其他地方进行查看和查阅施工原始记录。监理人为此进行的检查和检验，不免除或减轻承包人按照合同约定应当承担的责任。

监理人的检查和检验不应影响施工正常进行。监理人的检查和检验影响施工正常进行的，且经检查检验不合格的，影响正常施工的费用由承包人承担，工期不予顺延；经检查检验合格的，由此增加的费用和（或）延误的工期由发包人承担。

（3）施工进度管理

工程开工后，合同履行即进入施工阶段，直至工程竣工。这一阶段工程师进行进度管理的主要任务是控制施工工作按进度计划执行，确保施工任务在规定的合同工期内完成。

承包人应按照施工组织设计约定提交详细的施工进度计划，施工进度计划的编制应当符合国家法律规定和一般工程实践惯例，施工进度计划经发包人批准后实施。施工进度计划是控制工程进度的依据，发包人和监理人有权按照施工进度计划检查工程进度情况。

（4）变更管理

除专用合同条款另有约定外，合同履行过程中发生以下情形的，应按照本条约定进行变更：

1）增加或减少合同中任何工作，或追加额外的工作；

2）取消合同中任何工作，但转由他人实施的工作除外；

3）改变合同中任何工作的质量标准或其他特性；

4）改变工程的基线、标高、位置和尺寸；

5）改变工程的时间安排或实施顺序。

发包人和监理人均可以提出变更。变更指示均通过监理人发出，监理人发出变更指示前应征得发包人同意。承包人收到经发包人签认的变更指示后，方可实施变更。

合同变更需双方协商一致，不得单方擅自变更实质性条款。一些承包合同纠纷案例中常因设计变更引发索赔争议，说明变更管理中契约精神重要性以及对企业和社会的影响力。契约精神在变更管理中的体现主要涉及双方遵守合同约定、诚信协商、风险共担等方面。

（5）工程量的确认

工程量计量按照合同约定的工程量计算规则、图纸及变更指示等进行计量。工程量计算规则应以相关的国家标准、行业标准等为依据，由合同当事人在专用合同条款中约定。

除专用合同条款另有约定外，工程量的计量按月进行。监理人应在收到承包人提交的工程量报告后 7 天内完成对承包人提交的工程量报表的审核并报送发包人，以确定当月实际完成的工程量。监理人对工程量有异议的，有权要求承包人进行共同复核或抽样复测。承包人应协助监理人进行复核或抽样复测，并按监理人要求提供补充计量资料。承包人未按监理人要求参加复核或抽样复测的，监理人复核或修正的工程量视为承包人实际完成的工程量。监理人未在收到承包人提交的工程量报表后的 7 天内完成审核的，承包人报送的工程量报告中的工程量视为承包人实际完成的工程量，据此计算工程价款。

（6）进度款支付管理

除专用合同条款另有约定外，监理人应在收到承包人进度付款申请单以及相关资料后7天内完成审查并报送发包人，发包人应在收到后7天内完成审批并签发进度款支付证书。发包人逾期未完成审批且未提出异议的，视为已签发进度款支付证书。

合同当事人可在专用合同条款中约定其他价格形式合同的进度付款申请单的编制和提交程序。

3. 竣工阶段的合同管理

（1）工程试车

1）竣工前的试车

① 单机无负荷试车。由于单机无负荷试车所需的环境条件在承包人的设备现场范围内，因此安装工程具备试车条件时，由承包人组织试车。并在试车前48小时书面通知监理人，通知中应载明试车内容、时间、地点。承包人准备试车记录，发包人根据承包人要求为试车提供必要条件。试车合格的，监理人在试车记录上签字。监理人在试车合格后不在试车记录上签字，自试车结束满24小时后视为监理人已经认可试车记录，承包人可继续施工或办理竣工验收手续。

监理人不能按时参加试车，应在试车前24小时以书面形式向承包人提出延期要求，但延期不能超过48小时，由此导致工期延误的，工期应予以顺延。监理人未能在前述期限内提出延期要求，又不参加试车的，视为认可试车记录。

② 无负荷联动试车。具备无负荷联动试车条件，发包人组织试车，并在试车前48小时以书面形式通知承包人。通知中应载明试车内容、时间、地点和对承包人的要求，承包人按要求做好准备工作。试车合格，合同当事人在试车记录上签字。承包人无正当理由不参加试车的，视为认可试车记录。

2）试车中双方的责任

① 因设计原因导致试车达不到验收要求，发包人应要求设计人修改设计，承包人按修改后的设计重新安装。发包人承担修改设计、拆除及重新安装的全部费用，工期相应顺延。因承包人原因导致试车达不到验收要求，承包人按监理人要求重新安装和试车，并承担重新安装和试车的费用，工期不予顺延。

② 因工程设备制造原因导致试车达不到验收要求的，由采购该工程设备的合同当事人负责重新购置或修理，承包人负责拆除和重新安装，由此增加的修理、重新购置、拆除及重新安装的费用及延误的工期由采购该工程设备的合同当事人承担。

3）投料试车

发包人应在工程竣工验收后组织投料试车。发包人要求在工程竣工验收前进行或需要承包人配合时，应征得承包人同意，并在专用合同条款中约定有关事项。

（2）竣工验收

建设工程竣工后，发包人应当根据施工图纸及说明书、国家颁发的施工验收规范和质量检验标准及时进行验收。验收合格的，发包人应当按照约定支付价款，并接收该建设工程。建设工程竣工经验收合格后，方可交付使用；未经验收或者验收不合格的，不得交付使用。

1）竣工验收满足的条件

① 除发包人同意的甩项工作和缺陷修补工作外，合同范围内的全部工程以及有关工作，包括合同要求的试验、试运行以及检验均已完成，并符合合同要求；

② 已按合同约定编制了甩项工作和缺陷修补工作清单以及相应的施工计划；

③ 已按合同约定的内容和份数备齐竣工资料。

2）竣工验收程序

除专用合同条款另有约定外，承包人申请竣工验收的，应当按照以下程序进行。

① 承包人向监理人报送竣工验收申请报告。监理人应在收到竣工验收申请报告后 14 天内完成审查并报送发包人。监理人审查后认为尚不具备验收条件的，应通知承包人在竣工验收前承包人还需完成的工作内容，承包人应在完成监理人通知的全部工作内容后，再次提交竣工验收申请报告。

② 监理人审查后认为已具备竣工验收条件的，应将竣工验收申请报告提交发包人。发包人应在收到经监理人审核的竣工验收申请报告后 28 天内审批完毕并组织监理人、承包人、设计人等相关单位完成竣工验收。

③ 竣工验收合格的，发包人应在验收合格后 14 天内向承包人签发工程接收证书。发包人无正当理由逾期不颁发工程接收证书的，自验收合格后第 15 天起视为已颁发工程接收证书。

④ 竣工验收不合格的，监理人应按照验收意见发出指示，要求承包人对不合格工程返工、修复或采取其他补救措施，由此增加的费用和（或）延误的工期由承包人承担。承包人在完成不合格工程的返工、修复或采取其他补救措施后，应重新提交竣工验收申请报告，并按本项约定的程序重新进行验收。

⑤ 工程未经验收或验收不合格，发包人擅自使用的，应在转移占有工程后 7 天内向承包人颁发工程接收证书；发包人无正当理由逾期不颁发工程接收证书的，自转移占有后第 15 天起视为已颁发工程接收证书。

除专用合同条款另有约定外，发包人不按照本项约定组织竣工验收、颁发工程接收证书的，每逾期一天，应以签约合同价为基数，按照同期同类贷款利率或者同期贷款市场报价利率计息支付违约金。

3）竣工时间的确定

工程经竣工验收合格的，以承包人提交竣工验收申请报告之日为实际竣工日期，并在工程接收证书中载明；因发包人原因，未在监理人收到承包人提交的竣工验收申请报告 42 天内完成竣工验收，或完成竣工验收不予签发工程接收证书的，以提交竣工验收申请报告的日期为实际竣工日期；工程未经竣工验收，发包人擅自使用的，以转移占有工程之日为实际竣工日期。工程按发包人要求修改后通过竣工验收的，实际竣工日期为承包人修改后提请发包人验收的日期。

（3）竣工结算

除专用合同条款另有约定外，承包人应在工程竣工验收合格后 28 天内向发包人和监理人提交竣工结算申请单，并提交完整的结算资料，有关竣工结算申请单的资料清单和份数等要求由合同当事人在专用合同条款中约定。

除专用合同条款另有约定外，竣工结算申请单应包括以下内容：

1）竣工结算合同价格；

2）发包人已支付承包人的款项；

3）应扣留的质量保证金。已缴纳履约保证金的或提供其他工程质量担保方式的除外；

4）发包人应支付承包人的合同价款。

发包人未按照约定支付价款的，承包人可以催告发包人在合理期限内支付价款。发包人逾期不支付的，除根据建设工程的性质不宜折价、拍卖外，承包人可以与发包人协议将该工程折价，也可以请求人民法院将该工程依法拍卖。建设工程的价款就该工程折价或者拍卖的价款优先受偿。

（4）工程保修

承包人应当在工程竣工验收之前，与发包人签订质量保修书，作为合同附件。工程保修期从工程竣工验收合格之日起算，具体分部分项工程的保修期由合同当事人在专用合同条款中约定，但不得低于法定最低保修年限。在工程保修期内，承包人应当根据有关法律规定以及合同约定承担保修责任。

在工程移交发包人后，因承包人原因产生的质量缺陷，承包人应承担质量缺陷责任和保修义务。缺陷责任期届满，承包人仍应按合同约定的工程各部位保修年限承担保修义务。

1）工程质量保修范围和内容

双方按照工程的性质和特点，具体约定保修的相关内容。房屋建筑工程的保修范围包括：地基基础工程、主体结构工程，屋面防水工程、有防水要求的卫生间和外墙面的防渗漏，供热与供冷系统，电气管线、给排水管道、设备安装和装修工程，以及双方约定的其他项目。

2）缺陷责任期

缺陷责任期从工程通过竣工验收之日起计算，合同当事人应在专用合同条款约定缺陷责任期的具体期限，但该期限最长不超过 24 个月。

单位工程先于全部工程进行验收，经验收合格并交付使用的，该单位工程缺陷责任期自单位工程验收合格之日起算。在工程移交发包人后，因承包人原因产生的质量缺陷，承包人应承担质量缺陷责任和保修义务。缺陷责任期届满，承包人仍应按合同约定的工程各部位保修年限承担保修义务。

具体分部分项工程的保修期由合同当事人在专用合同条款中约定，但不得低于法定最低保修年限。

在保修书内约定具体的保修年限。当事人协商约定的保修期限，不得低于法规规定的标准。国务院颁布的《建设工程质量管理条例》明确规定，在正常使用条件下的最低保修期限为。

① 基础设施工程、房屋建筑的地基基础工程和主体工程，为设计文件规定的该工程的合理使用年限。

② 屋面防水工程、有防水要求的卫生间、房间和外墙面的防渗漏，为 5 年。

③ 供热与供冷系统，为 2 个采暖期、供冷期。

④ 电气管线、给排水管道、设备安装和装修工程，为 2 年。

其他项目的保修期限由发包方与承包方约定。

知识链接

招标公告与投标人须知前附表示例

招标公告参考格式见图 3-1。

招标公告（未进行资格预审）

_____（项目名称）_____标段施工招标公告

1. 招标条件

本招标项目_____（项目名称）已由_____（项目审批、核准或备案机关名称）以_____（批文名称及编号）批准建设，项目业主为_____，建设资金来自_____（资金来源），项目出资比例为_____，招标人为_____。项目已具备招标条件，现对该项目的施工进行公开招标。

2. 项目概况与招标范围

_____（说明本次招标项目的建设地点、规模、计划工期、招标范围、标段划分等）。

3. 投标人资格要求

3.1 本次招标要求投标人须具备_____资质，_____业绩，并在人员、设备、资金等方面具有相应的施工能力。

3.2 本次招标_____（接受或不接受）联合体投标。联合体投标的，应满足下列要求：_____。

3.3 各投标人均可就上述标段中的_____（具体数量）个标段投标。

4. 招标文件的获取

4.1 凡有意参加投标者，请于_____年_____月_____日至_____年_____月_____日（法定公休日、法定节假日除外），每日上午_____时至_____时，下午_____时至_____时（北京时间，下同），在_____（详细地址）持单位介绍信购买招标文件。

4.2 招标文件每套售价_____元，售后不退。图纸押金_____元，在退还图纸时退还（不计利息）。

4.3 邮购招标文件的，需另加手续费（含邮费）_____元。招标人在收到单位介绍信和邮购款（含手续费）后_____日内寄送。

5. 投标文件的递交

5.1 投标文件递交的截止时间（投标截止时间，下同）为_____年_____月_____日_____时_____分，地点为_____。

5.2 逾期送达的或者未送达指定地点的投标文件，招标人不予受理。

6. 发布公告的媒介

本次招标公告同时在_____（发布公告的媒介名称）上发布。

7. 联系方式

招 标 人：_____　　招标代理机构：_____

地　　址：_____　　地　　址：_____

邮　　编：_____　　邮　　编：_____

联 系 人：_____　　联 系 人：_____

```
电      话: _____          电      话: _____
传      真: _____          传      真: _____
电 子 邮 件: _____          电 子 邮 件: _____
网      址: _____          网      址: _____
开 户 银 行: _____          开 户 银 行: _____
账      号: _____          账      号: _____
                                          _____年_____月_____日
```

图 3-1　招标公告参考格式

招标人须知前附表见表 3-1。

投标人须知前附表

表 3-1

条款号	条款名称	编列内容
1.1.2	招标人	名称: 地址: 联系人: 电话:
1.1.3	招标代理机构	名称: 地址: 联系人: 电话:
1.1.4	项目名称	
1.1.5	建设地点	
1.2.1	资金来源	
1.2.2	出资比例	
1.2.3	资金落实情况	
1.3.2	计划工期	计划工期:　　　　日历天 计划开工日期:　　年　　月　　日 计划竣工日期:　　年　　月　　日
1.3.3	质量要求	
1.4.1	投标人资质条件、能力和信誉	资质条件: 财务要求: 业绩要求: 信誉要求: 项目经理(建造师,下同)资格: 其他要求:
1.4.2	是否接受联合体投标	□ 不接受 □ 接受,应满足下列要求:
1.9.1	踏勘现场	□ 不组织 □ 组织,踏勘时间: 踏勘集中地点:
1.10.1	投标预备会	□ 不召开 □ 召开,召开时间: 召开地点:

续表

条款号	条款名称	编列内容
1.10.2	投标人提出问题的截止时间	
1.10.3	招标人书面澄清的时间	
1.11	分包	□ 不允许 □ 允许，分包内容要求： 分包金额要求： 接受分包的第三人资质要求：
1.12	偏离	□ 不允许 □ 允许
2.1	构成招标文件的其他材料	
2.2.1	投标人要求澄清招标文件的截止时间	
2.2.2	投标截止时间	_____年_____月_____日_____时_____分
2.2.3	投标人确认收到招标文件澄清的时间	
2.3.2	投标人确认收到招标文件修改的时间	
3.1.1	构成投标文件的其他材料	
3.3.1	投标有效期	
3.4.1	投标保证金	投标保证金的形式： 投标保证金的金额：
3.5.2	近年财务状况的年份要求	_____年
3.5.3	近年完成的类似项目的年份要求	_____年
3.5.5	近年发生的诉讼及仲裁情况的年份要求	_____年
3.6	是否允许递交备选投标方案	□ 不允许 □ 允许
3.7.3	签字或盖章要求	
3.7.4	投标文件副本份数	_____份
4.1.2	封套上写明	招标人的地址： 招标人名称： _____（项目名称）_____标段投标文件 在_____年_____月_____日_____时_____分前不得开启
4.2.2	递交投标文件地点	
4.2.3	是否退还投标文件	□ 否 □ 是
5.1	开标时间和地点	开标时间：同投标截止时间 开标地点：
5.2	开标程序	(4) 密封情况检查： (5) 开标顺序：
6.1.1	评标委员会的组建	评标委员会构成：_____人，其中招标人代表_____人，专家_____人； 评标专家确定方式：

续表

条款号	条款名称	编列内容
7.1	是否授权评标委员会确定中标人	☐ 是 ☐ 否，推荐的中标候选人数：
7.3.1	履约担保	履约担保的形式： 履约担保的金额：
10	需要补充的其他内容	
……	……	
……	……	

载入史册之"鲁布革冲击波"

鲁布革水电站是我国一座大型水电站，由首部枢纽、引水系统工程、地下厂房三部分组成。1981年6月，国家批准建设装机60万千瓦的鲁布革水电站，并被列为当时的国家重点工程。鲁布革工程原由水电部十四工程局负责施工，采用世界银行贷款，根据与世界银行的协议，工程三大部分之一引水隧洞工程必须进行国际招标。这吸引到8个国家的承包商来竞标。

鲁布革水电站引水系统工程国际公开招标程序如下：

1.1982年9月，刊登招标公告、编制招标文件，编制标底。引水隧洞工程原设计概算1.8亿元，标底14958万元，合同工期为1597天。

2.1982年9月～1983年6月，资格预审。

第一阶段资格预审：1982年9月～12月，13个国家32家承包商提出了投标意向，其余20家（包括我国公司3家）取得了投标资格。

第二阶段资格预审：1983年2月～6月，与世界银行磋商第一阶段预审结果，中外公司组成联合投标公司进行谈判。

3.1983年6月15日，发售招标文件。15家取得投标资格的中外承包商购买了招标文件。

4.1983年11月8日，开标大会在北京正式举行。

5.1983年11月～1984年4月，评标、定标。经各方专家多次评议讨论，日本大成公司中标，报价8463万元。

6.1984年6月15日发出中标通知书，7月14日签订合同。

7.1984年11月24日正式开工。

8.1988年8月13日正式竣工。实际工期1475天，比合同工期提前122天。

日本大成公司从水电十四局雇用作业层开挖隧道，在中国工长的带领下，在开挖直径8.8m的圆形发电隧洞中，创造了单头进尺373.7m的国际先进纪录。

合同管理制度，也发挥了控制项目目标的关键作用，包括除汇率风险以外的设计变更、物价涨落、索赔及附加工程量等增加费用在内的工程结算为9100万元。

严格的招标程序，中国人夜以继日按期截流的民族奋斗精神，激发起中国人民前所未有的斗志。此后，全国各地大小工程开始试行招标投标与合同管理制度。

本章小结

本章主要从建设工程招标投标的相关基础知识着手，引出建设工程施工招标投标的相关概念，强调了建设工程施工项目招标文件和投标文件在编制过程中的注意事项，并陈述了开标评标定标过程中的细节问题。同时，依据《民法典》合同编第十八章建设工程合同，对建设工程施工合同及施工过程的合同管理展开深入分析。双方签订《建设工程施工合同（示范文本）》，是发包人和承包人为完成商定的建筑安装工程，明确相互权利和义务关系的合同，承包人应完成一定的建筑工程任务，发包人应提供必要的施工条件并支付工程价款。

希望通过本章的学习使得前后章节融会贯通，能够帮助同学们更好地掌握专业知识。

本章习题

一、单项选择题

1. 《中华人民共和国招标投标法》于（　　）起开始实施。

A. 2000 年 7 月 1 日　　　　　　　　　B. 1999 年 8 月 30 日

C. 2000 年 1 月 1 日　　　　　　　　　D. 1999 年 10 月 1 日

2. 下列关于建设工程招标投标的说法，正确的是（　　）。

A. 在投标有效期内，投标人可以补充、修改或者撤回其投标文件

B. 投标人在招标文件要求提交投标文件的截止时间前，可以补充、修改或者撤回投标文件

C. 投标人可以挂靠或借用其他企业的资质证书参加投标

D. 投标人之间可以先进行内部竞价，内定中标人，然后再参加投标

3. 《招标投标法》规定，依法必须招标的项目自招标文件开始发出之日起至投标人提交投标文件截止之日止，最短不得少于（　　）。

A. 20 天　　　　　B. 30 天　　　　　C. 10 天　　　　　D. 15 天

4. 不属于施工投标文件的内容有（　　）。

A. 投标函　　　　　　　　　　　B. 投标报价

C. 评标办法　　　　　　　　　　D. 施工方案

5. 根据相关规定，对招标文件或者资格预审文件的收费应当合理，不得以营利为目的。对于所附的设计文件，招标人可以向投标人酌收（　　）。

A. 押金　　　　　B. 成本费　　　　　C. 手续费　　　　　D. 租金

6. 投标书是投标人的投标文件，是对招标文件提出的要求和条件作出（　　）的文本。

A. 附和　　　　　B. 否定　　　　　C. 响应　　　　　D. 实质性响应

7. 投标文件正本（　　），副本份数见投标人须知前附表。正本和副本的封面上应清楚地标记"正本"或"副本"的字样。当副本和正本不一致时，以正本为准。

A. 1 份　　　　　B. 2 份　　　　　C. 3 份　　　　　D. 4 份

8. 投标文件应用不褪色的材料书写或打印,并由投标人的法定代表人或其委托代理人签字或盖单位章。委托代理人签字的,投标文件应附法定代表人签署的(　　)。

　　A. 意见书　　　　B. 法定委托书　　　C. 指定委托书　　　D. 授权委托书

9. 开标应当在招标文件确定的提交投标文件截止时间的(　　)进行。

　　A. 当天公开　　　　　　　　　　　B. 当天不公开

　　C. 同一时间公开　　　　　　　　　D. 同一时间不公开

10. 评标委员会成员应为(　　)人以上的单数,评标委员会中技术、经济等方面的专家不得少于成员总数的(　　)。

　　A. 5,2/3　　　　B. 7,4/5　　　　C. 5,1/3　　　　D. 3,2/3

11. 根据《招标投标法》的有关规定,招标人和中标人应当自中标通知书发出之日起(　　)内,按照招标文件和中标人的投标文件订立书面合同。

　　A. 10 日　　　　B. 15 日　　　　C. 30 日　　　　D. 3 个月

12. 公开招标亦称无限竞争性招标,是指招标人以(　　)的方式邀请不特定的法人或者其他组织投标。

　　A. 投标邀请书　　　B. 合同谈判　　　C. 行政命令　　　D. 招标公告

13. 在必须进行招标的工程建设项目中,施工单项合同估算价在(　　)人民币以上的,必须进行招标。

　　A. 100 万元　　　B. 200 万元　　　C. 300 万元　　　D. 400 万元

14. 工程质量保修期限,应(　　)的时间确定。

　　A. 按当事人双方具体约定　　　　　B. 按法规规定标准

　　C. 由双方约定且不低于法定标准　　D. 参照行业通常习惯

15. 定标是招标人完全接受众多投标人中提出最优条件的投标人,在性质上属于(　　)

　　A. 要约邀请　　　B. 要约引诱　　　C. 要约　　　　D. 承诺

16. 施工合同通用条款规定,当施工合同文件中出现含糊不清或不一致时,下列中解释顺序排列正确的为 (　　)。

　　A. 专用条款、通用条款、中标通知书、图纸

　　B. 中标通知书、协议书、专用条款、通用条款

　　C. 中标通知书、投标书、协议书、图纸

　　D. 中标通知书、专用条款、通用条款、图纸

17. 《建设工程施工合同(示范文本)》规定,承包人要求的延期开工应(　　)。

　　A. 经工程师批准　　　　　　　　　B. 经发包人批准

　　C. 由承包人自行决定　　　　　　　D. 由承包人通知发包人

18. 在签订施工合同时,要同时约定保修条款。防水工程的保修期限应不低于(　　)。

　　A. 1 年　　　　　B. 2 年　　　　　C. 5 年　　　　　D. 工程设计年限

19. 根据我国《建设工程施工合同(示范文本)》规定,对于具体工程的一些特殊问题,可通过(　　)约定承发包双方的权利和义务。

　　A. 通用条款　　　B. 专用条款　　　C. 监理合同　　　D. 协议书

20. 依照《民法典》合同编规定，建设工程合同的主要订立方式是(　　)。

A. 口头形式　　　　B. 书面形式　　　　C. 其他形式　　　　D. 直接交付式

二、多项选择题

1. 采用公开招标方式，(　　)等都应当公开。

A. 评标的程序　　　　　　　　　　B. 评标人的名单

C. 开标的程序　　　　　　　　　　D. 评标的标准

E. 中标的结果

2. 某政府投资民用建筑工程项目拟进行施工招标，该项招标应当具备的条件有(　　)。

A. 资金或资金来源已经落实

B. 招标方式等已经核准

C. 施工组织设计已经完成

D. 工程施工图设计已经完成

E. 建筑施工许可证已经取得

3. 我国《招标投标法》规定，招标投标活动应当遵循(　　)的原则。

A. 公开　　　　　　　　　　　　　B. 平等

C. 公正　　　　　　　　　　　　　D. 诚实信用

E. 公平

4. 工程建设项目招标范围包括(　　)。

A. 全部或者部分使用国有资金投资或者国家融资的项目

B. 施工单项合同估算价在 100 万元人民币以上的

C. 关系社会公共利益、公众安全的大型基础设施项目

D. 使用国际组织或者外国政府资金的项目

E. 关系社会公共利益、公众安全的大型公用事业项目

5. 我国招标投标法规定，开标时由(　　)检查投标文件密封情况，确认无误后当众拆封。

A. 招标人　　　　　　　　　　　　B. 投标人或投标人推选的代表

C. 评标委员会　　　　　　　　　　D. 地方政府相关行政主管部门

E. 公证机构

6. 工程建设项目招标的组织形式有(　　)。

A. 公开招标　　　　　　　　　　　B. 自行招标

C. 邀请招标　　　　　　　　　　　D. 委托招标

E. 上级主管部门组织招标

7. 中标通知书发出后，中标人以其投标报价过低为由，放弃中标项目，不与招标人签订合同，则该中标人需承担的民事责任是(　　)。

A. 一定数额的罚款

B. 取消中标资格

C. 没收其投标保证金

D. 对超出投标保证金之外的招标人损失予以赔偿

E. 以投标保证金为限进行赔偿损失

8. 评标委员会在评审时，发现投标文件存在以下问题：分部分项工程单价与工程量的乘积与总价不一致；大写数额与小写数额不一致；投标人承诺工期比招标文件的要求适当延长。对上述情形正确的认定是(　　)。

A. 总价与单价不一致的，以总价为准

B. 总价与单价不一致的，以单价为准，单价数额小数点有明显错误的除外

C. 大写金额和小写金额不一致的，以大写为准

D. 大写金额和小写金额不一致的，以小写为准

E. 投标工期延长的视为无效投标

9. 《招标投标法》规定招标方式包括自行招标和委托招标，招标人具备(　　)条件的，可以自行办理招标事宜。

A. 编制招标文件能力　　　　　　　B. 组织评标能力

C. 评标能力　　　　　　　　　　　D. 类似项目评标经验

E. 有一定数量工程造价、技术人员

10. 根据《招标投标法》的规定，在招标文件要求的投标文件提交截止时间前，投标人对已提交的投标文件有(　　)的权利。

A. 修改　　　　　　　　　　　　　B. 转让

C. 撤回　　　　　　　　　　　　　D. 补充

E. 撤销

11. 根据《标准施工招标文件》，对于大型复杂工程，有特殊专业施工技术和经验要求的施工招标，不宜采用的评标方法是(　　)。

A. 最低投标价法　　　　　　　　　B. 经评审的最低投标价法

C. 最合理报价评审法　　　　　　　D. 综合评估法

E. 定性综合评估法

12. 投标文件包括的内容(　　)。

A. 投标函及投标函附录　　　　　　B. 投标保证金

C. 已标价工程量清单　　　　　　　D. 施工组织设计

E. 投标有效期

13. 建设工程施工合同的当事人包括(　　)。

A. 发包人　　　　　　　　　　　　B. 承包人

C. 监理人　　　　　　　　　　　　D. 供货方

E. 承包人法定代表人

14. 下列关于合同文件的表述，正确的是(　　)。

A. 专用条款的内容比通用条款更明确、具体

B. 合同文件中专用条款的解释优先于通用条款

C. 合同文件之间应能相互解释、互为说明

D. 专用条款与通用条款是相对立的

E. 合同履行过程中形成的文件构成合同的组成部分

15. 下列属于《建设工程施工合同（示范文本）》的是(　　)。

A.《协议书》 　　　　　　　　B.《通用条款》

C.《专用条款》 　　　　　　　D.《建设工程质量管理条例》

E.《中标通知书》

16. 根据《建设工程施工合同（示范文本）》，合同协议书中需要明确填写的内容有（　　）。

A. 施工工程或标段 　　　　　　B. 工程结算方式

C. 质量标准 　　　　　　　　　D. 合同组成文件

E. 变更处理程序

17. 下列关于工程分包说法错误的是（　　）。

A. 施工总承包人不得将工程主体结构的施工分包给其他单位

B. 工程分包后，总承包人不再对分包工程承担任何责任

C. 施工总承包人可以将其承包工程中的专业工程自主分包给分包商

D. 分包单位可以将其承包的建设工程再分包给其他单位

E. 施工总承包人可以将工程关键工程的施工分包给其他单位

18. 所有的合同的订立过程都必须经过（　　）过程。

A. 要约邀请 　　　　　　　　　B. 要约

C. 承诺 　　　　　　　　　　　D. 公证

E. 签证

19. 下列属于建设工程总承包合同管理主要内容的是（　　）。

A. 接收合同文本并检查不需要对其完整性和有效进行确认

B. 熟悉和研究合同文本

C. 确定项目合同控制目标

D. 检查、跟踪合同履行情况

E. 进行合同收尾合同实施控制

20. 建设工程施工项目合同管理程序错误的是（　　）。

A. 合同订立→合同评审→合同实施计划→合同实施控制→合同管理总结

B. 合同评审→合同订立→合同实施计划→合同实施控制→合同管理总结

C. 合同评审→合同订立→合同实施控制→合同实施计划→合同管理总结

D. 合同订立→合同评审→合同实施控制→合同实施计划→合同管理总结

E. 合同评审→合同订立→合同实施计划→合同管理总结→合同实施控制

三、思考题

1. 什么是建设工程招标投标？

2. 建设工程项目招标投标活动的原则？

3. 调查一个有代表性的工程承包企业，了解他的合同管理的组织状况和主要工作内容。

4. 建设工程施工合同文件的组成及解释顺序？

5. 建设工程项目招标的主要形式及主要区别？

四、实训题

某依法必须招标的大型工程项目，其招标方式经核准为公开招标，业主委托某招标代理公司实施代理。招标代理公司在规定媒体发布了招标公告，编制并发售了招标文件。招

标文件规定：投标担保可采用投标保证金或投标保函方式担保；评标方法采用经评审的最低投标价；投标有效期为 90 天。开标后发现以下情况：

（1）A 投标人的投标报价为 8000 万元，经评审后推荐其为中标候选人；

（2）B 投标人在开标后又提交了一份补充说明，提出可以降价 3%；

（3）C 投标人提交的银行投标保函有效期为 80 天；

（4）D 投标人投标文件的投标函盖有企业及企业法定代表人的印章，但没有加盖项目负责人的印章；

（5）E 投标人与其他投标人组成了联合体投标，附有各方资质证书，但没有联合体共同投标协议书；

（6）F 投标人的投标报价最高，故 F 投标人在开标后第二天撤回了其投标文件。

经过对投标书的评审，A 投标人被确定为中标候选人。发出中标通知书后，招标人和 A 投标人进行了合同谈判，希望 A 投标人能再压缩工期、降低费用。经谈判后双方达成一致，不压缩工期，降价 3%。

问题：

（1）分析 A、B、C、D、E 投标人的投标文件是否有效？请说明理由。

（2）F 投标人的投标文件是否有效？对其撤回投标文件的行为应如何处理？

（3）该项目施工合同应该如何签订？合同价格应是多少？

4 建设工程项目进度管理

 学习要求

掌握：建设工程项目进度管理的目标、内容、进度计划的类型；流水作业进度计划及基本组织形式、工程网络计划的编制方法、各网络计划的时间参数计算；进度计划的调整方法和进度控制措施。

熟悉：建设工程项目进度管理方法。

了解：建设工程项目进度管理总结、单代号网络计划和单代号搭接网络计划。

4.1 建设工程项目进度计划的编制

4.1.1 建设工程项目进度管理概述

1. 建设工程项目进度管理概念和目标

建设工程项目进度管理是根据建设工程项目的进度总目标，编制经济合理的进度计划，并据以检查建设工程项目进度计划的执行情况，若发现实际执行情况与计划进度不一致，应及时分析原因，并采取必要的措施对原工程进度计划进行调整或修正的过程。建设工程项目进度管理的目的就是为了实现最优工期，多、快、好、省地完成任务。建设工程项目进度管理是一个动态、循环、复杂的过程，也是一项效益显著的工作。

建设工程项目进度管理目标的制定应在项目分解的基础上进行。在确定建设工程进度分解目标时，还要考虑以下几个方面：

（1）对于大型建设工程项目，应根据尽早提供可动用单元的原则，集中力量分期分批建设，以便尽早投入使用，尽快发挥投资效益。这时，为保证每一动用单元能形成完整的生产能力，就要考虑这些动用单元交付使用时所必需的全部配套项目。因此，要处理好前期动用和后期建设的关系、每期工程中主体工程与辅助及附属工程之间的关系等。

（2）结合本工程的特点，参考同类建设工程的经验来确定施工进度目标，避免只按主观愿望盲目确定进度目标，从而在实施过程中造成进度失控。

（3）合理安排土建与设备的综合施工。按照它们各自的特点，合理安排土建施工与设备基础、设备安装的先后顺序及搭接、交叉或平行作业，明确设备工程对土建工程的要求和土建工程为设备工程提供施工条件的内容及时间。

（4）做好资金供应能力、施工力量配备、物资（材料、构配件、设备）供应能力与施工进度的平衡工作，确保工程进度目标的要求，从而避免其落空。

（5）考虑外部协作条件的配合情况。包括施工过程中及项目竣工动用所需的水、电气、通信、道路及其他社会服务项目的满足程度和满足时间。它们必须与有关项目的进度目标相协调。

（6）考虑工程项目所在地区地形、地质、水文、气象等方面的限制条件。

2. 建设工程项目进度管理内容

建设工程项目进度管理的内容见表 4-1。

建设工程项目进度管理的内容　　　　　　　　　　　　　　　　表 4-1

序号	项目	说　　明
1	建设工程项目进度计划	建设工程项目进度计划包括项目的前期、设计、施工和使用前的准备等几个阶段的内容，项目进度计划的主要内容就是要制订各级项目进度计划，包括进行总控制的项目总进度计划、进行中间控制的项目分阶段进度计划和进行详细控制的各子项作业性进度计划，并对这些进度计划进行优化，以达到对这些项目进度计划的有效控制。各类进度计划均包括编制说明、进度安排、资源需求计划和进度保证措施
2	建设工程项目进度实施	建设工程项目进度实施就是在资金、技术、合同、管理、信息等方面进度保证措施落实的前提下，使项目进度按照计划实施。由于施工过程中存在各种干扰因素，将使项目进度的实施结果偏离进度计划，项目进度实施的任务就是预测这些干扰因素，对其风险程度进行分析，并且采取预控措施，以保证实际进度与计划进度的吻合
3	建设工程项目进度控制	(1) 建设工程项目进度控制步骤：熟悉进度计划的目标、顺序、步骤、数量、时间和技术要求；实施跟踪检查，进行数据记录与统计；将实际数据与计划目标对照，分析计划执行情况；采取纠偏措施，确保各项计划目标实现。 (2) 对勘察、设计、施工、试运行的协调管理，项目经理部应确保进度工作界面的合理衔接，使协调工作符合提高效率和效益的需求。 (3) 项目经理部的进度控制要求：将关键线路上的各项工作过程和主要影响因素作为项目进度控制的重点；对项目进度有影响的相关方的活动进行跟踪协调。 (4) 项目经理部应按规定的统计周期，检查进度计划并保存相关记录。进度计划检查应包括下列内容：工作完成数量、工作时间的执行情况、工作顺序的执行情况、资源使用及其与进度计划的匹配情况、前次检查提出问题的整改情况。 (5) 项目进度计划检查后，项目经理部应编制进度管理报告并向相关方发布
4	建设工程项目进度变更管理	(1) 项目经理部应根据进度管理报告提供的信息，纠正进度计划执行中的偏差，对进度计划进行变更调整。 (2) 项目进度计划变更可包括：工程量或工作量、工作的起止时间、工作关系、资源供应。 (3) 项目经理部应识别进度计划变更风险，并在进度计划变更前制定组织措施、技术措施、经济措施和沟通协调措施等预防风险的措施。 (4) 当采取措施后仍不能实现原目标时，项目经理部应变更进度计划，并报原计划审批部门批准。 (5) 项目经理部进度计划的变更控制要求：调整相关资源供应计划，并与相关方进行沟通；变更计划的实施应与组织管理规定及相关合同要求一致

3. 建设工程项目进度管理方法和措施

(1) 建设工程项目进度管理方法

进度管理方法主要是规划、控制和协调。规划是指确定建设工程项目总进度和分进度控制目标，并编制其进度计划。控制是指在建设工程项目实施的全过程中，比较实际进度与计划进度，出现偏差及时采取措施调整。协调是指协调与建设工程项目进度有关的单位、部门和工作队组之间的进度关系。

（2）建设工程项目进度控制的措施

主要有组织措施、技术措施、合同措施、经济措施，见表4-2。

建设工程项目进度控制措施

表4-2

措施种类	措施内容
组织措施	建立建设工程项目进度实施和控制的组织系统 订立进度控制工作制度：检查时间、方法，召开协调会议时间、参加人员等 落实各层次进度控制人员、具体任务和工作职责 确定建设工程项目进度目标，建立进度控制的目标体系
技术措施	尽可能采用先进工程技术方法和新材料、新工艺、新技术，保证进度目标实现 落实施工方案，在发生问题时，适时调整工作之间的逻辑关系，加快工程进度
合同措施	以合同形式保证工期进度的实现，即： 保持总进度目标与合同总工期相一致 分包合同工期与总包合同工期相一致 供货、构件加工等合同规定的提供服务的时间与有关进度控制目标相一致
经济措施	落实实现进度目标的资金 签订并实施关于工期和进度的经济承包责任制 建立并实施关于工期和进度的奖惩制度

4. 建设工程项目进度管理的程序

1）制定进度计划（P）；

2）进行进度计划交底，落实责任（D）；

3）实施进度计划，在实施中进行跟踪检查，对存在的问题分析原因并纠正偏差，必要时对进度计划进行调整（C）；

4）编制进度报告，报送管理部门（A）。

这个程序就是我们通常所说的 PDCA 管理循环过程。因此，建设工程项目进度管理的程序，与所有管理的程序基本上都是一样的。通过 PDCA 循环，可不断提高进度管理水平，确保最终目标实现。

4.1.2 建设工程项目进度计划

1. 建设工程项目进度计划编制依据

合同文件，项目管理规划文件，资源条件，内部与外部约束条件。合同文件的作用是提出计划总目标，以满足顾客的需求。项目管理规划文件是项目管理组织根据合同文件的要求，结合组织自身条件所作的安排，其目标规划便成为项目进度计划的编制依据。资源条件和内部与外部约束条件都是进度计划的约束条件，影响计划目标和指标的决策和执行效果。以上是编制进度计划的基本依据，具体到每个项目组织，编制进度计划还需要具有特殊的依据。

2. 建设工程项目进度计划类型

（1）按对象分类

项目进度计划按对象分类，包括建设项目进度计划，单项工程进度计划，单位工程进度计划，分部分项工程进度计划等。

（2）按功能分类

项目进度计划按功能进行分类，包括控制性进度计划和实施性进度计划。

1）控制性进度计划包括整个项目的总进度计划、分阶段进度计划、子项目进度计划或单体工程进度计划、年（季）度计划。上述各项计划依次细化已被上层计划所控制。其作用是对进度目标进行论证、分解，确定里程碑事件进度目标，作为编制实施性进度计划和其他各种计划以及动态控制的依据。

2）实施性进度计划包括分部分项工程进度计划、月作业计划和旬作业计划。实施性进度计划是项目作业的依据，确定具体的作业安排和相应对象或时段的资源需求。项目经理部应编制项目作业计划，项目经理部必须按计划实施作业，完成每一道工序和每一项分项工程。

3. 建设工程项目进度计划的内容和步骤

（1）建设工程项目进度计划内容

编制说明，进度计划表，资源需要量及供应平衡表。其中，进度计划表是最主要的内容，包括分解的计划子项名称（如作业计划的分项工程或工序），进度目标或进度图等。资源需要量及供应平衡表是实现进度表的进度安排所需要的资源保证计划。编制说明主要包括进度计划关键目标的说明，实施中的关键点和难点，保证条件的重点，要采取的主要措施等。

（2）建设工程项目进度计划步骤

确定进度计划的目标，进行工作结构分解与工作活动定义，确定工作之间的顺序关系，估算各项工作投入的资源，估算工作的持续时间，编制进度图（表），编制资源需求计划，审批并发布等8个步骤。

4. 编制建设工程项目进度计划的方法

编制进度计划可使用里程碑表、工作量表、横道计划（流水作业进度计划）、网络计划等方法。项目进度计划应按有关规定经批准后实施，项目进度计划实施前，应由负责人向执行者交底、落实进度责任；进度计划执行者应制定实施计划的措施。

4.2　建设工程项目流水作业进度计划

4.2.1　流水作业概述

流水作业是行之有效的、在工程施工中广泛使用的科学组织作业计划方法，其实质就是连续作业和均衡作业。组织流水作业需具备以下条件。

甘特图——进度管理中的责任担当

（1）把工程项目分解为若干个作业过程，每个作业过程分别由固定的专业工作队实施完成。其目的是逐一实现局部对象的作业，从而使整体作业对象得以实现。

（2）把工程项目尽可能地划分为劳动量大致相等的流水段（区）。划分流水段（区）是为了把工程项目划分成"批量"的假定产品，从而形成流水作业的前提。

（3）确定各工作队在各流水段内的工作持续时间。这个工作持续时间又称"流水节拍"，代表作业的节奏性。

（4）各工作队按一定的工艺，配备必要的机具，依次、连续地由一个流水施工段转移到另一个流水施工段，反复地完成同类工作。由于工程项目的产品是在固定的地点，所以

"流水"的只能是工作队。

（5）不同工作队完成各作业过程的时间适当地搭接起来。搭接的目的是节省时间，也往往是连续作业或工艺上所要求的。搭接多少时间要经过计算，并应在工艺上可行。

通过组织流水作业，可以节省工作时间；可以实现均衡、有节奏的作业；可以提高劳动生产率。

4.2.2 流水参数

流水施工是在研究工程特点和施工条件的基础上，通过一系列参数的计算来实现的。流水施工的主要参数，按其性质不同，可以分为工艺参数、空间参数和时间参数三种。

1. 工艺参数

工艺参数是指在组织流水施工时，用以表达流水施工在施工工艺上开展顺序及其特征的参数。具体而言，是指在组织流水施工时，将施工项目的整个建造过程可分解为施工过程的种类、性质和数目总称，通常，工艺参数包括施工过程和流水强度两种。

（1）施工过程

在施工项目施工中，施工过程所包括范围可大可小，既可以是分部、分项工程，也可以是单位工程或单项工程。它是流水施工的基本参数之一，根据工艺性质不同，它分为制备类施工过程、运输类施工过程、砌筑安装类施工过程等三种。而施工过程的数目，一般以 n 表示。

（2）流水强度

某施工过程在单位时间内所完成的工程量，称为该施工过程的流水强度，一般以"V_i"表示，由公式（4-1）或公式（4-2）计算求得。

1）机械操作流水强度

$$V_i = \sum_{i=1}^{X} R_i \times S_i \tag{4-1}$$

式中　V_i——某施工过程 i 的机械操作流水强度；

　　　R_i——投入施工过程 i 的某种施工机械台数；

　　　S_i——投入施工过程 i 的某种施工机械产量定额；

　　　X——投入施工过程 i 的施工机械种类数。

2）人工操作流水强度

$$V_i = R_i \times S_i \tag{4-2}$$

式中　V_i——某施工过程 i 的人工操作流水强度；

　　　R_i——投入施工过程 i 的专业工作队工人数；

　　　S_i——投入施工过程 i 的专业工作队平均产量定额。

2. 空间参数

在组织流水施工时，用以表达流水施工在空间布置上所处状态的参数，称为空间参数。主要有：工作面、施工段和施工层三种。

（1）工作面

某专业工种的工人在从事施工项目产品施工生产加工过程中，必须具备的活动空间，称为工作面。它是根据相应工种单位时间内的产量定额、工程操作规程和安全规程等的要求确定的。有关工种的工作面可参考表 4-3。

主要工种工作面参数数据表 表 4-3

工 作 项 目	每个技工的工作面	说　　明
砖基础	7.6m/人	$1\frac{1}{2}$ 砖计 2 砖乘以 0.8 3 砖乘以 0.55
砌砖墙	8.5m/人	以 1 砖计 $1\frac{1}{2}$ 砖乘以 0.71 2 砖乘以 0.57
毛石墙基础	3m/人	以 60cm 计
毛石墙	3.3m/人	以 40cm 计
混凝土柱、墙基础	8m³/人	机拌、机捣
混凝土设备基础	7m³/人	机拌、机捣
现浇钢筋混凝土柱	2.45m³/人	机拌、机捣
现浇钢筋混凝土梁	3.20m³/人	机拌、机捣
现浇钢筋混凝土墙	5m³/人	机拌、机捣
现浇钢筋混凝土楼板	5.3m³/人	机拌、机捣
预制钢筋混凝土柱	3.6m³/人	机拌、机捣
预制钢筋混凝土梁	3.6m³/人	机拌、机捣
预制钢筋混凝土层架	2.7m³/人	机拌、机捣
预制钢筋混凝土平板、空心板	1.91m³/人	机拌、机捣
预制钢筋混凝土大型屋面板	2.62m³/人	机拌、机捣
混凝土地坪及面层	40m²/人	机拌、机捣
外墙抹灰	16m²/人	
内墙抹灰	18.5m²/人	
卷材屋面	18.5m²/人	
防水水泥砂浆屋面	16m²/人	
门窗安装	11m²/人	

（2）施工段

在组织流水施工时，通常把拟建工程项目在平面上划分成若干个劳动量大致相等的施工区域，这些施工区域称为施工段，一般用"m"表示。

1）施工段划分的原则

施工段的划分，在不同的分部工程中，可采用相同或不同的划分方法。为了使施工段划分得更科学、合理，通常应遵循以下原则：

① 专业工作队在各个施工段上的劳动量要大致相等，其相差幅度不宜超过 $10\% \sim 15\%$。

② 对多层或高层建筑物，施工段的数目要满足合理流水施工组织的要求，即 $m \geqslant n$。

③ 为了充分发挥工人、主导机械的效率，每个施工段要有足够的工作面，使其所容

纳的劳动力人数或机械台数，能满足合理劳动组织的要求。

④ 为了保证施工项目的结构整体完整性，施工段的分界线应尽可能与结构的自然界线（如沉降缝、伸缩缝等）相一致；如果必须将分界线设在墙体中间时，应将其设在对结构整体性影响少的门窗洞口等部位，以减少留槎，便于修复。

⑤ 对于多层的施工项目，既要划分施工段又要划分施工层，以保证相应的专业工作队在施工段与施工层之间，组织有节奏、连续、均衡地流水施工。

⑥ 组织楼层结构流水施工时，为了使各施工队组能连续施工，上一层的施工必须在下一层对应部位完成后才能开始。即各施工班组完成第一段后，能立即转入第二段；做完第一层的最后一段后，能立即转入第二层的第一段。

施工段数与施工
过程数案例分析

2）施工段数（m）与施工过程数（n）之间的关系：有 $m>n$、$m<n$、$m=n$ 三种情况，通过具体案例进行分析（扫描二维码获取案例）。

3）施工层

在组织流水施工时，为了满足专业工种对操作高度和施工工艺的要求，将拟建工程项目在竖向上分为若干个操作层，这些操作层称为施工层，一般以 r 表示。

3. 时间参数

时间参数是流水施工中反映施工过程在时间排列上所处状态的参数，一般有流水节拍、流水步距、平行搭接时间、技术组织间歇时间、工期等。

（1）流水节拍

流水节拍是指从事某一施工过程的施工队组在一个施工段上完成施工任务所需的时间，用符号"t_i"表示，它是流水施工的基本参数之一。其数值的确定，可按以下各种方法进行：

1）定额计算法

$$t_i = \frac{Q_i}{S_i \times R_i \times N_i} = \frac{P_i}{R_i \times N_i} \tag{4-3}$$

或

$$t_i = \frac{Q_i \times H_i}{R_i \times N_i} = \frac{P_i}{R_i \times N_i} \tag{4-4}$$

$$P_i = \frac{Q_i}{S_i} = Q_i \cdot H_i \tag{4-5}$$

式中　t_i——某专业工作队在第 i 施工段的流水节拍；

　　Q_i——某专业工作队在第 i 施工段要完成的工程量；

　　S_i——某专业工作队的计划产量定额；

　　H_i——某专业工作队的计划时间定额；

　　P_i——某专业工作队在第 i 施工段需要的劳动量或机械台班数量；

　　R_i——某专业工作队投入的工作人数或机械台数；

　　N_i——某专业工作队的工作班次。

2）经验估算法

它是根据以往的施工经验进行估算。一般为了提高其准确程度，往往先估算出该流水节拍的最长、最短和正常（即最可能）三种时间，然后据此求出期望时间作为某专业工作队在某施工段上的流水节拍。因此，本法也称为三种时间估算法。一般按公式（4-6）进行计算

$$(t_i) = \frac{a + 4c + b}{6} \qquad (4-6)$$

式中　t_i——某施工过程在某施工段上的流水节拍；

　　　a——某施工过程在某施工段上的最短估算时间；

　　　b——某施工过程在某施工段上的最长估算时间；

　　　c——某施工过程在某施工段上的正常估算时间。

3）工期计算法

对某些施工任务在规定日期内必须完成的工程项目，往往采用倒排进度法。具体步骤如下：

① 根据工期倒排进度，确定某施工过程的工作持续时间；

② 确定某施工过程在某施工段上的流水节拍。若同一施工过程的流水节拍不等，则用估算法；若流水节拍相等，则按公式（4-7）进行计算：

$$t = \frac{T}{m} \qquad (4-7)$$

式中　t——流水节拍；

　　　T——某施工过程的工作持续时间；

　　　m——某施工过程划分的施工段数。

（2）流水步距

在组织流水施工时，相邻两个专业工作队在保证施工顺序、满足连续施工、最大限度搭接和保证工程质量要求的条件下，相继投入同一施工段施工的时间间隔，以 $K_{i,i+1}$ 表示，它是流水施工的基本参数之一。

1）确定流水步距的原则

① 流水步距要满足相邻两个专业工作队，在施工顺序上的相互制约关系；

② 流水步距要保证各专业工作队都能连续作业；

③ 流水步距要保证相邻两个专业工作队，在开工时间上最大限度地、合理搭接；

④ 流水步距的确定要保证工程质量，满足安全生产。

2）确定流水步距的方法

确定流水步距的方法很多，本书仅介绍潘特考夫斯基法，也可称为"大差法"，简称累加数列法。其计算步骤如下：

① 根据专业工作队在各施工段上的流水节拍，求累加数列；

② 根据施工顺序，对所求相邻的两累加数列，错位相减；

③ 根据错位相减的结果，确定相邻专业工作队之间的流水步距，即相减结果中数值最大者。

【例 4-1】 某项目的基础工程由挖土方，做垫层，砌筑基础，回填土四个专业工作的完成，在平面上划分为四个施工段，每个专业工作队在各施工段上的流水节拍表 4-4，试确定相邻专业工作队之间的流水步距。

专业工作队在施工段上的流水节拍（单位：天）　　　　　　　　表 4-4

工作队	施工段			
	1	2	3	4
挖土方	2	4	3	2
做垫层	3	2	3	3
砌筑基础	4	2	2	3
回填土	2	1	2	1

【解】 1）求各专业工作队的累加数列：A：2，6，9，11　　B：3，5，8，11

C：4，6，8，11　　D：2，3，5，6

2）错位相减：

A 与 B

$$
\begin{array}{r}
2 \quad 6 \quad 9 \quad 11 \\
- \quad 3 \quad 5 \quad 8 \quad 11 \\
\hline
2 \quad 3 \quad 4 \quad 3 \quad -11
\end{array}
$$

B 与 C

$$
\begin{array}{r}
3 \quad 5 \quad 8 \quad 11 \\
- \quad 4 \quad 6 \quad 8 \quad 11 \\
\hline
3 \quad 1 \quad 2 \quad 3 \quad -11
\end{array}
$$

C 与 D

$$
\begin{array}{r}
4 \quad 6 \quad 8 \quad 11 \\
- \quad 2 \quad 3 \quad 5 \quad 6 \\
\hline
4 \quad 4 \quad 5 \quad 6 \quad -6
\end{array}
$$

3）求流水步距：

因流水步距等于错位相减所得结果中数值最大者，故有：

$K_{A,B} = \max\ \{2，3，4，3，-11\} = 4$ 天

$K_{B,C} = \max\ \{3，1，2，3，-11\} = 3$ 天

$K_{C,D} = \max\ \{4，4，5，6，-6\} = 6$ 天

（3）平行搭接时间

有时为了缩短流水施工工期，在工作面允许的条件下，前一个专业工作队完成部分施工任务后，能够为后一个专业工作队提供工作面，使其提前进入下一个施工段，两者在同一施工段上平行搭接施工，这个搭接的时间称为平行搭接时间，通常以 $C_{i,i+1}$ 表示。

（4）技术间歇时间

在组织流水施工时除要考虑相邻专业工作队之间的流水步距外，有时根据建筑材料或

现浇构件等的工艺性质，还要考虑合理的工艺等待间歇时间，这个等待时间称为技术间歇时间，如混凝土浇筑后的养护时间、砂浆抹面和油漆面的干燥时间等，技术间歇时间以 $Z_{i,i+1}$ 表示。

（5）组织间歇时间

在流水施工中，由于施工技术或施工组织的原因，造成的在流水步距以外增加的间歇时间，称为组织间歇时间。如墙体砌筑前墙身弹线、施工人员或施工机械转移、回填土前地下管道检查验收等时间，组织间歇时间以 $G_{i,i+1}$ 表示。

4.2.3　等节拍流水作业

等节拍流水施工是指同一施工过程在各施工段上的流水节拍都相等，并且不同施工过程之间的流水节拍也相等的一种流水施工组织方式，也称为全等节拍流水或同步距流水。

1. 等节拍流水施工的主要特点

（1）各施工过程的流水节拍相等。如果有 n 个施工过程，则：

$t_1 = t_2 = \cdots = t_n = t$（常数）。

（2）流水步距彼此相等，而且等于流水节拍，即：

$K_{1,2} = K_{2,3} = \cdots = K_{n-1,n} = K = t$（常数）。

（3）专业工作队数等于施工过程数。

2. 等节拍流水施工主要参数的确定

（1）施工段数（m）

无层间关系或无施工层时，宜取 $m=n$；

有层间关系或有施工层时，施工段数目 m 分下面两种情况确定：

1）无技术和组织间歇时，宜取 $m=n$；

2）有技术和组织间歇时，为了保证各专业工作队能连续施工，应取 $m \geqslant n$。此时，每层施工段的空闲数为 $m-n$，一个空闲施工段的时间为 t，则每层的空闲时间为：

$$(m-n) \cdot t = (m-n) \cdot K$$

若一个楼层内各施工过程间的技术、组织间歇之和为 $\sum Z_1$，楼层间技术、组织间歇时间为 Z_2。如果每层的 $\sum Z_1$ 均相等，Z_2 也相等，而且为了保证连续施工，施工段上除 $\sum Z_1$ 和 Z_2 外无空闲，则：

$$(m-n) \cdot K = \sum Z_1 + Z_2$$
$$m = n + \frac{\sum Z_1}{K} + \frac{Z_2}{K} \tag{4-8}$$

式中　m——施工段数；

　　　n——施工过程数；

　　　Z_1——一个楼层内各施工过程间的技术、组织间歇时间；

　　　Z_2——层间技术、组织间歇时间；

　　　K——流水步距。

（2）流水施工的工期

1）不分施工层时：

$$T = (m+n-1) \cdot K + \sum Z_{i,i+1} - \sum C_{i,i+1} \tag{4-9}$$

式中　T——流水施工总工期；

　　　m——施工段数；

n——施工过程数；

K——流水步距；

$Z_{i,i+1}$——i，$i+1$ 两施工过程的技术间歇时间；

$C_{i,i+1}$——i，$i+1$ 两施工过程的平行搭接时间。

2）分施工层时：

$$T = (m \cdot r + n - 1) \cdot K + \Sigma Z_1 - \Sigma C_1 \qquad (4\text{-}10)$$

式中 r——施工层数；

ΣZ_1——第一个施工层中各施工过程间的技术与组织间歇时间之和；

ΣC_1——第一个施工层中各施工过程间的搭接时间之和。

公式（4-10）中，没有二层及二层以上的 ΣZ_1 和 Z_2，是因为它们均已包括在式中的 $m \cdot r \cdot t$ 项内，如图 4-1 所示。

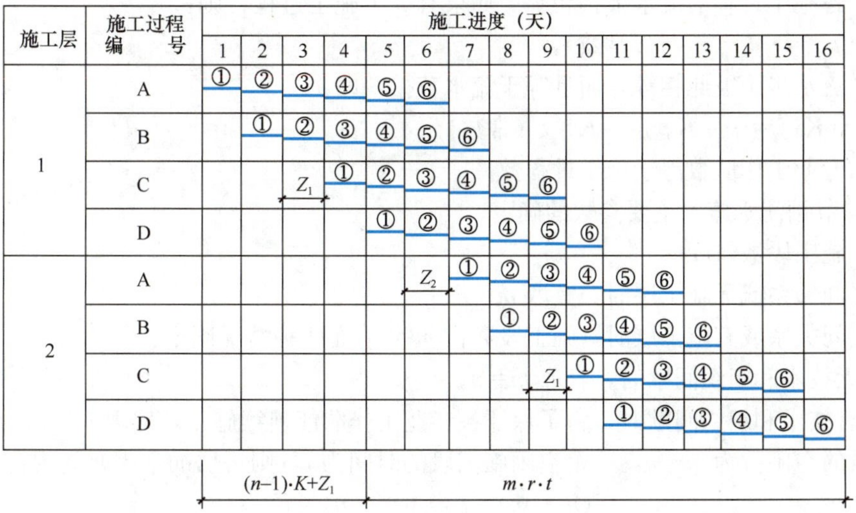

施工层	施工过程编 号	施工进度（天）															
		1	2	3	4	5	6	7	8	9	10	11	12	13	14	15	16
1	A	①	②	③	④	⑤	⑥										
	B		①	②	③	④	⑤	⑥									
	C				Z_1	①	②	③	④	⑤	⑥						
	D					①	②	③	④	⑤	⑥						
2	A						Z_2	①	②	③	④	⑤	⑥				
	B								①	②	③	④	⑤	⑥			
	C									Z_1	①	②	③	④	⑤	⑥	
	D											①	②	③	④	⑤	⑥

$(n-1) \cdot K + Z_1$ ←————→ $m \cdot r \cdot t$

图 4-1　分层并有技术、组织间歇时的等节拍专业流水

3. 等节拍流水施工的组织步骤

（1）确定施工顺序，分解施工过程；

（2）确定项目施工起点流向，划分施工段；

（3）根据等节拍流水施工要求，计算流水节拍数值；

（4）确定流水步距，$K = t$；

（5）计算流水施工的工期；

（6）绘制流水施工进度表。

等节拍流水施工，主要适用于规模较小，结构简单，工序较少的房屋建筑工程；还可组织分部工程流水施工和群体工程流水施工。

 例题讲解

【例 4-2】某分部工程由四个分项工程所组成，每个施工过程划分为四个施工段，流水节拍均为 2 天，无技术、组织间歇时间。试确定流水步距，计算工期，并绘流水施工进

度表。

【解】由已知条件 $t_i = t = 2$ 天，本分部工程宜组织等节拍专业流水。

1）确定流水步距

由等节拍专业流水的特点可知：$K = t = 2$ 天

2）计算工期 $T = (m+n-1) \cdot K = (4+4-1) \times 2 = 14$ 天

3）绘制流水施工进度如图 4-2 所示。

分项工程编号	施工进度（天）						
	2	4	6	8	10	12	14
A	①	②	③	④			
B	K	①	②	③	④		
C		K	①	②	③	④	
D			K	①	②	③	④
	$T = (4+4-1) \times 2 = 14$						

图 4-2　某分部工程流水施工进度计划

4.2.4　异节拍流水施工

异节拍流水施工是指同一施工过程在各施工段上的流水节拍相等，不同施工过程之间的流水节拍不完全相等的一种流水施工方式。异节拍流水又可分为一般异节拍流水和成倍节拍流水。

1. 一般异节拍流水施工

一般异节拍流水施工是指同一施工过程在各施工段上的流水节拍相等，不同施工过程之间的流水节拍既不相等也不成倍的流水施工方式。

（1）一般异节拍流水施工主要特点

1）同一施工过程在各施工段上的流水节拍相等，不同施工过程之间的流水节拍不完全相等。

2）在多数情况下，流水步距彼此不相等而且流水步距与流水节拍二者之间存在着某种函数关系。

3）专业工作队数等于施工过程数。

（2）一般异节拍流水施工主要参数的确定

1）流水步距 $K_{i,i+1}$

$$K_{i,i+1} = \begin{cases} t_i & [当 t_i \leqslant t_{i+1} 时] \\ mt_i - (m-1)t_{i+1} & [当 t_i > t_{i+1} 时] \end{cases} \quad (4\text{-}11)$$

式中　t_i——第 i 个施工过程的流水节拍；

t_{i+1}——第 $i+1$ 个施工过程的流水节拍。

2）流水施工工期（T）

$$T = \sum K_{i,i+1} + T_n + \sum Z_{i,i+1} - \sum C_{i,i+1} \quad （公式符号意义同前）。$$

（3）一般异节拍流水施工组织步骤

1）确定施工顺序，分解施工过程。

2）确定施工起点流向，划分施工段。可按施工段划分的基本原则来确定施工段。

3）确定流水节拍。

4）确定流水步距。

5）确定计划总工期。

6）绘制流水施工进度表。

一般异节拍流水主要适用于施工段大小相等的工程施工组织。

 例题讲解

【**例 4-3**】某工程划分为甲、乙、丙、丁四个施工过程，划分为三个施工段组织流水施工，各施工过程的流水节拍分别为甲 2 天，乙 3 天，丙 5 天，丁 2 天，施工过程乙完成后需要 1 天的技术间歇时间，试求各施工过程之间的流水步距及工期。

【**解**】1）确定流水步距

$K_{甲,乙}$ 　　 $t_甲 < t_乙$ 　　 $K = t_甲 = 2$ 天

$K_{乙,丙}$ 　　 $t_乙 < t_丙$ 　　 $K = t_乙 = 3$ 天

$K_{丙,丁}$ 　　 $t_丙 > t_丁$ 　　 $K = mt_丙 - (m-1)t_丁 = 3 \times 5 - 2 \times 2 = 11$ 天

2）确定工期

$$T = \Sigma K_{i,i+1} + T_n + \Sigma Z - \Sigma C = (2+3+11) + 3 \times 2 + 1 = 23 \text{ 天}$$

该工程的流水施工进度安排如图 4-3 所示。

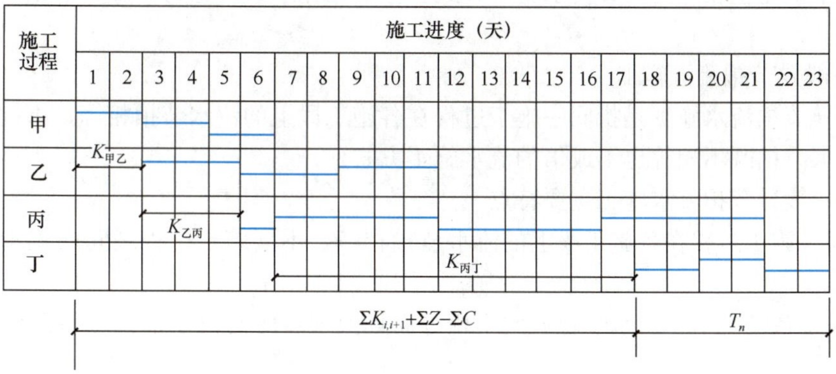

施工过程	施工进度（天）																						
	1	2	3	4	5	6	7	8	9	10	11	12	13	14	15	16	17	18	19	20	21	22	23
甲																							
乙																							
丙																							
丁																							

$\Sigma K_{i,i+1} + \Sigma Z - \Sigma C$　　　　　T_n

图 4-3　某工程流水施工进度计划

2. 成倍节拍流水

成倍节拍流水是指同一施工过程在各个施工段上的流水节拍相等，不同施工过程的流水节拍之间存在整数倍（或公约数）关系的流水施工方式。

（1）成倍节拍流水施工的主要特点

1）同一施工过程在各个施工段上的流水节拍相等，不同施工过程在同一施工段上的流水节拍彼此不同，但互为倍数（或公约数）关系。

2）流水步距彼此相等，且等于流水节拍的最大公约数。

3）专业工作队数大于施工过程数，即 $n_1 \geqslant n$。

（2）成倍节拍流水施工主要参数的确定

1）施工段数（m）。

不分施工层时，可按划分施工段的原则确定施工段数；分施工层时，每层段数可按公式（4-12）确定：

$$m = n_1 + \frac{\sum Z_1}{K_b} + \frac{Z_2}{K_b} \tag{4-12}$$

式中　n_1——专业工作队总数；

K_b——成倍节拍流水的流水步距。

2）流水步距 $K_{i,i+1}$

$$K_{i,i+1} = K_b$$

K_b＝流水节拍的最大公约数 $\{t_1, t_2, \cdots, t_n\}$

3）专业施工队数

$$b_i = \frac{t_i}{K_b} \tag{4-13}$$

$$n_1 = \sum b_i \tag{4-14}$$

式中　b_i——某施工过程所需施工队数。

4）工期 T

$$T = (m \cdot r + n_1 - 1) \cdot K_b + \sum Z_1 - \sum C_1 \tag{4-15}$$

或
$$T = (n_1 r - 1) K_b + m^{zh} t^{zh} + \sum Z_{i,i+1} - \sum C_{i,i+1} \tag{4-16}$$

式中　r——施工层数；不分层时取 1；分层时取实际施工层数；

m^{zh}——最后一个施工过程的最后一个专业队要施工的段数；

t^{zh}——最后一个施工过程的流水节拍。

其他符号含义同前。

（3）成倍节拍流水施工组织步骤

1）确定施工顺序，分解施工过程；

2）确定施工起点流向，划分施工段；

3）确定流水节拍；

4）确定流水步距；

5）确定专业工作队数；

6）确定计划总工期；

7）绘制流水施工进度表。

 例题讲解

【例 4-4】有六栋结构相同的住宅楼，其中某分部工程有 A、B、C、D 四个施工过程，流水节拍分别为：$t_A = 2$ 天，$t_B = 6$ 天，$t_C = 4$ 天，$t_D = 2$ 天，试组织成倍节拍流水施工。

【解】1）确定流水步距 K_b＝最大公约数＝2 天。

2）求专业工作队数

$$b_A = \frac{t_A}{K_b} = \frac{2}{2} = 1 \quad b_B = \frac{t_B}{K_b} = \frac{6}{2} = 3 \quad b_C = \frac{t_C}{K_b} = \frac{4}{2} = 2 \quad b_D = \frac{t_D}{K_b} = \frac{2}{2} = 1$$

$$n_1 = 1 + 3 + 2 + 1 = 7$$

3）求施工段数

为了使各专业工作队都能连续工作，取：

$$m = n_1 = 7 \text{ 段}$$

4）计算工期

$$T = (6 + 7 - 1) \times 2 = 24 \text{ 天}$$

$$\text{或 } T = (7 - 1) \times 2 + 3 \times 4 = 24 \text{ 天}$$

5）绘制流水施工进度表如图 4-4 所示。

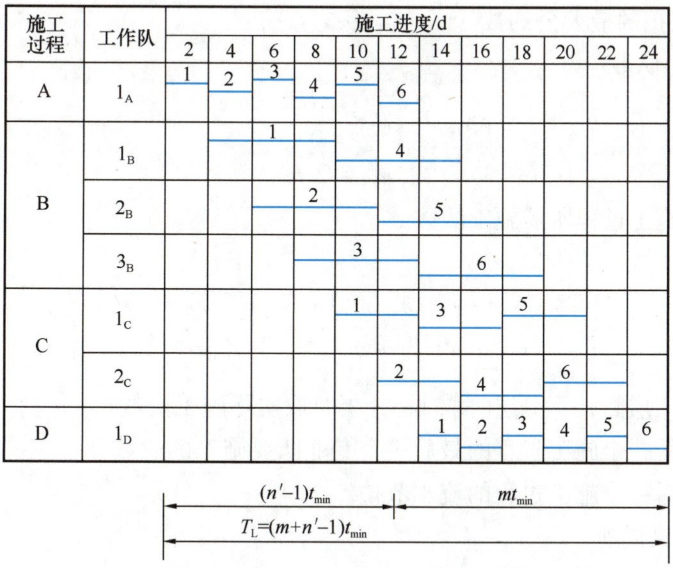

图 4-4　等步距异节拍专业流水施工进度

4.2.5　无节拍流水施工

无节拍流水施工是指同一施工过程在各施工段上的流水节拍不完全相等的一种流水施工方式，它是流水施工的普遍形式。

1. 无节拍流水施工的主要特点

（1）各施工过程在各施工段上的流水节拍不尽相等。

（2）各施工过程的施工速度也不尽相等，因此，两相邻施工过程的流水步距也不尽相等。

（3）专业工作队数等于施工过程数，即 $n_1 = n$。

2. 无节拍流水施工计算步骤

（1）确定施工起点流向，分解施工过程。

（2）确定施工顺序，划分施工段。

（3）按相应的公式计算各施工过程在各个施工段上的流水节拍。

（4）按一定的方法确定相邻两个专业队之间的流水步距。

（5）按公式（4-17）计算流水施工的计划工期（无施工层时）

$$T = \sum K_{i,i+1} + T_n + \sum Z_{i,i+1} - \sum C_{i,i+1} \tag{4-17}$$

（6）绘制流水施工进度表。

【例 4-5】 某项目经理部拟承建一项工程，该工程由基础、主体、屋面、装修、收尾五个施工过程组成。施工时在平面上划分成四个施工段，每个施工过程在各个施工段上的流水节拍见表 4-5。规定施工过程 II 完成后，其相应施工段至少养护 2 天；施工过程 IV 完成后，其相应施工段留有 1 天的准备时间。为了尽早完工，允许施工过程 I 与 II 之间搭接施工 1 天，试编制流水施工方案。

流水节拍（单位：天）   表 4-5

施工段	施工过程				
	基础	主体	屋面	装修	收尾
①	3	5	2	4	2
②	2	6	2	2	1
③	2	5	3	3	2
④	3	7	3	3	1

【解】 根据题设条件，该工程只能组织无节拍专业流水。

1）求累加数列

    基础：3，5，7，10

    主体：5，11，16，23

    屋面：2，4，7，10

    装修：4，6，9，12

    收尾：2，3，5，6

2）确定流水步距

① $K_{基础,主体}$

$$
\begin{array}{rrrrr}
3 & 5 & 7 & 10 & \\
- & 5 & 11 & 16 & 23 \\
\hline
3 & 0 & -4 & -6 & -23
\end{array}
$$

$K_{基础,主体} = \max\{3, 0, -4, -6, -23\} = 3$ 天

② $K_{主体,屋面}$

$$
\begin{array}{rrrrr}
5 & 11 & 16 & 23 & \\
- & 2 & 4 & 7 & 10 \\
\hline
5 & 9 & 12 & 16 & -10
\end{array}
$$

$K_{主体,屋面} = \max\{5, 9, 12, 16, -10\} = 16$ 天

③ $K_{屋面,装修}$

$$
\begin{array}{ccccc}
2 & 4 & 7 & 10 & \\
- & 4 & 6 & 9 & 12 \\
\hline
2 & 0 & 1 & 1 & -12
\end{array}
$$

$K_{屋面,装修} = \max\{2, 0, 1, 1, -12\} = 2$ 天

④ $K_{装修,收尾}$

$$
\begin{array}{ccccc}
4 & 6 & 9 & 12 & \\
- & 2 & 3 & 5 & 6 \\
\hline
4 & 4 & 6 & 7 & -6
\end{array}
$$

$K_{装修,收尾} = \max\{4, 4, 6, 7, -6\} = 6$ 天

3) 确定计划工期

由题给条件可知：

$Z_{I,II} = 2$ 天，$G_{IV,V} = 1$ 天，$C_{I,II} = 1$ 天，

$T = (3 + 16 + 2 + 6) + (2 + 1 + 2 + 1) + 2 + 1 - 1 = 35$ 天

4) 绘制流水施工进度图，如图 4-5 所示。

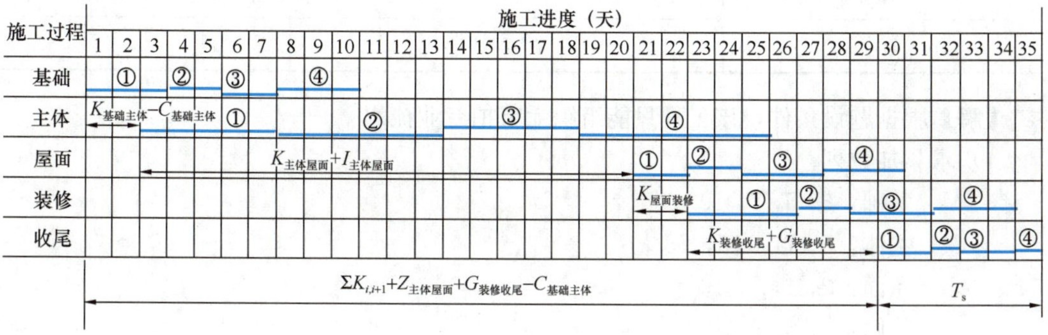

图 4-5 流水施工进度图

4.3 建设工程项目网络计划

我国《工程网络计划技术规程》JGJ/T 121—2015 推荐的常用的工程网络计划类型包括：双代号网络计划、单代号网络计划、双代号时标网络计划和单代号搭接网络计划。

4.3.1 双代号网络计划

1. 双代号网络图的组成

网络图的组成双代号网络图由工作、节点、线路三个基本要素组成。

（1）工作

工作也称过程、活动、工序，用一根箭线和两个圆圈来表示，是网络图的组成要素之

一，具体表示方法如图 4-6 所示。

工作可分为实际存在的工作和虚工作。实工作是有时间消耗时间的，虚工作既没有时间消耗也没有资源消耗的，用虚箭线表示，如图 4-7 所示。

图 4-6　双代号网络中
工作的表示方法

图 4-7　虚工作表示法

（2）节点

用圆圈标志前面一项或若干项工作的结束和允许后面一项或若干项工作的开始的时间点称为节点，如图 4-8 所示。

箭线的箭尾节点表示该工作的开始，箭线的箭头节点表示该工作的结束；根据节点在网络图中的位置不同可分为起点节点、终点节点和中间节点；起点节点是网络图中第一个节点，终点节点是网络图的最后一个节点。节点编号方法可从以下两个方面来考虑：根据节点编号

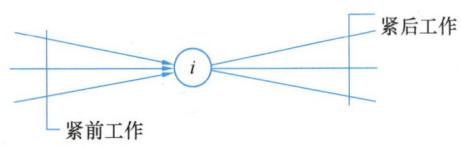

图 4-8　节点（i）示意图

的方向不同可分为两种：一种是沿着水平方向进行编号（图 4-9）；另一种是沿着垂直方向进行编号（图 4-10）。需要注意的是：节点编号顺序应从左至右、从小到大，可不连续但严禁重复。箭尾的节点编号应小于箭头的节点编号。

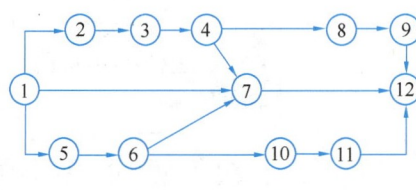

图 4-9　水平编号法

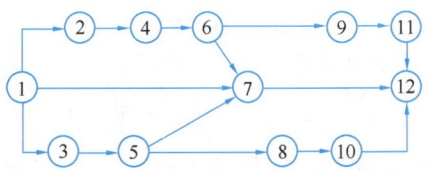

图 4-10　垂直编号法

（3）线路

网络图中从起点节点开始，沿箭线方向连续通过一系列箭线与节点，最后到达终点节点的通路称为线路。每一条线路都有自己确定的完成时间，它等于该线路上各项工作持续时间的总和，也是完成这条线路上所有工作的总时间。工期最长的线路，称为关键线路。位于关键线路上的工作称为关键工作，用粗箭线或双箭线连接。

2. 双代号网络图绘制的基本原则和应注意的问题

（1）双代号网络图绘制基本原则

1）必须正确地表达各项工作之间的相互制约和相互依赖的关系。在网络图中，根据施工顺序和施工组织的要求，正确地反映各项工作之间的相互制约和相互依赖关系，这些关系是多种多样的，表 4-6 列出了常见的几种表示方法。

双代号网络图
的组成——线路

双代号网络图
的绘图规则

网络图中各项工作逻辑关系表示方法   表 4-6

序号	工作之间的逻辑关系	网络图中表示方法	说　明
1	有 A、B 两项工作按照依次施工方式进行		B 工作依赖着 A 工作，A 工作约束着 B 工作的开始
2	有 A、B、C 三项工作同时开始工作		A、B、C 三项工作称为平行工作
3	有 A、B、C 三项工作同时结束		A、B、C 三项工作称为平行工作
4	有 A、B、C 三项工作，只有在 A 完成后，B、C 才能开始		A 工作制约着 B、C 工作的开始，B、C 为平行工作
5	有 A、B、C 三项工作，C 工作只在在 A、B 完成后才能开始		C 工作依赖着 A、B 工作，A、B 为平行工作
6	有 A、B、C、D 四项工作，只有当 A、B 完成后 C、D 才能开始		通过中间节点 j 正确地表达了 A、B、C、D 之间的关系
7	有 A、B、C、D 四项工作，A 完成后 C 才能开始，A、B 完成后 D 才开始		D 与 A 之间引入了逻辑连接（虚工作）只有这样才能正确表达它们之间的约束关系
8	有 A、B、C、D、E 五项工作，A、B 完成后 C 开始，B、D 完成后 E 开始		虚工作 ij 反映出 C 工作受到 B 工作的约束；虚工作 ik 反映出 E 工作受到 B 工作的约束
9	有 A、B、C、D、E 五项工作，A、B、C 完成后 D 才能开始，B、C 完成后 E 才能开始		这是前面序号 1、5 情况通过虚工作连接起来，虚工作表示 D 工作受到 B、C 工作制约
10	A、B 两项工作分三个施工段，平行施工		每个工种工程建立专业工作队，在每个施工段上进行流水作业，不同工种之间用逻辑搭接关系表示

2）在单目标网络图中，除了整个网络计划的起点节点外，不允许出现没有紧前工作的"尾部节点"，即没有箭线进入的"尾部节点"，如图 4-11 所示。

3）在单目标网络图中，除了整个网络图的终点节点外，不允许出现没有紧后工作的"尽头节点"，即没有箭线引出的节点，如图 4-12 所示。

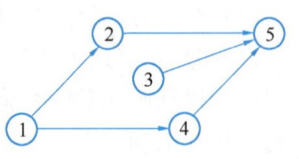

图 4-11　起点节点示意图

4）在网络图中严禁出现循环回路，如图 4-13 所示。

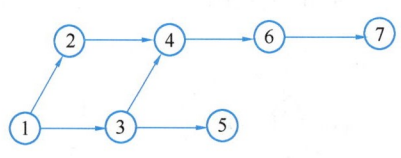
图 4-12　终点节点示意图

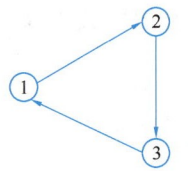
图 4-13　闭合回路示意图

5）在网络图中不允许出现重复编号的箭线，如图 4-14 所示。

6）在网络图中不允许出现没有箭尾节点的工作，如图 4-15 所示。

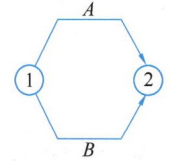

图 4-14　重复编号工作示意图　　图 4-15　无开始节点工作示意图

7）在网络图中不允许出现没有箭头节点的工作。

8）在网络图中不允许出现带有双向箭头或无箭头的工作。

9）在双代号网络图中的某些节点有多条外向箭线或多条内向箭线时，在保证一项工作有唯一的一条箭线和对应的一对节点编号前提下，允许使用母线法绘制。

（2）绘制网络图应注意的问题

1）网络图的布局要条理清楚，重点突出如图 4-16 所示。其中，图 4-16（a）条理不清楚，（b）条理清楚。

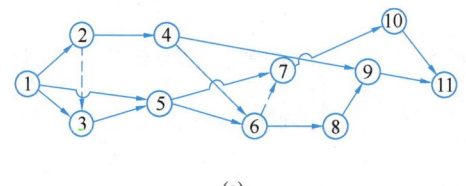
(a)

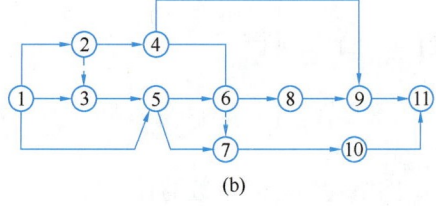
(b)

图 4-16　网络图布置示意图

2）当网络图中不可避免地出现交叉时，不能直接相交画出，如图 4-17（a）是错的，"过桥法"（b）和"指向法"（c）所示的是正确的。

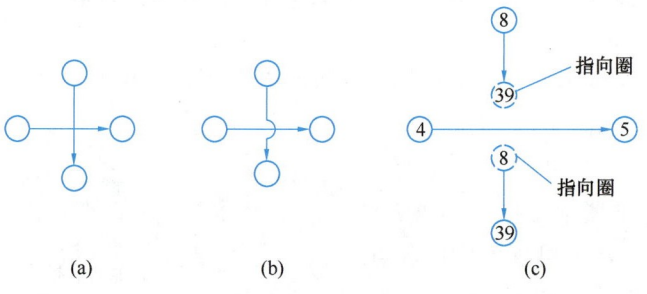

(a)　　　　　　(b)　　　　　　(c)

图 4-17　交叉箭线示意图
(a) 错误；(b) 正确；(c) 正确

3）网络图中容易出现不该发生逻辑关系的工作之间却发生了逻辑关系的错误，如图 4-18 所示。此时应采用虚工作将两个工作间的关系断开，增加了虚工作后的网络图如图 4-19 所示。

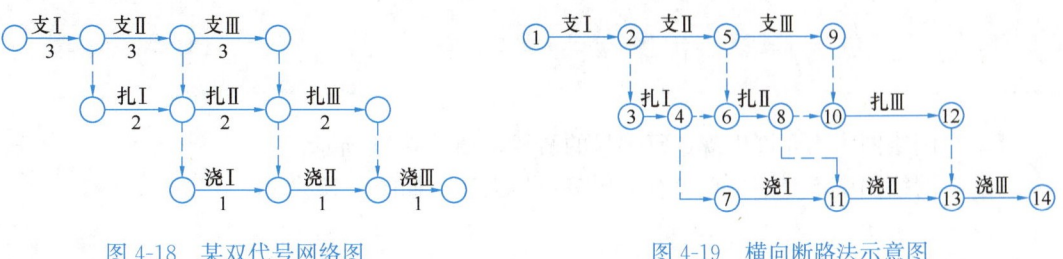

图 4-18　某双代号网络图　　　　　　　　图 4-19　横向断路法示意图

4）建设施工进度网络图的排列方法

为了使网络计划既形象又清楚地反映出建设工程施工特点，绘图时可根据不同的工程情况，不同的施工组织方法，使各工作间在工艺上及组织上的逻辑关系准确而清楚。如果为突出表示工作面的连续或者工作队的连续，用"按施工段排列法"，如图 4-20 所示。如果在流水施工中，若干个不同工种工作，沿着建筑物的楼层开展时，用"按楼层排列法"，如图 4-21 所示。

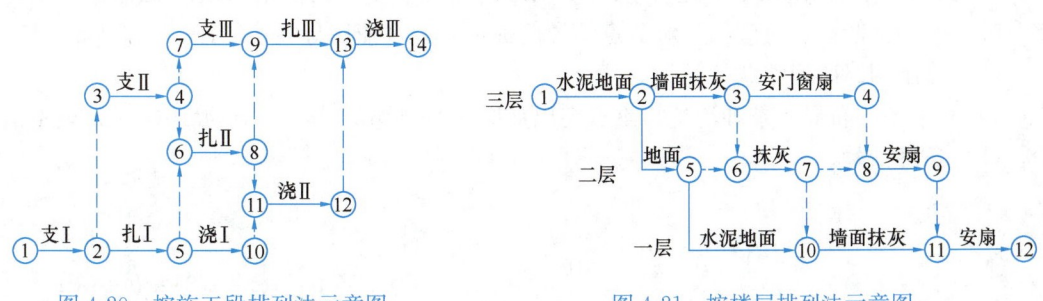

图 4-20　按施工段排列法示意图　　　　　　图 4-21　按楼层排列法示意图

3. 网络计划时间参数的计算

网络计划时间参数主要内容有各个节点的最早时间和最迟时间；各项工作的最早开始时间、最早完成时间、最迟开始时间、最迟完成时间；各项工作的有关时差以及关键线路的持续时间。

时间参数的计算方法很多，本书仅介绍工作计算法和节点计算法。

（1）工作计算法

为了便于理解，举例说明一下，某一网络图由 h、i、j、k 4 个节点和 $h-i$、$i-j$ 及 $j-k$ 3 项工作组成，如图 4-22 所示。

从图 4-22 中可以看出，$i-j$ 代表一项工作，$h-i$ 是它的紧前工作。如果 $i-j$ 之前有许多工作，$h-i$ 可理解为由起点节点到 i 节点为止沿箭头方向的所有工作的总和。$j-k$ 代表它的紧后工作。如果 j

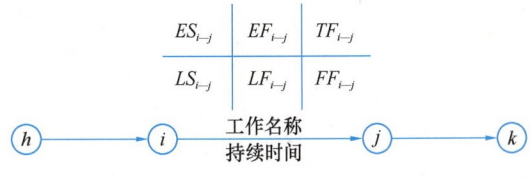

图 4-22　按工作计算法的标注内容

是终点节点，则 $j-k$ 等于零。如果 $i-j$ 后面有许多工作，$j-k$ 可理解为由 j 节点至终点节点为止的所有工作的总和。

计算时采用下列符号：

ET_i——i 节点的最早时间；

ET_j——j 节点的最早时间；

LT_i——i 节点的最迟时间；

LT_j——j 节点的最迟时间；

D_{i-j}——$i-j$ 工作的持续时间；

ES_{i-j}——$i-j$ 工作的最早开始时间；

LS_{i-j}——$i-j$ 工作的最迟开始时间；

EF_{i-j}——$i-j$ 工作的最早完成时间；

LF_{i-j}——$i-j$ 工作的最迟完成时间；

TF_{i-j}——$i-j$ 工作的总时差；

FF_{i-j}——$i-j$ 工作的自由时差。

设网络计划 P 是由 n 个节点所组成，其编号是由小到大（1→n），其工作时间参数的计算公式如下：

1）工作最早开始时间的计算

工作最早开始时间是指各紧前工作全部完成后，本工作有可能开始的最早时刻。工作 $i-j$ 的最早开始时间 ES_{i-j} 的计算符合下列规定：

工作 $i-j$ 的最早开始时间 ES_{i-j} 应从网络计划的起点节点开始，顺箭线方向依次逐项计算；

工作 $i-j$ 的最早开始时间 ES_{i-j}，当未规定其最早开始时间 ES_{i-j} 时，其值应等于零，即：

$$ES_{i-j} = 0(i = 1) \tag{4-18}$$

当工作只有一项紧前工作时，其最早开始时间应为：

$$ES_{i-j} = ES_{h-i} + D_{h-i} \tag{4-19}$$

式中　ES_{h-i}——工作 $i-j$ 的紧前工作的最早开始时间；

D_{h-i}——工作 $i-j$ 的紧前工作的持续时间。

当工作有多个紧前工作时，其最早开始时间应为：

$$ES_{i-j} = \max\{ES_{h-i} + D_{h-i}\} \tag{4-20}$$

2）工作最早完成时间的计算

工作最早完成时间是指各紧前工作完成后，本工作有可能完成的最早时刻。工作 $i-j$ 的最早完成时间 EF_{i-j} 应按公式（4-21）计算：

$$EF_{i-j} = ES_{i-j} + D_{i-j} \tag{4-21}$$

3）网络计划工期的计算

计算工期 Tc 是指根据时间参数计算得到的工期，它应按公式（4-22）计算：

$$Tc = \max\{EF_{i-n}\} \tag{4-22}$$

式中　EF_{i-n}——以终点节点（$j=n$）为箭头节点的工作 $i-n$ 的最早完成时间。

网络计划的计划工期是指按要求工期和计算工期确定的作为实施目标的工期。其计算应按下述规定：

规定了要求工期 Tr 时， $\qquad\qquad Tp \leqslant Tr$ (4-23)

当未规定要求工期时， $\qquad\qquad Tp = Tc$ (4-24)

式中　Tp——计划工期；

$\qquad Tc$——计算工期；

$\qquad Tr$——要求工期。

4）工作最迟完成时间的计算

工作最迟完成时间是指在不影响整个任务按期完成的前提下，工作必须完成的最迟时刻。

工作 $i-j$ 的最迟完成时间 LF_{i-j} 应从网络计划的终点节点开始，逆着箭线方向依次逐项计算。

以终点节点（$j=n$）为箭点节点的工作最迟完成时间 LF_{i-n}，应按网络计划的计划工期 T_p 确定，即：$\qquad\qquad LF_{i-n} = T_p$ (4-25)

其他工作 $i-j$ 的最迟完成时间 LF_{i-j}，应按公式（4-26）计算：

$$LF_{i-j} = \min\{LF_{j-k} - D_{j-k}\}$$ (4-26)

式中　LF_{j-k}——工作 $i-j$ 的各项紧后工作 $j-k$ 的最迟完成时间；

$\qquad D_{j-k}$——工作 $i-j$ 的各项紧后工作的持续时间。

5）工作最迟开始时间的计算

工作的最迟开始时间是指在不影响整个任务按期完成的前提下，工作必须开始的最迟时刻。

工作 $i-j$ 的最迟开始时间应按公式（4-27）计算：

$$LS_{i-j} = LF_{i-j} - D_{i-j}$$ (4-27)

6）工作总时差的计算

工作总时差是指在不影响总工期的前提下，本工作可以利用的机动时间。该时间应按公式（4-28）或式（4-29）计算：

$$TF_{i-j} = LS_{i-j} - ES_{i-j}$$ (4-28)

$$TF_{i-j} = LF_{i-j} - EF_{i-j}$$ (4-29)

7）工作自由时差的计算

工作自由时差是指在不影响其紧后工作最早开始时间的前提下，本工作可以利用的机动时间。工作 $i-j$ 的自由时差 FF_{i-j} 的计算应符合下列规定。

当工作 $i-j$ 有紧后工作 $j-k$ 时，其自由时差应为：

$$FF_{i-j} = ES_{j-k} - ES_{i-j} - D_{i-j}$$ (4-30)

或 $\qquad\qquad\qquad FF_{i-j} = ES_{j-k} - EF_{i-j}$ (4-31)

式中　ES_{j-k}——工作 $i-j$ 的紧后工作 $j-k$ 的最早开始时间。

以终点节点为箭头节点的工作，其自由时差 FF_{i-n} 应按网络计划的计划工期 T_P 确定，即：

$$FF_{i-n} = T_P - ES_{i-n} - D_{i-n}$$ (4-32)

或 $\qquad\qquad\qquad FF_{i-n} = T_P - EF_{i-n}$ (4-33)

8）关键工作和关键线路的判定

总时差最小的工作为关键工作；当无规定工期时，$Tc = Tp$，最小总时差为零。当 $Tc > Tp$ 时，最小总时差为负数；当 $Tc < Tp$ 时，最小总时差为正数。

自始至终全部由关键工作组成的线路为关键线路，应当用粗线、双线或彩色线标注。

【例 4-6】某项目分部工程网络计划如图 4-23 所示，请计算各时间参数。图中箭线下的数字是工作的持续时间，以天为单位。

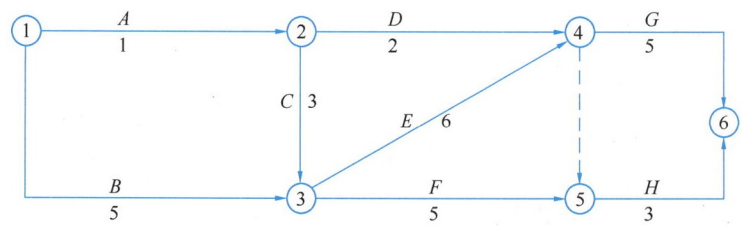

图 4-23　网络计划的计算

【解】① 各项工作最早开始时间和最早完成时间的计算

$$ES_{1-2} = 0 \qquad\qquad EF_{1-2} = ES_{1-2} + D_{1-2} = 0 + 1 = 1$$
$$ES_{1-3} = 0 \qquad\qquad EF_{1-3} = ES_{1-3} + D_{1-3} = 0 + 5 = 5$$
$$ES_{2-3} = EF_{1-2} = 1 \qquad\qquad EF_{2-3} = ES_{2-3} + D_{2-3} = 1 + 3 = 4$$
$$ES_{2-4} = EF_{1-2} = 1 \qquad\qquad EF_{2-4} = ES_{2-4} + D_{2-4} = 1 + 2 = 3$$
$$ES_{3-4} = \max(EF_{1-3}, EF_{2-3}) = \max(5,4) = 5 \qquad EF_{3-4} = ES_{3-4} + D_{3-4} = 5 + 6 = 11$$
$$ES_{3-5} = ES_{3-4} = 5 \qquad\qquad EF_{3-5} = ES_{3-5} + D_{3-5} = 5 + 5 = 10$$
$$ES_{4-5} = \max(EF_{2-4}, EF_{3-4}) = \max(3,11) = 11 \qquad EF_{4-5} = ES_{4-5} + D_{4-5} = 11 + 0 = 11$$
$$ES_{4-6} = ES_{4-5} = 11 \qquad\qquad EF_{4-6} = ES_{4-6} + D_{4-6} = 11 + 5 = 16$$
$$ES_{5-6} = \max(EF_{3-5}, EF_{4-5}) = \max(10,11) = 11 \qquad EF_{5-6} = ES_{5-6} + D_{5-6} = 11 + 3 = 14$$

② 各项工作最迟开始时间和最迟完成时间的计算

$$LF_{5-6} = EF_{4-6} = 16 \qquad\qquad LS_{5-6} = LF_{5-6} - D_{5-6} = 16 - 3 = 13$$
$$LF_{4-6} = EF_{4-6} = 16 \qquad\qquad LS_{4-6} = LF_{4-6} - D_{4-6} = 16 - 5 = 11$$
$$LF_{4-5} = LS_{5-6} = 13 \qquad\qquad LS_{4-5} = LF_{4-5} - D_{4-5} = 13 - 0 = 13$$
$$LF_{3-5} = LS_{5-6} = 13 \qquad\qquad LS_{3-5} = LF_{3-5} - D_{3-5} = 13 - 5 = 8$$
$$LF_{3-4} = \min(LS_{4-6}, LS_{4-5}) = \min(11,13) = 11 \qquad LS_{3-4} = LF_{3-4} - D_{3-4} = 11 - 6 = 5$$
$$LF_{2-4} = \min(LS_{4-6}, LS_{4-5}) = \min(11,13) = 11 \qquad LS_{2-4} = LF_{2-4} - D_{2-4} = 11 - 2 = 9$$
$$LF_{2-3} = \min(LS_{3-5}, LS_{3-4}) = \min(8,5) = 5 \qquad LS_{2-3} = LF_{2-3} - D_{2-3} = 5 - 3 = 2$$
$$LF_{1-3} = \min(LS_{3-5}, LS_{3-4}) = \min(8,5) = 5 \qquad LS_{1-3} = LF_{1-3} - D_{1-3} = 5 - 5 = 0$$
$$LF_{1-2} = \min(LS_{2-3}, LS_{2-4}) = \min(2,9) = 2 \qquad LS_{1-2} = LF_{1-2} - D_{1-2} = 2 - 1 = 1$$

③ 各项工作总时差的计算

$$TF_{1-2} = LF_{1-2} - EF_{1-2} = 2 - 1 = 1 \qquad\qquad TF_{1-3} = LF_{1-3} - EF_{1-3} = 5 - 5 = 0$$

$$TF_{2-3}=LF_{2-3}-EF_{2-3}=5-4=1 \qquad TF_{2-4}=LF_{2-4}-EF_{2-4}=11-3=8$$
$$TF_{3-4}=LF_{3-4}-EF_{3-4}=11-11=0 \qquad TF_{3-5}=LF_{3-5}-EF_{3-5}=13-10=3$$
$$TF_{4-5}=LF_{4-5}-EF_{4-5}=13-11=2 \qquad TF_{4-6}=LF_{4-6}-EF_{4-6}=16-16=0$$
$$TF_{5-6}=LF_{5-6}-EF_{5-6}=16-14=2$$

④ 各项工作自由时差的计算

$$FF_{1-2}=ES_{2-3}-EF_{1-2}=1-1=0 \qquad FF_{1-3}=ES_{3-4}-EF_{1-3}=5-5=0$$
$$FF_{2-3}=ES_{3-4}-EF_{2-3}=5-4=1 \qquad FF_{2-4}=ES_{4-5}-EF_{2-4}=11-3=8$$
$$FF_{3-4}=ES_{4-5}-EF_{3-4}=11-11=0 \qquad FF_{3-5}=ES_{5-6}-EF_{3-5}=11-10=1$$
$$FF_{4-5}=ES_{5-6}-EF_{4-5}=11-11=0 \qquad FF_{4-6}=T_P-EF_{4-6}=16-16=0$$
$$FF_{5-6}=T_P-EF_{5-6}=16-14=2$$

（2）节点计算法（图 4-24）

图 4-24　按节点计算法的标注内容

1）节点最早时间的计算

节点最早时间是指双代号网络计划中，以该节点为开始节点的各项工作的最早开始时间。

起点节点 i 如未规定最早时间，其值应等于零，即：

$$ET_i=0 \quad (i=1) \tag{4-34}$$

当节点 j 只有一条内向箭线时，其最早时间应为：

$$ET_j=ET_i+D_{i-j} \tag{4-35}$$

当节点 j 有多条内向箭线时，其最早时间应为：

$$ET_j=\max\{ET_i+D_{i-j}\} \tag{4-36}$$

2）网络计划工期的计算

$$T_c=\max\{ET_n\} \tag{4-37}$$

式中　ET_n——终点节点 n 的最早时间。

网络计划工期 T_p 的确定与工作计算法相同。

3）节点最迟时间的计算

节点最迟时间是指双代号网络计划中，以该节点为完成节点的各项工作的最迟完成时间。

终点节点上的最迟时间应等于网络计划的计划工期：

$$LT_n=T_p \tag{4-38}$$

当节点 i 只有一个外向箭线时，最迟时间为：

$$LT_i=LT_j-D_{i-j} \tag{4-39}$$

当节点有多条外向箭线时，其最迟时间为：

$$LT_i=\min\{LT_j-D_{i-j}\} \tag{4-40}$$

4）工作时间参数的计算

工作 $i-j$ 的最早开始时间 ES_{i-j} 为：$ES_{i-j}=ET_i$ \hfill (4-41)

工作 $i-j$ 的最早完成时间 EF_{i-j} 为：$EF_{i-j}=ET_i+D_{i-j}$ \hfill (4-42)

工作 $i-j$ 的最迟完成时间 LF_{i-j} 为：$LF_{i-j}=LT_j$ (4-43)

工作 $i-j$ 的最迟开始时间 LS_{i-j} 为：$LS_{i-j}=LT_j-D_{i-j}$ (4-44)

工作 $i-j$ 的总时差 TF_{i-j} 为：$TF_{i-j}=LT_j-ET_i-D_{i-j}$ (4-45)

工作 $i-j$ 的自由时差 FF_{i-j} 为：$FF_{i-j}=ET_j-ET_i-D_{i-j}$ (4-46)

【例 4-7】 某项目分部工程网络计划如图 4-25，请试用节点计算法计算网络计划的各时间参数。图中箭线下的数字是工作的持续时间，以天为单位。

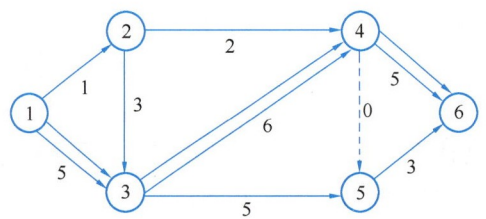

图 4-25 某项目分部工程网络计划

【解】 1）计算节点最早时间

$ET_1 = 0$

$ET_2 = \max[ET_1 + D_{1-2}] = \max[0+1] = 1$

$ET_3 = \max[ET_1 + D_{1-3}, ET_2 + D_{2-3}] = \max[0+5, 1+3] = 5$

$ET_4 = \max[ET_2 + D_{2-4}, ET_3 + D_{3-4}] = \max[1+2, 5+6] = 11$

$ET_5 = \max[ET_3 + D_{3-5}, ET_4 + D_{4-5}] = \max[5+5, 11+0] = 11$

$ET_6 = \max[ET_4 + D_{4-6}, ET_5 + D_{5-6}] = \max[11+5, 11+3] = 16$

ET_6 是网络图 4-26 终点节点最早可能开始时间的最大值，也是关键线路的持续时间。

2）计算各个节点最迟时间

$ET_6 = LT_6 = T_C = T_P = 16$

$LT_5 = \min[LT_6 + D_{5-6}] = 16 - 3 = 13$

$LT_4 = \min[LT_5 - D_{4-5}, LT_6 - D_{4-6}] = \min[13-0, 16-5] = 11$

$LT_3 = \min[LT_4 - D_{3-4}, LT_5 - D_{3-5}] = \min[11-6, 13-5] = 5$

$LT_2 = \min[LT_3 - D_{2-3}, LT_4 - D_{2-4}] = \min[5-3, 11-2] = 2$

$LT_1 = \min[LT_2 - D_{1-2}, LT_3 - D_{1-3}] = \min[2-1, 5-5] = 0$

3）计算各项工作最早开始时间和最早完成时间

$ES_{1-2} = ET_1 = 0$ $EF_{1-2} = ET_1 + D_{1-2} = 0 + 1 = 1$

$ES_{1-3} = ET_1 = 0$ $EF_{1-3} = ET_1 + D_{1-3} = 0 + 5 = 5$

$ES_{2-3} = ET_2 = 1$ $EF_{2-3} = ET_2 + D_{2-3} = 1 + 3 = 4$

$ES_{2-4} = ET_2 = 1$ $EF_{2-4} = ET_2 + D_{2-4} = 1 + 2 = 3$

$ES_{3-4} = ET_3 = 5$ $EF_{3-4} = ET_3 + D_{3-4} = 5 + 6 = 11$

$ES_{3-5} = ET_3 = 5$ $EF_{3-5} = ET_3 + D_{3-5} = 5 + 5 = 10$

$ES_{4-5} = ET_4 = 11$ $EF_{4-5} = ET_4 + D_{4-5} = 11 + 0 = 11$

$$ES_{4-6} = ET_4 = 11 \qquad EF_{4-6} = ET_4 + D_{4-6} = 11 + 5 = 16$$

$$ES_{5-6} = ET_5 = 11 \qquad EF_{5-6} = ET_5 + D_{5-6} = 11 + 3 = 14$$

4）计算各项工作最迟开始时间和最迟完成时间

$$LF_{5-6} = LT_6 = 16 \qquad LS_{5-6} = LT_6 - D_{5-6} = 16 - 3 = 13$$

$$LF_{4-6} = LT_6 = 16 \qquad LS_{4-6} = LT_6 - D_{4-6} = 16 - 5 = 11$$

$$LF_{4-5} = LT_5 = 13 \qquad LS_{4-5} = LT_5 - D_{4-5} = 13 - 0 = 13$$

$$LF_{3-5} = LT_5 = 13 \qquad LS_{3-5} = LT_5 - D_{3-5} = 13 - 5 = 8$$

$$LF_{3-4} = LT_4 = 11 \qquad LS_{3-4} = LT_4 - D_{3-4} = 11 - 6 = 5$$

$$LF_{2-4} = LT_4 = 11 \qquad LS_{2-4} = LT_4 - D_{2-4} = 11 - 2 = 9$$

$$LF_{2-3} = LT_3 = 5 \qquad LS_{2-3} = LT_3 - D_{2-3} = 5 - 3 = 2$$

$$LF_{1-3} = LT_3 = 5 \qquad LS_{1-3} = LT_3 - D_{1-3} = 5 - 5 = 0$$

$$LF_{1-2} = LT_2 = 2 \qquad LS_{1-2} = LT_2 - D_{1-2} = 2 - 1 = 1$$

5）计算各项工作的总时差

$$TF_{1-2} = LT_2 - ET_1 - D_{1-2} = 2 - 0 - 1 = 1$$

$$TF_{1-3} = LT_3 - ET_1 - D_{1-3} = 5 - 0 - 5 = 0$$

$$TF_{2-3} = LT_3 - ET_2 - D_{2-3} = 5 - 1 - 3 = 1$$

$$TF_{2-4} = LT_4 - ET_2 - D_{2-4} = 11 - 1 - 2 = 8$$

$$TF_{3-4} = LT_4 - ET_3 - D_{3-4} = 11 - 5 - 6 = 0$$

$$TF_{3-5} = LT_5 - ET_3 - D_{3-5} = 13 - 5 - 5 = 3$$

$$TF_{4-5} = LT_5 - ET_4 - D_{4-5} = 13 - 11 - 0 = 2$$

$$TF_{4-6} = LT_6 - ET_4 - D_{4-6} = 16 - 11 - 5 = 0$$

$$TF_{5-6} = LT_6 - ET_5 - D_{5-6} = 16 - 11 - 3 = 2$$

6）计算各项工作的自由时差

$$FF_{1-2} = ET_2 - ET_1 - D_{1-2} = 1 - 0 - 1 = 0$$

$$FF_{1-3} = ET_3 - ET_1 - D_{1-3} = 5 - 0 - 5 = 0$$

$$FF_{2-3} = ET_3 - ET_2 - D_{2-3} = 5 - 1 - 3 = 1$$

$$FF_{2-4} = ET_4 - ET_2 - D_{2-4} = 11 - 1 - 2 = 8$$

$$FF_{3-4} = ET_4 - ET_3 - D_{3-4} = 11 - 5 - 6 = 0$$

$$FF_{3-5} = ET_5 - ET_3 - D_{3-5} = 11 - 5 - 5 = 1$$

$$FF_{4-5} = ET_5 - ET_4 - D_{4-5} = 11 - 11 - 0 = 0$$

$$FF_{4-6} = ET_6 - ET_4 - D_{4-6} = 16 - 11 - 5 = 0$$

$$FF_{5-6} = ET_6 - ET_5 - D_{5-6} = 16 - 11 - 3 = 2$$

7）关键工作和关键线路的确定

在网络计划中总时差最小的工作称为关键工作。本例中由于网络计划的计算工期等于其计划工期，故总时差为零的工作即为关键工作。

$\because \quad TF_{1-3} = LT_3 - ET_1 - D_{1-3} = 5 - 0 - 5 = 0 \qquad \therefore \quad 1-3$ 工作是关键工作

$\because \quad TF_{3-4} = LT_4 - ET_3 - D_{3-4} = 11 - 5 - 6 = 0 \qquad \therefore \quad 3-4$ 工作是关键工作

$\because \quad TF_{4-6} = LT_6 - ET_4 - D_{4-6} = 16 - 11 - 5 = 0 \qquad \therefore \quad 4-6$ 工作是关键工作

将上述各项关键工作依次连起来，就是整个网络图的关键线路。

4.3.2　双代号时标网络计划

1. 双代号时标网络计划的特点

（1）时标网络计划中，箭线的长短与时间有关；

（2）可直接显示各工作的时间参数和关键线路，而不必计算；由于受到时间坐标的限制，所以时标网络计划不会产生闭合回路；

（3）可以直接在时标网络图的下方绘出资源动态曲线，便于分析，平衡调度；

（4）由于箭线的长度和位置受时间坐标的限制，因而调整和修改不太方便。

2. 双代号时标网络计划图的绘图要求

（1）时间长度是以所有符号在时标表上的水平位置及其水平投影长度表示的，与其所代表的时间值相对应；

（2）节点的中心必须对准时标的刻度线；

（3）虚工作必须以垂直虚箭线表示；

（4）时标网络计划宜按最早时间编制；

（5）时标网络计划编制前，必须先绘制无时标网络计划；

（6）在绘制时标网络计划图可以在以下两种方法中任选一种：

间接法绘制
双代号时标
网络计划

1）间接绘制法：先计算无时标网络计划的时间参数，再按该计划在时标表上进行绘制；

2）直接绘制法：不计算时间参数，直接根据无时标网络计划在时标表上进行绘制。

3. 双代号时标网络计划关键线路和时间参数的计算

（1）关键线路的确定：自始至终不出现波形线的线路。

（2）时间参数的计算

双代号时标
网络时间
参数的判定

1）计算工期的确定：其终点与起点节点所在位置的时标值差。

2）早时间的确定：每条箭线箭尾节点所对应的时标值是工作的最早开始时间，箭线实线部分右端或箭头节点中心所对应的时标值代表的最早完成时间。

3）自由时差的确定：等于其波形线在坐标轴上水平投影的长度。

4）总时差的确定：工作总时差等于其紧后工作总时差的最小值与本工作的自由时差之和。

以终点节点（$j=n$）为箭头节点的工作的总时差 TF_{i-j} 按网络计划的计划工期 T_p 计算确定，即：

$$TF_{i-n} = T_p - EF_{i-n} \tag{4-47}$$

其他工作的总时差应为：

$$TF_{i-j} = \min\{TF_{j-k} + FF_{i-j}\} \tag{4-48}$$

4.3.3　单代号网络计划

1. 单代号网络计划的基本概念

（1）箭线：表示紧邻工作之间的逻辑关系，箭线应画成水平直线，折线或斜线。

（2）节点：单代号网络图中的每个节点表示一项工作，用圆圈或矩形表示。节点所表示的工作名称，持续时间和工作代号等应标注在节点内，如图 4-26 所示。

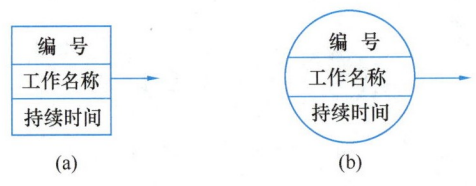

图 4-26　单代号表示法

2. 单代号网络图的绘制规则

(1) 单代号网络图必须正确表述已定的逻辑关系;

(2) 单代号网络图中, 严禁出现循环回路;

(3) 单代号网络图中, 严禁出现双向箭头或无箭头的连线;

(4) 单代号网络图中, 严禁出现没有箭尾节点的箭线和没有箭头节点的箭线;

(5) 绘制网络图时, 箭线不宜交叉, 当交叉不可避免时, 可采用过桥法或指向法绘制;

(6) 单代号网络计划只应有一个起点节点和一个终点节点。

4.3.4 单代号搭接网络计划

1. 基本概念

在普通双代号和单代号网络计划中, 各项工作按依次顺序进行, 即任何一项工作都必须在它的紧前工作全部完成后才能开始。

图 4-27(a) 以横道图表示相邻的 A、B 两工作, A 工作进行 4d 后 B 工作即可开始, 而不必要等 A 工作全部完成。这种情况若按依次顺序用网络图表示就必须把 A 工作分为两部分, 即 A_1 和 A_2 工作, 以双代号网络图表示如图 4-27(b) 所示, 以单代号网络图表示则如图 4-27(c) 所示。

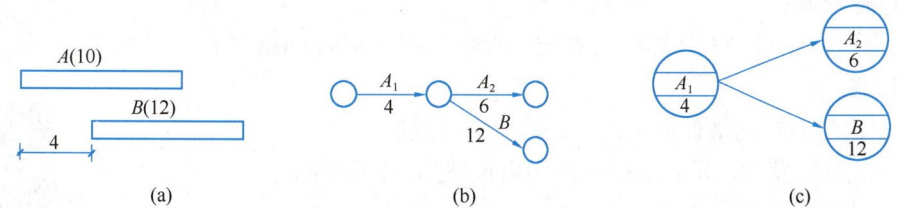

(a)   (b)   (c)

图 4-27 A、B 工作两工作搭接关系的表示方法

(a) 用横道图表示;(b) 用双代号表示;(c) 用单代号表示

但在实际工作中, 为了缩短工期, 许多工作可采用平行搭接的方式进行。为了简单直接地表达这种搭接关系, 使编制网络计划得以简化, 于是出现了搭接网络计划方法。单代号搭接网络图如图 4-28 所示。其中起点节点 St 和终点节点 Fin 为虚拟节点。

(1) 单代号搭接网络图中每一个节点表示一项工作, 宜用圆圈或矩形表示。节点所表示的工作名称、持续时间和工作代号等应标注在节点内。节点最基本的表示方法应符合图 4-29 的规定。

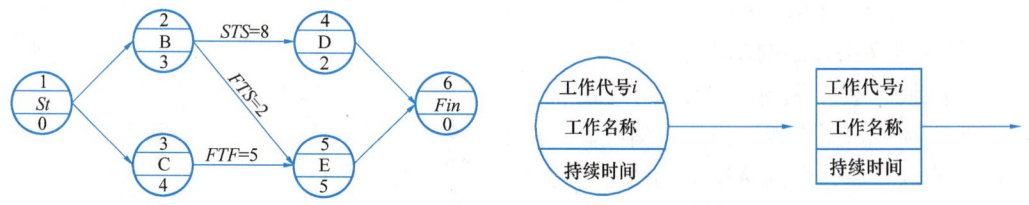

图 4-28   单代号搭接网络计划   图 4-29   单代号搭接网络图工作的表示方法

（2）单代号搭接网络图中，箭线及其上面的时距符号表示相邻工作间的逻辑关系，箭线应画成水平直线、折线或斜线。箭线水平投影的方向应自左向右，表示工作的进行方向。

工作的搭接顺序关系是用前项工作的开始或完成时间与其紧后工作的开始或完成时间之间的间距来表示，具体有四类：

$FTS_{i,j}$——工作 i 完成时间与其紧后工作 j 开始时间的时间间距；

$FTF_{i,j}$——工作 i 完成时间与其紧后工作 j 完成时间的时间间距；

$STS_{i,j}$——工作 i 开始时间与其紧后工作 j 开始时间的时间间距；

$STF_{i,j}$——工作 i 开始时间与其紧后工作 j 完成时间的时间间距。

（3）单代号搭接网络图中的节点必须编号，编号标注在节点内，其号码可间断，但不允许重复。箭线的箭尾节点编号应小于箭头节点编号。一项工作必须有唯一的一个节点及相应的一个编号。

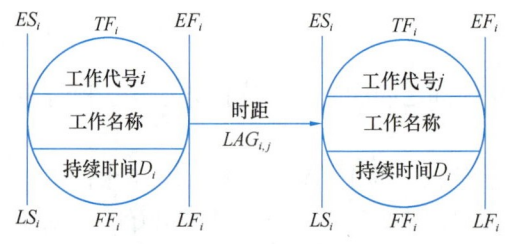

图 4-30　单代号搭接网络计划
时间参数标注形式

（4）单代号搭接网络图中，各条线路应用该线路上的节点编号自小到大依次表述，也可用工作名称依次表述。如图 4-30 所示的单代号搭接网络图中的一条线路可表述为 $1 \rightarrow 2 \rightarrow 5 \rightarrow 6$，也可表述为 $St \rightarrow B \rightarrow E \rightarrow Fin$。

（5）单代号搭接网络计划中的工作名称和工作持续时间标注在节点圆圈内，工作的时间参数（如 ES，EF，LS，LF，TF，FF）标注在圆圈的上下。而工作之间的时间参数（如 STS，FTF，STF，FTS 和时间间隔 $LAG_{i,j}$）标注在箭线的上下方。

2. 绘图规则

（1）单代号搭接网络图必须正确表述已定的逻辑关系。

（2）单代号搭接网络图中，不允许出现循环回路。

（3）单代号搭接网络图中，不能出现双向箭头或无箭头的连线。

（4）单代号搭接网络中，不能出现没有箭尾节点的箭线和没有箭头节点的箭线。

（5）绘制网络图时，箭线不宜交叉，当交叉不可避免时，可采用过桥法或指向法绘制。

（6）单代号搭接网络图只应有一个起点节点和一个终点节点。当网络图中有多项起点节点或多项终点节点时，应在网络图的相应端分别设置一项虚工作，作为该网络图的起点节点（St）和终点节点（Fin）。

3. 单代号搭接网络计划中的搭接关系

搭接网络计划中搭接关系在工程实践中的具体应用，简述如下：

（1）完成到开始时距（$FTS_{i,j}$）的连接方法

紧前工作 i 的完成时间与紧后工作 j 的开始时间之间的时距和连接方法。

例如修一条堤坝的护坡时，一定要等土堤自然沉降后才能修护坡，这种等待的时间就是 FTS 时距。

当 $FTS=0$ 时，即紧前工作 i 的完成时间等于紧后工作 j 的开始时间，这时紧前

工作与紧后工作紧密衔接，当计划所有相邻工作的 $FTS=0$ 时，整个搭接网络计划就成为一般的单代号网络计划。因此，一般的依次顺序关系只是搭接关系的一种特殊表现形式。

(2) 完成到完成时距（$FTF_{i,j}$）的连接方法

紧前工作 i 完成时间与紧后工作 j 完成时间之间的时距和连接方法。

例如相邻两工作，当紧前工作的施工速度小于紧后工作时则必须考虑为紧后工作留有充分的工作面，否则紧后工作就将因无工作面而无法进行。这种结束工作时间之间的间隔就是 FTF 时距。

(3) 开始到开始时距（$STS_{i,j}$）的连接方法

紧前工作 i 的开始时间与紧后工作 j 的开始时间之间的时距和连接方法。

例如道路工程中的铺设路基和浇筑路面，待路基开始工作一定时间为路面工程创造一定工作条件之后，路面工程即可开始进行，这种开始工作时间之间的间隔就是 STS 时距。

(4) 开始到完成时距（$STF_{i,j}$）的连接方法

紧前工作 i 的开始时间与紧后工作 j 的结束时间之间的时距和连接方法，这种时距以 $STF_{i,j}$ 表示。

例如要挖掘带有部分地下水的土壤，地下水位以上的土壤可以在降低地下水位工作完成之前开始，而在地下水位以下的土壤则必须要等降低地下水位之后才能开始。降低地下水位工作的完成与何时挖地下水位以下的土壤有关，至于降低地下水位何时开始测与挖土没有直接联系。这种开始到结束的限制时间就是 STF 时距。

(5) 混合时距的连接方法

在搭接网络计划中，两项工作之间可同时由四种基本连接关系中两种以上来限制工作间的逻辑关系，例如 i、j 两项工作可能同时由 STS 与 FTF 时距限制或 STF 与 FTS 时距限制等。

4.4 建设工程项目进度计划实施

4.4.1 进度计划实施方法

经批准的进度计划应进行交底并落实责任；进度计划执行者应制定实施计划方案。因此进度计划实施方法包括进度计划交底与落实责任和制定实施计划方案。

1. 进度计划交底与落实责任

进度计划交底与落实责任指计划编制者或领导者在计划实施前向执行者进行交底。执行者包括组织和个人。既可书面交底，也可口头交底。交底的内容包括：说明并解释计划，执行者的责任，计划时间要求；执行者相互间的配合要求，资源条件，环境条件，检查要求和考核要求等。计划交底的结果是执行者明确自己的责任、要求和条件。

2. 制定计划实施方案

制定计划实施方案是在执行者明确自己的责任后，为了履行责任所作的安排。责任者如果是组织，实施方案指作业计划、任务书和实施计划的管理措施。管理措施包括技术措施、组织措施、合同措施和经济措施。责任者如果是个人，则应提出保证实现作业计划或

任务书的办法或措施。

4.4.2　作业计划的编制

为保证各项施工活动按进度计划所确定的顺序和时间进行，保证各阶段目标和总目标的实现，项目经理部应做好以下工作：

1. 编制月（旬）作业计划

为顺利实施进度计划，每月末项目经理应提出下期目标和作业项目，根据下期目标、当前施工进度、现场施工环境、劳动力、机械等资源条件，通过现场调度会协调后编制月（旬）作业计划。使进度计划更具体、更切合实际、更适应现场情况的变化，更可行。月（旬）作业计划中，要明确本月（旬）应完成的施工任务、完成计划所需的各种资源量、提高劳动生产率、保证质量以及合理使用资源的措施。

2. 签发施工任务书

施工任务书是下达施工任务，实行责任承包，实施全面管理的技术文件或原始记录。施工任务书包括施工任务单和限额领料单。

施工员根据作业计划按班组编制施工任务书，签发后向班组下达并落实施工任务。在实施过程中，有关人员做好记录，任务完成后收回，作为原始记录和业务核算资料保存。

3. 做好施工进度记录

在计划实施过程中，各级进度计划的执行者都要跟踪做好施工记录，实事求是地记录计划执行中每项工作的开始日期、工作进程和完成日期，记录现场发生的各种情况、干扰因素的排除情况，为施工进度计划的检查、分析、调整、总结提供真实、准确的原始资料。

4. 做好施工调度工作

施工调度是指掌握计划实施情况，组织施工中各阶段、各环节、各专业和各工种的互相配合，协调各方面关系，采取措施，排除各种干扰、矛盾，加强薄弱环节，发挥生产指挥作用，实现连续、均衡、顺利施工，完成各项作业计划，实现进度目标。施工调度的具体工作有：

（1）执行施工合同中对进度、开工及延期开工、暂停施工、工期延误、工程竣工的承诺。

（2）控制进度措施的落实应具体到执行人，并明确目标、任务、检查方法和考核办法。

（3）监督检查施工准备工作、作业计划的实施，协调各方面的进度关系。

（4）督促资源供应单位按计划供应劳动力、施工机具、材料构配件、运输车辆等，并对临时出现的问题及时采取措施。

（5）由于工程变更引起资源需求的数量变更和品种变化时，应及时调整供应计划。

（6）按施工平面图管理施工现场，遇到问题做必要的调整，保证文明施工。

（7）及时了解气候和水、电供应情况，采取相应的防范和调整措施。

（8）及时发现和处理施工中各种事故和意外事件。

（9）协助分包人解决项目进度控制中的相关问题。

（10）定期、及时召开现场调度会议，贯彻项目各方负责人的决策，发布调度令。

（11）当发包人提供的资源供应进度发生变化，不能满足施工进度要求时，应敦促发包人执行原计划，并对造成的工期延误及经济损失进行索赔。

4.4.3 实施进度计划的过程中应进行的工作

实施进度计划过程中应进行 6 项工作，包括：跟踪检查，收集实际数据；将实际数据与进度计划进行对比；分析计划执行情况；对产生的进度变化采取相应措施进行纠正或调整计划；检查措施的执行情况；与有关单位和部门及时沟通进度计划的变更。这些工作的核心就是对进度计划进行动态跟踪控制（图 4-31）。

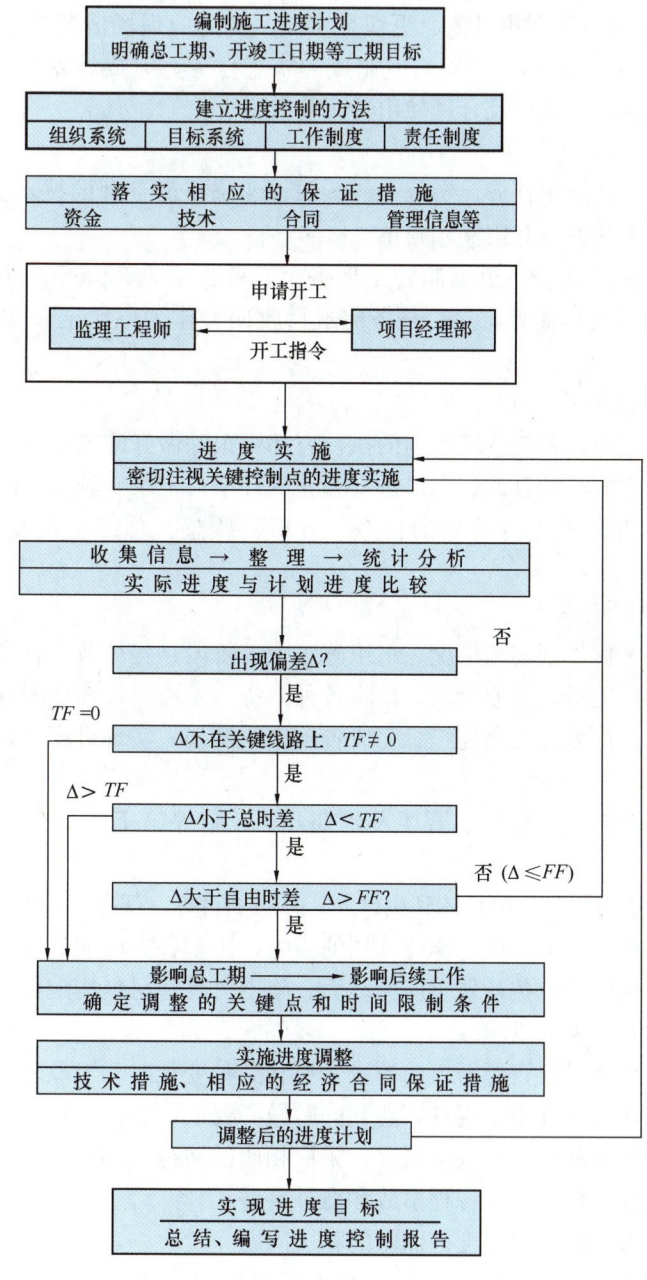

图 4-31 施工进度控制过程示意图

实施施工进度计划应注意以下问题：

（1）在施工进度计划实施的过程中，执行施工合同对开工及延期开工、暂停施工、工期延误及工程竣工的承诺。

（2）跟踪形象进度对工程量、产值、耗用人工、材料和机械台班等的数量进行统计，编制统计报表（表4-7、表4-8）。

（3）处理好进度索赔。

（4）实施好分包计划。

施　工　任　务　单　　　　　　　　　　　　　　　表4-7

项目名称：＿＿＿＿＿＿　　编　号：＿＿＿＿＿＿　　开工日期：＿＿＿＿＿＿

部位名称：＿＿＿＿＿＿　　签发人：＿＿＿＿＿＿　　交底人：＿＿＿＿＿＿

施工班组：＿＿＿＿＿＿　　签发日期：＿＿＿＿＿　　回收日期：＿＿＿＿＿＿

定额编号	分项工程名称	单位	定额工数			实际完成情况				考勤记录
			工程量	时间定额 定额系数	定额工数	工程量	实需工数	实耗工数	工效（%）	

材料名称	单位	定额数量	实需数量	实耗数量	施工要求及注意事项
					验收内容　　　　签证人
					质量分
					安全分
					文明施工分

计划施工日期：　月　日至　月　日　　　实际施工日期：　月　日至　月　日

年   月   日

单位工程		施工预算工程量				任务单编号			
分项工程		实际工程量				执行班组			
材料名称	规格	单位	施工定额	计划用量	实际用量	计划单价	金额	级配	节约	超用

4.5 建设工程项目施工进度检查与调整

4.5.1 建设工程项目施工进度计划的检查

在建设工程项目实施过程中，进度计划的检查贯穿于始终。只有跟踪检查实际进展情况，掌握实际进展及各工作队组任务完成程度，收集计划实施的信息和有关数据，才能为进度计划的控制提供必要的信息资料和依据。进度计划的检查应从以下几方面着手：

1. 跟踪检查实际施工进度

跟踪检查实际施工进度，就是要收集实际施工进度的有关数据，为分析施工进度状况，制定进度调整措施提供依据。跟踪检查的时间、方式和收集数据的质量，将直接影响进度控制的质量和效果。检查的时间与施工项目的类型、规模、施工条件和对进度要求程度有关，通常有两类：①日常检查，即由常驻现场管理人员每日进行检查，用施工记录和施工日志的方法记录下来；②定期检查，其间隔可视工程实际情况，每月、半月、旬或周检查一次。检查方式可以采用定期收集进度报表资料，定期召开进度工作汇报会，定期检查进度的实际执行情况。

2. 整理统计实际进度数据

在收集施工实际进度数据时，应按计划控制的工作内容进行统计整理，以相同的量和形象进度，形成与计划进度具有可比性的数据。一般可按实物工程量、工作量、劳动消耗量及其累计百分比来整理、统计实际检查的数据，以便与相应的计划完成量相对比。

3. 对比分析进度完成情况

用已整理统计的反映实际进度的数据与计划进度数据相比较。通过对比分析，确定实际进度与计划进度是否一致，是超前还是延后，进一步为调整决策提供依据。

4. 常用的比较方法

（1）横道图比较法

横道图比较法是指将在项目实施中检查实际进度收集到的信息，经整理后直接用横道线并列标于原计划的横道线处，进行直观比较的方法，如图 4-32 所示。其中实线表示计划进度，加粗部分表示工程实际进度。

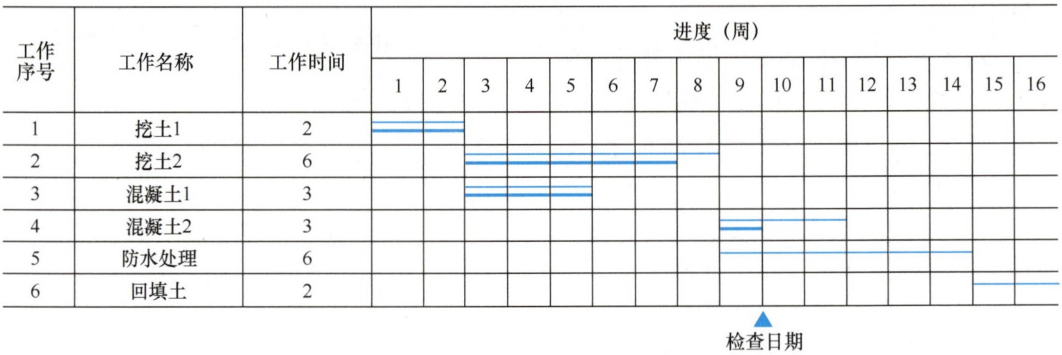

工作序号
工作名称
工作时间
进度（周）
1 2 3 4 5 6 7 8 9 10 11 12 13 14 15 16
1 挖土1 2
2 挖土2 6
3 混凝土1 3
4 混凝土2 3
5 防水处理 6
6 回填土 2
检查日期

图 4-32　某基础工程实际进度与计划进度比较图

（2）S 型曲线比较法

它是一种以横坐标表示时间，纵坐标表示累计完成任务量，先绘出一条计划累计完成任务量曲线，然后随着工程的实际进展，将工程项目实际累计完成任务量曲线也绘在同一坐标图中，进行实际进度与计划进度比较分析的一种方法如图 4-33 所示。

累计完成百分比
100%
计划
预测
实际
ΔQ_b
ΔQ_a
a
b
预计实际完成日期
计划完成日期
O
T_a
T_b
ΔT_a
ΔT_b
ΔT_c
时间
检查日期
预计工期拖延时间

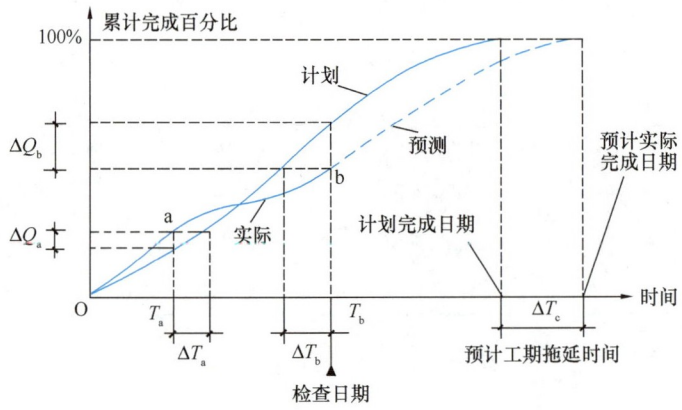

图 4-33　S 型曲线比较图

（3）香蕉型曲线比较法

香蕉型曲线是由两条 S 型曲线组合起来的闭合曲线。一般说来，按任何一个计划，都可以绘出两条曲线：一是以各项工作最早开始时间安排进度而绘制的 S 曲线，称为 *ES* 曲线；二是以各项工作最迟开始时间安排进度而绘制的曲线，称为 *LS* 曲线。两条 S 曲线都是从计划的开始时刻开始到完成时刻结束，因此两条曲线是闭合的。在一般情况下，*ES* 曲线上的各点均落在 *LS* 曲线相应的左侧，形成一个形如香蕉的曲线，如图 4-34 所示。

在项目实施过程中，进度控制的理想状态是任一时刻按实际进度描出的点，均落在该香蕉曲线的区域内，如图 4-34 中的实际进度线。

（4）前锋线比较法

前锋线比较法是利用时标网络计划图检查和判定工程进度实施情况的方法。其具体做法是：

1）将一般网络计划图变换为时标网络计划图，并在图的上下方绘制出时间坐标，使各工作箭线长度与所需工作时间一致，如图4-35所示。

2）在时标网络计划图上标注出检查日的各工作箭线实际进度点，并将上下方的检查日点与实际进度点依次连接，即得到一条（一般为折线）实际进度前锋线。

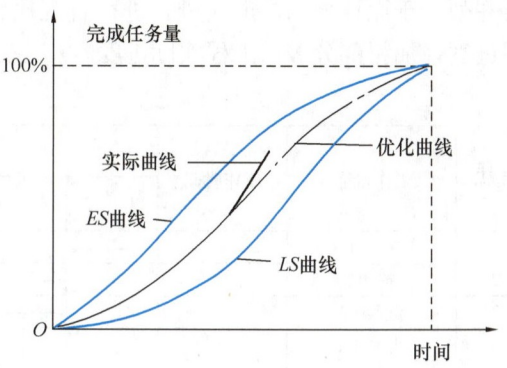

图4-34　香蕉曲线比较图

3）前锋线的左侧为已完施工，右侧为尚需工作时间。

4）其判别规则是：工作箭线的实际进度点与检查日点重合，说明该工作按时完成计划；若实际进度点在检查日点左侧，表示该工作未完成计划，其长度的差距为拖后时间；若实际进度点在检查日点右侧，表示该工作超额完成计划，其长度的差距为提前时间。

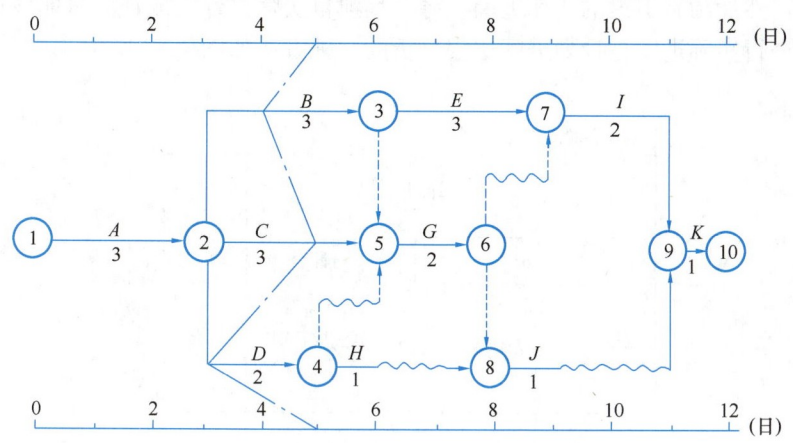

图4-35　实际进度前锋线法

 例题讲解

【例4-8】某工程网络计划如图4-36所示，该计划执行到第六周末检查实际进度时，发现工作A和B已经全部完成，工作D、E分别完成计划任务量的20%和50%，工作C尚需3周完成。试用前锋线法进行实际进度与计划进度比较。

【解】1）按已知网络计划图绘制时标网络计划如图4-36所示；

2）按第5d检查实际进度情况绘制前锋线，如图4-37点划线所示；

3）实际进度与计划进度比较。

工作D实际进度拖后2周，将使其后续工作F的最早开始时间推迟2周，并使总工期延长一周；

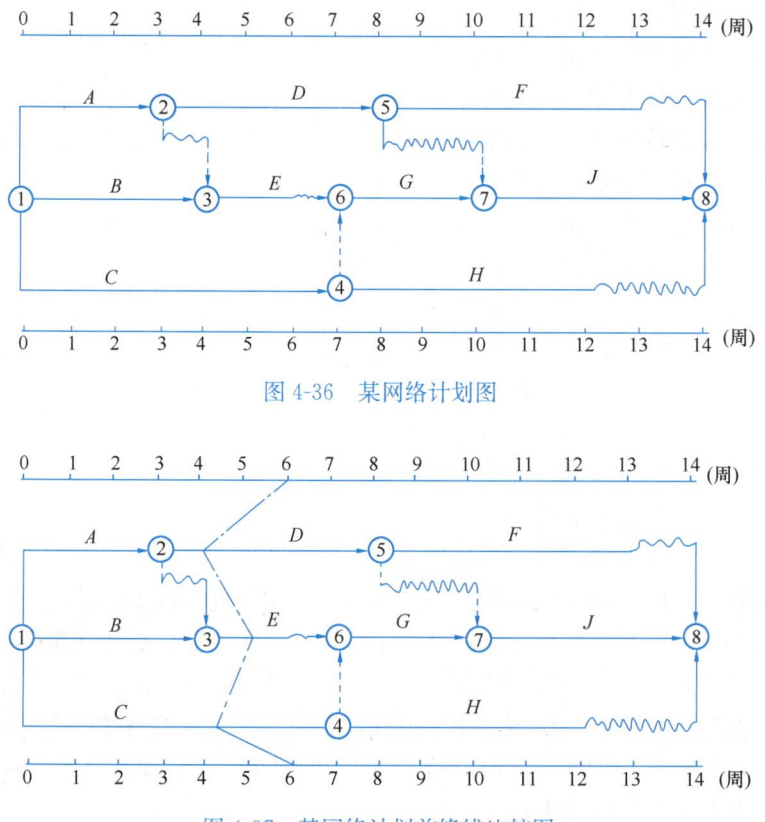

图 4-36　某网络计划图

图 4-37　某网络计划前锋线比较图

工作 E 实际进度拖后 1 周，既不影响总工期，也不影响其后续工作的正常进行；

工作 C 实际进度拖后 2 周，将使其后续工作 G、H、J 的最早开始时间推迟 2 周。由于工作 G、J 开始时间的推迟，从而使总工期延长 2 周。

4）综上所述，如果不采取措施加快进度，该工程项目的总工期将延长 2 周。

5. 进度检查结果的处理

对施工进度检查的结果，要形成报告，其基本内容有：对施工进度执行情况做综合描述；实际进度与计划目标相比较的偏差状况及其原因分析；解决问题措施；计划调整意见等。

4.5.2　建设工程项目进度计划的调整

1. 分析进度偏差产生的影响

根据实际进度与计划进度的对比结果，即可判断实际进度是否与计划进度相偏离。当出现进度偏差时，必须分析此偏差对后续工作和总工期的影响程度，然后决定是否进行计划的调整，以及调整的方法和措施。由于偏差的大小及偏差所处的位置不同，对后续工作及总工期的影响程度也是不同的，因此，可利用网络计划中工作的总时差和自由时差进行判断。具体分析步骤如下：

（1）判断进度偏差是否大于总时差

如果工作进度偏差大于其总时差，则无论该工作是否为关键工作，其实际进度偏差必将影响后续工作和项目总工期，应根据项目工期及后续工作的限制条件调整原计划；如果工作进度偏差未超出其总时差，说明此偏差不会影响项目总工期，但是否对后续工作产生影响，还需进一步判断。

（2）判断进度偏差是否大于自由时差

如果工作进度偏差大于其自由时差，说明此偏差必将对后续工作产生影响，应根据后续工作的限制条件调整原计划；如果工作进度偏差未超出其自由时差，说明此偏差对后续工作无影响，可不对原计划进行调整。

经过以上分析，进度控制人员便可根据对后续工作及项目总工期的不同影响而采取相应的进度调整措施，以便获得新的进度计划，用于指导工程项目的施工。

2. 进度计划在实施中的调整方法

为了实现进度目标，当进度控制人员发现问题时，必须对后续工作的进度计划进行调整，但由于可行的调整方案可能有多种，究竟采取什么调整方案和调整方式，就必须对具体的实施进度进行分析才能确定。进度调整的方法有以下几种：

关键路径法

（1）改变工作间的逻辑关系

这种方法是通过改变关键线路和超过计划工期的非关键线路上的有关工作之间的逻辑关系，达到缩短工期的目的。只有在工作之间的逻辑关系允许改变的情况下，才能采用这种方法。这种调整方法可将顺序施工的某些工作改变成平行施工或搭接施工，或划分为若干个施工段组织流水施工。但由于增加了各工作间的相互搭接时间，因而进度控制工作显得更加重要，实施中必须做好协调工作。另外，若原始计划是按搭接施工或流水施工方式编制的，而且安排较紧凑的话，其可调范围（即总工期缩短的时间）会受到限制。

（2）缩短某些工作的持续时间

这种方法是不改变工作间的逻辑关系，只缩短某些工作的持续时间，从而加快施工进度以保证实现计划工期。这些被压缩持续时间的工作是位于因实际施工进度的拖延而引起总工期延长的关键线路和某些非关键线路上的工作，而且这些工作的持续时间还必须允许压缩。具体压缩方法就是采用网络计划工期优化的方法。一般考虑以下两种情况：

1）网络计划中某项工作进度拖延的时间已超过自由时差，但未超过总时差。这种拖延不会对总工期产生影响，只对后续工作产生影响，因此，只对有影响的后续工作进行调整如下：

① 通过跟踪检查，确定受影响的后续工作；

② 确定受影响的后续工作允许拖延的时间限制，以此作为进度调整的限制条件；

③ 按检查时的实际进度重新计算网络参数，确定受影响的后续工作的允许开始时间；

④ 判断各允许开始时间是否满足进度调整的限制条件。若满足，可不必调整计划；若不满足，则可利用工期优化的方法来确定压缩的工作对象及其压缩的时间来满足限制条件。

2）网络计划中某项工作进度拖延的时间已超过总时差。这将会对后续工作及总工期产生影响，其进度计划的调整方法视限制条件不同可分为以下几种情况：

① 项目总工期不允许拖延。这时需采用工期—费用优化方法，以原计划总工期为目标，在关键线路上寻找缩短持续时间付出代价最小的工作，压缩其持续时间，以满足原计划总工期要求。

② 项目总工期允许拖延。这时只需用实际数据取代原始数据，重新计算网络计划时

间参数，确定出最后完成的总工期。

③ 项目总工期允许拖延的时间有限。此时可以把总工期的限制时间作为规定工期，用实际数据对还未实施的网络部分进行工期-费用优化，压缩网络计划中某些工作的持续时间，以满足工期要求。

以上 3 种进度调整方法，均是以总工期为限制条件来进行的。除此之外，还应考虑网络计划中某些后续工作在时间上的限制条件。

（3）改变施工方案

当上述两种方法均无法达到进度目标时，只能选择更为先进快速的施工机具、施工方法来加快施工进度。

工期资源
优化案例

4.5.3 关键链法

1. 关键链法产生的背景

关键链法（Critical Chain Method，CCM）起源于 20 世纪 80 年代，是由 Eliyahu M. Goldratt 在他的著作《关键链》（"Critical Chain"）中首次提出和阐述的。Eliyahu M. Goldratt 是"约束理论"（Theory of Constraints，TOC）的创始人之一，关键链法是约束理论在项目管理领域的应用之一。

关键链法的核心思想是通过资源约束和缓冲管理，降低资源约束可能导致的项目延期风险。Goldratt 强调了乐观估算的重要性，鼓励项目团队在考虑资源约束的情况下，对任务的时长进行更积极的估算。他还引入了项目缓冲和资源缓冲的概念，以应对不可预测的延误。

关键链法在资源约束和不确定性较高的项目中，特别是在复杂的工程和创新领域，显示出了明显的优势。关键链法的理念逐渐演化和完善，被广泛应用于项目管理实践中，为项目管理者提供了一种更具适应性和效率的方法。

2. 理解关键链法及应用

关键链法在资源约束和不确定性环境下优化项目进度管理，主要解决传统关键路径法可能遇到的问题，如资源浪费、人为保守估算等。

（1）关键链任务。在关键链法中，关键链任务是指那些受资源约束影响的任务序列。关键链任务决定了整个项目的完成时间，因为它们受到资源瓶颈的制约。关键链任务是项目中最重要的任务，需要特别关注。

识别关键链任务的步骤如下：①制定任务网络，创建一个任务网络图（可以是一个甘特图、项目网络图等），显示任务之间的依赖关系和时间估算。②识别资源限制，确定项目中资源的有限性和瓶颈。哪些资源在项目中是稀缺的？哪些资源可能会限制任务的并行执行？③考虑资源约束，根据资源限制，从任务网络图中找出那些无法并行执行的任务。这些任务可能因为资源不足而需要等待，成为关键链任务。④识别最长路径，在资源约束的条件下，找出整个项目网络中最长的路径，即关键路径。这条路径上的任务通常是关键链任务。⑤考虑资源可用性，在资源约束下，对每个关键路径上的任务考虑实际资源的可用性，以确定是否有其他任务受到资源限制而成为关键链任务。⑥考虑资源的优先级，有些资源可能比其他资源更稀缺，因此它们的瓶颈效应更大，将更关键的资源引导到关键链任务上。⑦进行仿真和分析，使用仿真工具或项目管理软件，在不同资源限制和排程情况下分析项目的进度。观察哪些任务的延误对整个项目产生了最大影响。⑧实际执行情况，在项目实施过程中,关注任务的实际进展情况。有时资源限制可能会出现在项目执行过程中,因此需要随时调整关键链任务。

(2)资源约束和缓冲管理。关键链法强调资源的有限性和瓶颈,即在项目中可能存在资源不足的情况。这些资源约束可能来自人力、设备、材料等方面,它们会影响任务的执行时间和项目的进度。关键链法引入了两种类型的缓冲,即项目缓冲和资源缓冲。项目缓冲是用来保护项目的整体完成时间,而资源缓冲是用来保护关键链任务之前的时间,以应对资源约束可能导致的延迟。

通过资源约束和缓冲管理,关键链法试图最大程度地优化资源利用,提高项目的进度控制能力,并确保项目能够按时交付。这种方法在资源有限和不确定性较高的项目中尤其有价值。

(3)乐观估算。在资源得到合理分配和支持的情况下,任务可以更快地完成。这有助于减少人为保守估算可能导致的项目延期。

乐观估算的核心思想是为任务分配更接近实际情况的、乐观的时长估算,而不是过于保守的估算。任务在排程时会更合理地利用资源,减少任务之间的不必要缓冲时间。乐观估算考虑到任务完成可能比预期更快,从而提高资源的利用率和整个项目的效率。在应用乐观估算时,项目管理者需要与团队合作,了解任务的实际完成时间,并根据实际情况进行估算。需要基于团队的能力、资源的可用性和实际执行情况来确定任务的时长。通过这种方式,可以将项目的时间线更接近实际可能的情况,避免了过于保守的估算。

乐观估算法通过更接近实际情况的任务时长估算,减少不必要的缓冲时间,提高资源的利用率,从而优化项目进度并应对不确定性。

(4)任务优先级。关键链法强调关键链任务的优先处理,确保它们得到足够的资源支持。其他非关键链任务的时长则可以相对灵活,以适应资源约束。

任务优先级设置的原则,一是在资源分配和任务调度中,将关键链任务设置为最高优先级。这些任务是项目进度的瓶颈,优化它们的排程可以最大程度地提高项目效率。二是考虑资源的有限性和稀缺性,将资源优先分配给关键链任务。确保这些任务得到充分支持,以保证项目按时交付。三是考虑任务之间的依赖关系,优先处理前置任务,以确保后续任务能够按计划进行。同时,将资源分配给与任务要求最匹配的专业能力,以提高任务的效率和质量。四是随着项目进展,随时根据实际情况调整资源分配和任务优先级。跨部门合作和沟通是确保优先级设置成功的关键因素。

3.关键链法应用总结

识别关键链任务,根据资源约束和依赖关系,确定关键链任务,它们是项目进度的关键瓶颈。

优化资源分配,将资源优先分配给关键链任务,确保它们得到充分支持,以保证项目按时交付。

创建缓冲区,在关键链任务后面创建项目缓冲区,以便应对不可预测的延误。

设置资源缓冲,针对关键链任务,设置资源缓冲,以确保它们得到足够的支持,避免资源约束影响进度。

任务优化和实时调整,使用乐观估算法确定任务的实际期限,考虑资源约束和缓冲时间。随着项目进展,根据实际情况灵活调整任务。

关键链法能够帮助项目团队应对资源限制和不确定性，提高项目效率，确保项目按时交付。

4.6　建设工程项目进度管理总结

4.6.1　建设工程项目进度报告

1. 概述

《建设工程项目管理规范》GB/T 50326—2017（以下简称《规范》）规定，建设工程项目进度计划检查后，应按下列内容编制进度报告：进度执行情况的综合描述；实际进度与计划进度的对比分析资料；进度计划实施的问题及原因分析；进度执行情况对质量、安全、成本等的影响情况；采取的措施和对未来计划进度的预测。

进度报告可以按上述内容单独编制。进度报告还可以与质量、成本、安全及其他报告，合并编写，提出综合进展报告。

2. 进度报告等级

根据进度报告的用途和送达对象可以分为3个级别：①项目概要级，描述整个项目的进度状况，可以报告给项目经理、企业经理、业务部门或项目的利益相关者；②项目管理级，描述项目的部分进度，如施工项目的分部工程或单位工程，可报告给项目经理和业务部门；③业务管理级，描述重点对象或关键点的进度状况，供项目管理者或业务部门使用，以便采取应急措施。

3. 进度报告的种类

以上述三个进度报告级别为基础，进度报告可进行四种分类：第一类是按目的分类，包括日历进度情况，关键点进度和例外情况报告等；第二类是按阶段分类，包括设计、采购、施工。试运转或其中的细分阶段的进度；第三类是以报告的周期分类，按日、周、旬、月、季等周期进行报告；第四类是按用途分类，分管理用、分析用等。

4. 进度报告的内容

(1) 说明报告的目的。

(2) 说明报告的对象。

(3) 说明进度的具体情况，包括：①项目实施概况，管理概况，进度总体状况；②设计文件提供进度；③材料、物资供应进度；④项目施工进度；⑤劳务状况；⑥变更指令状况；⑦资金供应进度状况；⑧进度趋势及风险预测等。

(4) 报告编写人。一般由进度管理负责人编写，也可以是相关管理人员。

4.6.2　建设工程项目进度管理总结

在建设工程项目竣工后，项目经理部应及时进行进度管理总结。现代管理十分重视管理总结，其原因是它对实现管理循环和进行信息反馈起着重要作用，符合管理中的封闭原理和信息反馈原理。总结分析是对进度管理进行资料积累的重要途径，是对管理进行评价的前提，是提高管理水平的阶梯。

1. 进度管理总结的依据

进度管理总结依据下列资料：进度计划；进度计划执行的实际记录；进度计划检查结果；进度计划的调整资料。以上资料都是在进度控制的过程中产生的，只要注意积累，就不难得到。

2. 进度管理总结的内容

进度管理总结应包括下列内容：

（1）合同时间目标及计划时间目标的完成情况；

（2）资源利用情况；

（3）成本情况；

（4）进度管理经验；

（5）进度管理中存在的问题及分析；

（6）科学的进度计划方法的应用情况；

（7）进度管理改进意见；

（8）其他。

3. 进度管理总结的方法

（1）在计划编制和执行中，应认真积累资料，为总结提供信息储备。

（2）在总结之前进行实际调查，取得原始记录中没有的情况和信息。

（3）召开总结分析会议。

（4）提倡采用定量的对比分析方法。

（5）尽量采用计算机储存资料、进行计算、分析与绘图，以提高总结分析的速度和准确性。

（6）总结分析资料要分类归档。

 思政案例

上海中心大厦项目中的 BIM 应用

上海中心大厦（图 4-38）位于我国上海市浦东陆家嘴金融贸易核心区，秉承"绿色、智慧、人文"的经营理念，是一幢集商务、办公、酒店、商业、娱乐、观光等功能于一体的超高层建筑，包括 9 个区，21 个空中花园。建筑总高度 632m，地上 127F，地下 5F，总建筑面积 57.8 万 m^2。

上海中心大厦项目是一个工程复杂性高、建设难度大、建设周期长的浩大工程，建设团队在项目策划阶段即全面规划和实施 BIM 技术。其中对基于 BIM 的进度监测系统进行整体框架的设计，该框架总共分为四个子系统，包括：数据采集系统、数据处理系统、BIM 数据系统和功能应用系统。

（1）数据采集系统：采集设备在采集施工现场的实时数据的同时，实时地传输数据，现场施工数据通常主要是由 3D 点云和深度图像组成。

（2）数据处理系统：该系统将对数据采集系统传输来的图像进行处理分析，并进行对象的识别和匹配，完成 BIM 模型的实时模拟，持续更新 BIM 模型信息，反映出施工的进展程度，并与初始的施工设计路线进行比较，找出施工中的滞后或者偏差。

（3）BIM 模型系统：该系统是整个监测系统的总数据库，实现数据的存储以及数据的接收和输出功能，该系统包括 BIM 计划模型信息以及 BIM 实时模型信息。

图 4-38　上海中心大厦项目实景

（4）功能应用系统；该系统是进度监测系统的应用模块，将数据呈现为可视化，可以根据需求增加模块，实现 BIM 模型信息的最大化利用，比如对比 BIM 初始信息模型，从而发现施工中出现的施工偏差等。

上海中心大厦采用 BIM 设计后，施工速度得到很大保障。比如幕墙绘制加工图效率提升 200%，加工图数据转化效率提升 50%，高峰阶段实际投入不到 30 人即可匹配现场施工进度需求，2 万多块玻璃幕墙板块到达上海中心大厦施工工地现场安装后没有一块需要返工，同时，现场还实现了仅需 16 个工人即可开展的快速安装。

上海中心大厦融入的"龙形"中国元素设计和建造中攻克的螺旋上升结构、双层玻璃幕墙等技术难题，体现了工程师团队精益求精的态度和使命担当。

 本章小结

本情境依据《建设工程项目管理规范》GB/T 50326—2017，结合目前工程实践进度管理实践，介绍了建设工程项目进度管理的概念、目标及措施，建设工程项目进度计划中流水施工进度计划、网络计划技术，建设工程项目进度计划的检查和调整和建设工程项目进度管理总结等知识。流水施工进度计划中介绍了流水施工参数、等节拍流水作业、异节拍流水施工（一般异节拍流水施工、成倍节拍流水）和无节拍流水施工。我国《工程网络计划技术规程》JGJ/T 121—2015 推荐的常用的工程网络计划类型有双代号网络计划、单代号网络计划、双代号时标网络计划和单代号搭接网络计划。

为了有效地管理建设工程项目进度，采用横道图比较法、实际进度前锋线、S 形曲线法和香蕉曲线等进度检查方法定期或不定期地对进度计划进行检查；发现有进度偏差时，应采取改变工作间的逻辑关系、缩短某些工作的持续时间、改变施工方案等进

度调整的方法进行进度控制；待进度计划完成后，项目经理部还应及时进行进度管理总结等工作。

学生在学习过程中，应注意理论联系实际；通过解析多个案例，初步掌握理论知识，再通过有效地完成项目进度管理实践，提高实践动手能力。

本章习题

一、单项选择题

1. 建设工程项目进度管理目标应在(　　)的基础上制定。

A. 项目定义　　　　B. 项目分解　　　　C. 项目规划　　　　D. 项目实施

2. 签订并实施关于工期和进度的承包责任制度是(　　)。

A. 组织措施　　　　B. 技术措施　　　　C. 合同措施　　　　D. 经济措施

3. 建设工程进度网络计划与横道计划相比，其主要优点是能够(　　)。

A. 明确表达各项工作之间的逻辑关系

B. 直观表达工程进度计划的计算工期

C. 明确表达各项工作之间的搭接时间

D. 直观表示各项工作的持续时间

4. 某施工过程劳动量为400个工日，分为四个施工段，安排专业队人数是25人，每人每天能完成的定额是0.8个单位，一班制，则该队在该段上的流水节拍是(　　)。

A. 4 天　　　　B. 5 天　　　　C. 10 天　　　　D. 20 天

5. 在组织流水施工时，以下(　　)属于技术间歇时间。

A. 墙体砌筑前的墙身位置弹线

B. 施工人员、机械转移

C. 回填土前地下管道检查验收

D. 混凝土浇筑后的养护时间

6. 建设工程组织无节拍流水施工时，其特点之一是(　　)。

A. 各专业队能够在施工段上连续作业，各施工段上的流水节拍不尽相等

B. 相邻施工过程的流水步距等于前一施工过程中第一个施工段的流水节拍

C. 各专业队能够在施工段上连续作业，施工段之间不可能有空闲时间

D. 相邻施工过程的流水步距等于后一施工过程中最后一个施工段的流水节拍

7. 某分部工程分 A，B，C 三个施工过程，各分为 4 个流水节拍相等的施工段，各施工过程的流水节拍分别为 6、6、4 天。如果组织等步距异节奏流水施工，则流水步距和流水施工工期分别为(　　)天。

A. 2 和 22　　　　B. 2 和 30　　　　C. 4 和 28　　　　D. 4 和 36

8. 双代号网络计划中(　　)表示前面工作的结束和后面工作的开始。

A. 起始节点　　　　B. 中间节点　　　　C. 终止节点　　　　D. 虚拟节点

9. 有关网络图画法的规定，下列叙述错误的是(　　)。

A. 网络图中严禁出现循环回路

B. 网络图中严禁出现双向箭头

C. 网络图中起点节点只能有一个

D. 网络图中节点编号必须连续

10. 下列有关网络图的画法描述中，错误的是( )。

A. 同一编号只能代表一项工作

B. 应只有一个起点节点

C. 除终点节点外，不应再出现无外向箭线的节点

D. 中间节点只能有外向箭线

11. 如果网络图中同时存在 n 条关键线路，则 n 条关键线路的持续时间之和( )。

A. 相同   B. 不相同

C. 有一条最长的   D. 以上都不对

12. 在双代号时标网络计划中，关键线路是指( )。

A. 没有波形线的线路   B. 由关键节点组成的线路

C. 没有虚工作的线路   D. 工作持续时间最长所在的线路

13. 工程网络计划费用优化的目的是寻求( )。

A. 资源有限条件下的最短工期安排

B. 工程总费用最低时的工期安排

C. 满足要求工期的计划安排

D. 资源使用的合理安排

14. 在工程网络计划中，工作 M 的最迟完成时间为第 25 天，其持续时间为 6 天。该工作有三项紧前工作，它们的最早完成时间分别为第 10 天、第 12 天和第 13 天，则工作 M 的总时差为( )天。

A. 6   B. 9   C. 12   D. 15

15. 根据图 1 给定的逻辑关系绘制的某分部工程双代号网络图如图 2 所示，其作图错误是( )。

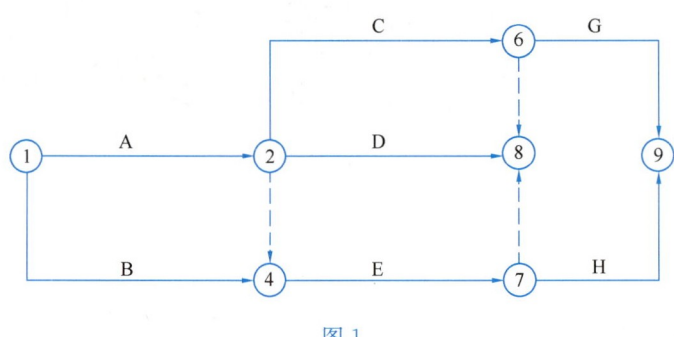

图 1

工作名称	A	B	C	D	E	G	H
紧前工作	—	—	A	A	A、B	C	E

图 2

A. 节点编号不对　　　　　　　　B. 逻辑关系不对

C. 有多个起点节点　　　　　　　D. 有多个终点节点

二、多项选择题

1. 下列属于项目进度管理内容的是(　　　)。

A. 项目进度计划　　　　　　　　B. 项目进度实施

C. 项目进度检查　　　　　　　　D. 项目进度的监测

E. 项目进度调整

2. 建设工程项目进度管理控制措施包括(　　　)等措施。

A. 组织措施　　　　　　　　　　B. 技术措施

C. 合同措施　　　　　　　　　　D. 经济措施

E. 管理措施

3. 时间参数是流水施工中反映施工过程在时间排列上所处状态的参数,一般有(　　　)。

A. 流水节拍　　　　　　　　　　B. 平行搭接时间

C. 组织间歇时间　　　　　　　　D. 流水强度

E. 流水步距

4. 一般异节拍流水施工的主要特点是(　　　)。

A. 同一施工过程在各个施工段上的流水节拍相等

B. 不同施工过程在同一施工段上的流水节拍不相等,但相互间存在公约数关系

C. 各施工过程之间的流水步距不一定相等

D. 流水步距彼此相等,且等于流水节拍的最大公约数

E. 专业队数等于施工过程数

5. 图3所示的双代号网络图中,存在的绘图错误有(　　　)。

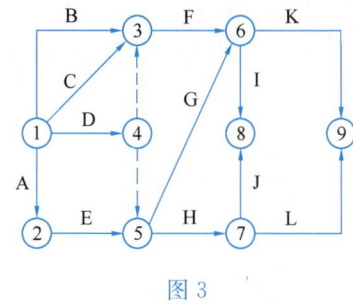

图 3

A. 循环回路　　　　　　　　　　B. 多个起点节点

C. 多个终点节点　　　　　　　　D. 一对节点编号代表多项工作

E. 节点编号顺序错误

6. 工程网络计划中,当计划工期等于计算工期时,关键线路是指(　　　)的线路。

A. 双代号时标网络计划中没有波形线

B. 双代号网络计划中没有虚箭线

C. 单代号网络计划中各关键工作之间的时间间隔均为零

D. 单代号网络计划中各工作自由时差为零

E. 双代号网络计划中线路长度最长

7. 工程网络计划工期优化过程中，在选择缩短持续时间的关键工作时应考虑的因素有(　　)。

　　A. 持续时间最长的工作

　　B. 缩短持续时间对质量和安全影响不大的工作

　　C. 缩短持续时间所需增加的费用最少的工作

　　D. 缩短持续时间对综合效益影响不大的工作

　　E. 有充足备用资源的工作

8. 某分部工程双代号网络计划图 4 所示，图中已经标出每个节点的最早时间和最迟时间，该计划表明(　　)。

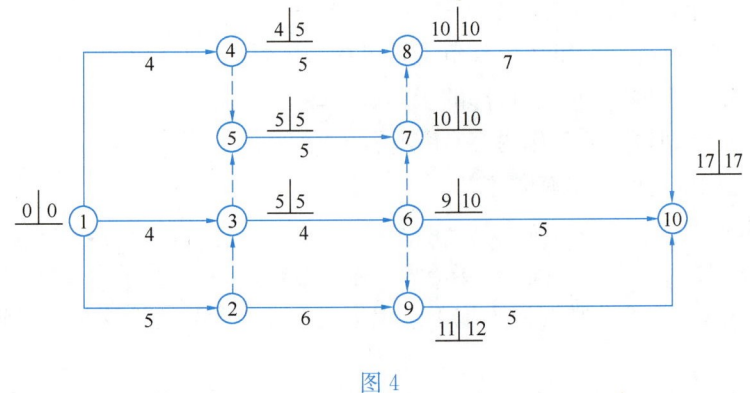

图 4

　　A. 工作 1－3 为关键工作　　　　　　B. 工作 1－4 的总时差为 1

　　C. 工作 3－6 的自由时差为 1　　　　D. 工作 4－8 的自由时差为 0

　　E. 工作 6－10 的总时差为 3

9. 在图 5 所示的双代号时标网络计划中，所提供的正确的信息有(　　)。

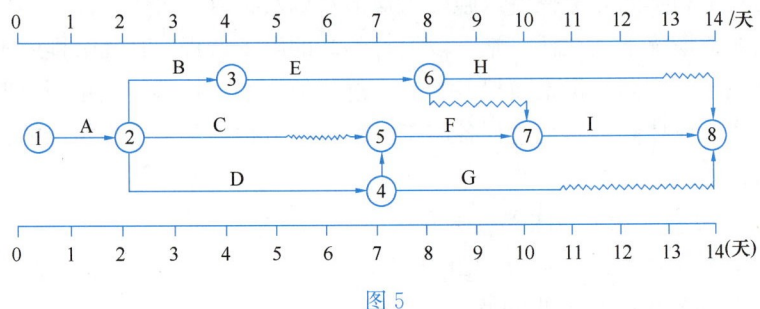

图 5

　　A. 计算工期为 14 天

　　B. 工作 A、D、F 为关键工作

　　C. 工作 D 的总时差为 3 天

　　D. 工作 E 的总时差和自由时差均为 2 天

E. 工作C的总时差和自由时差均为2天

10. 常用的施工进度计划和实际值的比较方法是(   )。

A. 横道图比较法　　　　　　　　　　B. S形曲线比较法

C. 香蕉型曲线比较法　　　　　　　　D. 前锋线比较法

E. 目标值比较法

三、思考题

1. 流水施工中主要参数有哪些？各自有何含义？

2. 流水施工的组织方式有哪些？

3. 什么是网络图？什么叫双代号和单代号网络计划？

4. 简述网络图的绘制原则？

5. 网络图的时间参数有哪些？怎么计算？

6. 时标网络计划的特点是什么？

7. 施工项目进度计划的审核由谁负责，审核的主要内容是什么？

8. 进度计划实施过程中，项目部的工作有哪些？

9. 施工进度计划检查的工作内容有哪些？

10. 项目进度调整的方法有哪些？

四、实训题

实 训 题 (一)

目的：通过本题熟悉并掌握流水施工组织形式、各项参数的计算及流水施工图的绘制方法。

资料：某3跨工业厂房安装预制钢筋混凝土屋架，分吊装就位、矫直、焊接加固3个工艺流水作业，各工艺作业时间分别为4天、2天、4天，其中矫直后需稳定观察3天才可焊接加固。

要求：计算该工程的流水施工的参数，并绘制流水施工图。

实 训 题 (二)

目的：通过本题熟悉并掌握流水施工组织形式以及特点。

资料：在通常情况下，在任一施工段上，不同的施工过程，其复杂程度不同，影响流水节拍的因素也各不相同，很难使得各个施工过程的流水节拍都彼此相等。但是，如果施工段划分得合适，保持同一施工过程各施工段的流水节拍相等是不难实现的。图6是某种流水施工的组织方式。

要求：1. 说出流水施工的四种组织方式。

　　　 2. 判断上图是属于哪一种组织方式？

　　　 3. 简述各种组织方式的特点。

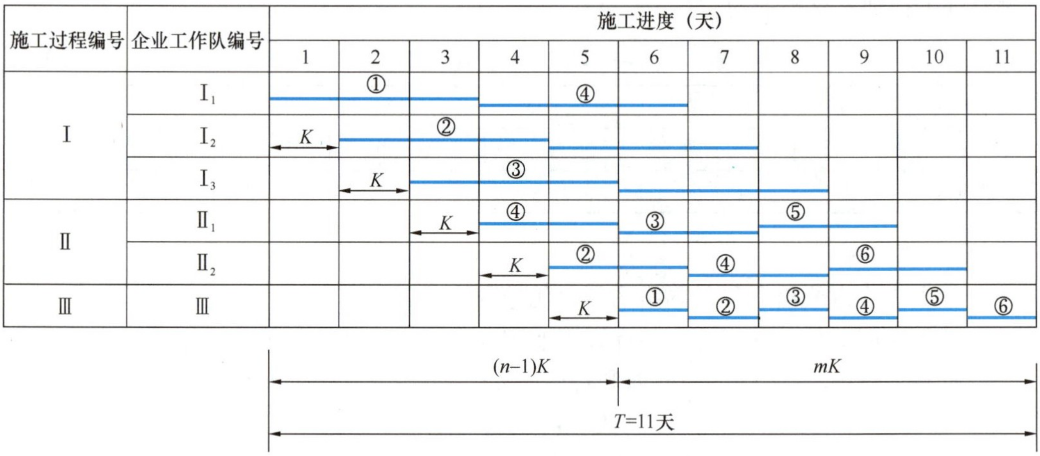

图 6

实 训 题（三）

目的：本题的流水施工组织形式是异节奏流水施工，通过本小题掌握异节奏流水施工的各项主要参数的计算和准确绘制流水施工图的规则。

资料：某工地建造六幢同类型的大板结构住宅，每幢房屋的主要施工过程及所需施工时间分别为：基础工程 5 天，结构安装 15 天，粉刷装修 10 天，室外和清理工程 10 天。

要求：对这六幢住宅组织群体工程流水，试计算：

1. 成倍节拍流水施工的工期并绘制进度图。

2. 一般异节拍流水施工的流水步距及工期并绘制进度图。

实 训 题（四）

目的：本题的流水施工组织形式是我们很常见的施工组织形式，通过本题掌握无节拍流水施工的各项主要参数的计算和准确绘制流水施工图的规则。

资料：某工程有四个施工过程，表 1 所示的数据是某工程各施工过程在施工段上的持续时间。

流水施工的基础数据表　　　　　　　　　　　　　　　表 1

施工段	施工过程			
	一	二	三	四
Ⅰ	3	4	2	2
Ⅱ	2	3	2	3
Ⅲ	4	4	3	3
Ⅳ	2	1	2	2

要求：根据表 1，计算时间参数并绘制出本工程的流水施工图。

实 训 题（五）

目的：熟悉并掌握单代号及双代号网络图的绘制原则和各项时间参数的计算规则，通过本题学会网络图的绘制及计算。

资料：表 2 网络图资料是某工程单代号和双代号施工网络计划的基础数据，该数据资料是监理工程师审核批准的。

施工网络计划的基础资料　　　　　　　　　　　表 2

工作	A	B	C	D	E	G	H
紧前工作	—	—	—	—	A、B	B、C、D	C、D
持续天数	3	4	5	4	6	3	5

要求：

1. 根据表 2 试绘出双代号网络图和单代号网络图。

2. 计算时间参数、网络计划的计算工期和确定该网络计划的关键工作。

3. 计算工作 B、E、G 的总时差和自由时差。

实 训 题(六)

目的：通过此题的训练学会根据实际施工现场的资料绘制符合工程实际情况的双代号网络图。

资料：要建设某工程项目，工程的主要活动及其所需要时间等如下：

(1) 基础工程　　　120 天

(2) 主体工程　　　200 天

(3) 电梯安装　　　100 天

(4) 二次结构　　　40 天

(5) 设备安装　　　40 天

(6) 室内装修　　　200 天

(7) 屋面工程　　　30 天

(8) 室外装修　　　100 天

(9) 室外工程　　　90 天

施工顺序如下：主体工程完成后，电梯安装、二次结构和屋面工程可以同时进行；二次结构完成后可以同时进行设备安装和室外装修工程；屋面工程完成后可以进行室外装修；室内装修应在设备安装好后进行；室外工程应在室外装修后进行。

要求：1. 绘制双代号网络图。

　　　2. 整个项目完成需要多少天？

　　　3. 指出项目的关键线路(用图上计算法计算)。

5 建设工程项目质量管理

学习要求

掌握：质量管理的基本内容、质量管理体系、质量计划的内容及编制方法、项目质量控制的核心内容及实施过程。

熟悉：质量控制的过程方法；质量控制的统计技术方法；质量事故处理的程序及要求。

了解：施工企业质量管理工作开展的程序。

5.1 建设工程项目质量管理基本概念

5.1.1 质量管理专业术语

质量管理涉及项目质量的全过程控制，以下依据质量管理过程服务进行专业名词释义。

1. 质量管理

质量管理是指"企业为确定质量方针、目标和职责，并在质量体系保障下通过诸如质量策划、质量控制、质量保证和质量改进使管理过程得以有效实施的全部管理职能的活动"。质量管理存在于项目建设的全寿命周期、全范围内，该概念可应用于任何产品生产体系之内。

2. 建设工程项目质量管理

建设工程项目实施过程中，指挥和控制项目参与各方关于质量的相互协调的活动，是围绕着使工程项目满足质量要求而展开的策划、组织、计划、实施、检查、监督和审核等所有管理活动的总和。

通常包括制定质量方针、确定质量目标和质量计划，以及通过质量策划、质量保证、质量控制和质量改进，组织落实来实现这些质量目标的过程。

3. 质量策划

质量策划是"质量管理中致力于设定质量目标并规定必要的作业过程和相关资源以实现其质量目标的部分"，质量策划的实施其载体为质量计划。

质量策划是质量管理中的策划活动，是组织领导和管理部门的质量职责之一。组织要在市场竞争中处于优胜地位，就必须根据市场信息、用户反馈意见、国内外发展动向等因素，对产品实现等过程进行策划。

4. 质量控制

质量控制是指"为达到质量要求所采取的作业技术和活动"。

1）质量控制的对象是过程，控制的结果应能使被控制对象达到规定的质量要求。

2）为使被控制对象达到规定的质量要求，就必须采取适宜的、有效的措施，包括作业技术和方法。

5. 质量保证

质量保证是指"为了提供足够的信任表明实体能够满足质量要求,而在质量体系中实施并根据需要进行证实的全部有计划和有系统的活动"。

1) 质量保证不是买到不合格产品以后的保修、保换、保退,质量保证定义的关键是"信任",对达到预期质量要求的能力提供足够的信任。

2) 信任的依据是质量体系的建立和有效运行。因为这样的质量保证体系具有持续稳定地满足规定质量要求的能力,它将所有影响质量的因素都采取了有效的方法进行控制,因此具有减少、消除、预防不合格的机制。

3) 供方规定的质量要求,包括产品的、过程的和质量体系的要求,必须完全反映顾客的需求才能使顾客产生足够的信任。

4) 质量保证分为外部和内部两个方面,内部质量保证是企业向自己的管理者提供信任;外部质量保证是供方向顾客或第三方认证机构提供信任。

6. 质量改进

质量改进是指"质量管理中致力于提高有效性和效率的部分"。

质量改进的目的是向组织自身和顾客提供更多的利益,如更低的消耗、更多的收益、更新的产品和服务。质量改进是通过整个组织范围内的活动和过程的效果以及效率的提高来实现的。

5.1.2 建设工程项目质量管理的基本方法

1. 三阶段控制法

三阶段控制法是对工程项目质量依据项目实施进度情况,开展的项目事前控制、事中控制和事后控制活动。事前进行项目计划预控,事中进行自控和监控,事后进行偏差纠正。这三阶段控制构成了质量控制的系统过程。同时在质量控制阶段,事前、事中和事后的各项控制环节又在过程中构成了内部 PDCA 循环模式。

事前控制要求预先进行周密的质量计划。事前控制包括两个方面,一方面强调质量目标的计划预控,另一方面按质量计划进行质量活动前的准备工作状态的控制。

事中控制首先是对质量活动的行为约束,即针对项目质量产生过程各项技术作业活动,操作者在相关制度管理下的自我行为约束的同时,充分发挥其技术能力,完成预定质量目标;其次是针对质量活动的过程和结果,来自组织或其他人的监督控制。事中控制虽然包含自控和监控两大环节,但关键还是增强自我控制。

事后控制包括对质量活动结果的评价认定和对质量偏差的纠正。计划预控过程所制定的行为方案考虑得越周密,事中约束监控的能力越强,实现质量预期目标的可能性就越大。

2. 三全控制法

三全控制法即全面质量管理方法(Total Quality Control,TQC),是针对工程项目质量所开展的全面质量控制、全过程质量控制和全员质量控制活动。具体内容如下:

(1) 全面质量控制

全面质量控制是指产品质量和工作质量的全面控制。工作质量是产品质量的保证,工作质量直接影响产品质量的形成,同时产品质量是衡量工作质量优劣的最终评价指标。

（2）全过程质量控制

全过程质量控制是指根据工程质量的形成规律，从源头抓起所实施的全过程质量控制。项目自立项初期至后期成品的维修保养均应考虑生产要素的合理使用及调配。

（3）全员质量控制

全员质量控制是指每个岗位都承担着相应的质量控制职能，一旦确定了质量方针目标，就应组织全体员工参与到实施质量方针的系统活动中，发挥每个人的作用。全员质量控制的重要手段是目标管理。

3. PDCA 循环工作方法

PDCA 循环是指由计划（Plan）、实施（Do）、检查（Check）和处理（Action）四个阶段组成的工作循环，它是一种科学管理程序和方法，其工作步骤如图 5-1 所示。

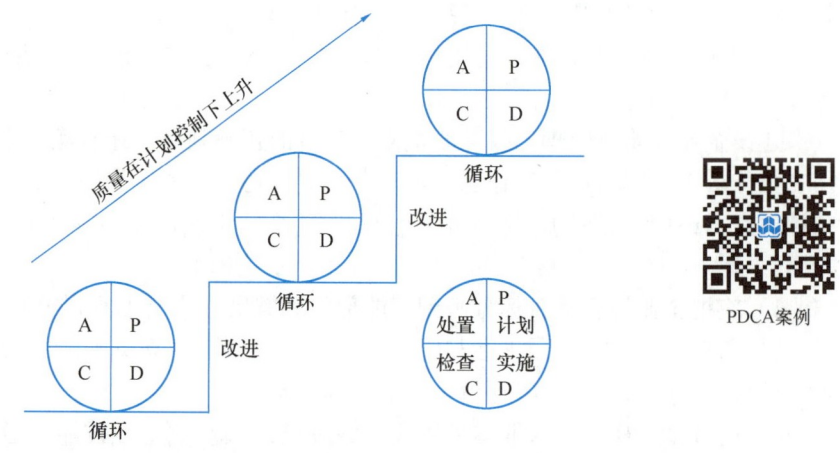

图 5-1　PDCA 循环工作过程

5.1.3 建设工程项目质量管理原则

1. 质量管理原则

（1）以客户为关注焦点

任何盈利性组织（从事经营活动企业）的社会活动均依存于相对应的客户群体，因此相关建设单位应当充分理解对应客户的产品和服务需求，满足并争取超越客户期望。相关建设企业应把客户需求放在第一位，将客户视为关注焦点，企业应从以下两个方面深入理解客户的意义：

首先，企业应准确把握谁是最终客户。企业的最终客户是企业产品的接受者，因此企业的最终客户是企业生存的根本，只有赢得客户信任，提高社会信誉、品牌影响力，才能保持和提高企业的市场份额，增加企业收入，使企业处于不败之地。

其次，在日常工作中要树立以工作服务对象（含中间客户）为关注焦点的思想，充分掌握并最大限度地满足工作服务对象的合理要求，努力提高工作服务质量，为满足最终客户要求创造条件。

（2）领导作用

建设企业管理者确立组织统一的工作宗旨和方向，他们应当创造并保持使员工能充分参与并实现组织目标的内部环境，领导作用是建设企业质量管理体系建立和有效运行的根本保证。

作为企业的最高管理者，在建立、保持并完善质量管理体系的同时，还应做好以下几方面的工作：

1) 由企业的最高管理者根据企业的具体情况，确定企业质量方针和质量目标，并在企业范围内使全体员工充分理解质量方针和质量目标的意义，激励广大员工积极参与企业质量管理活动。

2) 由企业领导规定各级、各部门的工作准则，领导者以身作则，并采取必要措施，责成各部门、各单位严格按标准要求进行管理。

3) 由企业领导创造一个宽松、和谐和有序的环境，全体员工能够理解企业的目标并努力实现这些目标。同时及时掌握质量管理体系的运行状况，亲自主持质量管理体系的更新及审核，并为确保其正常运行提供必要的资源。

4) 及时准确地提出质量管理体系的改进要求，确保持续改进，并督促其有效实施。

(3) 全员参与

建设企业的质量管理不仅需要最高管理者的正确领导，还有赖于全员的参与。为此必须在全体员工范围内进行工作意识形态、职业道德、以顾客为关注焦点的服务意识和敬业精神教育，还应采取措施激发员工的积极性和责任感，在实际工作中应注意以下几个方面：

1) 应把企业的质量目标分解到职能部门和基层，让员工看到更贴近自己的目标。

2) 营造一个良好的员工参与管理、生产的环境，建立员工激励机制，激励员工主动为实现目标而努力，并及时评价员工的业绩。

3) 通过多种途径，采取多种手段，做好员工质量意识、技能和经验方面的培训，提高员工整体素质。

(4) 过程方法

将工程项目活动和相关的资源调配作为过程进行管理，以实现产品生产的高效率、高质量控制生产的目标。

对于过程方法的运转机制，应从以下几个方面理解：

如图 5-2 所示，首先以过程控制为基础的质量管理体系模式将管理职责、资源管理、产品实现、测量分析和改进作为质量管理体系的四大主要过程，描述其循环关系，并以顾客要求为输入端，顾客满意为输出端，评价质量管理体系的业绩。

其次，本方法要求在质量管理体系运行的每项具体工作中，同样遵循这样一个过程模式，即管理职责、资源管理、产品实现、测量分析和改进四个过程的循环。要求在具体每项工作开展前和开展过程中，充分识别四个过程的具体内容及其之间的联系，识别输入，掌握分析和确认输出，将质量管理每个环节的具体活动，都按照过程模式要求进行管理。

(5) 持续改进

为了提升企业的整体业绩，企业应不断改进其产品质量和服务质量，提高质量管理体系及过程的有效性和效率，以满足顾客日益增长的和不断变化的需求和期望。作为企业发展的引领者，企业领导者应对持续改进做出承诺，积极推动改革，同时全体员工也应积极参与持续改进的活动。

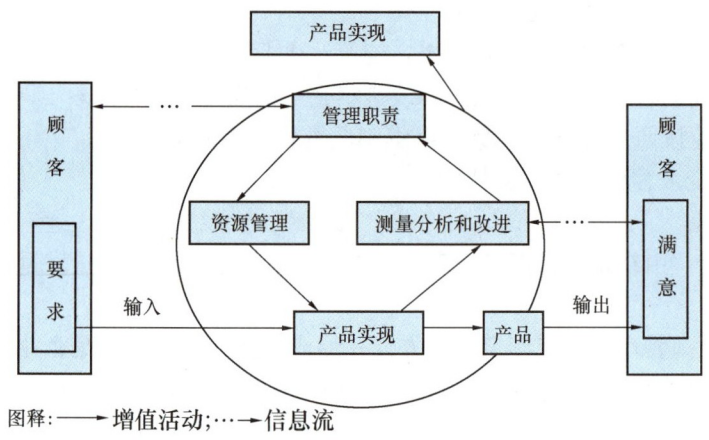

图 5-2　质量管理体系模式

在企业实现持续改进的过程中，应做好以下几方面的工作：

1）企业应将持续改进制度化，始终如一地推行持续改进，同时将持续改进的措施和结果进行量化分层以方便对改进的结果进行测量。

2）对企业内部员工进行持续改进方法和工具应用的培训，努力提高员工工作改进意识和改进能力。

3）学会利用 TQC 模式、PDCA 循环运作模式实现企业项目的持续改进。

（6）基于事实的决策方法

基于事实的决策方法又称循证决策，基于事实的决策方法强调决策要以事实为依据，为此在日常工作中对信息获取、职责分配、信息传递、信息研判都要有严格的工作程序，只有上述工作准确无误才能确保决策的正确性。具体操作时通过提高质量职能人员的职业道德、控制质量记录的真实性、采用适当的统计技术、建立智能化的信息系统等方法，确保作为研判的数据和信息足够精确可靠，从而实现有效决策。

（7）与供方互利的关系

组织与供方是相互依存的，互利的关系可增强双方创造价值的能力。供方向企业提供的产品将对企业向顾客提供的产品产生重要影响，因此处理好与供方的关系，影响企业能否持续稳定地提供客户满意的产品。过去质量管理中主要强调对供方的控制，但在企业经营活动中，"互利"是可持续发展的条件，把供方看作是企业经营战略中的一个组成部分，它有利于企业之间的专业化协作，形成共同的竞争优势。

2. 七项质量管理原则的作用

七项质量管理原则是国际标准化组织在总结优秀质量管理实践经验的基础上用精练的语言表达的最基本、最通用的质量管理的一般规律，它可以成为企业文化的一个重要组成部分，以指导企业在较长时期内通过关注顾客及其他相关方的需求和期望而达到改进总体业绩的目的。具体作用表现在：

① 指导企业采用先进、科学的管理方式；

② 指出企业获得成功的途径，例如针对所有相关方的需求，实施并保持持续改进其业绩的管理体系；

③ 帮助企业获得持久成功；

④ 以七项质量管理原则为指导思想，构筑改进业绩的框架；

⑤ 指导企业的管理者建立、实施和改进本企业的质量管理体系；

⑥ 指导企业按照 GB/ 19000 族标准编制质量管理体系文件。

5.1.4　企业质量管理体系文件构成

1. 质量方针

质量方针是"由组织的最高管理者正式发布的、该组织总的质量宗旨和方向"。

（1）企业最高管理者主持制定质量方针并形成文件。质量方针是企业的质量宗旨和方向，它体现了企业的经营目标和顾客的期望及需求，是企业质量行为的准则。质量方针的制定应充分体现质量管理七项原则的思想。

质量管理体系的建立、运行及意义

（2）质量方针为企业制定和评审质量目标提供了框架。质量目标是在质量方针的指引下针对质量管理中的关键性内容制定的。

（3）企业的最高管理者应保证质量方针在企业内部得到充分的贯彻，使全体员工对其内涵得到充分的理解，并在实际工作中得到充分的实施。

（4）企业的最高管理者应适时对质量方针的适宜性进行评审，必要时进行修订，以适应内部管理和外部环境变化的需要。

2. 质量目标

质量目标是"在质量方面所追求的目的"。

（1）企业的最高管理者主持和制定企业的质量目标并形成文件，此外相关的职能部门和基层组织也应建立各自相应的质量目标。

（2）企业的质量目标是对质量方针的展开，是企业在质量方面所追求的目标，通常依据企业的质量方针来制定。企业的质量目标要高于现有水平，经过努力应该是可以达到的。

（3）企业的质量目标必须包括满足产品要求所需要的内容。它反映了企业对产品要求的具体追求目标，既要有满足企业内部所追求的质量品质目标，也要不断满足市场、顾客的要求，它是建立在质量方针基础上的。

（4）质量目标应是可量化的，因此质量目标应该在相关职能部门和项目上分解展开，建立自己的质量目标，在作业层进行量化以便于操作。以下级质量目标的完成来确保上级质量目标的实现。

3. 质量手册

质量手册是规定企业组织质量管理体系的文件，质量手册对企业质量体系作系统、完整和概要的描述。其内容一般包括：企业质量方针、质量目标；组织机构及质量职责；体系要素或基本控制程序；质量手册的评审、修改和控制的管理办法。

质量手册作为企业质量管理系统的纲领性文件应具备指令性、系统性、协调性、先进性、可行性和可检查性。

4. 程序性文件

各种生产、工作和管理的程序文件是质量手册的支持性文件，是企业各职能部门为落实质量手册要求而规定的细则，企业为落实质量管理工作而建立的各项管理标准、规章制度都属程序文件范畴。各企业程序文件的内容及详略可视企业情况而定。一般有以下六个方面的程序为通用性管理程序，各类企业都应在企业程序中制定：

1) 文件控制程序；

2) 质量记录管理程序；

3) 内部审核程序；

4) 不合格品控制程序；

5) 纠正措施控制程序；

6) 预防措施控制程序。

除以上六项程序以外，涉及产品质量形成过程各环节控制的程序文件，如生产过程、服务过程、管理过程、监督过程等管理程序文件，可视企业质量控制的需要而制定，不作统一规定。

5. 质量记录

质量记录是产品质量水平和质量体系中的各项质量活动进行及结果的客观反映，对质量体系程序文件所规定的运行过程及控制测量检查的内容如实加以记录，用以证明产品质量达到合同要求及质量保证的满意程度。如在控制体系中出现偏差，则质量记录不仅需反映偏差情况，而且应反映出针对不足之处所采取的纠正措施及纠正效果。

质量记录应完整反映质量活动实施、验证和评审的情况，并记载关键活动的过程参数，具有可追溯性的特点。质量记录以规定的形式和程序进行，并有实施、验证、审核等签署意见。

5.2　建设工程项目质量计划

建设工程项目的质量计划是针对具体项目的特殊要求，以及应重点控制的环节，所编制的面向设计、采购、施工、安装、试运行等过程的质量控制方案。编制质量计划，可以是单独一个文件，也可以是由一系列文件组成。开始编制质量计划时，可以总体上考虑如何保证产品质量，可以是带有指导性的粗略计划。随着设计、施工、安装的进展，再相应编制各阶段详细的质量计划，如设计控制计划、施工控制计划、安装控制计划和检验计划等。本节重点介绍施工质量计划。

5.2.1　建设工程施工质量计划编制原则及作用

1. 施工质量计划编制原则

由于建筑产品具有单件性、生产周期长、空间固定性、露天作业及人为影响因素多等特点，使得工程实施过程必然繁杂、涉及面广且协作要求多。因此编制项目质量计划时，针对项目的具体特点要有所侧重。一般的项目质量计划编制原则可归纳为以下几个方面：

(1) 项目质量计划应符合国家及地区现行有关法律法规和标准规范的要求；

(2) 项目质量计划应以合同的要求为编制前提；

(3) 项目质量计划应体现出企业质量目标在项目上的分解；

(4) 项目质量计划对质量手册、程序文件中已明确规定的内容仅作引用和说明如何使用即可，而不需要整篇搬移；

(5) 如果已有文件的规定不适合或没有涉及的内容，在质量计划中做出规定或补充；

(6) 按工程大小、结构特点、技术难易程度、具体质量要求来确定项目质量计划的详略程度。

2. 项目质量计划的作用

项目质量计划的作用可归纳为以下三个方面：

（1）为操作者提供了活动指导文件，指导具体操作人员如何工作，完成哪些活动。

（2）为检查者提供检查项目，是一种活动控制文件。指导跟踪具体施工，检查具体结果。

（3）提供活动结果证据。所有活动的时间、地点、人员、活动项目等均以实记录，得到控制并经验证。

5.2.2 建设工程施工质量计划的形式和内容

1. 施工质量计划的形式

目前，我国已经建立质量管理体系的施工企业，除了采用施工质量计划的文本形式外，通常还采用工程项目施工组织设计和施工项目管理实施规划等文本形式。因此，现行的施工质量计划有三种形式：

（1）工程项目施工质量计划；

（2）工程项目施工组织设计（含施工质量计划）；

（3）施工项目管理实施规划（含施工质量计划）。

施工组织设计或施工项目管理实施规划之所以能发挥施工质量计划的作用，这是因为根据建筑生产的技术经济特点，每个工程项目都需要进行施工生产过程的组织与计划，包括施工质量、进度、成本、安全等目标的设定，实现目标的计划和控制措施的安排等，因此，施工质量计划所要求的内容，理所应当地被包含于施工组织设计或项目管理实施规划中，而且能够充分体现施工项目管理目标（质量、工期、成本、安全）的关联性、制约性和整体性，这也和全面质量管理的思想方法相一致。

2. 施工质量计划的基本内容

在已经建立质量管理体系的情况下，质量计划的内容必须全面体现和落实企业质量管理体系文件的要求（也可引用质量体系文件中的相关条文），编制程序、内容和编制依据符合有关规定，同时结合本工程的特点，在质量计划中编写专项管理要求。施工质量计划的基本内容一般应包括：

（1）工程特点及施工条件（合同条件、法规条件和现场条件等）分析；

（2）质量总目标及分解目标；

（3）质量管理组织机构和职责，人员及资源配置计划；

（4）确定施工工艺与操作方法的技术方案和施工组织方案；

（5）施工材料、设备等物资的质量管理及控制措施；

（6）施工质量检验、检测、实验工作的计划安排及其实施方法与检测标准；

（7）施工质量控制点及其跟踪控制的方式与要求；

（8）质量记录的要求等。

5.2.3 建设工程施工质量计划的编制

建设工程项目施工任务的组织，无论业主采用平行发包还是总发包方式，都将涉及多方参与主体的质量责任。也就是说建筑产品的直接生产过程，是在协同方式下进行的，因此，在工程项目质量控制系统中，要按照谁实施、谁负责的原则，明确施工质量控制的主体构成及其各自的控制范围。

1. 施工质量计划的编制主体

施工质量计划应由自控主体即施工承包企业进行编制。在平行发包方式下，各承包单位应分别编制施工质量计划；在总发包模式下，施工总承包单位应编制总承包工程范围的施工质量计划，各分包单位编制相应分包范围的施工质量计划，作为施工总承包方质量计划的深化和组成部分。施工总承包方有责任对各分包方施工质量计划的编制进行指导和审核，并承担相应施工质量的连带责任。

2. 施工质量计划涵盖的范围

施工质量计划涵盖的范围，按整个项目质量控制的要求，应与建筑安装工程施工任务的实施范围相一致，以此保证整个项目建筑安装工程的施工质量总体受控；对具体施工任务承包单位而言，施工质量计划涵盖的范围，应能满足其履行工程承包合同质量责任的要求。项目的施工质量计划，应在施工程序、控制组织、控制措施、控制方式等方面，形成一个有机的质量计划系统，确保实现项目质量总目标和各分解目标的控制能力。

5.2.4　建设工程施工质量计划与施工组织设计的关系

施工组织设计是针对某一特定工程项目，指导工程施工全局、统筹施工过程，在建筑安装施工管理中起中轴作用的重要的技术经济文件。它对项目施工中劳动力、机械设备、原材料和技术资源以及工程进度等方面均科学合理地进行统筹，着重解决施工过程中可能遇到的技术难题，其内容包括工程进度、工程质量、工程成本和施工安全等，在施工技术和必要的经济指标方面比较具体，而在实施施工管理方面描述得较为粗浅，不便于指导施工过程。

施工质量计划侧重于对施工现场的管理控制，对某个过程，某个工序，由什么人，如何去操作等做出了明确规定；对项目施工过程影响工程质量的环节进行控制，以合理的组织结构、培训合格的在岗人员和必要的控制手段，保证工程质量达到合同要求，但在经济技术指标方面很少涉及。

但是，二者又有一定的相同点。项目的施工组织设计和项目质量计划都是以具体的工程项目为对象并以文件的形式提出的；编制的依据都是政府的法律法规文件、项目的设计文件、现行的规范和操作规程、工程的施工合同以及有关的技术经济资料、企业的资源配置情况和施工现场的环境条件；编制的目的都是为了强化项目施工管理和对工程施工的控制。但是二者的作用、编制原则、内容等方面有较大的区别。

5.3　建设工程项目质量控制

建设工程质量控制是一个动态的过程，需要根据实际需要采取适当的措施，进行全过程控制。在质量控制中，跟踪、收集、整理实际数据，与质量要求进行比较，分析偏差，采取措施予以纠正和处置，并对处置结果复查。质量控制对项目设计、采购、施工各阶段都需要进行全过程控制，做好有关过程的接口，例如设计与施工的接口、施工总承包与分包的接口、施工与试运行的接口等。本节重点介绍建设工程施工项目质量控制。

建设工程项目
质量控制

5.3.1　建设工程施工项目生产要素的质量控制

施工生产要素是施工质量形成的物质基础，其质量的含义包括：作为劳动主体的施工人员，即直接参与施工的管理者、作业者的素质及其组织效果；作为劳动对象的建筑材料、半成品、工程用品、设备等的质量；作为劳动方法的施工工艺及技术措施的水平；作为劳动手段的施工机械、设备、工具、模具等的技术性能以及施工现场环境——现场水文、地质、气象等自然环境，通风、照明、安全等作业环境以及管理环境。

1. 施工人员的质量控制

施工人员的质量包括参与工程施工各类人员的施工技能、文化素养、生理体能、心理行为等方面的个体素质，以及经过合理组织和激励发挥个体潜能综合形成的群体素质。因此，企业应通过择优录用、加强思想教育及技能方面的教育培训，合理组织、严格考核，并辅以必要的激励机制，使员工的潜在能力得到充分发挥和最优的组合，使施工人员在质量控制系统中发挥主体自控作用。

施工企业必须坚持职业资格注册制度和作业人员持证上岗制度；对所选派的施工项目领导者、组织者进行教育和培训，使其质量意识和组织管理能力能满足施工质量控制的要求；对所属施工队伍进行全员培训，加强质量意识的教育和技术训练，提高每个作业者的质量活动能力和自控能力；对分包单位进行严格的资质考核和施工人员的资格考试，其资质、资格必须符合相关法规的规定，与其分包的工程相适应。

2. 材料设备的质量控制

原材料、半成品及工程设备是工程实体的构成部分，其质量是项目工程实体质量的基础。加强原材料、半成品及工程设备的质量控制，不仅是提高工程质量的必需条件，也是实现工程项目投资目标和进度目标的前提。

对原材料、半成品及工程设备进行质量控制的主要内容为：控制材料设备的性能、标准、技术参数及设计文件的相符性；控制材料、设备进场验收程序的正确性及质量文件资料的完备性；控制优先采用节能低碳的新型建筑材料和设备，禁止使用国家明令禁用或淘汰的建筑材料和设备等。

施工单位应在施工过程中贯彻执行企业质量程序文件中关于材料和设备封样、采购、进场验收、抽样检测及质保资料提交等方面明确规定的一系列控制标准。

3. 工艺方案的质量控制

施工工艺的先进可行是直接影响工程质量、工程进度及工程造价的关键因素，施工工艺的合理可靠也直接影响工程施工安全。因此在工程项目质量控制系统中，制定和采用技术先进、经济合理、安全可靠的施工技术工艺方案，是工程质量控制的重要环节。对施工工艺方案的质量控制主要包括以下内容：

（1）精准分析工程特征、关键技术及环境条件等资料，明确质量目标、验收标准、控制的重点和难点；

（2）制定合理有效且有针对性的施工技术方案和组织方案，前者包括施工工艺、施工方法，后者包括施工区段划分、施工流向及劳动组织等；

（3）合理选用施工机械设备和设备施工临时设施，合理布置施工总平面和各阶段施工平面图；

（4）选用和设计保证质量和安全的模具、脚手架等施工设备；

（5）编制工程所采用的新材料、新技术、新工艺的专项技术方案和质量管理方案；

（6）针对工程具体情况，分析气象、地质等环境因素对施工的影响，制定应对措施。

4. 施工机械的质量控制

施工机械是指工程中使用的各类机械设备，包括起重运输设备、人货两用电梯、加工机械、操作工具、测量仪器、计算器具以及专用工具和施工安全设施等。施工机械设施是所有施工方案得以实施的重要物质基础，合理选择和正确使用施工机械设备是保证施工质量的重要措施。

（1）对施工所用的机械设备，应根据工程需要从设备选型、主要性能参数及使用操作要求等方面加以控制，符合安全、适用、经济、可靠、节能和低碳等方面的要求。

（2）对施工中使用的模具、脚手架等施工设备，除可按适用的标准定型选用之外，一般需按设计及施工要求进行专项设计，对其设计方案及制作质量的控制及验收应作为重点进行控制。

（3）按现行施工管理制度要求、工程所用的施工机械、模板、脚手架，特别是危险性较大的现场安装起重机械设备，不仅要对其设计安装方案进行审批，而且安装完毕交付使用前必须经专业管理部门的验收，合格后方可使用。同时，在使用过程中尚需落实相应的管理制度，以确保其安全正常使用。

5. 施工环境因素的控制

环境的因素主要包括施工现场自然环境因素、施工质量管理环境因素和施工作业环境因素。环境因素对工程质量的影响，具有复杂多变和不确定性的特点，具有明显的风险特征，要减少其对施工质量的不利影响，主要是采用预测预防的风险控制方法。

（1）对施工现场自然环境因素的控制

对地质、水文等方面影响因素，应根据设计要求，分析工程岩土地质资料，预测不利因素，并会同设计等方面制定相应的措施，采取如基坑降水、排水、加固维护等技术控制方案。

对天气气象方面的影响因素，应在施工方案中制定专项紧急预案，明确在不利条件下的施工措施，落实人员、器材等方面的准备，加强施工过程中的监控与预警。

（2）对施工质量管理环境因素的控制

施工质量管理环境因素主要指施工单位质量保证体系、质量管理制度和各施工单位之间的协调等因素。要根据工程承发包的合同结构，理顺管理关系，建立统一的现场施工组织系统和质量管理的综合运行机制，确保质量保证体系处于良好的状态，创造良好的质量管理环境和氛围，使施工顺利进行，保证施工质量。

（3）对施工作业环境因素的控制

施工作业环境因素主要是指施工现场的给水排水条件，各种能源介质供应，施工照明、通风、安全防护设施，施工场地空间条件和通道，以及交通运输和道路条件等因素。要认真实施经过审批的施工组织设计和施工方案，落实保证措施，严格执行相关管理制度和施工纪律，保证上述环境条件良好，使施工顺利进行以及施工质量得到保证。

5.3.2　建设工程施工项目阶段性质量控制

为了加强对工程项目的质量管理，明确各施工阶段质量管理的核心工作内容，可把建筑工程项目质量控制分为事前控制、事中控制和事后控制三个阶段，各阶段的主要控制内容列表见表 5-1。

建筑工程项目质量控制的阶段划分和主要内容　　　　　表 5-1

阶　段	控　制　内　容
施工准备 （事前控制）	（1）建立工程项目质量保证体系，落实人员，明确职责，分解逐级目标，按照 GB/T 19001 标准的要求编制工程质量计划、施工组织设计质量部分。 （2）领取图纸和技术资料，按 GB/T 19001 中文件管理的要求，指定专人管理文件，并公布有效文件清单。 （3）依据设计文件和设计技术交底对工程控制点进行复测。发现问题应与设计方协商处理，并形成记录。 （4）项目技术负责人主持对施工图纸的审核，并形成图纸会审记录。 （5）按质量计划中分包和物资采购的规定，对供方（分包商和供应商）进行选择和评价，并保存评价记录。 （6）根据需要对工程的全体参与人员进行质量意识和能力的培训，并保存培训记录
施工过程 （事中控制）	（1）分阶段、分层次在开工前进行技术交底，并保存交底记录。 （2）材料的采购、验收、保管应符合质量控制的要求，做到在合格供应商名录中按计划招标采购，做好材料的数量、质量的验收，并进行分类标识、保管，保证进场材料符合国家或行业标准。重要材料要做好追溯记录。 （3）按计划配备施工机械，保证施工机具的能力，使用和维护保养应满足质量控制的要求，对机械操作人员的资格进行确认。 （4）计量器具的使用、保管、维修和周期检定应符合有关规定。 （5）参与项目的所有人员的资格确认，包括管理人员和施工人员，特别是从事特种作业和特种设备操作的人员，应严格按规定经考核后持证上岗。 （6）加强工序控制，按标准、规范、规程进行施工和检验，对发现的问题及时进行妥善处理。对关键工序（过程）和特殊工序（过程）必须进行有效控制。 （7）工程变更和图纸修改的审查、确认
竣工验收 （事后控制）	（1）工程完工后，应按规范的要求进行功能性试验或试车，确认满足使用要求，并保存最终试验和检验结果。 （2）对施工中存在的质量缺陷，按不合格控制程序进行处理，确认所有不符合要求之处都已得到纠正。 （3）收集整理施工过程中形成的所有资料、数据和文件，按要求编制竣工图。 （4）对工程再一次进行自检，确认符合要求后申请建设单位组织验收，并做好移交的准备。 （5）听取用户意见，实施回访保修

5.3.3　建设工程施工项目的材料质量控制

　　工程的材料质量对最终产品质量有着至关重要的作用，把好材料质量关是建筑工程项目质量控制的重要工作之一。

　　1. 材料质量控制要点

　　材料质量控制应从材料的采购、供应、使用管理、检验等环节入手，具体控制要点见表 5-2。

材料质量控制要点　　　　　表 5-2

序号	项　目	内容及说明
1	掌握材料信息，优选供货厂家	（1）掌握材料质量、价格、供货能力的信息，选择好供货厂家。 （2）材料订货时，要求厂家提供质量保证文件，用以表明提供的货物完全符合质量要求

续表

序号	项　目	内容及说明
2	合理组织材料供应确保施工正常进行	合理地、科学地组织材料的采购、加工、储备、运输，如期地满足建设需要，确保正常施工
3	合理组织材料使用，减少使用材料损失	正确按定额计量使用材料，加强材料限额管理和发放工作，健全现场材料管理制度，避免材料损失
4	加强材料检查验收，严把材料质量关	（1）对用于工程的主要材料，进场时必须具备出厂合格证和材质化验单。如不具备或对检验证明有怀疑时，应补做检验。 （2）工程中所有各种构件，必须具有厂家批号和出厂合格证。 （3）凡标志不清或认为质量有问题的材料；对质量保证资料有怀疑或与合同规定不符的一般材料；由工程重要程度决定，应进行一定比例试验的材料；需要进行追踪检验，以控制和保证其质量的材料等，均应进行抽检。 （4）材料质量抽样的方法，应符合《建筑材料质量标准与管理规程》。 （5）在现场配制的材料，如混凝土、砂浆、防水材料、防腐材料、绝缘材料、保温材料等的配合比应先提出试配要求，经试配检验合格后才能使用。 （6）高压电缆、电压绝缘材料，要进行耐压试验
5	重视材料的使用认证，防止错用或使用不合格的材料	（1）凡是用于重要结构、部位的材料，使用时必须仔细地核对、认证，其材料的品种、规格、型号、性能有无错误，是否适合工作特点和满足设计要求。 （2）新材料应用，必须通过试验和鉴定；代用材料必须通过计算和充分的论证，并要符合结构构造的要求。 （3）材料认证不合格时，不得用于工程中；有些不合格的材料，如过期、受潮的水泥是否降级使用，亦需结合工程的特点予以论证，但决不允许用于重要的工程或部位
6	加强现场材料管理	（1）入库材料要分型号、品种、分区堆放，予以标识，分别编号。 （2）对易燃易爆的物资，要专门存放，有专人负责，并有严格的消防保护措施。 （3）对有防湿、防潮要求的材料，要有防湿、防潮措施，并要有标识。 （4）对有保质期的材料要定期检查，防止过期，并做好标识。 （5）对易损坏的材料、设备，保护好外包装，防止损坏

2. 材料质量检验方法

材料质量检验方法有书面检验、外观检验、理化检验和无损检验四种，每种方法的含义见表5-3。

材料质量检验方法　　　　　　　　　　　　　　　表5-3

序号	项　目	内容及说明
1	书面检验	是通过对所提供的材料质量保证资料、试验报告等进行审核，取得认可方能使用
2	外观检验	是对材料从品种、规格、标志、外形尺寸等进行直观检查，看其有无质量问题
3	理化检验	是借助实验设备和仪器对材料样品的化学成分、力学性能等进行科学的鉴定
4	无损检验	是在不破坏材料样品的前提下，利用超声波、X射线、表面探伤仪等进行检测

3. 材料质量检验要求（表 5-4）

材料质量检验要求   表 5-4

序号	项目	内容及说明
1	检验程度	（1）免检。就是免去质量检查过程。对有足够质量保证的一般材料，及实践证明质量长期稳定，其质量保证资料齐全的材料，可予免检。 （2）抽检。就是按随机抽样的方法对材料进行抽样检验。当对材料的性能不清楚，或对质量保证资料有怀疑，或对成批生产的构配件，均应按一定比例进行抽样检验。 （3）全检验。对进口的材料、设备和重要工程部位的材料，以及贵重的材料，应进行全部检验，以确保材料和工程的质量
2	检验项目	材料质量的检验项目分："一般检验项目"，为通常进行的试验项目；"其他检验项目"，为根据需要进行的试验项目
3	取样要求	材料质量检验的取样必须有代表性，即所采集样品的质量应能代表该批材料的质量。在采集试样时，必须按规定的部位、数量及采选的操作要求进行

5.3.4　建设工程施工工序质量控制

1. 施工工序质量控制概念及内容

建设工程项目施工是由一系列相互关联、相互制约的作业过程（工序）构成，施工质量控制必须对全部作业控制，即各道工序的作业质量持续进行控制。因此，工序质量又称过程质量，它体现为产品质量。为确保项目质量，就必须对每道工序的质量进行控制，这是施工过程中质量控制的重点。

工序质量控制就是对工序活动条件和工序活动效果实施控制。在进行工序质量控制时着重于以下几方面的工作：

（1）确定工序质量控制的工作计划

一方面，要求对不同的工序活动制定专门的保证质量的技术措施，做出物料投入及活动顺序的专门规定。另一方面，须规定质量控制工作流程、质量检验制度。

（2）主动控制工序活动条件的质量

工序活动条件主要指影响质量的五大因素，即人、材料、机械设备、施工方法和作业环境。工序施工条件控制就是控制工序活动的各种投入要素质量和环境条件质量。控制手段主要有：检查、测试、试验、跟踪监督等。控制的依据主要是：设计质量标准、材料质量标准、机械设备技术性能标准、施工工艺标准以及操作规程等。

（3）检验工序施工活动效果的质量

工序施工活动效果主要是反映工序产品的质量特征和特性指标，对工序施工效果的控制就是控制工序产品的质量特征和特性指标能否达到设计质量标准以及施工质量验收标准的要求。工序施工活动效果控制属于事后质量控制，其控制的主要途径是：实测获取数据、统计分析所获取的数据、判断认定质量等级和纠正质量偏差。

（4）设置工序质量控制点，实行重点控制

工序质量控制点是针对影响质量的关键部位或薄弱环节而确定的重点控制对象。正确设置控制点并严格实施是进行工序质量控制的重点。

2. 质量控制点的设置及管理

(1) 工序质量控制点的设置

施工质量控制点的设置是施工质量计划的重要组成内容，也是质控的重要对象。质量控制点应选择那些技术要求高、施工难度大、对工程质量影响大或是发生质量问题时危害大的对象进行设置。一般选择以下情况进行质量控制点设置：

① 重要的、关键性的施工环节和部位；

② 质量不稳定、施工质量没有把握的施工工序和环节；

③ 施工难度大、条件困难的部位或环节；

④ 质量标准或质量精度要求高的施工内容和项目；

⑤ 对后续施工或后续工序质量及安全有重要影响的施工工序或部位；

⑥ 采用新技术、新工艺、新材料施工的部位或环节。

(2) 工序质量控制点的重点控制对象

质量控制点的选择应准确，还要根据对重要质量特性进行重点控制的要求，选择质量控制点的重点部位、重点工序和重点的质量因素作为质量控制点的重点控制对象，进行重点控制和监控，从而有效地控制和保证施工质量。质量控制点的重点控制对象主要包括以下内容（表 5-5）：

质量控制点重点控制对象　　　　　　　　　　　　　　　　表 5-5

控制点控制对象	涵盖内容
人的行为	以人为重点控制对象的操作或工序。如高空、高温、水下、易燃易爆、重型构件吊装作业以及操作要求高的工序和技术难度大的工序
材料的质量与性能	直接影响工程质量的重要因素。如钢结构工程所使用的高强度螺栓，特殊焊接所使用的焊条
施工方法与关键操作	直接影响工程质量的关键操作应作为控制的重点。如预应力钢筋的张拉工艺操作过程及张拉力的控制，大模板施工中模板的稳定和组装问题
施工技术参数	如混凝土的外加剂掺量、水胶比，回填土的含水量，砌体砂浆的饱满度，防水混凝土的抗渗等级等
技术间歇	有些工序之间必须留有必要的技术间歇时间，如砌筑与抹灰之间，应在墙体砌筑后预留时间让墙体充分沉陷、稳定、干燥，然后抹灰，抹灰层干燥后才能喷白、刷浆
施工工序	严格控制工序间的先后施工顺序，如对冷拉钢筋应先对焊后冷拉，否则失去冷强
易发生或常见质量通病	如混凝土工程的蜂窝、麻面、空洞。墙体、屋面工程渗水、漏水、空鼓、起砂、裂缝等
新技术、新材料及新工艺应用	如 BIM 信息化技术在设计单位与施工单位的设计施工对接时的指导应用
特殊地基或特种结构	对于湿陷性黄土、膨胀土、红黏土等特殊土地基的处理

(3) 工序质量控制点的管理

1) 质量控制措施的设计

选择了控制点，就要针对每个控制点进行控制措施设计。如设计控制点施工流程图；

进行工序分析，找出主导因素；针对这些因素编制保证质量的作业指导书；明确各控制因素采用什么编号、精度的计量仪器进行精确计量等，并将质量控制点及控制措施提交有关人员审核后实施。

2）质量控制点的实施

将控制点的"控制措施设计"向操作班组进行认真交底，必须使工人真正了解操作要点，应明确工人、质量控制人员的职责；质量控制人员在现场进行重点指导、检查、验收；工人按作业指导书认真进行操作，保证每个环节的操作质量；按规定做好检查并认真做好记录，不断改进，直至质量控制点验收合格。

5.4 建设工程质量控制的统计分析方法

常用的传统工程质量统计分析方法有统计调查表法、分层法、排列图法、因果图法、直方图法、控制图法（管理图法）与相关图法（散布图法）。随着行业技术的发展及信息技术的应用，行业相应衍生出新的分析方法，如关联图法、KJ法、系统图法、矩阵图法、矩阵数据分析法、过程决策程序图法、网络图法。为了便于区分，可将上述旧、新方法分别称为"老七法""新七法"。"老七法"方法如下：

建设工程质量控制统计分析方法

5.4.1 统计调查表法

统计调查表法又称统计调查分析法，它是利用专门设计的统计表对质量数据进行收集、整理和粗略分析质量状态的一种方法。在质量控制活动中，利用统计调查表法收集数据，简便灵活，便于整理，使用有效。工程项目中常见的统计调查表格有分项工程作业质量分布调查表、不合格项目调查表、施工质量检验评定调查表等。

5.4.2 分层法

分层法又称为分类法，是将调查收集的原始数据，根据不同的目的和要求，按某一性质、来源进行分组、整理。分层法是质量控制统计分析方法中最基本的一种方法。其他统计方法一般都要与分层法配合使用。分层的结果使数据各层间的差异突出地显示出来，层内的数据差异减少，在此基础上再进行层间、层内的比较分析，可以更深入地发现和认识质量问题的原因。由于产品质量是多方面因素共同作用的结果，因而对同一批数据，可以按不同性质划分层次，使我们能从不同角度来考虑、分析产品存在的质量问题和影响因素。

5.4.3 排列图法

排列图法是利用排列图寻找影响质量主次因素的一种有效方法。排列图又称为帕累托图或主次因素分析图，它是由两个纵坐标、一个横坐标、几个连起来的直方形和一条曲线所组成。左侧的纵坐标表示频数，右侧纵坐标表示累计频率，横坐标表示影响质量的各个因素或项目，按影响程度大小从左至右排列，直方形的高度表示某个因素的影响大小。实际应用中，通常按累计频率划分为（0～80%）、（80%～90%）、（90%～100%）三部分，与其对应的影响因素分别为 A、B、C 三类。A 类为主要因素，B 类为次要因素，C 类为一般因素。

结合实例说明排列图的绘制过程。

 例题讲解

【例 5-1】某开发商发现施工单位的预制构件存在不同程度的质量问题，所以抽查了 400 块预制混凝土板，结果表明其中有 140 块存在不同的质量问题。利用排列图的方法分析影响质量问题的原因。

【解】基本步骤如下：

1）收集整理数据

根据工程项目的实际情况，收集存在质量问题的不合格点数，并汇总到表内，见表 5-6。再对统计结果进行整理，计算出各项目的频数和累计频率，见表 5-7。

不合格点统计表　　　　　　　　　　　　　　表 5-6

序号	检查项目	不合格点数	序号	检查项目	不合格点数
1	强度不足	35	5	端部有裂缝	80
2	表面蜂窝麻面	10	6	其他	2
3	局部有露筋	8	7		
4	折断	5	8		

不合格点项目频数频率统计表　　　　　　　　　　　　表 5-7

序号	项目	频数	频率（%）	累计频率（%）
1	端部有裂缝	80	57.14	57.14
2	强度不足	35	25.0	82.14
3	表面蜂窝麻面	10	7.14	89.28
4	局部有露筋	8	5.72	95.0
5	折断	5	3.57	98.57
6	其他	2	1.43	100.0
	合计	140	100	

2）排列图的绘制

① 画横坐标。将横坐标按项目数等分，并按项目频数由大到小的顺序从左到右排列。

② 画纵坐标。左侧的纵坐标表示项目不合格点数即频数，右侧纵坐标表示累计频率。要求总频数对应累计频率 100%。该例中 140 应与 100% 在一条水平线上。

③ 画频数直方形。以频数为高画出各项目的直方形。

④ 画累计频率曲线。从横坐标左端点开始，依次连接各项目直方形右边线及所对应的累计频率值的交点，所得的曲线即为累计频率曲线。

⑤ 记录必要的事项。如标题、收集数据的方法和时间等。

3）排列图的观察与分析

观察直方形，大致可看出各项目的影响程度。排列图中的每个直方形都表示一个质量问题或影响因素。影响程度与各直方形的高度成正比。

利用 ABC 分类法，确定主次因素。将累计频率曲线按（0~80%）、（80%~90%）、（90%~100%）分为三部分，各曲线下面所对应的影响因素分别为 A、B、C 三类因素，

该例中 A 类即"端部有裂缝"为主要因素；B 类即"强度不足""表面蜂窝麻面"为次要因素；C 类即其他因素为一般因素（图 5-3）。

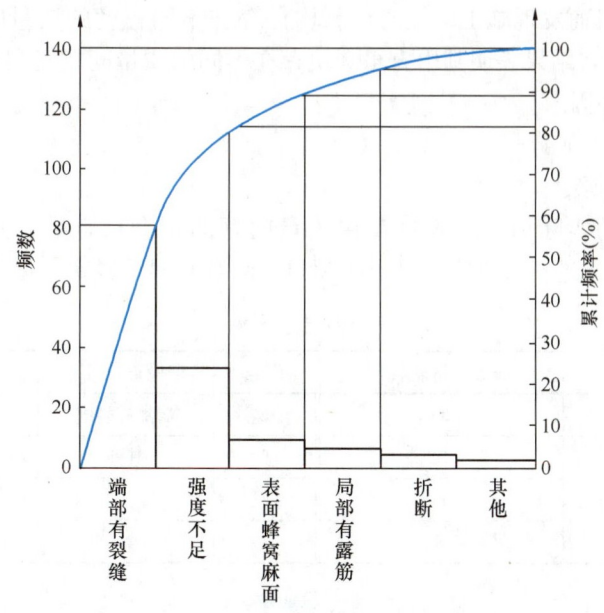

图 5-3　预制构件不合格点排列图

5.4.4　因果分析图法

因果分析图法是利用因果分析图，系统地整理分析某个质量问题与其产生原因之间关系的有效工具。因果分析图又可以称为特性要因图，又因其形状常被称为树枝图或鱼刺图。

因果分析图的基本形式如图 5-4 所示。

从图中可见，因果分析图由质量特性（即质量结果，指某个质量问题）、要因（产生质量问题的主要原因）、枝干（指一系列箭线表示不同层次的原因）、主干（指较粗的直接指向质量结果的水平箭线）等所组成。

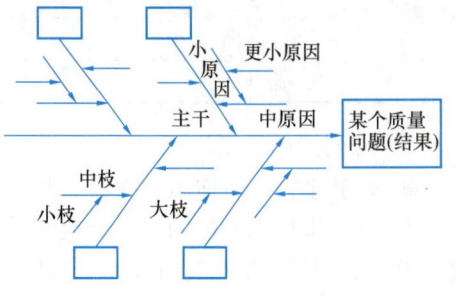

图 5-4　因果分析图的基本形式

因果分析图的绘制步骤与图中箭头方向恰恰相反，是从"结果"开始将原因逐层分解的，具体步骤如下：

① 明确质量问题（结果），例如，分析的质量问题是"混凝土强度不足"（图 5-5），作图时首先由左至右画出一条水平主干线，箭头指向一个矩形框，框内注明研究的问题，即结果。

② 分析确定影响质量特性大的方面的原因。一般来说，影响质量因素有五大方面，即人、材料、机械、方法和环境。另外还可以按产品的生产过程进行分析。

③ 将每种大原因进一步分解为中原因、小原因，直至分解的原因可以采取具体措施加以解决为止。

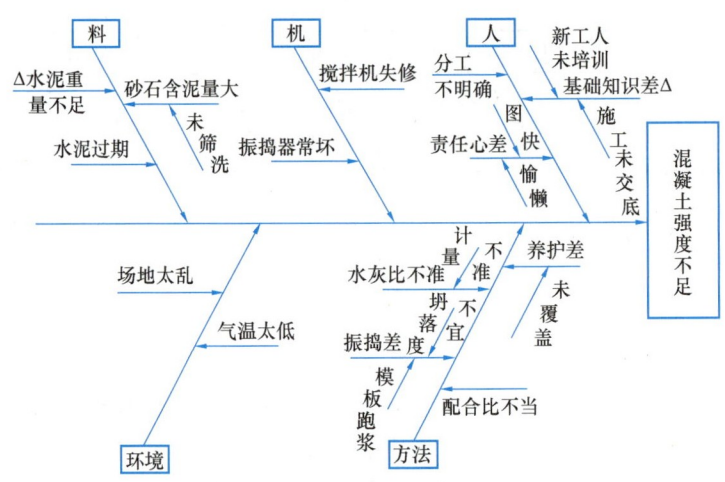

图 5-5　混凝土强度不足的因果分析图

④ 检查图中所列原因是否齐全，对初步分析结果广泛征求意见，并做必要的补充及修改。

⑤ 选择出影响大的关键因素，做出标记，以便重点采取措施。

5.4.5　直方图法

直方图法即频数分布直方图法，它是将收集到的质量数据进行分组整理，绘制成频数直方图，用以描述质量分布状态的一种分析方法，所以又称质量分布图法。

（1）直方图的绘制方法

结合实例加以说明。

【例 5-2】某建筑施工工地浇筑 C30 混凝土，为对其抗压强度进行质量分析，共收集了 50 份抗压强度试验报告单，见表 5-8。

【解】1）收集整理数据（结果见表 5-8）

2）计算极差 R

极差 R 是数据中最大值和最小值之差，本例中：$X_{max} = 34.1 \text{N/mm}^2$；$X_{min} = 28.3 \text{N/mm}^2$

$$R = X_{max} - X_{min} = 34.1 - 28.3 = 5.8 \text{N/mm}^2$$

3）对数据分组

数据整理结果　　　　　　　　　　　　　　　　　　表 5-8

序号	抗压强度数据（单位 N/mm²）					最大值	最小值
1	31.8	31.7	31.1	31.5	32.7	32.7	31.1
2	32.2	28.7	31.0	29.5	31.6	32.2	28.7
3	31.4	34.1	31.6	33.5	34.0	34.1	31.4
4	31.5	32.9	32.1	29.4	32.7	32.7	29.4
5	29.2	33.1	33.4	30.4	29.3	33.4	29.2

序号	抗压强度数据（单位 N/mm²）					最大值	最小值
6	32.3	31.5	29.5	32.1	30.4	32.3	29.5
7	33.9	32.4	31.8	29.3	30.2	33.9	29.3
8	31.2	32.6	28.3	29.7	31.0	32.6	28.3
9	30.4	32.3	33.4	30.2	31.0	33.4	30.2
10	31.4	32.0	29.9	30.4	29.5	32.0	29.5

包括确定组数、组距和组限。

① 确定组数 k。确定组数的原则是分组的结果能正确地反映数据的分布规律。组数应根据数据多少来确定。组数过少，会掩盖数据的分布规律；组数过多，使数据过于凌乱分散，也不能显示出质量分布状况。一般可参考表 5-9 的经验数值确定。

数据分组参考值 表 5-9

数据总数 n	分组数 k	数据总数 n	分组数 k	数据总数 n	分组数 k
50～100	6～10	100～250	7～12	250 以上	10～20

本例中取 $k=8$。

② 确定组距 h，组距是组与组之间的间隔，即一个组的范围。各组距应相等，于是通常计算组距的公式为 $h=R/k$。本例中：$h=R/k=5.8/7 \approx 0.80 \text{N/mm}^2$。

③ 确定组限。每组的最大值为上限，最小值为下限，上、下限统称组限。确定组限时应注意使各组之间连续，即较低组上限应为相邻较高组下限，这样才不致使有的数据被遗漏。

首先确定第一组下限：$X_{\min}-h/2=28.3-0.80/2=27.9$；第一组上限：$27.9+h=28.7$；

第二组下限＝第一组上限＝28.7；第二组上限：$28.7+h=29.5$；

以下以此类推，确定每组的组限。

4）编制数据频数统计表

统计各组频数，频数总和应等于全部数据个数。本例频数统计结果见表 5-10。

频数统计表 表 5-10

组号	组限（N/mm²）	频数	组号	组限（N/mm²）	频数
1	27.9～28.7	1	5	31.1～31.9	11
2	28.7～29.5	5	6	31.9～32.7	8
3	29.5～30.3	7	7	32.7～33.5	6
4	30.3～31.1	8	8	33.5～34.3	4

5）绘制频数分布直方图

在频数分布直方图中，横坐标表示质量特性值，本例中为混凝土强度，并标出各组的组限值。根据表 5-10 可以画出以组距为横坐标，以频数为纵坐标的 k 个直方型，便得到混凝土强度的频数分布直方图，如图 5-6 所示。

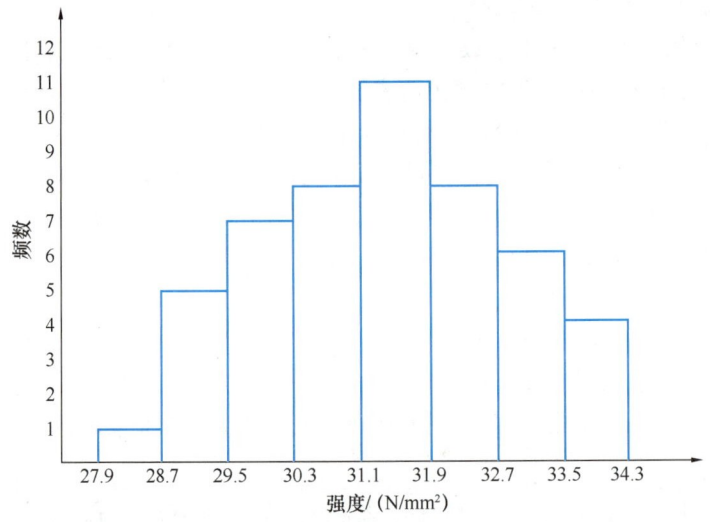

图 5-6　混凝土强度分布直方图

（2）直方图的分析

1）观察直方图的形状、判断质量分布状态。

作完直方图后，首先要认真观察直方图的整体形状，看其是否属于正常型直方图。正常型直方图就是中间高，两侧低，左右接近对称的图形，如图 5-7（a）所示。

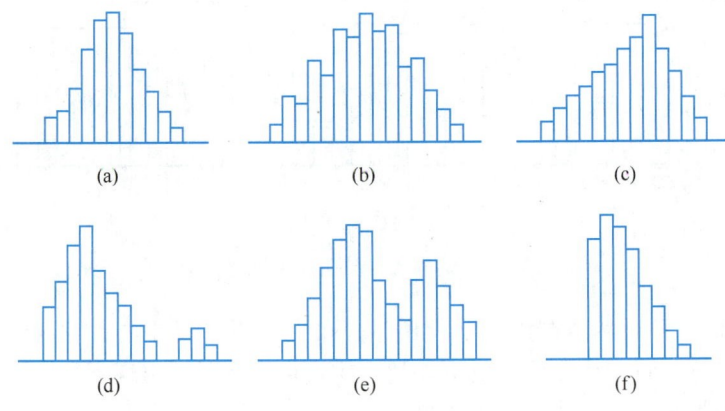

图 5-7　常见的直方图图形

（a）正常型；（b）折齿型；（c）左缓坡型；（d）孤岛型；（e）双峰型；（f）绝壁型

出现非正常型直方图时，表明生产过程或收集数据作图有问题。这就要求进一步分析判断，找出原因，从而采取措施加以纠正。凡属非正常型直方图，其图形分布有各种不同缺陷，归纳起来一般有五种类型，如图 5-7 所示。

① 折齿型（图 5-7b），是由于分组不当或者组距确定不当出现的直方图。

② 左（或右）缓坡型（图 5-7c），主要是由于操作中对上限（或下限）控制太严造成的。

③ 孤岛型（图 5-7d），是原材料发生变化，或者临时他人顶班作业造成的。

④ 双峰型（图 5-7e），是由于用两种不同方法或两台设备或两组工人进行生产，然后把两方面数据混在一起整理产生的。

⑤ 绝壁型（图 5-7f），是由于数据收集不正常，可能有意识地去掉下限以下的数据，或是在检测过程中存在某种人为因素所造成的。

2）将直方图与质量标准比较，判断实际生产过程能力

作出直方图后，除了观察直方图形状，分析质量分布状态外，再将正常型直方图与质量标准比较，从而判断实际生产过程能力。正常型直方图与质量标准相比较，一般有如图 5-8 所示六种情况。图 5-8 中，T——质量标准要求界限；B——实际质量特性分布范围。

① 图 5-8(a)，B 在 T 中间，质量分布中心 x 与质量标准中心 M 重合，实际数据分布与质量标准相比较两边还有一定余地。这样的生产过程质量是很理想的，说明生产过程处于正常的稳定状态，在这种情况下生产出来的产品可认为全都是合格品。

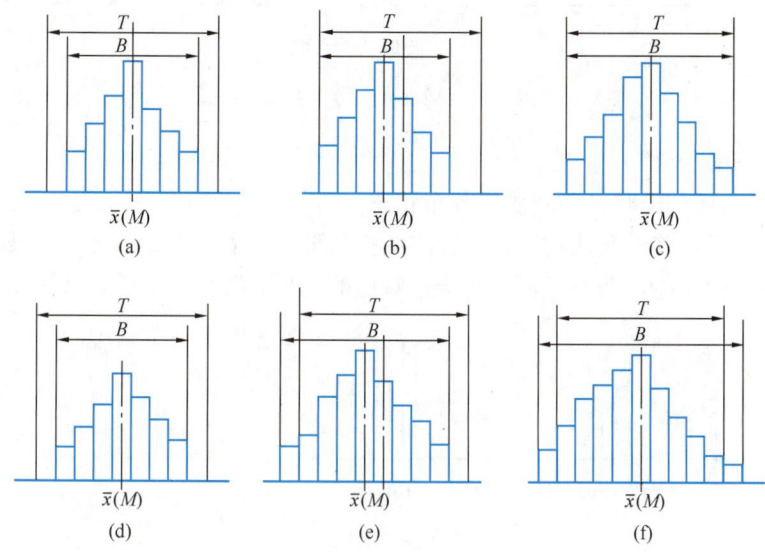

图 5-8　实际质量分析与标准比较

② 图 5-8(b)，B 虽然落在 T 内，但质量分布中 x 与 T 的中心 M 不重合，偏向一边。这样如果生产状态一旦发生变化，就可能超出质量标准下限而出现不合格品出现这种情况时应迅速采取措施，使直方图移到中间来。

③ 图 5-8(c)，B 在 T 中间，且 B 的范围接近 T 的范围，没有余地，生产过程一旦发生小的变化，产品的质量特性值就可能超出质量标准。出现这种情况时，必须立即采取措施，以缩小质量分布范围。

④ 图 5-8(d)，B 在 T 中间，但两边余地太大，说明加工过于精细，不经济。在这种情况下，可以对原材料、设备、工艺、操作等控制要求适当放宽些，有目的地使 B 扩大，从而有利于降低成本。

⑤ 图 5-8(e)，质量分布范围 B 已超出标准下限之外，说明已出现不合格品。此时必须采取措施进行调整，使质量分布位于标准之内。

⑥ 图 5-8(f)，质量分布范围完全超出了质量标准上、下界限，散差太大，产生许多废品，说明过程能力不足，应提高过程能力，使质量分布范围 B 缩小。

5.4.6　控制图法

控制图又称管理图。它是在直角坐标系内画有控制界限，描述生产过程中产品质量波动状态的图形。利用控制图区分质量波动原因，判明生产过程是否处于稳定状态的方法称为控制图法。

控制图是用样本数据来分析判断生产过程是否处于稳定状态的有效工具。它的用途主要有两个：

（1）过程分析，即分析生产过程是否稳定

为此，应随机连续收集数据，绘制控制图，观察数据点分布情况并判断生产过程状态。

（2）过程控制，即控制生产过程质量状态

为此，要定时抽样取得数据，将其变为数据点集描在图上，发现并及时消除生产过程中的失调现象，预防不合格品的产生。

前述排列图法、直方图法是质量控制的静态分析法，反映的是质量在某一段时间里的静止状态。然而产品都是在动态的生产过程中形成的，因此，在质量控制中单用静态控制分析法显然是不够的，还必须有动态分析法。只有动态分析法，才能随时了解生产过程中质量的变化情况，及时采取措施，使生产处于稳定状态，起到预防出现废品的作用。控制图就是典型的动态分析法。

5.4.7　相关图法

相关图又称散布图，在质量控制中它是用来显示两种质量数据之间关系的一种图形。质量数据之间的关系多属相关关系。一般有三种类型：一是质量特性和影响因素之间的关系；二是质量特性之间的关系；三是影响因素之间的关系。

我们可以用 Y 和 X 分别表示质量特性值和影响因素，通过绘制散布图，计算相关系数，分析研究两个变量之间是否存在相关关系，以及这种关系密切程度如何，进而对相关程度密切的两个变量，通过对其中一个变量的观察控制，去估计控制另一个变量的数值，以达到保证产品质量的目的。这种统计分析方法，称为相关图法。

散布图从图形上来判断一般有六种形态：强正相关、强负相关、弱正相关、弱负相关、不相关、曲线相关。具体如下：

（1）强（完全）正相关：X 增大，Y 随之也增大。X 与 Y 之间可用直线 $Y = a + bX$（b 为正数）表示。

（2）强（完全）负相关：X 增大，Y 随之减小。X 与 Y 之间可用直线 $Y = a + bX$（b 为负数）表示。

（3）弱正相关：X 增大，Y 基本上随之增大。此时除了因素 X 之外，可能还有其他因素影响。

（4）弱负相关：X 增大，Y 基本上随之减小。此时除了因素 X 之外，可能还有其他因素影响。

（5）不相关：即 X 变化不影响 Y 的变化。

（6）曲线相关：即 Y 的变化与 X 存在某种曲线关系。

　　"新七法"与"老七法"均是对项目质量管理的管理分析方法，可从不同角度对项目质量信息的搜集、分析、应用起到相互补充的作用，具体方法如下：

5.4.8　关联图法

　　关联图法是为了谋求解决那些有着原因与结果、目的与手段等关系复杂而互相纠缠的问题，并将各因素的因果关系逻辑地连接起来而绘制成关联图的方法，这种方法适用于多人协作的工作环境，经过多次修改绘制关联图，使有关人员澄清思路，认清问题，促进构想不断转换，最终找出、解决质量关键问题。

　　关联图法与因果关系图法最大的不同之处在于，关联图说明了五大因素（人、机、料、法、环）之间的横向联系。同时，关联图法对于那些因果关系复杂的行为，可以采用自由表达形式，显示出它们的整体关系。

5.4.9　KJ 法

　　KJ 法又称亲和图法，就是从未知、未经历的领域或将来的问题等杂乱无章的状态中，把与相关问题有关的事实或意见、构思等作为原始资料收集起来，根据亲和性（亲缘关系）加以整理，绘制成亲和图，然后找出所要解决的问题及各类问题相互关系的一种方法。主要用于制定质量管理方针、计划等。

5.4.10　系统图法

　　系统图法又称树图法，即运用系统的观点，把目的和达到目的的手段依次展开绘制成系统图，以寻求质量问题的重点和最佳解决方法。具体来说，是从基本目的出发，采用从上而下层层展开和自下而上层层保证的方法来实现系统的目标（图 5-9）。

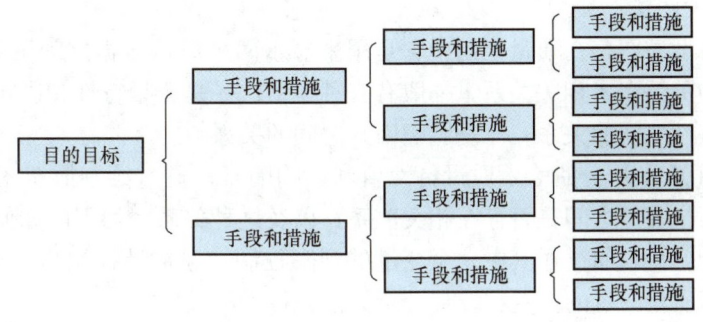

图 5-9　系统图法

　　（1）系统图法适用情况

　　① 新产品研发过程中产品质量功能的展开；

　　② 质量保证活动的展开，建立质量保证体系；

　　③ 目标实施措施的展开；

　　④ 解决企业有关质量、成本、交货期等问题的具体解决措施的方案；

　　⑤ 作为因果图使用；

　　⑥ 探求部门职能、管理职能和提高效率的方法。

　　（2）系统图的作图方法和步骤

　　① 确定具体的目标或目的；

　　② 提出措施和手段；

③ 对措施、手段进行评价；

④ 绘制措施、手段卡片；

⑤ 绘制系统图；

⑥ 确认目标能否充分地实现；

⑦ 制定实施计划（系统图最低一级的手段进一步具体化、精炼化并决定实施内容、日程和承担者等事项）。

5.4.11 其他方法

矩阵图法，即把各个质量问题的问题因素按矩阵的行与列进行排列，找出问题所在。这是一种多维思考的模式。

矩阵数据分析法，即对于矩阵中相互关系能够定量化的各因素进行数据分析等方法，主要用于市场调查、新产品设计与开发、复杂工程分析和复杂的质量评价等。

过程决策程序图法，即对事态可能的发展变化作了充分的设想，并拟定出不同的方案，以增加计划的应变能力和适应能力。它主要用于制定目标管理、技术开发的执行计划等。

网络图法，即运用网络对有关质量问题进行计算、分析与处理的综合方法，它是选择最佳工期和实施有效进度管理的一种方法。

5.5 质 量 改 进

5.5.1 项目质量改进基本思路

1. 质量改进的定义

质量改进是质量管理的一部分，致力于进一步增强满足质量要求的能力。质量改进措施的提出目的是改善产品的特征和特性，以及为提高组织活动和过程的效益和效率所采取的手段措施。这里的"过程"是指将输入转化为输出的一组彼此相关的活动。质量改进不仅包含对产品和服务的改进与完善，还包括对生产过程与过程方法的改进与完善，以及对于组织管理活动的改进和完善。

工程项目的建设同时具有产品和服务的性质，即最终的工程成果属于产品，而工程建设过程中的设计、施工管理等则属于服务范畴，而工程项目的产品质量往往是由其服务的质量所决定的；此外，工程项目实施过程中每一个过程、工序相互联系、影响，工程项目的质量是在整个项目的推进中逐渐形成的，因此工程项目的质量改进是在项目实施中对服务过程的改进。

2. 质量改进与质量控制的关系

质量活动中有的活动行为属于"质量维持"，有的属于"质量改进"。所谓质量维持是通过质量控制使产品保持现有的质量水平并使其稳定在规定波动范围内，其重点是消除偶发性质量缺陷，防止问题的再次发生，充分发挥现有的保证质量的能力，保持产品的稳定性。所谓质量改进是根据用户的反馈和企业管理的需要将质量水平提高到一个新台阶，可系统地、持续地采用各种改进方法去改进过程从而为顾客提供产品的增值效果和服务过程增值的效率。

在质量管理中，质量控制和质量改进活动并不是相互独立的，而是紧密相连，交替出现。如图 5-10 所示，通过质量控制活动将质量维持在当前质量区间内，接着通过质量改进活动将产品质量提升到了更高的产品区间，最后再次通过质量控制活动将质量维持在新的水平。

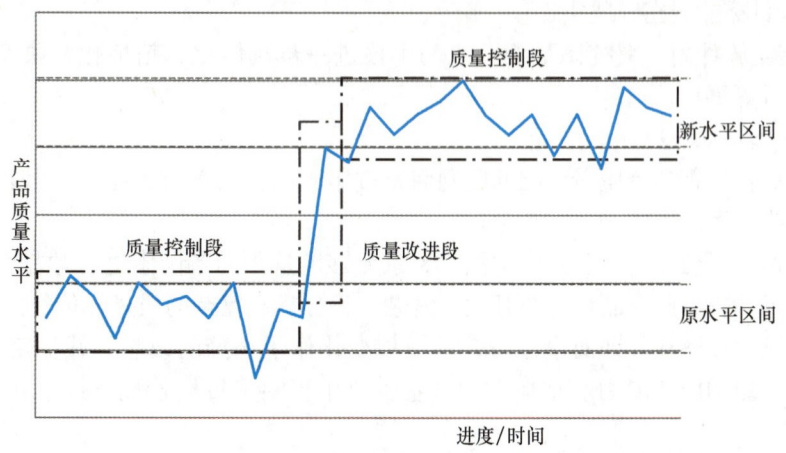

图 5-10   质量改进与质量控制关系

3. 质量改进的意义

任何一个施工企业在完成一项工程的施工过程中或交付使用后，都会发现一些质量缺陷，考虑长远发展的企业会利用自己的质量体系去发现和分析问题，会采取预防措施以提高建筑产品及服务质量，消除各种可能会遇到的类似问题。这样的企业在建设单位和用户中留下了好口碑在以后的投标竞争中也更容易得到投标评委的青睐，实践证明质量改进活动对提高工程质量、降低成本、增强企业在市场上的竞争能力以及增加经济效益都有十分重要的意义。质量改进可以说是企业的生存之道，其重要意义在于：

(1) 增强产品满足客户需求的能力

质量改进最直接的成果是产品质量缺陷的减少，而产品差错率的降低势必会增加客户满意度，改善企业声誉。产品质量的改进意味着产品满足客户需求的能力得到增强，从而能为客户带来更大的价值。

(2) 改善生产过程的效率，减少浪费，降低企业运营成本

产品质量的改进通常伴随着生产过程的改进，而过程改进往往意味着更高的效率、更少的浪费，虽然质量改进过程本身要求企业投入额外资源，增加成本，但改进后的生产过程往往能提高效率、减少浪费，从而降低成本。长此以往循环下来反而大大降低企业的生产及管理成本。

(3) 适合客户不断变化的需要与要求

客户对产品的需求会随着时间的推移不断发生改变；质量改进是一个主动地增强产品满足客户要求的能力过程，能适应不断变化的客户需求。

(4) 及时适应技术的变化

生产技术在不停地变化，而质量改进通常要求引入新的技术，从而带动企业技术更新，增强企业竞争能力。

4. 质量改进的基本原则

（1）过程性原则

项目质量的改进本质上是对过程的改进。工程项目是由一系列相互联系的过程组成，如设计过程、采购过程、施工过程、管理过程等。而项目的质量是由形成和支持它的过程的效率和效果决定的。因此，项目质量的改进就是对项目实施中的一系列过程的改进。

（2）持续性原则

项目质量改进是一种持续性的活动，这是由项目的质量特点决定的。工程项目的质量影响因素多，包括设计、材料、机械、地形、气象、施工工艺、操作方法、技术措施等，且项目实施中有许多相互关联的过程，容易发生偶然性和系统性的质量波动；此外，在项目实施过程中，客户的需求也会常常发生变化，从而产生对项目质量的新要求。因此，项目质量改进要求在项目进行过程中持续地对各个过程进行改进。

（3）全员参加原则

项目质量改进要求上至项目管理层、下至施工人员的全体员工的参与。工程项目复杂性高，各个活动过程相互联系、影响，而人员又是每项活动起主导作用的因素。因此，项目质量的改进要求全体项目人员的相互配合、协调工作，让每一位员工都具有强烈的质量意识，全员参与到质量改进活动中。

5.5.2　质量改进计划的编制

质量改进计划一般通过一系列的、特定的质量改进项目或活动来实施。企业的领导应注意监控这些活动的实施，以确保他们都纳入了本单位的总目标和营造计划之内。

1. 质量改进计划的内容

① 生产流程：标明改进对象从输入到输出的每一道工序；

② 生产设备：标明各工序所使用的生产设备；

③ 作业指引：标明各工序的作业指导文件；

④ 控制环节：标明各工序应该控制的环节；

⑤ 接收标准：标明各工序作业、测试的接收标准；

⑥ 责任者：标明检测责任者；

⑦ 其他：包括抽样方法及频度，检测设备和检测方法等。

2. 产品质量改进计划的实施步骤

（1）确定产品质量改进的项目并做好活动的准备

对质量改进项目及活动的范围、计划、资源配置和重要性都加以明确规定和论证。规定应包括有关的背景和历史情况，相关的质量损失以及目前的状况。如可能，应尽量具体。应将项目及活动分配到小组、组长和员工。应制定日程表并配置充足的资源。也应对产品质量改进活动的进展情况的定期评审做出规定。

（2）调查可能的因果关系

通过数据的搜集、分析和确认，进而提高对改进过程的性质的认识。应认真按照制定的计划采集数据；以事实为依据，通过对数据进行分析，掌握待改进过程的性质，并确定可能的因果关系。

（3）采取预防和纠正措施

在确定因果关系后，应针对相应的原因制定不同的预防或纠正措施的方案，组织参与该措施实施的成员研究各方案的优缺点。

（4）确认改进措施的实行

在采取了预防和纠正措施后，必须搜集有关的数据加以分析，以确定预防和纠正措施取得的结果。要注意的是，搜集数据的环境应与之前调查和确定因果关系时搜集数据的环境相同。

如果在采取预防或纠正措施之后，那些不希望的结果仍继续发生，且发生的频次与之前几乎相同，以致影响了企业的产品质量和发展计划，那就需要重新确立质量改进项目及活动。

（5）保持改进成果

质量改进结果经确认及认可后需保持下来。对改进后的过程则需要在新的水平加以控制。

（6）继续完成及改进

如果所期望的改进已经实现，则应根据企业自身的情况再选择和实施新的质量改进项目或活动。进一步改进质量的可能性总是存在的，要善于发现需要改进的地方。

产品质量改进计划可以确定特殊项目或合同的特殊质量要求，并将其列入计划表中。产品质量改进计划还可以制定实现质量要求的具体措施和作为监督和评定质量的依据。在整个企业内所采取的旨在提高活动和过程的效益和效率的各项措施中，企业主管所进行的质量改进必须是坚持不断的。

5.6　建设工程项目质量事故处理

5.6.1　建设工程项目质量事故定义与分类

建设工程项目质量事故是指由于建设管理、监理、勘测、设计、咨询、施工、材料、设备等原因造成工程质量不符合规程、规范和合同规定的质量标准，从而影响使用寿命并对工程项目安全运行造成隐患及危害的事件。工程质量事故具有成因复杂、后果严重、种类繁多、往往与安全事故共生的特点，工程质量事故可根据具体需要进行类别划分，在此仅依据事故损害程度、成因及事故责任方三方面进行划分，内容见表 5-11。

工程质量事故分类　　　　　　　　　　　　　　　　　　　表 5-11

序号	分类方法	事故类别	内容及说明
1	按事故的性质及严重程度分类	一般事故	是指造成 3 人以下死亡，或者 10 人以下重伤，或者 100 万元以上 1000 万元以下直接经济损失的事故
		较大事故	是指造成 3 人以上 10 人以下死亡，或者 10 人以上 50 人以下重伤，或者 1000 万元以上 5000 万元以下直接经济损失的事故
		重大事故	是指造成 10 人以上 30 人以下死亡，或者 50 人以上 100 人以下重伤，或者 5000 万元以上 1 亿元以下直接经济损失的事故
		特别重大事故	是指造成 30 人以上死亡，或者 100 人以上重伤，或者 1 亿元以上直接经济损失的事故

续表

序号	分类方法	事故类别	内容及说明
2	按质量事故产生的原因分类	技术原因引发的质量事故	指在工程项目实施中由于设计、施工技术上的失误而造成的质量事故,主要包括: (1) 结构设计方案计算错误; (2) 地质情况判断错误; (3) 盲目采用技术尚未成熟、实际应用中未得到充分的实践检验证实其可靠程度的新技术; (4) 采用了不适宜的施工方法或工艺; (5) 其他
		管理原因引发的质量事故	主要是指由于管理上的不完善或失误而引发的质量事故。主要包括: (1) 施工单位或监理单位的质量管理、监督体系不完善; (2) 检验制度的不严密,质量控制不严格; (3) 质量管理措施落实不力; (4) 检测仪器设备管理不善而失准; (5) 进料检验不严格; (6) 其他
		社会、经济原因引发的质量事故	主要指由于社会、经济因素及社会上存在的弊端和不正之风引起建设中的错误行为,而导致出现的质量事故(可控因素)
		人为事故和自然灾害原因	主要指人为设备事故、安全事故导致连带发生的事故,以及严重的自然灾害等不可抗力造成的质量事故
3	按事故责任分类	指导责任事故	是指由于工程实施指导或领导失误造成的质量事故。例如,工程负责人片面追求施工进度,放松或不按质量标准进行和检验,降低施工质量标准等
		操作责任事故	是指在施工过程中,由于实施操作者不按规程和标准实施操作,而造成的质量事故

5.6.2 建设工程项目施工质量事故的预防措施

1. 严格按照基本建设程序办事

需做好项目可行性研究调研及论证,不可未经深入的调研分析和谨慎论证就盲目拍板定案;要彻底搞清工程项目地质勘查情况方可开工;杜绝无证设计、无图施工等情况;禁止任意修改设计和不按图纸施工情况;工程竣工应进行试车检验,未经验收不得交付使用。

2. 认真做好工程地质勘查

地质勘查应适当布置钻孔密度及孔深度,钻孔间距过大则不能全面地、实际地反映地质情况;钻孔深度不足,难以查验地下软土层、滑坡、墓穴、孔洞等有害地质构造。地质勘查报告必须详细、准确、客观,防止因根据不符合实际情况的地质勘查资料而采用错误的基础方案,导致地基不均匀沉降、失稳。

3. 科学地加固处理好地基

对软弱土、杂填土、湿陷性黄土、土洞等不均匀地基要进行科学的加固处理。要根据不同地基的工程特性，按照地基处理与上部结构相结合使其共同工作的原则，从地基处理与设计措施、结构措施、防水措施、施工措施等方面综合考虑治理。

4. 进行必要的设计审查复核

要求具备合格专业资质的审图机构进行施工图纸的审查复核，防止因设计考虑不周、结构构造不合理、设计计算错误、沉降缝及伸缩缝设置不当、悬挑结构未通过抗倾覆验算等原因，导致质量事故的发生。

5. 严格把好建筑材料及制品的质量关

要从货物采购订货、进场验收、质量复验、存储和使用等环节，严格控制建筑材料及制品的质量，防止不合格或变质、损坏的材料或制品应用到工程项目当中。

6. 对施工人员进行必要的技术培训

通过技术培训使施工人员掌握其基本的建筑结构和建筑材料知识，懂得遵守施工验收规范对保障工程质量的重要性，从而在施工中自觉遵守操作规程。提高操作人员的技术能力，增强操作人员的专业荣誉感与使命感。

7. 依法进行施工组织管理

施工管理人员应严格遵守国家相关政策法规及技术标准，依法进行施工组织管理；施工作业必须按照图纸和施工验收规范、操作规程进行；施工技术措施要正确，施工顺序逻辑准确，严格依照图纸及规范要求操作。

8. 项目各参与方应进行合理沟通，施工单位应与项目监理单位、设计勘察单位等进行良性的项目技术沟通，切勿将不合格产品工序拖入后来工序当中，影响项目整体质量、进度要求等。

9. 做好应对不利施工条件和各种灾害的预案

根据当地气象资料进行项目的发展应对分析及事物预测，事先针对可能出现的风、雨、雷电等极端工况进行相应的施工技术应对措施；还要对不可预见的人为事故和严重自然灾害做好应急预案，并有相应的人力、物力储备。

10. 加强施工安全与环境管理

诸多施工安全和环境事故都会连带发生质量事故，加强施工安全与环境管理，也是预防施工质量事故的重要措施。

5.6.3 建设工程项目质量问题、质量事故的分析及处理

1. 工程质量问题、质量事故处理程序

质量问题如同质量事故一般，均会对项目造成使用功能、工程结构安全等方面的不良影响，只是造成的直接经济损失的程度不同。质量问题的发生相对来说程度较轻，发生于质量事故前期，可对事故进行防护措施的制定以及相关问题的技术统计，以防质量问题的恶化及同类问题的再次发生，具体处理程序如下（图 5-11）：

工程质量事故处理相对质量问题处置程序上较复杂，但二者整体均遵循了 PDCA 循环改善模式，最终目的是解决当下质量问题，遏制事态恶化，对相关问题进行检查、统计、归档，防止类似事件发生。质量事故处理流程如图 5-12 所示。

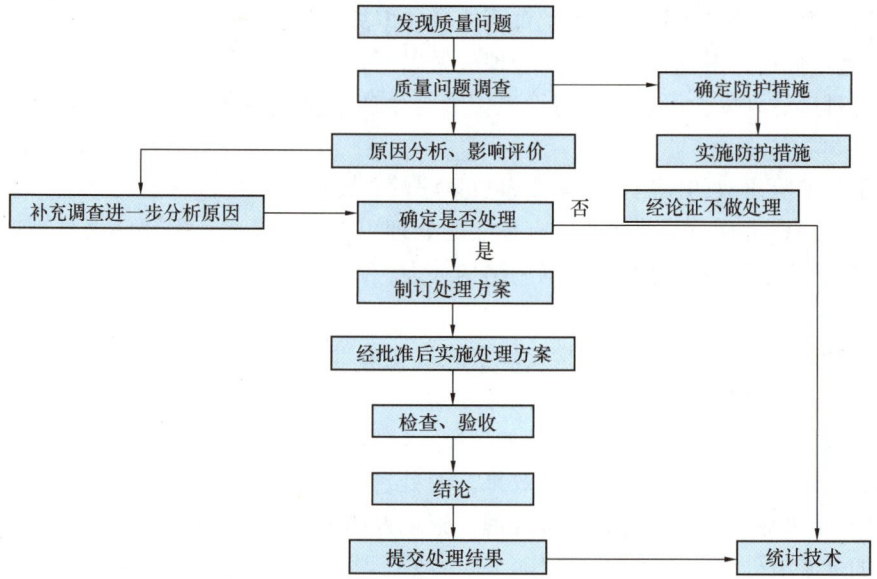

图 5-11　质量问题处理一般程序

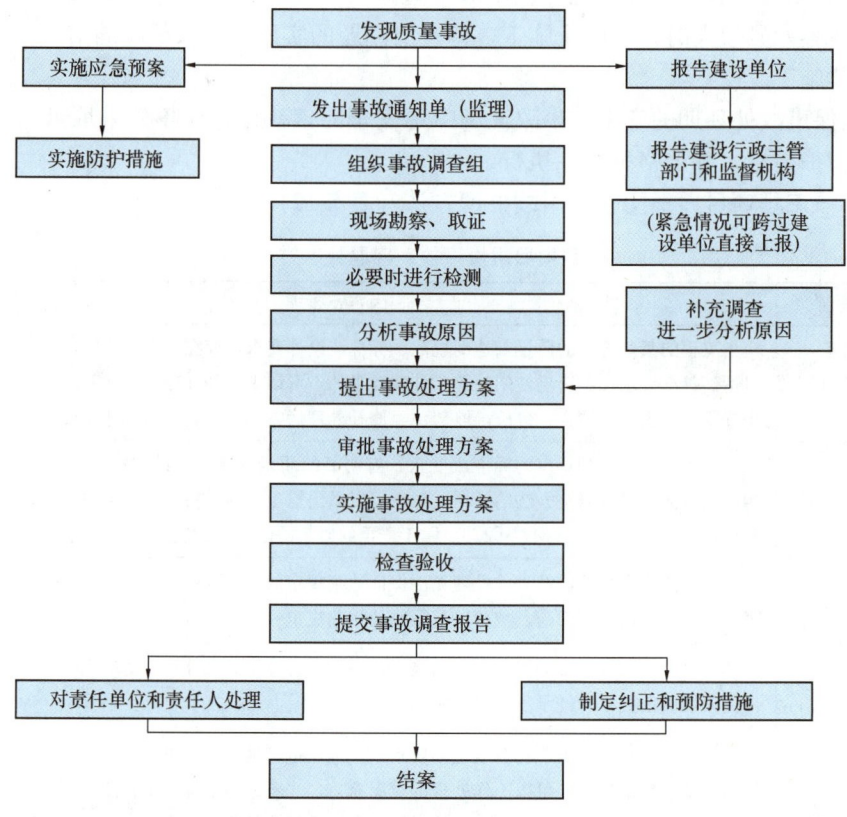

图 5-12　质量事故处理一般程序

2. 工程质量问题、质量事故处理原则与要求

对工程质量问题和质量事故的处理应遵循"四不放过"的原则，事故原因没有查清不

放过;事故责任者和员工没有受到教育不放过;事故责任者没有受到处理不放过;没有制定防范措施不放过。对问题、事故的处理应做以下要求:

1)处理应达到安全可靠,不留隐患,满足生产、使用要求,施工方便,经济合理的目的。

2)重视消除事故的原因,是防止事故重演的重要措施。

3)注意综合治理。既要防止原有事故的处理引发新的事故;又要注意处理方法的综合应用,如结构承载力不足时,可采用结构补强、卸荷、增设支撑、改变结构方案等方法的综合应用。

4)正确确定处理范围。除直接处理事故发生的部位外,还应检查事故对相邻区域及整个结构的影响,以正确确定处理范围。

5)正确选择处理时间和方法。例如裂缝、沉降、变形质量问题发现后,在其尚未稳定就匆忙处理,往往不能达到预期的效果。而处理方法的选择,应根据质量问题的特点,综合考虑安全可靠、技术可行、经济合理、施工方便等因素,经分析比较,择优选定。

6)加强事故处理的检查验收工作。从事故处理的施工准备到竣工,均应根据有关规范的规定和设计要求的质量标准进行检查验收。

7)认真复查事故的实际情况。在事故处理中若发现事故情况与调查报告中所述内容差异较大时,应停止施工,待查清问题的实质,采取相应的措施后再继续施工。

质量事故警示案例

8)确保事故处理期的安全。事故现场中不安全因素较多,应事先采取可靠的安全技术措施和防护措施,并严格检查、执行。

5.6.4 工程项目质量问题及事故处理方法(表5-12)

工程项目质量事故、问题处理方法   表5-12

序号	类别	内容及要求
1	返修处理	当工程的某些部分的质量未达到规范、标准或设计要求,存在一定的缺陷,但经过修补后可以达到标准要求又不影响使用功能或外观要求的,可以做修补处理。如某些混凝土结构表面出现蜂窝、麻面,经调查、分析,该部位经修补处理后,不影响其使用及外观要求等
2	返工处理	当工程质量未达到规定的标准或要求,有明显的质量问题,对结构的使用和安全有重大影响,而又无法通过修补办法给予纠正时,可以做出返工处理的决定。如某些工程局部楼板恒荷载设计值为3.0,但实际仅为2.5。属于严重的质量缺陷,也无法修补,只能返工处理
3	限制使用	当工程质量缺陷按修补方式处理无法保证达到规定的使用要求和安全性能,而又无法返工处理时,可以做出结构卸荷、减荷以及限制使用的决定
4	降级处理	如对已完工部位,因轴线、标高引测差错而改变设计平面尺寸,若返工损失严重,在不影响使用功能的前提下,经承发包双方协商验收
5	不作处理(让步处理)	某些工程质量缺陷虽不符合规定的要求或标准,但其情况不严重,经过分析、论证后,可以做出不做处理的决定。可以不作处理的情况有:(1)不影响结构安全和使用要求,经过后续工序可以弥补的质量缺陷;(2)经复核验算,仍能满足设计要求的质量缺陷;(3)法定检测单位鉴定合格的质量缺陷
6	报废处理	工程产品质量无法满足使用要求,安全等级等常规建筑结构要求,经降级后仍无法满足,影响质量及安全情节严重者可报废处理

"一带一路"共建国家某水坝工程质量管理案例探究

面对复杂严峻的国际形势，中国具备大国责任担当，努力推动高质量"一带一路"建设，促进中国产业向全球价值链中高端攀升。由我国企业负责的斯里兰卡某水库（图5-13）首部工程主要包括主坝工程、副坝工程以及溢洪道工程等。工程建成后，兼具拦洪蓄水、调节水流兼顾灌溉、生活饮用水及水利、发电等多项功能。

图 5-13 水坝施工过程鸟瞰图

项目施工过程中，我国建筑施工企业严格执行行业国际标准及规范，斯里兰卡该水库首部工程项目使用的标准规范规程均为国际标准，为合同技术条款中提到的国际的、国家的和其他公认的权威机构颁发的某些标准规范，如国际大坝委员会、国际电工委员会及斯里兰卡建设培训与开发协会等标准。

结合斯里兰卡水库首部工程规模和特点，企业项目部成立了以项目经理为第一质量责任人的质量管理委员会，设置了诸多质量管理主控部门，如质量管理 QA/QC 部、试验室、测量队、设备物资部、技术部及工程管理部等职能部门。为彰显民族品牌综合实力与企业担当，工程项目部贯彻执行公司"一流的质量、顾客的期望、我们的追求"质量管理方针，以"保证产品质量，为顾客创造价值；动态管理，持续改进；协同各方改进质量，提高效率；持续培训，提升雇员综合能力；实施管理评估"为质量管理理念，建立了质量职业健康安全环境管理体系，编制了《质量计划》，明确了质量管理目标，建立健全了《施工质量管理办法》《质量管理岗位责任制》《施工质量管理及体系运行考核办法》及《质量问题处理及责任追究制度》等各项质量管理制度。

在工程实施全过程中，该项目严格执行合同质量标准，充分发挥我国企业软硬件实力，合理优化组织架构，严谨质量管理程序，切实做到以顾客关注为焦点的服务态度，为实施品牌战略和申报优质工程奠定了坚实基础，提升了我国公司海外"引领者""推动者"

和"先行者"的行业形象，展现了新时代中国特色社会主义强大优势。

 **本章小结**

本章重点阐述了建设工程项目质量管理的基本概念；质量管理的原则；质量管理体系的建立和运行要求；建设工程项目的质量策划、质量计划的编制要求；建设工程项目的质量控制、质量改进的方法及意义；质量控制的统计技术方法和质量事故的处理等与质量管理密切相关的知识。

 **本章习题**

一、单项选择题

1. 质量方针是指由组织的最高管理者正式发布的、该组织总的（　　）。

A. 质量宗旨和方向　　　　　　　　B. 质量原则

C. 质量管理办法　　　　　　　　　D. 质量控制措施

2. 质量控制是指"为达到（　　）所采取的作业技术和活动"。

A. 质量方针　　　　　　　　　　　B. 质量目标

C. 质量要求　　　　　　　　　　　D. 体系有效运行

3. 建筑工程项目的质量控制包括业主方的质量控制、政府的质量控制和（　　）的质量控制。

A. 社会监理　　　　　　　　　　　B. 承建商

C. 主管部门　　　　　　　　　　　D. 其他相关方

4. （　　）是进行建筑工程项目质量控制的基础。

A. 设计文件　　　　　　　　　　　B. 合同文件

C. 质量体系文件　　　　　　　　　D. 施工组织设计

5. 企业的质量管理工作是各级管理者的职责，但必须有（　　）领导。

A. 质检科　　　　　　　　　　　　B. 最高管理者

C. 总工程师　　　　　　　　　　　D. 管理者代表

6. 质量控制的对象是（　　），控制的结果应能使被控制对象达到规定的质量要求。

A. 在建工程　　　　　　　　　　　B. 过程

C. 作业人员　　　　　　　　　　　D. 作业环境

7. 对材料免检的含义是（　　）。

A. 对实物和质量保证资料都不再检查

B. 只检查实物不再检查质量保证资料

C. 只检查质量保证资料不再检查实物

D. 只对实物的数量进行核对

8. （　　）应成为每一个企业永恒的追求、永恒的目标。

A. 质量管理　　　　　　　　　　　B. 质量改进

C. 质量控制　　　　　　　　　　　D. 质量保证

9. 以下不是质量改进基本原则的是（　　）。

A. 过程性原则   B. 持续性原则

C. 系统性原则   D. 全员参与原则

10. 在施工过程质量控制中，工程质量预控是指（   ）。

A. 在工程施工前，预先检查轴线、标高、预埋件、预留孔的位置，以防止出现偏差

B. 在工程施工前，项目工程师制定工序控制流程，以防止工程质量失去控制

C. 针对所设置的质量控制点，事先分析在施工中可能发生的隐患，提出相应对策

D. 在工程施工前，对影响质量的五大因素的控制

11. 为了对工序质量进行控制，要设置必要的工序控制点，对所设置的控制点，事先要分析可能造成的（   ），并针对它找出对策，采取措施加以预控。

A. 质量隐患及原因   B. 各种可能的质量事故

C. 各种可能的安全事故   D. 质量隐患、各种可能的质量事故

12. 下列有关相关图法叙述错误的是（   ）。

A. 强正相关，X 与 Y 之间可用直线 $Y=a+bX$（a 为正数）表示

B. 弱正相关，X 增大，Y 基本上随之增大。此时除了因素 X 之外，可能还有其他因素影响

C. 不相关，即 X 变化不影响 Y 的变化

D. 曲线相关：即 Y 的变化与 X 存在某种曲线关系

13. 工序质量控制就是对（   ）的控制。

A. 施工工艺和操作规程   B. 活动条件和效果

C. 施工人员行为   D. 质量控制点

14. 施工过程质量控制应以（   ）的控制为核心。

A. 质量控制点   B. 施工预检

C. 工序质量   D. 隐蔽工程和中间验收

15. 以下不属于质量控制点重点控制对象的是（   ）。

A. 新技术、新材料及新工艺应用   B. 工程项目周边自然环境

C. 施工方法与关键操作   D. 材料的质量与性能

16. 质量控制点应抓住影响（   ）施工质量的主要因素设置。

A. 单位工程   B. 工序

C. 分项工程   D. 分部工程

17. （   ）的大小反映了工程质量的稳定性。

A. 平均值   B. 中位数

C. 极值   D. 标准偏差

18. 质量控制中采用因果分析图的目的在于（   ）。

A. 动态地分析工程中的质量问题   B. 找出工程中存在的主要问题

C. 全面分析工程中的质量问题   D. 找出影响工程质量问题的因素

19. 用于质量控制的直方图，可以判明质量分布情况是否符合标准的要求，但其缺点是（   ）。

A. 不能用来制定质量标准   B. 不能用来判别产品质量是否稳定

C. 不能反映质量动态变化   D. 不能用来确定公差范围

20. 在质量控制中，要分析某个质量问题产生的原因，应采用(　　　)法。

A. 排列图　　　　　　　　　　　　B. 因果分析图

C. 控制图　　　　　　　　　　　　D. 直方图

二、多项选择题

1. 质量管理的职能包括(　　　)。

A. 确定质量方针和目标　　　　　　B. 建立质量体系并使之有效运行

C. 确定岗位职责和权限　　　　　　D. 弹性原理

E. 规律效应性原理

2. 质量管理的基本原则包括(　　　)。

A. 全面质量管理　　　　　　　　　B. 过程方法

C. 以顾客为关注焦点　　　　　　　D. 最高管理者的作用

E. 持续改进

3. 质量控制的静态分析法有(　　　)。

A. 分层法　　　　　　　　　　　　B. 排列图法

C. 因果分析图法　　　　　　　　　D. 直方图法

E. 控制图法

4. (　　　)是工程项目的质量特点。

A. 影响质量的因素多　　　　　　　B. 容易产生质量波动

C. 检查质量时不能解体拆卸　　　　D. 控制的关键是偶然性因素

E. 容易产生第一判断错误

5. 施工准备质量控制的内容主要有(　　　)。

A. 作业技术交底　　　　　　　　　B. 施工承包单位资质的核查

C. 施工组织设计审查　　　　　　　D. 现场施工准备的质量控制

E. 质量控制点的设置

6. 对于不合格的处理，要做到(　　　)。

A. 上道工序不合格，不准进入下道工序施工

B. 不合格的材料、构配件、半成品不允许使用

C. 对已进场的不合格品限期清除出现场

D. 对不合格检验批要给予清除

E. 不合格的工序或工程产品不予计价

7. 施工过程中质量控制的主要工作是(　　　)。

A. 进行预控　　　　　　　　　　　B. 进行预检

C. 以工序控制为核心　　　　　　　D. 严格质量检查

E. 设置质量预控点

8. 工程质量事故的特点是(　　　)。

A. 复杂性　　　　　　　　　　　　B. 多发性

C. 严重性　　　　　　　　　　　　D. 可变性

E. 时效性

9. 工程质量事故处理必须具备的资料包括(　　　)。

A. 事故发生的情况　　　　　　　B. 与事故有关的施工图

C. 与施工有关的资料　　　　　　D. 事故调查分析报告

E. 设计、施工、使用单位对事故的意见和要求

10. 工程质量事故调查分析报告的主要内容包括（　　）。

A. 与事故有关的施工图　　　　　B. 事故情况

C. 事故原因　　　　　　　　　　D. 事故评估

E. 事故性质

三、思考题

1. 如何理解 PDCA 循环原理在工程项目质量全过程的应用？

2. PDCA 循环工作方法的含义及内容是什么？

3. 质量管理的原则有哪些？如何理解他们的含义？

4. 什么叫质量计划？它和施工组织设计有哪些区别和联系？

5. 施工准备阶段质量控制的工作内容有哪些？施工过程中质量控制的工作内容有哪些？竣工验收时质量控制的工作内容有哪些？

6. 材料质量控制应从哪些环节入手？每个环节的主要内容是什么？

7. 工序质量控制点的设置原则是什么？

8. 直方图分析方法的工作原理及工作步骤？

9. 简述 PDCA 循环原理各阶段所运用的方法工具。

10. 工程项目质量问题及质量事故处理方法是什么？

四、实训题

实 训 题（一）

目的：掌握质量控制的统计分析方法。

资料：某工地出现钢筋混凝土工程不合格点增多的现象，经调查统计，结果见表1。

钢筋混凝土不合格点分布表　　　　　　　　　　　　　　　表 1

批次	混凝土强度	几何尺寸	表面平整	预埋件位移	露筋	表面缺陷
1	10	2	1			
2	8			2	1	
3	6	6	2			1
4	15	5	4	3	2	
5	20	10	6	2	2	1
6	5			1	1	
7	6	4	3		1	
8	3			1		1
9	7	3	4	1		
合计	80	30	20	10	7	3

要求：①根据上述资料用排列图法，确定影响质量的主要因素。②针对结果反映的一个最主要因素，用因果分析图法，分析产生质量问题的最终原因。

实 训 题 (二)

目的：通过本练习掌握质量控制统计技术中，使用直方图法分析实验产品的质量状况是否稳定且处于受控状态。

资料：某工程质量检测公司对某地区矿井中普遍应用的树脂锚杆安装锚固构件进行力学实验——抗拉强度分析，共抽调 10 组进行数据采集，每组样本数据 6 个，见表 2。

大模板拼板实测边长尺寸误差汇总表　　　　　　　　　表 2

序号	抗拉强度数据（kN/mm²）						最大值	最小值
1	50	52.5	53	52	51	55	55	50
2	53	54.5	51	55	56	55.5	56	51
3	53	52.5	52	53	53.5	54	54	52
4	55	53	51	51.5	54	54.5	55	51
5	56	55	55.5	56	54	53	56	53
6	51	52	52	53.5	56	55	56	51
7	54	55	56	54.5	55	56	56	54
8	53	54	53.5	53	54	54	54	53
9	52	54	53	57	55	53	57	52
10	50	53	49	53	54.5	55	55	49

要求：

1. 计算极差（R）、平均值（μ）和标准偏差（σ），若误差允许范围为 $T = \mu \pm 2\sigma$，试分析实测边长尺寸误差是否均在允许范围内。

2. 以 0.5kN/mm^2 为组距，试确定组数和各组上下限，统计各组频数，绘制拼板边长尺寸误差分布直方图。

6   建设工程项目成本管理

 学习要求

掌握：建设工程项目费用的构成、成本计划的编制方法、成本控制的方法、赢得值法、成本分析的方法。

熟悉：建设工程项目成本计划的分类、成本核算、成本考核。

了解：建设工程项目成本计划的编制依据。

6.1   建设工程项目成本计划

建设工程项目成本控制应从工程投标报价开始，直至项目竣工结算完成为止，贯穿于项目实施的全过程。成本作为项目管理的一个关键性目标，包括责任成本目标和计划成本目标，它们的性质和作用不同。前者反映组织对施工成本目标的要求，后者是前者的具体化，把施工成本在组织管理层和项目经理部的运行有机地连接起来。

根据成本运行规律，成本管理责任体系应包括组织管理层和项目经理部。组织管理层的成本管理除生产成本以外，还包括经营管理费用；项目管理层应对生产成本进行管理。组织管理层贯穿于项目投标、实施和结算过程，体现效益中心的管理职能；项目管理层则着眼于执行组织确定的施工成本管理目标，发挥现场生产成本控制中心的管理职能。

6.1.1   建设工程项目费用的构成

现行项目总投资由固定资产投资和流动资产投资两部分构成，如图 6-1 所示。

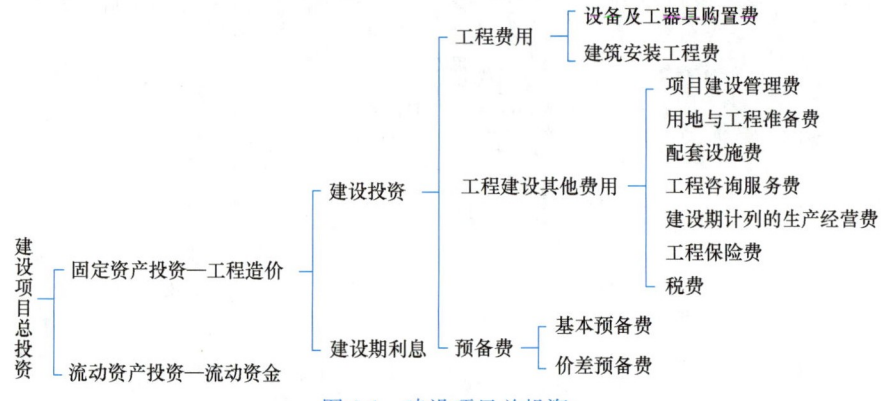

图 6-1   建设项目总投资

1. 设备及工器具购置费

设备及工器具购置费是由设备购置费和工具、器具及生产家具购置费组成的，它是固定资产投资中的一部分。在生产性工程建设中，设备及工器具购置费占固定资产投资比重的增大，意味着生产技术的进步和资本有机构成的提高。

（1）设备购置费

设备购置费是指为建设工程项目购置或自制的达到固定资产标准的各种国产或进口设备、工具、器具的购置费用。它由设备原价和设备运杂费构成。其中，设备原价是指国产设备或进口设备的原价；设备运杂费指除设备原价之外的关于设备采购、运输、途中包装及仓库保管等方面支出费用的总和。

（2）工器具及生产家具购置费

工器具及生产家具购置费，是指新建或扩建项目初步设计规定的，保证初期正常生产必须购置的没有达到固定资产标准的设备、仪器、工卡具模、器具、生产家具和备品备件等的购置费用。

2. 建筑安装工程费

根据《建筑安装工程费用项目组成》（建标〔2013〕44 号文件），建筑安装工程费用项目按费用构成要素组成划分为人工费、材料（包含工程设备，下同）费、施工机具使用费、企业管理费、利润、规费和税金。其中人工费、材料费、施工机具使用费、企业管理费和利润包含在分部分项工程费、措施项目费、其他项目费中。具体组成如图 6-2 所示。

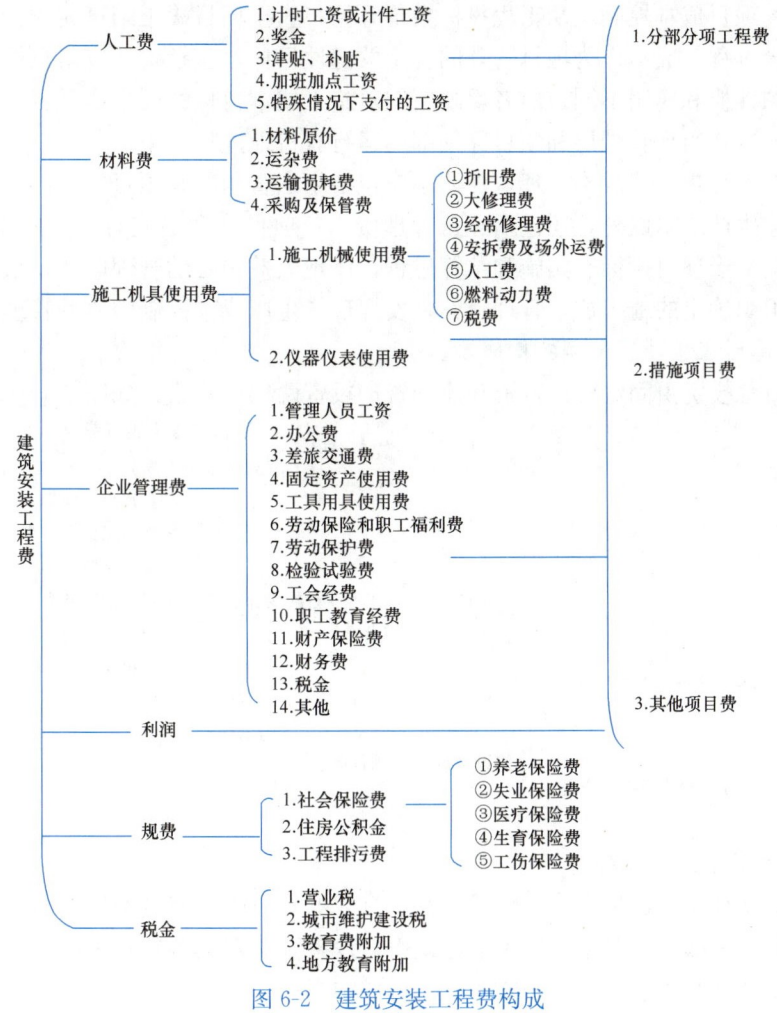

图 6-2　建筑安装工程费构成

（1）人工费

人工费是指按工资总额构成规定，支付给从事建筑安装工程施工的生产工人和附属生产单位工人的各项费用。内容包括：

1）计时工资或计件工资：是指按计时工资标准和工作时间或对已做工作按计件单价支付给个人的劳动报酬。

2）奖金：是指对超额劳动和增收节支支付给个人的劳动报酬。如节约奖、劳动竞赛奖等。

3）津贴补贴：是指为了补偿职工特殊或额外的劳动消耗和因其他特殊原因支付给个人的津贴，以及为了保证职工工资水平不受物价影响支付给个人的物价补贴。如流动施工津贴、特殊地区施工津贴、高温（寒）作业临时津贴、高空津贴等。

4）加班加点工资：是指按规定支付的在法定节假日工作的加班工资和在法定日工作时间外延时工作的加点工资。

5）特殊情况下支付的工资：是指根据国家法律、法规和政策规定，因病、工伤、产假、计划生育假、婚丧假、事假、探亲假、定期休假、停工学习、执行国家或社会义务等原因按计时工资标准或计时工资标准的一定比例支付的工资。

（2）材料费

材料费是指施工过程中耗费的原材料、辅助材料、构配件、零件、半成品或成品、工程设备的费用。内容包括：

1）材料原价：是指材料、工程设备的出厂价格或商家供应价格。

2）运杂费：是指材料、工程设备自来源地运至工地仓库或指定堆放地点所发生的全部费用。

3）运输损耗费：是指材料在运输装卸过程中不可避免的损耗。

4）采购及保管费：是指为组织采购、供应和保管材料、工程设备的过程中所需要的各项费用。包括采购费、仓储费、工地保管费、仓储损耗。

工程设备是指构成或计划构成永久工程一部分的机电设备、金属结构设备、仪器装置及其他类似的设备和装置。

（3）施工机具使用费

施工机具使用费是指施工作业所发生的施工机械、仪器仪表使用费或其租赁费。

1）施工机械使用费：以施工机械台班耗用量乘以施工机械台班单价表示，施工机械台班单价应由下列七项费用组成：

① 折旧费：指施工机械在规定的使用年限内，陆续收回其原值的费用。

② 大修理费：指施工机械按规定的大修理间隔台班进行必要的大修理，以恢复其正常功能所需的费用。

③ 经常修理费：指施工机械除大修理以外的各级保养和临时故障排除所需的费用。包括为保障机械正常运转所需替换设备与随机配备工具附具的摊销和维护费用，机械运转中日常保养所需润滑与擦拭的材料费用及机械停滞期间的维护和保养费用等。

④ 安拆费及场外运费：安拆费指施工机械（大型机械除外）在现场进行安装与拆卸所需的人工、材料、机械和试运转费用以及机械辅助设施的折旧、搭设、拆除等费用；场外运费指施工机械整体或分体自停放地点运至施工现场或由一施工地点运至另一施工地点

的运输、装卸、辅助材料及架线等费用。

⑤ 人工费：指机上司机（司炉）和其他操作人员的人工费。

⑥ 燃料动力费：指施工机械在运转作业中所消耗的各种燃料及水、电等。

⑦ 税费：指施工机械按照国家规定应缴纳的车船使用税、保险费及年检费等。

2）仪器仪表使用费：仪器仪表使用费是指工程施工所需使用的仪器仪表的摊销及维修费用。

（4）企业管理费

企业管理费是指建筑安装企业组织施工生产和经营管理所需的费用。其内容包括：

1）管理人员工资：是指按规定支付给管理人员的计时工资、奖金、津贴补贴、加班加点工资及特殊情况下支付的工资等。

2）办公费：是指企业管理办公用的文具、纸张、账表、印刷、邮电、书报、办公软件、现场监控、会议、水电、烧水和集体取暖降温（包括现场临时宿舍取暖降温）等费用。

3）差旅交通费：是指职工因公出差、调动工作的差旅费、住勤补助费，市内交通费和误餐补助费，职工探亲路费，劳动力招募费，职工退休、退职一次性路费，工伤人员就医路费，工地转移费以及管理部门使用的交通工具的油料、燃料等费用。

4）固定资产使用费：是指管理和试验部门及附属生产单位使用的属于固定资产的房屋、设备、仪器等的折旧、大修、维修或租赁费。

5）工具用具使用费：是指企业施工生产和管理使用的不属于固定资产的工具、器具、家具、交通工具和检验、试验、测绘、消防用具等的购置、维修和摊销费。

6）劳动保险和职工福利费：是指由企业支付的职工退职金、按规定支付给离休干部的经费，集体福利费、夏季防暑降温、冬季取暖补贴、上下班交通补贴等。

7）劳动保护费：是企业按规定发放的劳动保护用品的支出。如工作服、手套、防暑降温饮料以及在有碍身体健康的环境中施工的保健费用等。

8）检验试验费：是指施工企业按照有关标准规定，对建筑以及材料、构件和建筑安装物进行一般鉴定、检查所发生的费用，包括自设试验室进行试验所耗用的材料等费用。不包括新结构、新材料的试验费，对构件做破坏性试验及其他特殊要求检验试验的费用和建设单位委托检测机构进行检测的费用，对此类检测发生的费用，由建设单位在工程建设其他费用中列支。但对施工企业提供的具有合格证明的材料进行检测不合格的，该检测费用由施工企业支付。

9）工会经费：是指企业按《工会法》规定的全部职工工资总额比例计提的工会经费。

10）职工教育经费：是指按职工工资总额的规定比例计提，企业为职工进行专业技术和职业技能培训，专业技术人员继续教育、职工职业技能鉴定、职业资格认定以及根据需要对职工进行各类文化教育所发生的费用。

11）财产保险费：是指施工管理用财产、车辆等的保险费用。

12）财务费：是指企业为施工生产筹集资金或提供预付款担保、履约担保、职工工资支付担保等所发生的各种费用。

13）税金：是指企业按规定缴纳的房产税、车船使用税、土地使用税、印花税等。

14）其他：包括技术转让费、技术开发费、投标费、业务招待费、绿化费、广告费、公证费、法律顾问费、审计费、咨询费、保险费等。

（5）利润

利润是指施工企业完成所承包工程获得的盈利。

（6）规费

规费是指按国家法律、法规规定，由省级政府和省级有关权力部门规定必须缴纳或计取的费用。包括：

1）社会保险费

① 养老保险费：是指企业按照规定标准为职工缴纳的基本养老保险费。

② 失业保险费：是指企业按照规定标准为职工缴纳的失业保险费。

③ 医疗保险费：是指企业按照规定标准为职工缴纳的基本医疗保险费。

④ 生育保险费：是指企业按照规定标准为职工缴纳的生育保险费。

⑤ 工伤保险费：是指企业按照规定标准为职工缴纳的工伤保险费。

2）住房公积金

住房公积金是指企业按规定标准为职工缴纳的住房公积金。

3）工程排污费：

工程排污费是指按规定缴纳的施工现场工程排污费。

其他应列而未列入的规费，按实际发生计取。

（7）税金

税金是指国家税法规定的应计入建筑安装工程造价内的营业税、城市维护建设税、教育费附加以及地方教育附加。

3. 工程建设其他费用

工程建设其他费用指从工程筹建起到工程竣工验收交付使用止整个建设期间，除设备及工器具购置费和建筑安装工程费以外的，为保证工程建设顺利完成和交付使用后能正常发挥效用而发生的费用。

4. 预备费

预备费是指考虑建设期可能发生的风险因素而导致的建设费用增加的费用内容。包括基本预备费和价差预备费。

（1）基本预备费

基本预备费是指由于如下原因导致费用增加而预留的费用：①设计变更导致的费用增加；②不可抗力导致的费用增加；③隐蔽工程验收时发生的挖掘及验收结束时进行恢复所导致的费用增加。

（2）价差预备费

价差预备费是指为在建设期内利率、汇率或价格等因素的变化而预留的可能增加的费用。价差预备费的内容包括：人工、设备、材料、施工机具的价差费，建筑安装工程费及工程建设其他费用调整，利率、汇率调整等增加的费用。

5. 建设期利息、流动资金

（1）建设期利息

建设期利息主要是指工程项目在建设期间内发生并计入固定资产的利息，主要是建设期发生的支付银行贷款、出口信贷、债券等的借款利息和融资费用。

（2）流动资金

流动资金，也称为营运资金或流动资金周转资金，是企业在生产经营过程中用于支付债务、购买原材料、支付工资等日常运营活动的资金。

6.1.2　建设工程项目成本计划类型

对于一个建设工程项目而言，其成本计划是一个不断深化的过程。在这一过程的不同阶段形成深度和作用不同的成本计划，按其作用可分为三类。

（1）竞争性成本计划

即建设工程项目投标及签订合同阶段的估算成本计划。这类成本计划以招标文件中的合同条件、投标者须知、技术规程、设计图纸或工程量清单等为依据，以有关价格条件说明为基础，结合调研和现场考察获得的情况，根据本企业的工料消耗标准、水平、价格资料和费用指标，对本企业完成招标工程所需要支出的全部费用的估算。在投标报价过程中，虽也着力考虑降低成本的途径和措施，但总体上较为粗略。

（2）指导性成本计划

即选派项目经理阶段的预算成本计划，是项目经理的责任成本目标。它以合同及标书为依据，按照企业的预算定额标准制定的设计预算成本计划，且一般情况下只是确定责任总成本指标。

（3）实施性成本计划

即建设工程项目准备阶段的施工预算成本计划，它以项目实施方案为依据，落实项目经理责任目标为出发点，采用企业的施工定额通过施工预算的编制而形成的实施性成本计划。

施工预算与施工
图预算的区别

以上三类成本计划互相衔接并不断深化，构成了整个工程施工成本的计划过程。其中，竞争性计划成本带有成本战略的性质，是项目投标阶段商务标书的基础，而有竞争力的商务标书又是以其先进合理的技术标书为支撑的。因此，它奠定了施工成本的基本框架和水平。指导性计划成本和实施性计划成本，都是竞争性成本计划的进一步展开和深化，是对战略性成本计划的战术安排。

6.1.3　建设工程项目成本计划的编制依据

成本计划是建设工程项目成本控制的一个重要环节，是实现降低建设工程成本任务的指导性文件。如果针对建设工程项目所编制的成本计划达不到目标成本要求时，就必须组织项目管理班子的有关人员重新研究寻找降低成本的途径，重新进行编制。同时，编制成本计划的过程也是动员全体建设工程项目管理人员的过程，是挖掘降低成本潜力的过程，是检验质量管理、工期管理、物资消耗和劳动力消耗管理等是否落实的过程。

建设工程项目成本计划的编制依据包括：

（1）合同文件；

（2）项目管理实施规划；

（3）相关设计文件；

（4）价格信息；

（5）相关定额；

（6）类似项目的成本资料。

6.1.4 建设工程项目成本计划的编制方法

建设工程项目成本计划的编制以成本预测为基础，关键是确定目标成本。计划的制定，需结合施工组织设计的编制过程，通过不断地优化施工技术方案和合理配置生产要素，进行工、料、机消耗的分析，制定一系列节约成本和挖潜措施，确定建设工程项目成本计划。一般情况下，建设工程项目成本计划总额应控制在目标成本的范围内，并使成本计划建立在切实可行的基础上。

建设工程项目总成本目标确定之后，还需通过编制详细的实施性成本计划把目标成本层层分解，落实到施工过程的每个环节，有效地进行成本控制。

成本计划的编制方式有：

（1）按建设工程项目成本组成编制施工成本计划；

（2）按项目组成编制施工成本计划；

（3）按工程进度编制施工成本计划。

1. 按建设工程项目成本组成编制成本计划的方法

建设工程项目成本可以按成本组成分解为人工费、材料费、施工机械使用费和企业管理费，按成本组成分解的成本计划分解情况，见图6-3。

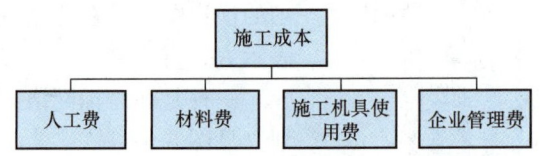

图 6-3 按成本组成分解成本计划

2. 按项目组成编制建设工程项目成本计划的方法

大中型工程项目通常是由若干单项工程构成的，而每个单项工程包括了多个单位工程，每个单位工程又是由若干个分部分项工程所构成。因此，首先要把项目总施工成本分解到单项工程和单位工程中，再进一步分解到分部工程和分项工程中，见图6-4。

在完成建设工程项目成本目标分解之后，接下来就要具体地分配成本，编制分项工程的成本支出计划，从而得到详细的成本计划表，见表6-1。

在编制成本支出计划时，要在项目总的方面考虑总的预备费，也要在主要的分项工程中安排适当的不可预见费，避免在具体编制成本计划时，可能发现个别单位工程或工程量表中某项内容的工程量计算有较大出入，使原来的成本预算失实，并在项目实施过程中对其尽可能地采取一些措施。

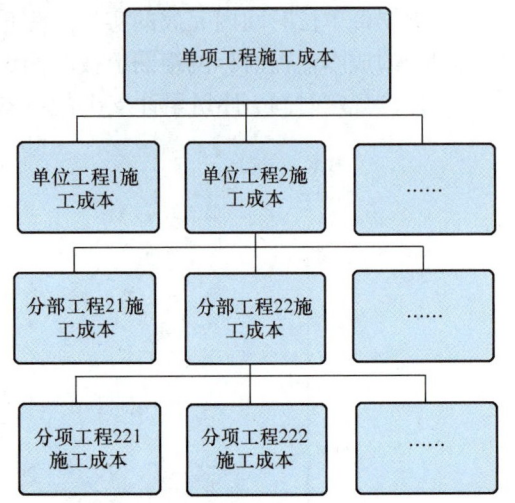

图 6-4 按项目组成分解成本计划

分项工程成本计划表 表6-1

分项工程编码	工程内容	计量单位	工程数量	计划成本	本分项总计
（1）	（2）	（3）	（4）	（5）	（6）

3. 按工程进度编制建设工程项目成本计划的方法

编制按工程进度的建设工程项目成本计划，通常可利用控制项目进度的网络图进一步扩充而得。即在建立网络图时，一方面确定完成各项工作所需花费的时间；另一方面确定完成这一工作的合适的建设工程项目成本支出计划。在实践中，将建设工程项目分解为既能方便地表示时间，又能方便地表示成本支出计划的工作是不容易的，通常如果项目分解程度对时间控制合适的话，则对建设工程项目成本支出计划可能分解过细，以至于不可能对每项工作确定其成本支出计划，反之亦然。因此在编制网络计划时，应在充分考虑进度控制对项目划分要求的同时，还要考虑确定建设工程项目成本支出计划对项目划分的要求，做到二者兼顾。

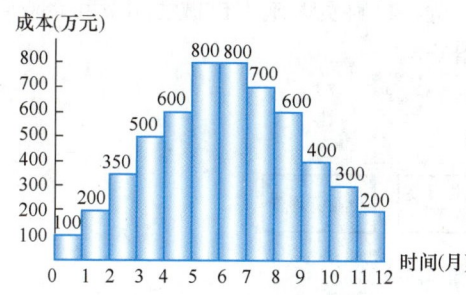

图6-5 根据时标网络图按月编制的成本计划

通过对建设工程项目成本目标按时间进行分解，在网络计划基础上，可获得项目进度计划的横道图，并在此基础上编制成本计划。其表示方式有两种：

一种是在时标网络图上按月编制的成本计划，见图6-5；

另一种是利用时间—成本累积曲线（S形曲线）表示，见图6-6。

时间—成本累积曲线的绘制步骤如下：

1）确定建设工程项目进度计划，编制进度计划的横道图。

2）根据每单位时间内完成的实物工程量或投入的人力、物力和财力，计算单位时间（月或旬）的成本，在时标网络图上按时间编制成本支出计划，见图6-5。

3）计算规定时间 t 计划累计支出的成本额，其计算方法为：各单位时间计划完成的

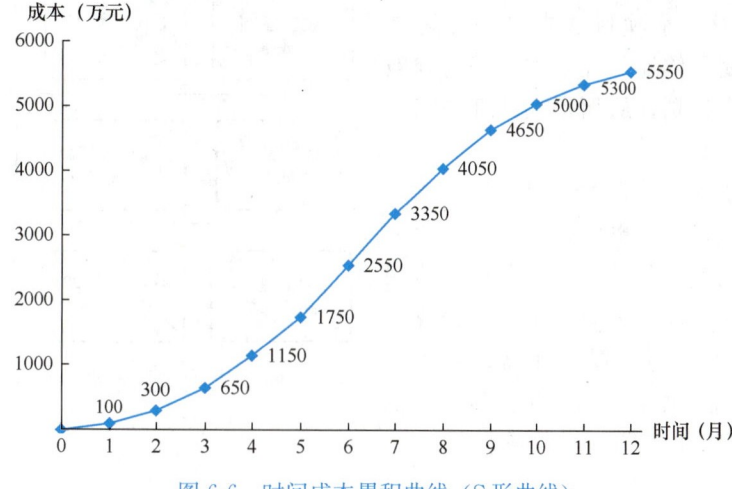

图6-6 时间成本累积曲线（S形曲线）

成本额累加求和，可按下式计算：

$$Q_t = \sum_{n=1}^{t} q_n \qquad\qquad (6\text{-}1)$$

式中　Q_t——某时间 t 内计划累计支出成本额；

　　　q_n——单位时间 n 的计划支出成本额；

　　　t——某规定计划时刻。

4）按各规定的 Q_t 值，绘制 S 形曲线，如图 6-6 所示。

每一条 S 形曲线都对应某一特定的工程进度计划。因为在进度计划的非关键线路中存在许多有时差的工序或工作，因而 S 形曲线（成本计划值曲线）必然包络在由全部工作都按最早开始时间开始和全部工作都按最迟必须开始时间开始的曲线所组成的"香蕉图"内。项目经理可根据编制的成本支出计划来合理安排资金，同时项目经理也可以根据筹措的资金来调整 S 形曲线，即通过调整非关键线路上的工序项目的最早或最迟开工时间，力争将实际的成本支出控制在计划的范围内。

一般而言，所有工作都按最迟开始时间开始，对节约资金贷款利息是有利的；但同时，也降低了项目按期竣工的保证率，因此项目经理必须合理地确定成本支出计划，达到既节约成本支出，又能控制项目工期的目的。

以上三种编制建设工程项目成本计划的方式并不是相互独立的。在实践中，往往是将这几种方式结合起来使用，从而可以取得扬长避短的效果。例如，将按项目分解总成本与按成本构成分解总成本两种方式相结合，横向按成本构成分解，纵向按项目分解，或相反。这种分解方式有助于检查各分部分项工程成本构成是否完整，有无重复计算或漏算；同时还有助于检查各项具体的成本支出的对象是否明确或落实，并且可以从数字上校核分解的结果有无错误。或者还可将按子项目分解总成本计划与按时间分解总成本计划结合起来，一般纵向按项目分解，横向按时间分解。

 例题讲解

【例 6-1】已知某施工项目的数据资料见表 6-2，绘制该项目的时间—成本累积曲线。

工程数据资料　　　　　　　　　　　　　　　　表 6-2

编码	项目名称	最早开始时间	工期	成本强度（万元/月）
11	场地平整	1	1	20
12	基础施工	2	3	15
13	主体工程施工	4	5	30
14	砌筑工程施工	8	3	20
15	屋面工程施工	10	2	30
16	楼地面施工	11	2	20
17	室内设施安装	11	1	30
18	室内装饰	12	1	20
19	室外装饰	12	1	10

【解】1）确定施工项目进度计划，编制进度计划的横道图，见图 6-7。

编码	项目名称	时间(月)	费用强度(万元/月)	工程进度（月）											
				1	2	3	4	5	6	7	8	9	10	11	12
11	场地平整	1	20	──											
12	基础施工	3	15		────	────									
13	主体工程施工	5	30				────	────	────	────	────				
14	砌筑工程施工	3	20								────	────	────		
15	屋面工程施工	2	30										────	────	
16	楼地面施工	2	20											────	────
17	室内设施安装	1	30											────	
18	室内装饰	1	20												────
19	室外装饰	1	10												────

图 6-7　进度计划横道图

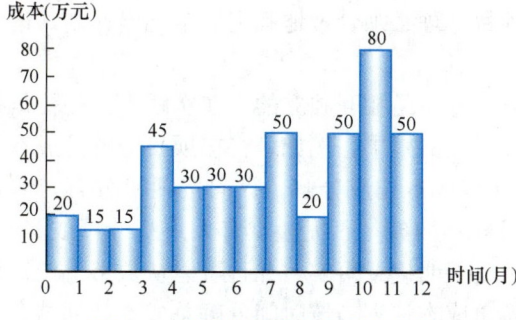

图 6-8　根据横道图编制成本计划

2）在横道图上按时间编制成本计划，见图 6-8。

3）计算规定时间 t 计划累计支出的成本额；

根据公式（6-1）可得如下结果：

$Q_1 = 20$，$Q_2 = 35$，$Q_3 = 50$，…，$Q_{10} = 305$，$Q_{11} = 385$，$Q_{12} = 435$

4）绘制 S 形曲线，见图 6-9。

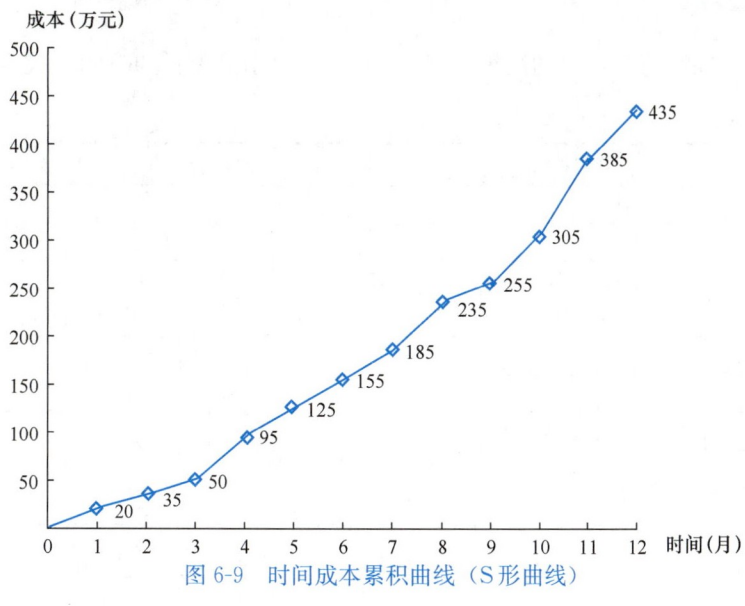

图 6-9　时间成本累积曲线（S形曲线）

6.2 建设工程项目成本控制

建设工程项目成本控制，是指在项目成本形成过程中（即施工过程中）运用一定的技术和管理手段对生产经营所消耗的人力、物资和费用进行组织、监督、调节和限制，及时纠正将要发生和已经发生的偏差，把各项施工费用、控制在计划成本的范围内，以保证成本目标实现的一个系统过程。

成本控制的
概念和依据

由于项目管理的一次性，管理对象仅仅是一个工程项目，且将随项目建设完成而结束其管理，项目完成后有无经济效益，成败在此一举，为确保项目经营的经济效益，成本控制不仅必要，而且必须做好。

6.2.1 建设工程项目成本控制原则

1. 开源与节流相结合的原则

工程中每发生一笔金额较大的成本费用，应检查有否与之相对应的预算收入，是否支大于收。在成本核算中，必须进行实际成本和预算收入的对比分析，找出成本节超原因，纠正成本偏差，降低项目成本水平。

2. 全面控制原则

所谓全面控制，包括两层含义，即项目成本控制是全员参与的控制；项目成本控制是全过程的控制。项目成本形成过程涉及项目组织中各部门、单位、班组甚至于个人的工作业绩，也与每个职工的切身利益密切相关，因此，建设工程项目成本控制不仅需要项目经理和专业成本管理人员的努力，更需要所有项目建设者的群策群力，才能收到预期效果。为此，要建立包括各部门、单位的成本责任网络和班组经济核算体制，形成全员成本控制体系。建设工程项目成本的形成过程，伴随着施工生产全过程，因此，为对项目成本自始至终进行有效的控制，就必须随着项目施工进展的各个阶段连续进行成本控制，不能疏漏、间断和时松时紧。

3. 动态控制原则

在建设项目施工准备阶段，根据外部环境条件和项目要求所确定的成本目标、成本计划、成本控制方案，这是对未发生的事进行预测基础上所得到的，而具体施工过程中各种影响因素的变化，均可能使实际成本偏离计划，为此必须实行动态控制，根据实施状况，对出现的"例外"问题进行重点检查、深入分析，并采取相应措施，不断纠正成本形成过程中的偏差，保证最终实现成本目标。

4. 中间控制原则

成本控制是全过程控制，包括施工准备阶段的成本控制、现场施工阶段的成本控制及竣工阶段的成本控制，而在施工准备阶段仅仅是预测计划，竣工阶段成本显然已成定局，所发生的偏差已不可能纠正，因此整个控制工作的重心应放在中间阶段，即具体现场施工阶段。

5. 目标管理原则

成本目标管理是把计划的目标、任务、措施等加以分解，从纵、横向分别落实到执行计划的部门、单位甚至个人，形成一个目标成本体系，实现纵向一级保一级，横向关联部门明确责任，加强协作，使项目进展中每个参与单位部门均承担各自成本控制的责任，并坚决执行。同时不断对目标执行结果进行检查、评价目标和修正目标，形成成本目标管理的 P（计划）D（实施）C（检查）A（处理）循环。

6. 节约原则

节约人力、物力、财力的消耗，是提高经济效益的核心，也是成本控制的最基本的原则。为此，要严格执行成本开支、范围、标准及财务制度，对各项成本费用的支出进行限制和监督；提高施工项目科学管理的水平，优化施工方案，提高生产效率，节约人、财、物的消耗；采取预防成本失控的措施，防止浪费的发生。

7. 责、权、利相结合的原则

在项目施工过程中，项目经理、工程技术人员、管理人员及各单位和生产班组都对成本控制负有一定责任，从而形成整个项目的成本控制责任网络；与此同时，各部门、单位、班组还应享有相应的成本控制的权力，即在规定范围内决定某些费用的使用，以行使对项目成本的实质性控制；最后项目经理还要定期检查和考评各层次成本控制的业绩，并与工资分配挂钩，实行奖罚。只有责、权、利相结合的成本控制，才是真正的建设项目成本控制。

6.2.2 建设工程项目成本控制的依据

1. 合同文件

建设工程项目成本控制要以合同文件为依据，围绕降低工程成本目标，从预算收入和实际成本两方面，努力挖掘增收节支潜力，以求获得最大的经济效益。

2. 成本计划

成本计划是根据建设项目的具体情况制定的成本控制方案，既包括预定的具体成本控制目标，又包括实现控制目标的措施和规划，是建设工程项目成本控制的指导文件。

3. 进度报告

进度报告提供了每一时刻工程实际完成量，工程施工成本实际支付情况等重要信息。建设工程项目成本控制工作正是通过实际情况与成本计划相比较，找出二者差别，分析偏差产生原因，从而采取措施改进以后的工作。此外，进度报告有助于管理者及时发现工程实施中存在的隐患，并在事态还未造成重大损失之前采取有效措施，尽量避免损失。

4. 工程变更与索赔资料

在建设项目实施过程中，由于各方面原因，工程变更很难避免。工程变更一般包括设计变更、进度计划变更、施工条件变更、技术规范与标准变更、施工次序变更、工程数量变更等。一旦出现变更，工程量、工期、成本都必将发生变化，从而使得成本控制工作变得更加复杂和困难。因此，成本管理人员就应当通过对变更要求中各类数据的计算、分析，随时掌握变更情况，包括已发生工程量、将要发生工程量、工期是否拖延、支付情况等重要信息，判断变更以及变更可能带来的索赔额度等。

5. 各种资源的市场信息

除了上述几种成本控制工作的主要依据以外，有关施工组织设计、分包合同等也都是成本控制的依据（图6-10）。

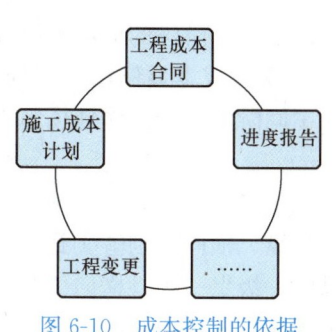

图 6-10　成本控制的依据

6.2.3　建设工程项目成本控制的步骤

在确定了施工项目成本计划之后，必须定期地进行项目成本计划值与实际值的比较，当实际值偏离计划值时，分析产生偏差的原因，采取适当的纠偏措施，以确保成本控制目标的实现（图6-11）。其步骤如下：

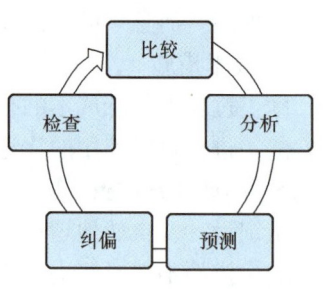

图 6-11　建设工程项目
成本控制步骤

1. 比较

按照某种确定的方式将成本计划值与实际值逐项进行比较，以发现成本是否已超支。

2. 分析

在比较的基础上，对比较的结果进行分析，以确定偏差的严重性及偏差产生的原因。这一步是成本控制工作的核心，其主要目的在于找出产生偏差的原因，从而采取有针对性的措施，减少或避免相同原因的再次发生或减少由此造成的损失。

3. 预测

成本控制的
步骤、措施

在建设工程项目成本形成过程中，按照完成情况估计完成项目所需的总费用，克服盲目性，提高预见性。

4. 纠偏

当建设工程项目的实际施工成本出现了偏差，应当根据工程的具体情况、偏差分析和预测的结果，采取适当的措施，以期达到使施工成本偏差尽可能小的目的。纠偏是建设工程项目成本控制中最具实质性的一步。只有通过纠偏，才能最终达到有效控制成本的目的。

对偏差原因进行分析的目的是有针对性地采取纠偏措施，从而实现成本的动态控制和主动控制。纠偏首先要确定纠偏的主要对象，偏差原因有些是无法避免和控制的，如客观原因，充其量只能对其中少数原因做到防患于未然，力求减少该原因所产生的经济损失。在确定了纠偏的主要对象之后，就需要采取有针对性的纠偏措施。纠偏可采用组织措施、经济措施、技术措施和合同措施等。

5. 检查

指对工程的进展进行跟踪和检查，及时了解工程进展状况以及纠偏措施的执行情况和效果，为今后的工作积累经验。

6.2.4　建设工程项目成本控制的措施

为了取得建设工程项目成本控制的理想效果，应当从多方面采取措施实施控制，通常可以将这些措施归纳为组织措施、技术措施、经济措施、合同措施（图6-12）。

1. 组织措施

组织措施是从建设工程项目成本管理的组织方面采取的措施。成本控制是全员的活动，如实行项目经理责任制，落实建设工程项目成本管理的组织机构和人员，明确各级建设工程项目成本管理人员的任务和职能分工、权利和责任。建设工程项目成本管理不仅是专业成本管理人员的工作，各级项目管理人员都负有成本控制责任。

成本控制工作只有建立在科学管理的基础之上，具备合理的管理体制，完善的规章制度，稳定的作业秩序，完整准确的信息传递，才能取得成效。组织措施是其他各类措施的前提和保障，而且一般不需要增加什么费用，运用得当可以收到良好的效果。

2. 技术措施

施工过程中降低成本的技术措施，进行技术经济分析，确定最佳的施工方案。结合施工方法，进行材料使用的比选，在满足功能要求的前提下，通过代用、改变配合比、使用添加剂等方法降低材料消耗的费用。确定最合适的施工机械、设备使用方案。结合项目的施工组织设计及自然地理条件，降低材料的库存成本和运输成本。

技术措施不仅对解决施工成本管理过程中的技术问题是不可缺少的，而且对纠正施工成本管理目标偏差也有相当重要的作用。因此，运用技术纠偏措施的关键，一是要能提出多个不同的技术方案，二是要对不同的技术方案进行技术经济分析。

3. 经济措施

经济措施是最易为人们所接受和采用的措施。管理人员应编制资金使用计划，确定、分解成本管理目标。对建设工程项目成本管理目标进行风险分析，并制定防范性对策。对各种支出，应认真做好资金的使用计划，并在施工中严格控制各项开支。及时准确地记录、收集、整理、核算实际发生的成本。对各种变更，及时做好增减账，及时落实业主签证，及时结算工程款。通过偏差分析和未完工工程预测，可发现一些潜在的问题将引起未完工程施工成本增加，对这些问题应以主动控制为出发点，及时采取预防措施。由此可见，经济措施的运用绝不仅仅是财务人员的事情。

4. 合同措施

采用合同措施控制施工成本，应贯穿整个合同周期，包括从合同谈判开始到合同终结的全过程。首先是选用合适的合同结构，对各种合同结构模式进行分析、比较，在合同谈判时，要争取选用适合于工程规模、性质和特点的合同结构模式。其次，在合同的条款中应仔细考虑一切影响成本和效益的因素，特别是潜在的风险因素。通过对引起成本变动的风险因素的识别和分析，采取必要的风险对策，如通过合理的方式，增加承担风险的个体数量，降低损失发生的比例，并最终使这些策略反映在合同的具体条款中。在合同执行期间，合同管理的措施既要密切注视对方合同执行的情况，以寻求合同索赔的机会；同时也要密切关注自己履行合同的情况，以防止被对方索赔。

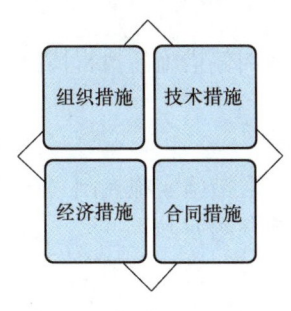

图 6-12　建设工程项目
成本控制措施

6.2.5　赢得值法（Earned Value Management，EVM）

赢得值法又称挣值法或偏差分析法。目前，国际上先进的工程公司已普遍采用赢得值法进行工程项目的费用、进度综合分析控制。它是用以分析目标实施与目标期望之间差异的一种方法。赢得值法通过测量和计算已完工作预算费用与已完工作实际费用，将其与计划工作预算费用相比较，得到项目

赢得值法的定义

的费用偏差和进度偏差，从而达到判断项目费用和进度计划执行状况的目的。赢得值法主要涉及三个参数、四个指标。

1. 赢得值法的"三个基本参数"

赢得值法的"三个基本参数"即计划工作预算费用、已完工作实际费用、已完工作预算费用。这三个参数是进行偏差分析的基础，确定过程见表6-3。

赢得值法的"三个基本参数"　　　　　　　　　　表 6-3

参数名称	英文名称及缩写	定义	计算公式
计划工作预算费用	Budgeted Cost for Work Scheduled，BCWS	指项目实施过程中某阶段计划要求完成的工作量所需的预算工时和费用，主要反映计划应完成的工作量	BCWS＝计划完成工作量×预算单价
已完工作实际费用	Actual Cost for Work Performed，ACWP	指项目实施过程中某阶段实际完成的工作量所消耗的工时或费用，主要反映项目执行的实际消耗指标	ACWP＝已完成工作量×实际单价
已完工作预算费用	Budgeted Cost for Work Performed，BCWP	指项目实施过程中某阶段实际完成工作量按预算计算出来的工时或费用，即挣值或赢得值	BCWP＝已完成工作量×预算单价

2. 赢得值法的"四个评价指标"

在"三个基本参数"的基础上，可以确定赢得值法的"四个评价指标"，即费用偏差、进度偏差、费用绩效指数、进度绩效指数，它们也都是时间的函数。通过"四个评价指标"的计算，可以分析费用、进度计划执行情况，以便及时发现问题、解决问题。"四个评价指标"的确定和分析过程见表 6-4。

挣值法的"四个评价指标"　　　　　　　　　　表 6-4

	费用		成本节支	成本超支
1	费用偏差 Cost Variance，CV	$CV＝BCWP－ACWP$	成本节支 $CV＞0$	成本超支 $CV＜0$
2	费用绩效指数 Cost Performance Index，CPI	$CPI＝BCWP/ACWP$	$CPI＞1$	$CPI＜1$
	进度		进度提前	进度拖延
1	进度偏差 Schedule Variance，SV	$SV＝BCWP－BCWS$	$SV＞0$	$SV＜0$
2	进度绩效指数 Schedule Performance Index，SPI	$SPI＝BCWP/BCWS$	$SPI＞1$	$SPI＜1$

从表 6-4 中可见，费用（进度）偏差反映的是绝对偏差，结果很直观，有助于项目管理人员了解项目费用出现偏差的绝对数额，并以此采取一定措施，制定或调整费用支出计划和资金筹措计划。但是，绝对偏差有其不容忽视的局限性。如同样是 20 万元的费用偏差，对于总费用 1000 万元的项目和总费用 1 亿元的项目而言，其严重性显然是不同的。因此，费用（进度）偏差仅适合于对同一项目做偏差分析。费用（进度）绩效指数反映的是相对偏差，它不受项目层次的限制，也不受项目实施时间的限制，因而在同一项目和不同项目比较中均可应用。

赢得值法是对项目费用和进度的综合控制，可以克服过去费用与进度分开控制的缺陷，即当我们发现费用超支时，很难立即知道是由于费用超出预算还是由于进度提前。相反，当我们发现费用低于预算时，也很难立即知道是由于费用节省还是由于进度拖延。而采用赢得值法就可以定量地判断进度和费用的执行效果。

赢得值法
应用案例

3. 偏差分析的表达方法

偏差分析可以采用不同的表达方法，常用的有横道图法、表格法和曲线法。

（1）横道图法

用横道图法进行费用偏差分析，是用不同的横道标识已完工作预算费用（BCWP）、计划工作预算费用（BCWS）和已完工作实际费用（ACWP），横道的长度与其金额成正比例，见图 6-13。

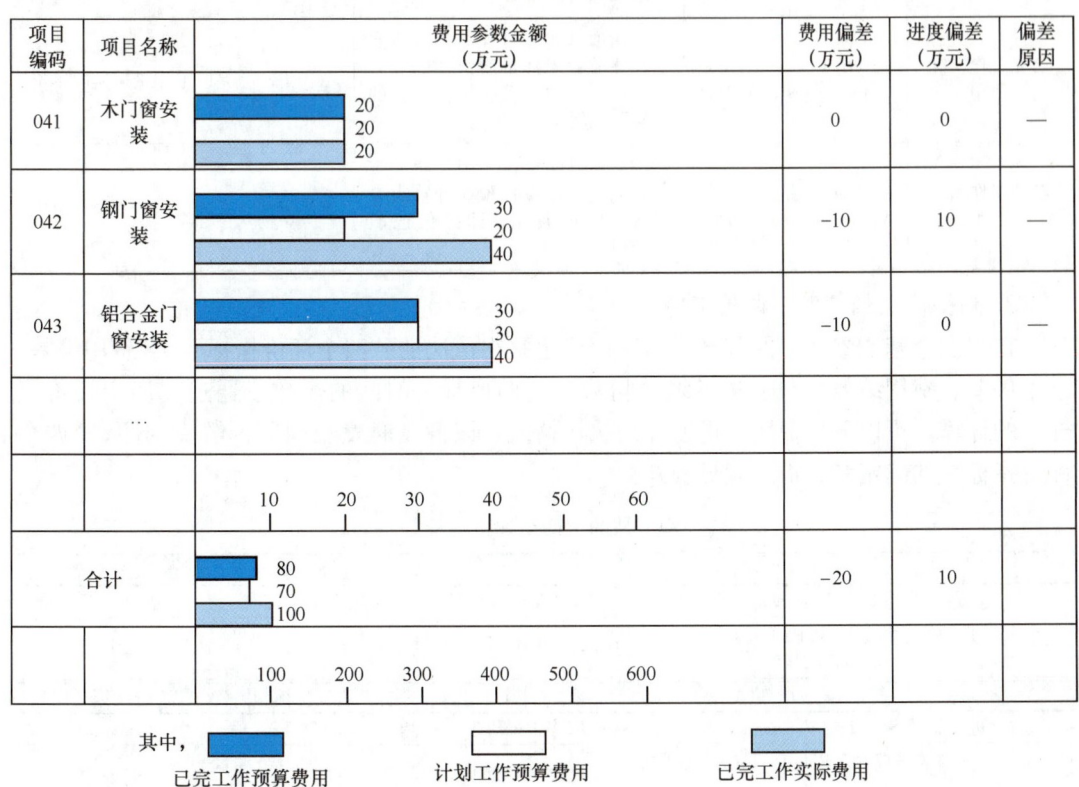

图 6-13　费用偏差分析的横道图法

横道图法具有形象、直观、一目了然等优点，它能够准确表达出费用的绝对偏差，而且能一眼感受到偏差的严重性。但这种方法反映的信息量少，一般在项目的较高管理层应用。

（2）表格法

表格法是进行偏差分析最常用的一种方法。它将项目编号、名称、各费用参数以及费用偏差数据综合归纳入一张表格中，并且直接在表格中进行比较。由于各偏差参数都在表中列出，使得费用管理者能够综合地了解并处理这些数据。

表 6-5 是用表格法进行偏差分析的例子。

表格分析法　　　　　　　　　　　　　　　　　　　　表 6-5

项目编码	(1)	021	022	023
项目名称	(2)	木门安装	钢门安装	铝门窗安装
单位	(3)			
预算单价	(4)			
计划工作量	(5)			

续表

计划工作预算费用（BCWS）	(6)=(5)×(4)	30	30	40
已完成工作量	(7)			
已完工作预算费用（BCWP）	(8)=(7)×(4)	30	40	40
实际单价	(9)			
其他款项	(10)			
已完工作实际费用（ACWP）	(11)=(7)×(9)+(10)	30	50	50
费用局部偏差（CV）	(12)=(8)−(11)	0	−10	−10
费用绩效指数（CPI）	(13)=(8)÷(11)	1	0.8	0.8
费用累计偏差	(14)=∑(12)	−20		
进度局部偏差（SV）	(15)=(8)−(6)	0	10	0
进度绩效指数（SPI）	(16)=(8)÷(6)	1	1.33	1
进度累计偏差	(17)=∑(15)	10		

用表格法进行偏差分析具有如下优点：

1）灵活、适用性强。可根据实际需要设计表格，进行增减项。

2）信息量大。可以反映偏差分析所需的资料，从而有利于费用控制人员及时采取针对性措施，加强控制。

（3）表格处理可借助于计算机，从而节约大量数据处理所需的人力，并大大提高速度。

 例题讲解

【例 6-2】某工程项目有 2000m² 缸砖面层地面施工任务，交由一分包商施工，计划 6 个月内完工，计划的各工作项目单价和计划完成的工作量表见表 6-6，该工程进行了三个月以后，发现某些工作项目实际已完成的工作量及实际单价与原计划有偏差，数值见表 6-6。

该工程工程量和单价　　　　　　　　　　　表 6-6

工作项目名称	平整场地	室内回填土	垫层	铺缸砖	踢脚
单位（m²）	100	100	10	100	100
计划工作量（三个月）	150	20	60	100	13.55
计划单价（元）	16	46	450	1520	1620
已完成工作量（三个月）	150	18	48	70	9.5
实际单价（元）	16	46	450	1800	1650

问题：1）计算出并用表格法列出至第三个月，月末各工作的计划工作预算费用（BCWS）、已完工作预算费用（BCWP）、已完工作实际费用（ACWP），并分析费用局部偏差值、费用绩效指数（CPI）、进度局部偏差值、进度绩效指数（SPI），以及费用累计偏差和进度累计偏差。

2）用横道图法表明各项工作的进展以及偏差情况，标明其偏差情况。

【解】1）用表格法分析费用偏差，见表 6-7。

表格分析法　　　　　　　　　　　　　　　　　　　　　　　　　表 6-7

(1) 项目编码		001	002	003	004	005	结论
(2) 项目名称	计算方法	整场地	回填土	垫层	铺缸砖	踢脚	001 工程费用、进度与计划吻合;
(3) 单位(m²)		100	100	10	100	100	
(4) 计划工作量(三个月)	(4)	150	20	60	100	13.55	002 工程费用与计划吻合;进度延后 0.09 千元、延后 10%;
(5) 计划单价(元)	(5)	16	46	450	1520	1620	
(6) 计划工作预算费用(BCWS)	(6)=(4)×(5)	2400	920	27000	152000	21951	003 工程费用与计划吻合;进度延后 5.4 千元、延后 20%;
(7) 已完成工作量(三个月)	(7)	150	18	48	70	9.5	
(8) 已完工作预算费用(BCWP)	(8)=(7)×(5)	2400	828	21600	106400	15390	004 工程超支 19.6 千元、超支 15%;进度延后 45.6 千元、延后 30%;
(9) 实际单价(元)	(9)	16	46	450	1800	1650	
(10) 已完工作实际费用(ACWP)	(10)=(7)×(9)	2400	828	21600	126000	15675	005 工程超 2.9 千元、超支 2%;进度延后 6.6 千元、延后 30%;
(11) 费用局部偏差(CV)	(11)=(8)-(10)	0	0	0	-19600	-285	
(12) 费用绩效指数(CPI)	(12)=(8)÷(10)	1.0	1.0	1.0	0.85	0.98	总费用超支 19.89 千元;总进度延后 57.65 千元
(13) 费用累计偏差	(13)=∑(11)	-19885					
(14) 进度局部偏差(SV)	(14)=(8)-(6)	0	-92	-5400	-45600	-6561	
(15) 进度绩效指数(SPI)	(15)=(8)÷(6)	1.0	0.90	0.80	0.70	0.70	
(16) 进度累计偏差	(16)=∑(14)	-57653					

2)横道图费用偏差分析,见图 6-14。

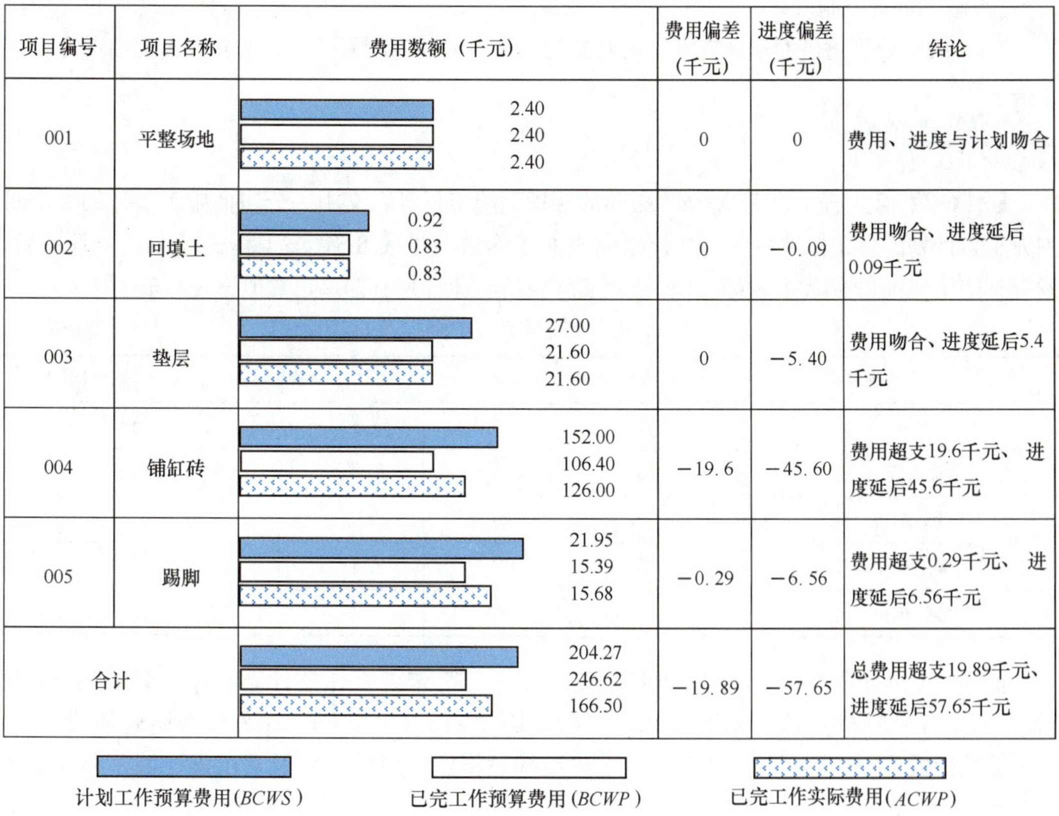

项目编号	项目名称	费用数额（千元）	费用偏差（千元）	进度偏差（千元）	结论
001	平整场地	2.40 / 2.40 / 2.40	0	0	费用、进度与计划吻合
002	回填土	0.92 / 0.83 / 0.83	0	-0.09	费用吻合、进度延后 0.09 千元
003	垫层	27.00 / 21.60 / 21.60	0	-5.40	费用吻合、进度延后5.4 千元
004	铺缸砖	152.00 / 106.40 / 126.00	-19.6	-45.60	费用超支19.6 千元、进度延后45.6 千元
005	踢脚	21.95 / 15.39 / 15.68	-0.29	-6.56	费用超支0.29 千元、进度延后6.56 千元
合计		204.27 / 246.62 / 166.50	-19.89	-57.65	总费用超支19.89 千元、进度延后57.65 千元

计划工作预算费用(BCWS)　　　已完工作预算费用(BCWP)　　　已完工作实际费用(ACWP)

图 6-14　横道图费用偏差分析

3）曲线法

在项目实施过程中，以上三个参数可以形成三条曲线，即计划工作预算费用、已完工作预算费用、已完工作实际费用曲线，如图 6-15 所示。

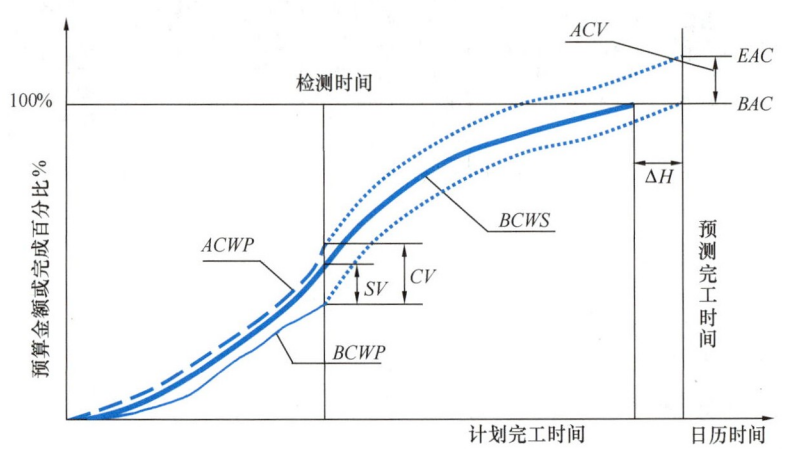

图 6-15　赢得值法评价曲线

图 6-15 中：$CV=BCWP-ACWP$，由于两项参数均以已完工作作为计算基准，所以两项参数之差，反映项目进展的费用偏差。

$SV=BCWP-BCWS$，由于两项参数均以预算值（计划值）作为计算基准，所以两项参数之差，反映项目进展的进度偏差。

采用赢得值法进行费用、进度综合控制，还可以根据当前的进度、费用偏差情况，通过原因分析，对趋势进行预测，预测项目结束时的进度、费用情况。图 6-15 中：

BAC（Budget At Completion）——项目完工预算，指编计划时预计的项目完工费用。

EAC（Estimate At Completion）——预测项目完工估算，指计划执行过程中根据当前进度、费用偏差情况预测的项目完工总费用。

ACV（At Completion Variance）——预测项目完工时的费用偏差。

$ACV=BAC-EAC$

4. 偏差原因分析与纠偏措施

（1）偏差原因分析

偏差分析一个重要目的就是要找出引起偏差的原因，采取针对性的措施，减少或避免同样事情再次发生。偏差原因分析时，应将已经导致偏差的原因和潜在的原因逐一列出，导致不同工程项目产生费用偏差的原因具有一定的共性，因而可以借鉴已完工程项目的费用偏差原因进行比较、归纳、总结，为本项目采取预防措施提供依据。产生费用偏差的原因有以下几种：物价上涨、设计原因、业主原因、施工原因和其他客观原因，见图 6-16。

（2）纠偏措施

通常要压缩已经超支的费用，而不损害其他目标是不可能的，只有当给出的措施比原计划的措施更为有利，或提高生产效率，成本才能降低。一般有以下措施：

1）更改设计方案；

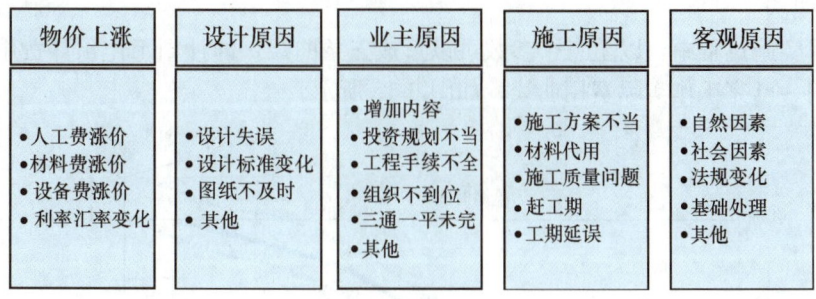

图 6-16　费用偏差原因

2）更换施工方案；

3）重新选择供货商；

4）改变工序逻辑关系；

5）变更工程范围；

6）索赔。

6.3　建设工程项目成本核算与分析

成本核算是指对工程施工生产中所发生的各项费用，按照规定的成本核算对象进行归集和分配，以确定建筑安装工程单位成本和总成本的一种专门方法，只有正确地、及时地核算工程成本，方能为成本管理提供依据，"算为管用"，"算"是基础，"管"是目标。

6.3.1　建设工程项目成本核算的重要性

（1）正确算出工程的实际成本，并与预算成本、计划成本相比较，检查成本的执行情况。

（2）可以及时反映施工过程中人力、物力、财力的耗费，挖掘降低成本的潜力，节约活劳动。

（3）为不同类型的工程积累经济技术资料。

6.3.2　建设工程项目成本核算的对象

建设工程项目成本核算是对建设工程中各种费用支出和成本的形成进行审核、汇总、计算。项目经理部作为施工项目的成本中心，做好项目的成本核算，就为成本管理各环节提供了必要的资料，所以成本核算是成本管理的一个重要环节，应贯穿于成本管理的全过程。成本核算对象是指在计算成本中，确定归集和分配生产费用的具体对象，即生产费用承担的客体。施工项目不等于成本核算对象。有时一个施工项目包括几个单位工程，需要分别核算。施工项目成本一般应以每一独立编制施工图预算的单位工程为成本核算对象，但也可以按照承包工程项目的规模、工期、结构类型、施工组织和施工现场等情况，结合成本管理要求，灵活划分成本核算对象。一般来说有以下几种划分方法：

（1）一个单位工程由几个施工单位共同施工时，各施工单位都应以同一单位工程为成本核算对象，各自核算自行完成的部分；

（2）规模大、工期长的单位工程，可以将工程划分为若干部位，以分部位的工程作为成本核算对象；

（3）同一建设项目，由同一施工单位施工，并在同一施工地点，属同一结构类型，开竣工时间相近的若干单位工程，可以合并作为一个成本核算对象；

（4）改建、扩建的零星工程，可以将开竣工时间相接近，属于同一建设项目的各个单位工程合并作为一个成本核算对象；

（5）土石方工程、打桩工程，可以根据实际情况和管理需要，以一个单项工程作为成本核算对象，或将同一施工地点的若干个工程量较少的单项工程合并作为一个成本核算对象。

6.3.3 建设工程项目成本分析的依据

施工项目成本分析是在成本形成过程中，根据成本核算资料和其他有关资料，对施工项目成本进行的对比评价和剖析总结，将实际成本与目标成本、预算成本以及类似施工项目实际成本等进行比较，了解成本的变动情况，检查成本计划的合理性，并通过成本分析，深入揭示成本变动的规律，寻找降低施工项目成本的途径和潜力。

1. 会计核算

会计核算主要是价值核算。会计是对一定单位的经济业务进行计量、记录、分析和检查，做出预测，参与决策，实行监督，旨在实现最优经济效益的一种管理活动。它通过设置账户、复式记账、填制和审核凭证、登记账簿、成本计算、财产清查和编制会计报表等一系列有组织有系统的方法，来记录企业的一切生产经营活动，然后据以提出一些用货币来反映的有关各种综合性经济指标的数据。资产、负债、所有者权益、营业收入、成本、利润等会计六要素指标，主要是通过会计来核算。由于会计记录具有连续性、系统性、综合性等特点，所以它是建筑工程项目成本分析的重要依据。

2. 业务核算

业务核算是各业务部门根据业务工作的需要而建立的核算制度；它包括原始记录和计算登记表，如单位工程及分部分项工程进度登记，质量登记，工效、定额计算登记，物资消耗定额记录，测试记录等。业务核算的范围比会计、统计核算要广，会计和统计核算一般是对已经发生的经济活动进行核算，而业务核算，不但可以对已经发生的，而且还可以对尚未发生或正在发生的经济活动进行核算，看是否可以做，是否有经济效果。它的特点是，对个别的经济业务进行单项核算。例如各种技术措施、新工艺等项目，可以核算已经完成的项目是否达到原定的目的，取得预期的效果，也可以对准备采取措施的项目进行核算和审查，看是否有效果，值不值得采纳。业务核算的目的，在于迅速取得资料，在经济活动中及时采取措施进行调整。

3. 统计核算

统计核算是利用会计核算资料和业务核算资料，把企业生产经营活动客观现状的大量数据，按统计方法加以系统整理，表明其规律性。它的计量尺度比会计宽，可以用货币计算，也可以用实物或劳动量计量。它通过全面调查和抽样调查等特有的方法，不仅能提供绝对数指标，还能提供相对数和平均数指标，可以计算当前的实际水平，确定变动速度，可以预测发展的趋势。

6.3.4 建设工程项目成本分析的原则

1. 实事求是

在成本分析中，必然会涉及一些人和事，也会有表扬和批评。受表扬的当然风光，受批评的未必能"闻过则喜"，因而常会有一些不愉快的场面出现，乃至影响成本分析效果。

因此，成本分析一定要有充分的事实依据，应用"一分为二"的辩证方法，对事物进行实事求是的评价，并要尽可能做到措辞恰当，能为绝大多数人所接受。

2. 要用数据说话

成本分析要充分利用统计核算、业务核算、会计核算和有关辅助记录（台账）的数据进行定量分析，尽量避免抽象的定性分析。定量分析对事物的评价更为精确，更令人信服。

3. 要注重时效

即要做到成本分析及时，发现问题及时，解决问题及时。否则，就有可能贻误解决问题的最好时机，甚至造成问题成堆，积重难返，发生难以挽回的损失。

4. 要为生产经营服务

成本分析不仅要揭露矛盾，而且要分析矛盾产生的原因，并为解决矛盾献计献策，提出积极有效的解决矛盾的合理化建议。这样的成本分析必然会深得人心，从而受到项目经理和有关项目管理人员的配合和支持，使工程项目的成本分析更健康地开展下去。

此外，还应坚持以下原则：全面分析与重点分析相结合的原则；专业分析与群众分析相结合的原则；纵向分析与横向分析相结合的原则；事后分析与事前、事中分析相结合的原则。

6.3.5 建设工程项目成本分析的内容

建设工程项目成本分析是以成本核算提供的资料为基础，并结合其他的有关资料，如计划、清单、统计、技术等资料，按照一定的原则，采用一定的方法对影响成本的各种因素进行计算分析，找出成本升降的主要原因，并根据企业目前的实际情况和各种条件，制定出切实可行的降低成本的方案，以便以较少的劳动消耗取得较大的经济效益。成本分析内容包括：事前分析、事中分析、事后分析。

1. 事前分析

在成本未形成之前所进行的成本预测，选择成本较低方案，并确定目标成本，据此编制成本计划，使企业的成本控制有可靠的目标。

2. 事中分析

对正在执行的结果所进行的分析，随时检查计划执行情况，进行成本控制，防止实际成本超过目标成本核算范围。

3. 事后分析

对成本实际执行的结果所做的分析，在核算资料形成之后，分析产生问题的原因，总结成本降低的经验，以利于下一期成本核算控制活动的开展。

成本分析的三个阶段是相辅相成的，各自发挥着不同的作用，事前分析可使企业在成本计划的执行过程中有成本控制的目标，事中分析则可以使成本控制目标得以实现，事后分析可以总结经验教训，以便于开展下一个循环的成本控制。事前、事中分析作用大于事后分析，事前分析包括在成本预测中，事中分析包括在成本控制中。

6.3.6 建设工程项目成本分析的基本方法

1. 比较法

比较法，又称"指标对比分析法"，就是通过技术经济指标的对比，检查目标的完成情况，分析产生差异的原因，进而挖掘内部潜力的方法。这种方法，具有通俗易懂、简单易行、便于掌握的特点，因而得到了广泛的应用，但在应用时必须注意各技术经济指标的可比性。比较法的应用，通常有下列形式。

（1）将实际值与目标值对比

以此检查目标完成情况，分析影响目标完成的积极因素和消极因素，以便及时采取措施，保证成本目标的实现。在进行实际值与目标值对比时，还应注意目标本身有无问题。如果目标本身出现问题，则应调整目标，重新正确评价实际工作的成绩。

（2）本期实际值与上期实际值对比

通过本期实际值与上期实际值对比，可以看出各项技术经济指标的变动情况，反映施工管理水平的提高程度。

（3）与本行业平均水平、先进水平对比

通过这种对比，可以反映本项目的技术管理和经济管理与行业的平均水平和先进水平的差距，进而采取措施赶超先进水平。

2. 因素分析法

因素分析法又称连环置换法。这种方法可用来分析各种因素对成本的影响程度。在进行分析时，首先要假定众多因素中的一个因素发生了变化，而其他因素则不变，然后逐个替换，分别比较其计算结果，以确定各个因素的变化对成本的影响程度。因素分析法的计算步骤如下：

（1）确定分析对象，并计算出实际与目标数的差异；

（2）确定该指标是由哪几个因素组成的，并按其相互关系进行排序（排序规则是：先实物量，后价值量；先绝对值，后相对值）；

（3）以目标数为基础，将各因素的目标数相乘，作为分析替代的基数；

（4）将各个因素的实际值按照上面的排列顺序进行替换计算，并将替换后的实际数保留下来；

（5）将每次替换计算所得的结果，与前一次的计算结果相比较，两者的差异即为该因素对成本的影响程度；

（6）各个因素的影响程度之和，应与分析对象的总差异相等。

 例题讲解

【例 6-3】商品混凝土目标成本为 443040 元，实际成本为 473697 元，比目标成本增加 30657 元，资料见表 6-8。

商品混凝土目标成本与实际成本对比表   表 6-8

项目	单位	目标	实际	差额
产量	m³	600	630	＋30
单价	元	710	730	＋20
损耗率	％	4	3	－1
成本	元	443040	473697	＋30657

【解】分析成本增加的原因：

1）分析对象是商品混凝土的成本，实际成本与目标成本的差额为 30657 元．该指标

是由产量、单价、损耗率三个因素组成的，排序见表6-9。

2）以目标数 443040 元（＝600×710×1.04）为分析替代的基础

第一次替代产量因素，以 630 替代 600

630×710×1.04＝465192 元；

第二次替代单价因素，以 730 替代 710，并保留上次替代后的值，

630×730×1.04＝478296 元；

第三次替代损耗率因素，以 1.03 替代 1.04，并保留上两次替代后的值，

630×730×1.03＝473697 元。

3）计算差额

第一次替代与目标数的差额＝465192－443040＝22152 元；

第二次替代与第一次替代的差额＝478296－465192＝13104 元；

第三次替代与第二次替代的差额＝473697－478296＝－4599 元。

4）产量增加使成本增加了 22152 元，单价提高使成本增加了 13104 元，而损耗率下降使成本减少了 4599 元。

5）各因素的影响程度之和＝22152＋13104－4599＝30657 元，与实际成本与目标成本的总差额相等。

为了使用方便，也可以通过运用因素分析表来求出各因素变动对实际成本的影响程度，其具体形式见表6-9。

商品混凝土成本变动因素分析表　　　　　　　　　　　　　　　表 6-9

顺序	连环替代计算	差异（元）	因素分析
目标数	600×710×1.04	—	—
第一次替代	630×710×1.04	22152	由于产量增加 30m³，成本增加 22152 元
第二次替代	630×730×1.04	13104	由于单价提高 20 元，成本增加 13104 元
第三次替代	630×730×1.03	－4599	由于损耗下降 1％，成本降低 4599 元
合计	22152＋13104－4599＝30657	30657	

3. 差额计算法

差额计算法是因素分析法的一种简化形式，它利用各个因素的目标值与实际值的差额来计算其对成本的影响程度。

4. 比率法

比率法是指用两个以上的指标的比例进行分析的方法。它的基本特点是：先把对比分析的数值变成相对数，再观察其相互之间的关系。常用的比率法有以下几种。

（1）相关比率法

由于项目经济活动的各个方面是相互联系，相互依存，又相互影响的，因而可以将两个性质不同而又相关的指标加以对比，求出比率，并以此来考察经营成果的好坏。例如：产值和工资是两个不同的概念，但他们的关系又是投入与产出的关系。在一般情况下，都希望以最少的工资支出完成最大的产值。因此，用产值工资率指标来考核人工费的支出水平，就很能说明问题。

（2）构成比率法

构成比率法又称比重分析法或结构对比分析法。通过构成比率，可以考察成本总量的

构成情况及各成本项目占成本总量的比重，同时也可看出量、本、利的比例关系（即预算成本、实际成本和降低成本的比例关系），从而为寻求降低成本的途径指明方向。

（3）动态比率法

动态比率法，就是将同类指标不同时期的数值进行对比，求出比率，以分析该项指标的发展方向和发展速度。动态比率的计算，通常采用基期指数和环比指数两种方法。

6.4　建设工程项目成本考核

建设工程项目成本管理是一个系统工程，而成本考核则是系统的最后一个环节。如果对成本考核工作抓得不紧，或者不按正常的工作要求进行考核，前面的成本预测、成本控制、成本核算、成本分析都将得不到及时正确的评价。这不仅会挫伤有关人员的积极性，而且会给今后的成本管理带来不可估量的损失。

成本考核

6.4.1　建设工程项目成本考核的概念

成本考核是指在建设工程项目完成后，对建设工程项目成本形成中的各责任者，按建设工程项目成本目标责任制的有关规定，将成本的实际指标与计划、定额、预算进行对比和考核，评定成本计划的完成情况和各责任者的业绩，并以此给予相应的奖励和处罚。通过成本考核，做到有奖有惩，赏罚分明，才能有效地调动每一位员工在各自施工岗位上努力完成目标成本的积极性，为降低建筑工程项目成本和增加企业的积累，做出自己的贡献。

6.4.2　建设工程项目成本考核的重要性

建设工程项目的成本考核，特别要强调施工过程中的中间考核，这对具有一次性特点的建设工程项目来说尤为重要。因为通过中间考核发现问题，还能"亡羊补牢"；而竣工后的成本考核虽然也很重要，但对成本管理的不足和由此造成的损失已经无法弥补。

成本考核是衡量成本降低的实际成果，也是对成本指标完成情况的总结和评价。

成本考核制度包括考核的目的、时间、范围、对象、方式、依据、指标、组织领导、评价与奖惩原则等内容。

以建设工程项目成本降低额和施工成本降低率作为成本考核的主要指标，要加强组织管理层对项目管理部的指导，并充分依靠技术人员、管理人员和作业人员的经验和智慧，防止项目管理在企业内部异化为靠少数人承担风险的以包代管模式。成本考核也可分别考核组织管理层和项目经理部。

项目管理组织对项目经理部进行考核与奖惩时，既要防止虚赢、实亏，也要避免实际成本归集差错等的影响，使成本考核真正做到公平、公正、公开，在此基础上兑现建筑工程项目成本管理责任制的奖惩或激励措施。

建设工程项目成本管理的每一个环节都是相互联系和相互作用的。成本预测是成本决策的前提，成本计划是成本决策所确定目标的具体化。成本控制则是对成本计划的实施进行控制和监督，保证决策的成本目标的实现，而成本核算又是对成本计划是否实现的最后检验，它所提供的成本信息又为下一个建设工程项目成本预测和决策提供基础资料。成本考核是实现成本目标责任制的保证和实现决策目标的重要手段。建设工程项目成本管理是一个系统工程，而成本考核则是系统的最后一个环节。如果对成本考核工作抓得不紧，或者不按正常的工作要求进行考核，前面的成本预测、成本控制、成本核算、成本分析都将得不到及时正确的评价。这不仅会挫伤有关人员的积极性，而且会给今后的成本管理带来不可估量的损失。

 思政案例

《营造法式》：我国北宋时期的建筑设计、施工规范

《营造法式》是宋代李诫创作的建筑学著作，是李诫在两浙工匠喻皓《木经》的基础上编成的，是王安石执政期间制订的各种财政、经济的有关条例之一，以杜绝腐败的贪污现象。

此书以大量篇幅叙述工限和料例，如计算劳动定额时首先按四季日的长短分中工（春、秋）、长工（夏）和短工（冬）。工值以中工为准，长短工各减和增 10%，军工和雇工亦有不同定额。其次，对每一工种的构件，按照等级、大小和质量要求——如运输远近距离，水流的顺流或逆流，加工的木材的软硬等，都规定了工值的计算方法。料例部分对于各种材料的消耗都有详尽而具体的定额。这些规定为编制预算和施工组织明确了严格的标准，既便于生产，也便于检查，又有效地控制了土木工程成本。

可见，《营造法式》就是当时的建筑工程造价管理法规。有了它，无论是对群体建筑的布局设计和单体建筑及构件的比例、尺寸的确定，以及编制各工种的用工计划、工程总造价都有法可依、有章可循，体现了我国在工程成本管理方面很早就形成一套成本费用的预测、计划、核算、审计和控制体系。

请同学们检索有关《营造法式》的相关资料，通过学习增进民族自豪感、工匠精神、成本管理意识并培养勤俭节约的良好习惯。

 本章小结

本章介绍了建设工程项目费用的构成、成本计划编制、成本控制、成本核算、成本分析与考核等知识，重点阐述了建设工程项目成本计划的编制方法、成本控制的方法和措施、建设工程项目成本分析的方法。以制定建设工程项目成本计划为基础，依据目标成本计划，采用横道图法、S 形曲线法、赢得值法分析成本偏差，依据因素分析法定量分析费用偏差引起的因素，以实现成本核算和成本考核。

学生在学习过程中，应注意理论联系实际，通过解析案例，初步掌握理论知识，再通过实训有效地完成建设工程项目成本管理的实践，提高实践动手能力。

 本章习题

一、单项选择题

1. 下列费用中，不属于工程建设其他费用的是（　　）。

  A. 土地使用费　　　　　　　　　　　B. 勘察设计费

C. 建筑安装工程费　　　　　　　　　D. 联合试运转费

2. 施工项目成本控制的实施步骤为（　　）。

A. 预测→分析→比较→纠偏→检查

B. 分析→检查→预测→比较→纠偏

C. 比较→分析→预测→纠偏→检查

D. 比较→预测→分析→检查→纠偏

3. 下列关于建设工程项目成本分析依据的说法中正确的是（　　）。

A. 会计核算主要是成本核算

B. 业务核算是对个别的经济业务进行的单项核算

C. 统计核算必须对企业的全部经济活动做出完整、全面、时序的反映

D. 业务核算具有连续性、系统性、综合性的特点

4. 职工的养老保险费属于（　　）。

A. 规费　　　　　　　　　　　　　　B. 措施费

C. 间接费　　　　　　　　　　　　　D. 企业管理费

5. 下列属于建设工程项目成本控制经济措施的是（　　）。

A. 进行技术经济分析，确定最佳的施工方案

B. 通过生产要素的优化配置、合理使用、动态管理，控制实际成本

C. 密切注视对方合同执行的情况，以寻求合同索赔的机会

D. 对建设工程项目成本管理目标进行风险分析，并制定防范性对策

6. 建设工程项目成本分析方法中，（　　）可以分析各种因素对成本形成的影响。

A. 比较法　　　　　　　　　　　　　B. 因素分析法

C. 差额计算法　　　　　　　　　　　D. 比率法

7. 赢得值法计算过程中，成本偏差的计算公式为（　　）。

A. 已完工作预算成本－计划完成工作预算成本

B. 计划完成工作预算成本－已完成工作实际成本

C. 已完成工作预算成本－已完成工作实际成本

D. 已完成工作实际成本－计划完成工作预算成本

8. 建设工程项目成本管理涉及的时间范围是（　　）。

A. 从设计准备开始至项目竣工验收时止

B. 从设计阶段开始至项目动用时止

C. 从工程投标报价开始至项目竣工结算完成为止

D. 从项目开工时开始至项目竣工结算完成为止

9. （　　）是工程项目投标及签订合同阶段的估算成本计划。

A. 竞争性成本计划　　　　　　　　　B. 指导性成本计划

C. 实施性成本计划　　　　　　　　　D. 施工项目成本计划

10. 对施工预算和施工图预算的说法，错误的是（　　）。

A. 施工预算的编制以施工定额为主要依据

B. 施工图预算的编制以预算定额为主要依据

C. 施工预算是施工企业内部管理用的一种文件，与建设单位无直接关系

D. 施工图预算只适用于建设单位，而不适用于施工单位

11. 从一般工程项目来说，所有工作都按（　　）开始，对节约资金贷款利息是有利的；但同时，也降低了项目按期竣工的保证率，因此项目经理必须合理地确定成本支出计划，达到既节约成本支出，又能控制项目工期的目的。

A. 最早开始时间　　　　　　　　　　B. 最早完成时间

C. 最迟开始时间　　　　　　　　　　D. 最迟完成时间

12. 高层建筑施工中，合理选择施工机械设备，合理使用施工机械设备对成本控制具有十分重要的意义。施工机械使用费主要由台班数量和（　　）两方面决定。

A. 台班效率　　　　　　　　　　　　B. 台班时间

C. 台班单价　　　　　　　　　　　　D. 操作人员

13. 偏差分析一个重要目的就是要找出引起偏差的原因，采取针对性的措施，减少或避免同样事情再次发生。产生费用偏差的原因有：物价上涨、设计原因、业主原因、施工原因和客观原因。以下说法属于业主原因的是（　　）。

A. 设计标准变化　　　　　　　　　　B. 工程手续不全

C. 材料代用　　　　　　　　　　　　D. 基础处理

14. 在项目的费用、进度综合控制可采用赢得值法，克服过去进度、费用分开控制的缺点，即当发现费用超支时，很难立即知道是由于费用超出预算，还是由于进度提前。而引入赢得值法即可（　　）地判断进度、费用的执行效果。

A. 定性　　　　　　　　　　　　　　B. 定量

C. 综合　　　　　　　　　　　　　　D. 单项

15. 表格法是进行偏差分析最常用的一种方法。它将项目编号、名称、各费用参数以及费用偏差数综合归纳入一张表格中，并且直接在表格中进行比较。用表格法进行偏差分析具有许多优点，（　　）是表格法的优点。

A. 一目了然　　　　　　　　　　　　B. 形象直观

C. 信息量大　　　　　　　　　　　　D. 趋势预测

16. 因素分析法又称连环置换法。这种方法可用来分析各种因素对成本的影响程度。在进行分析时，首先要假定众多因素中的一个因素发生了变化，而其他因素则不变，然后逐个替换，分别比较其计算结果，以确定各个因素的变化对成本的影响程度。影响成本变化的几个因素按其相互关系进行排序，一般排序规则是（　　）。

A. 先绝对值，后相对值；先实物量，后价值量

B. 先价值量，后实物量；先相对值，后绝对值

C. 先实物量，后价值量；先相对值，后绝对值

D. 先实物量，后价值量；先绝对值，后相对值

17. 成本考核是衡量（　　）的实际成果，也是对成本指标完成情况的总结和评价。

A. 成本计划　　　　　　　　　　　　B. 成本控制

C. 成本分析　　　　　　　　　　　　D. 成本降低

18. 在成本管理环节中，对未来的成本水平及其可能发展趋势做出估计，称为（　　）。

A. 成本计划　　　　　　　　　　　　B. 成本核算

C. 成本分析　　　　　　　　　　　　D. 成本预测

19. 挣值是（　　）。

A. 已完成工作量的预算成本　　　　　B. 计划工程量的预算成本

C. 完成工作量的实际成本　　　　　　D. 工作完成时的成本

20. 如果某项目进度的 $BCWS$ 为 100，$BCWP$ 为 110，这表明该项目目前的状态为（　　）。

A. 落后于进度计划　　　　　　　　　B. 超前于进度计划

C. 超出预算　　　　　　　　　　　　D. 在预算之内

二、多项选择题

1. 人工费包括（　　）。

A. 基本工资　　　　　　　　　　　　B. 社会保障费

C. 工资性补贴　　　　　　　　　　　D. 生产工人劳动保护费

E. 生产工人辅助工资

2. 对于一个建设工程项目而言，其成本计划是一个不断深化的过程。在这一过程的不同阶段形成深度和作用不同的成本计划，按其作用可分为（　　）几种类型。

A. 预测成本计划　　　　　　　　　　B. 核算成本计划

C. 竞争性成本计划　　　　　　　　　D. 实施性成本计划

E. 指导性成本计划

3. 编制建设工程项目成本计划的方法有（　　）。

A. 按成本组成编制成本计划

B. 按项目组成编制成本计划

C. 按工程进度编制成本计划

D. 按施工预算编制成本计划

E. 按总报价编制成本计划

4. 为了取得建设工程项目成本控制的理想效果，应当从多方面采取措施实施控制，通常可以将这些措施归纳为几种措施。下面说法正确的有（　　）。

A. 全员参与措施　　　　　　　　　　B. 组织措施

C. 法律措施　　　　　　　　　　　　D. 收支平衡措施

E. 合同措施

5. 下面描述中表明工程进度延误的说法有（　　）。

A. 进度绩效指数 $SPI>1$　　　　　　B. 进度绩效指数 $SPI<1$

C. 进度偏差 $SV>0$　　　　　　　　D. 进度偏差 $SV<0$

E. 费用绩效指数 $CPI<1$

6. 下面描述中表明工程费用节支的说法有（　　）。

A. 费用绩效指数 $CPI>1$　　　　　　B. 费用绩效指数 $CPI<1$

C. 费用偏差 $CV>0$　　　　　　　　D. 费用偏差 $CV<0$

E. 进度绩效指数 $SPI<1$

7. 建设工程项目成本分析的依据是（　　）资料。

A. 统计核算　　　　　　　　　　　　B. 成本核算

C. 会计核算   D. 业务核算

E. 审计核算

8. 建设工程项目成本分析的方法有(　　)。

A. 赢得值法   B. 比较法

C. 因素分析法   D. 曲线法

E. 比率法

9. 建设工程项目成本控制的依据是(　　)。

A. 施工合同   B. 进度报告

C. 成本计划   D. 工程变更

E. 汇率变化

10. 下列关于施工成本分析依据的说法中正确的是(　　)。

A. 会计核算主要是成本核算

B. 业务核算是对个别的经济业务进行单项核算

C. 会计和统计核算一般是对已经发生的经济活动进行核算

D. 会计核算具有连续性、系统性、综合性等特点

E. 业务核算可以对尚未发生或正在发生的经济活动进行核算

三、实训题

实 训 题 （一）

目的：通过实训，掌握建设工程项目成本计划的编制和成本控制的方法。

资料：某幼儿园工程的计划进度与实际进度见表1，表中实线表示计划进度，线上的数据为每周计划完成工作预算成本，虚线表示实际进度，线上方数据为每周实际发生成本，假设各分项工程每周计划完成总工程量和实际完成的总工程量相等，且匀速进展。

要求：1）编制周施工成本计划。

2）分析第4周和第7周末的成本偏差和进度偏差。

3）计算第8周末的成本绩效指数和进度绩效指数。

4）分析成本和进度状况。

工程进度计划与实际进度表（单位：万元）　　　　　　　　表1

分项工程	进度计划（周）								
	1	2	3	4	5	6	7	8	9
A	9 / 9	9 / 8							
B		10	10 / 9	10 / 10	9				
C					7 / 8	7 / 7	7 / 6		
D							5 / 4	5 / 4	5 / 5

实 训 题（二）

目的：通过实训，掌握施工成本分析的方法。

资料：某项目经理部承接了一栋框架结构办公楼，内外墙采用 KP_1 黏土空心砖砌筑。目标成本为 241570 元，实际成本为 258825 元，比目标成本超支 17255 元，用因素分析法分析砌筑量、单价、损耗率等的变动对实际成本的影响程度，有关对比数据见表 2。

砌筑工程目标成本与实际成本对比表　　　　　　　　　　　表 2

项目	单位	目标	实际	差额
砌筑量	千块	850	875	＋25
单价	元/千块	280	290	＋10
损耗率	％	1.5	2	＋0.5
成本	元	241570	258825	＋17255

要求：用成本分析法分析成本增加的原因。

7 建设工程职业健康安全与环境管理

 **学习要求**

掌握：施工安全管理的任务；安全生产管理制度；安全事故分类；施工环境保护的措施、建设工程绿色施工的要求、建设工程绿色施工的措施等内容。

熟悉：建设工程职业健康安全与环境管理的特点；安全事故的调查处理；环境影响因素；安全与环境管理的概念。

了解：建设工程环保的目的原则和内容；建设工程现场环保的有关规定。

 **案例导入**

事件一：某大学新校区一标段工程在支模板时，由于支模板的木工班组不具备搭设钢管扣件支架的专业知识，在搭设过程中立杆间距过大、步距不一、剪刀撑数量极少等不符合国家安全规范和施工方案要求，浇筑混凝土前模板支架又未经检查验收，且租用的钢管及扣件质量不符合要求，在浇筑一区屋面混凝土时发生坍塌事故，作业的24人坠落，其中4人死亡，20人受伤。

事件二：某建筑工程公司对施工作业层进行了以钢制防护网为主要防护的全封闭围护，能够有效避免施工过程中施工垃圾的外漏，从而很好地避免对周边环境的污染。

施工现场的园林规划与临时设施的布局同步，绿化率达60%以上。除此以外，施工现场还建立了阅览室、医务室、休闲室、吸烟室和篮球场等场地。

问题：

1. 哪些分部分项工程需要编制专项施工方案？

2. 什么是特种作业？

3. 事故的等级怎么确定？

4. 什么是文明施工？

5. 文明施工和环境保护的意义有哪些？

7.1 建设工程职业健康安全与环境管理概述

随着世界经济全球化和国际贸易发展的需要，我国为了在国际贸易中享有与其他成员国相同的待遇，职业健康问题对我国社会与经济的发展产生潜在和巨大的影响。因此，在我国必须大力推广职业健康与安全管理。

企业实施并通过国际通行的职业健康安全和环境管理体系的认证标准，可以向社会展示企业良好的形象，实现与国际接轨，这是开拓走向国际市场的通行证，将为企业增强市场竞争能力，提高企业经济效益和社会效益带来巨大影响。所以企业建立并实施职业健康安全与环境管理体系，是建设工程项目管理的一项主要内容，是强化企业管理的需求，也是体现企业现代化的重要标志。

7.1.1　建设工程职业健康安全与环境管理的目的

1. 职业健康安全与环境管理的概念

（1）职业健康安全与劳动保护

职业健康安全（OSH）是国际上通用的词语，通常是指影响作业场所内的员工、临时工作人员、合同工作人员、合同方人员、访问者和其他人员健康安全的条件和因素。

劳动保护通常是指保护劳动者在劳动生产过程中的健康和安全，包括改善劳动条件、预防工伤事故及职业病、实现劳逸结合和对子女、未成年工的特殊保护等方面采取的各种管理和技术措施。

（2）环境

人类生存的空间及其中可以直接或间接影响人类生活和发展的各种自然因素，称为环境，它是由各种自然环境和社会环境的客体构成。

自然环境亦称地理环境，是指环绕于人类周围的自然界。它包括大气、水、土壤、生物和各种矿物资源等。自然环境是人类赖以生存和发展的物质基础。在自然地理学上，通常把这些构成自然环境总体的因素，分别划分为大气圈、水圈、生物圈、土圈和岩石圈等五个自然圈。

社会环境是指人类在自然环境的基础上，为不断提高物质和精神生活水平，通过长期有计划、有目的的发展，逐步创造和建立起来的人工环境，如城市、农村、工矿区等。社会环境的发展和演替，受自然规律、经济规律以及社会规律的支配和制约，其质量是人类物质文明建设和精神文明建设的标志之一。

（3）职业健康安全与环境管理

根据《职业健康安全管理体系　要求及使用指南》GB/T 45001—2020 和《环境管理体系　要求及使用指南》GB/T 24001—2016，职业健康安全管理和环境管理都是组织管理体系的一部分，其管理的主体是组织，管理的对象是一个组织的活动、产品或服务中能与职业健康安全发生相互作用的不健康、不安全条件和因素及能与环境发生相互作用的要素。

因此，组织在职业健康安全管理中，应建立职业健康安全的方针和目标，识别与组织运行活动有关的危险源及其风险，通过风险评价，对不可接受的风险采取措施进行管理和控制。组织在环境管理中，应建立环境管理的方针和目标，识别与组织运行活动有关的环境因素，通过环境影响评价，对能够产生重大环境影响的环境因素采取措施进行管理和控制。应当特别指出的是，组织运行活动的环境因素给环境造成的影响不一定都是有害的，有些环境因素会对环境造成有益影响，无论是对环境有害因素或有益因素，组织都要采取措施进行管理和控制。在我国通常把职业健康安全管理称为安全生产管理。

2. 建设工程职业健康安全与环境管理的目的

（1）建设工程职业健康安全管理的目的

建设工程职业健康安全管理的目的是保证产品生产者和使用者的安全。控制影响工作场所内员工、临时工作人员、合同方人员、访问者和其他有关部门人员健康和安全的条件和因素，考虑和避免因管理不当对员工健康和安全造成的危害，是职业健康安全管理的有效手段和措施。

（2）建设工程环境管理的目的

建设工程项目环境管理的目的是保护生态环境，使社会的经济发展与人类的生存环境相协调。即控制对环境的污染和危害，考虑节约资源和避免资源浪费。

7.1.2　建设工程职业健康安全与环境管理的任务与特点

1. 职业健康安全与环境管理的任务

职业健康安全与环境管理的任务是组织为达到建筑工程职业健康安全与环境管理的目的而进行的指挥与控制组织的协调活动，它包括制定、实施、实现、评审和保持职业健康安全与环境方针所需的组织结构、计划活动、职责、惯例、程序、过程和资源以及为此建立的职业健康安全与环境管理体系。

2. 建设工程职业健康安全与环境管理的特点

（1）产品的固定性和生产的流动性及受外部环境影响因素多，决定了职业健康安全与环境管理的复杂性；

（2）产品生产的单件性决定了职业健康安全与环境管理的多变性；

（3）产品生产过程的连续性和分工性决定了职业健康安全与环境管理的协调性；

（4）产品的委托性决定了职业健康安全与环境管理的不符合性；

（5）产品生产的阶段性决定职业健康安全与环境管理的持续性；

（6）产品的时代性、社会性与多样性决定环境管理的经济性。

 例题讲解

【例 7-1】某市建工集团五公司承接了市中心地段的一艺术中心工程。施工期间，施工现场临时道路没有进行硬化处理，大量尘土、泥浆被带到场外，不经清扫便洒水，使现场进出口附近道路泥泞，污水横流；施工车辆离开现场前，虽然进行了冲洗，但污水却排到了场外主要街道上；土方车辆和清运垃圾车辆出场时，尽管采取了封闭措施，但仍有少量遗撒。给过往居民带来诸多不良影响，暴露出施工单位在文明施工、环境保护管理方面，措施不力，管理不到位。经举报受到了有关部门责令限期整改并罚款的处理。

问题：1）本例中发生的是建筑工程项目施工中对环境造成的常见不良影响之一。建筑中常见的重要环境因素有哪些？

2）什么是环境保护？

3）建筑工程施工对环境常见影响表现为哪几方面？

【解】1）建筑业常见的重要环境因素有：噪声、粉尘、废弃物、废水、废气、化学品等。

2）环境保护是按照法律法规、各级主管部门和企业的要求，保护和改善作业现场的环境，控制现场的各种粉尘、废水、废气、固体废弃物、噪声、振动等对环境的污染和危害。

3）建筑工程施工对环境的常见影响有：①施工机械作业、模板支拆等噪声排放；②施工场地平整作业、混凝土搅拌作业等产生的粉尘排放；③现场渣土、商品混凝土、生活垃圾、建筑垃圾等产生的遗撒；④现场油品、化学品库房、作业点产生的油品、化学品泄漏；⑤现场废弃的涂料桶、油桶等产生的有毒有害废弃物排放；⑥城区施工现场夜间照明造成的光污染；⑦现场生活区、库房、作业点等发生的火灾、爆炸；⑧现场食堂、厕

所、搅拌站等产生的污水排放；⑨现场钢材、木材等主要建筑材料的消耗；⑩现场用水、用电等的消耗。

7.2 建设工程安全生产管理

7.2.1 建设工程安全生产管理

安全生产管理是企业管理的一个重要组成部分，是指经营管理者对安全生产工作进行的策划、组织、指挥、协调、控制和改进的一系列活动。目的是保证在生产经营活动中的人身安全、财产安全，促进生产的发展，保持社会的稳定。

1. 安全生产管理的原则

（1）"管生产必须管安全"的原则

"管生产必须管安全"的原则是指项目各级领导和全体员工在生产过程中必须坚持在抓生产的同时抓好安全工作。它是施工项目必须坚持的基本原则，体现了安全和生产的统一。

（2）"安全具有否决权"的原则

"安全具有否决权"的原则是指安全工作是衡量企业经营管理工作好坏的一项基本内容，该原则要求，在对企业各项指标考核、评选先进时，必须要首先考虑安全指标的完成情况。安全生产指标具有一票否决的作用。

（3）"三同时"原则

"三同时"原则是指凡是我国境内新建、改建、扩建的基本建设项目、技术改造项目和引进的建设项目，其劳动生产安全卫生技术和环境保护措施和设施，必须与主体工程同时设计、同时施工、同时投产使用。它用来确保项目投产后符合劳动安全卫生要求，保障劳动者在生产过程中的安全与健康。

（4）持续改进原则

通过定期安全检查、隐患排查和整改，不断总结经验教训，持续改进安全生产管理水平。

（5）"四不放过"原则

"四不放过"原则是指在调查处理工伤事故时必须坚持事故原因未查清不放过、当事人和群众没有受到教育不放过、事故责任人未受到处理不放过、没有制订切实可行的预防措施不放过。"四不放过"原则的支持依据是《国务院关于特大安全事故行政责任追究的规定》。

（6）"三个同步"原则

"三个同步"原则是指安全生产与经济建设、深化改革、技术改造同步规划、同步发展、同步实施。它要求把安全生产内容融入生产经营活动的各个方面，以保证安全与生产的一体化。

2. 安全生产管理的主要任务

安全生产管理的任务具体讲有以下几个方面：

（1）贯彻落实国家安全生产法律法规，落实"安全第一，预防为主、综合治理"的安全生产方针；

（2）制定安全生产的各种规程、规定和制度，并认真贯彻实施；

（3）制定并落实各级安全生产责任制；

（4）积极采取各种劳动卫生措施，不断改善劳动条件和环境，定期检测，防止和消除职业病及职业危害保证劳动者的身心健康；

（5）定期对企业各级领导、特种作业人员和所有职工进行安全教育，强化安全意识；

（6）及时完成各类事故的调查、处理和上报工作；

（7）推动安全生产目标管理，推广和应用现代安全管理技术与方法，深化企业安全管理。

7.2.2 建设工程安全生产管理制度

《中华人民共和国建筑法》（以下简称《建筑法》）、《中华人民共和国安全生产法》（以下简称《安全生产法》）和《安全生产许可证条例》等与建设工程有关的法律法规和部门规章，对政府部门、有关企业及相关人员的建设工程安全生产和管理行为进行了全面的规范，确立了一系列建设工程安全生产管理制度。现阶段已经比较成熟的安全生产管理制度有：

（1）安全生产责任制度。

（2）安全生产教育培训制度。

（3）安全监察检查制度。

（4）专项施工方案管理制度。

（5）生产安全事故报告和调查处理制度。

（6）生产安全事故应急救援制度。

（7）"三同时"制度。

（8）工伤保险制度。

（9）建筑施工企业安全生产许可制度。

BIM技术在建筑
施工安全管理
预防中的应用

1. 安全生产责任制度

安全生产责任制度是最基本的安全生产管理制度，是所有安全生产管理制度的核心。安全生产责任制是按照安全生产管理方针和"管生产的同时必须管安全"的原则，将各级负责人员、各职能部门及其工作人员和各岗位生产工人在安全生产方面应做的事情及应负的责任加以明确规定的一种制度。具体来说，就是将安全生产责任分解到施工单位的主要负责人、项目负责人、班组长以及每个岗位的作业人员身上。安全生产责任制的主要内容如下：

（1）安全生产责任制主要包括施工企业主要负责人的安全责任，负责人或其他副职的安全责任，项目负责人的安全责任，生产、技术、材料等各职能管理负责人及其工作人员的安全责任，技术负责人的安全责任、专职安全生产管理人员的安全责任、施工员的安全责任、班组长的安全责任和岗位人员的安全责任等。

（2）项目对各级、各部门安全生产责任制应规定检查和考核办法，并定期进行考核，对考核结果及兑现情况应有记录。

（3）项目独立承包的工程在签订承包合同中必须有安全生产工作的具体指标和要求。工地由多家施工单位施工时，总包单位在签订分包合同的同时要签订安全生产合同。分包队伍的资质应与工程要求相符，在安全合同中应明确总分包单位各自的职责，原则上，实行总承包的由总包单位负责，分包单位向总包单位负责，服从总包单位对施工现场的安全管理。

（4）项目主要工种应有相应的安全技术操作规程，一般包括：砌筑、抹灰、混凝土、木工、钢筋等工种，特种作业应另行补充。应将安全操作规程列为日常安全活动和安全教育的主要内容，并应悬挂在操作岗位前。

（5）施工现场应按工程项目的大小配备专（兼）职安全人员。

2. 安全生产教育培训制度

《建筑法》第四十六条规定："建筑施工企业应当建立健全劳动安全教育培训制度，加强对企业安全生产的教育培训，未经安全生产教育培训的人员，不得上岗作业"。住房和城乡建设部依据《建设工程安全生产管理条例》制定了《建筑施工企业主要负责人、项目负责人和专职安全生产管理人员安全生产管理规定》，从而在国家法律、法规中确立了安全生产教育培训的重要地位。

教育和培训按等级、层次和工作性质分别进行，人员主要包括管理人员、特殊工种人员和企业员工的安全教育培训。

（1）管理人员的安全教育

1）企业领导的安全教育

对企业法定代表人的安全教育每年不少于 30 学时，主要内容包括：①国家有关安全生产的方针、政策、法律、法规及有关规章制度；②安全生产管理职责、企业安全生产管理知识及安全文化；③有关事故案例及事故应急处理措施等。

2）项目经理、项目技术负责人和技术干部的安全教育

项目经理的安全教育每年不少于 30 学时、专职管理和技术人员每年不少于 40 学时、其他管理和技术人员每年不少于 20 学时。教育的主要内容包括：安全生产方针、政策和法律、法规；项目经理部安全生产责任；典型事故案例剖析；本系统安全及其相应的安全技术知识。

3）班组长和安全员的安全教育

班组长和安全员每年不少于 40 学时的安全教育学习其主要内容：安全生产法律、法规、安全技术及技能、职业病和安全文化的知识；本企业、本班组和工作岗位的危险因素、安全注意事项；本岗位安全生产职责；典型事故案例；事故抢救与应急处理措施。

（2）特殊工种人员的安全教育

1）特种作业的定义

根据《特种作业人员安全技术培训考核管理规定》，特种作业是指容易发生事故，对操作者本人、他人的安全健康及设备设施的安全可能造成重大危害因素的作业，称为特种作业。直接从事特种作业的人，称为特种作业人员。

2）特种作业人员的范围

依据《特种作业人员安全技术考核管理规则》特种作业人员的范围有：电工作业、锅炉司炉、压力容器操作、起重机械操作、爆破作业、金属焊接（气割）作业、煤矿井下瓦斯检验、机动车辆驾驶、机动船舶驾驶和轮机操作、建筑登高架设作业、其他符合特种作业基本定义的作业。

特种作业人员应具备的条件是：必须年满十八周岁以上，而从事爆破作业和煤矿井下瓦斯检验的人员，年龄不低于二十周岁；工作认真负责，身体健康，没有妨碍从事本工种

作业的疾病和生理缺陷；具有本工种作业所需的文化程度和安全、专业技术知识及实践经验。

3）特种作业人员的安全教育

由于特种作业人员较一般作业的危险性更大，所以，特种作业人员必须经过安全培训和严格考核。对特种作业人员的安全教育应注意以下三点：①特种作业人员上岗前，必须经过专门的安全技术和操作技能的培训教育，这种培训教育要实行理论教学与操作技术训练相结合的原则，重点放在提高其安全操作技术和预防事故的实际能力上。②培训后，经考核合格后方可取得操作证，并准许独立作业。③取得操作证的特种作业人员，必须定期进行复审。

（3）企业员工的安全教育

企业员工的安全教育主要有新员工上岗前的三级安全教育、改变工艺和变换岗位安全教育。

1）新员工上岗前的三级安全教育

三级安全教育通常是指进厂、进车间、进班组三级，对建筑工程来说，具体指企业（公司）、项目（或工区、工程处、施工处）、班组三级。

企业新员工上岗前必须进行三级安全教育，企业新员工须按规定通过三级安全教育和实际操作训练，并经考核合格后方可上岗。

企业（公司）级安全教育由企业主管领导负责，企业职业健康安全管理部门会同有关部门组织实施，内容应包括安全生产法律、法规，通用安全技术、职业卫生和安全文化基本知识，本企业安全生产规章制度及状况、劳动纪律和有关事故案例等内容。

项目级安全教育由项目负责人组织实施，专职或兼职安全员协办，内容包括工程项目的概况，安全生产状况和规章制度，主要危险因素及安全事项，预防工伤事故和职业病的主要措施，典型事故案例及事故应急处理措施等。

班组级安全教育由班组长组织实施，内容包括遵章守纪，岗位安全操作规程，岗位间工作衔接配合的安全生产事项，典型事故及发生后应采取的紧急措施，劳动防护用品的性能及正确使用的方法等内容。

2）改变工艺和变换岗位时的安全教育

企业或项目在实施新工艺、新技术或使用新设备、新材料时，必须对有关人员进行相应级别的安全教育，要按新的安全操作规程教育和培训参加操作的岗位员工和有关人员，使其了解新工艺、新设备、新产品的安全性能及安全技术，以适应新的岗位作业的安全要求。

当组织内部员工发生从一个岗位调到另外一个岗位，或从某工种改变为另一工种或因放长假离岗一年以上重新上岗的情况，企业必须进行相应的安全技术培训和教育，以使其掌握现岗位安全生产特点和要求。

3）经常性安全教育

无论何种安全教育都不可能是一劳永逸的，安全教育同样如此，必须坚持不懈、经常不断地进行，这就是经常性安全教育。在经常性安全教育中，安全思想、安全态度教育最重要。进行安全思想、安全态度教育，要通过采取多种多样形式的安全教育活动，激发员工搞好安全生产的热情，促使员工重视和真正实现安全生产。经常性安全教育的形式有：

每天的班前班后会上说明安全注意事项；安全活动日；安全生产会议；事故现场会；张贴安全生产招贴画、宣传标语及标志等。

3. 安全监察检查制度

依据《建筑安全生产监督管理规定》的内容，建筑工程安全生产监督管理，是指各级人民政府建设行政主管部门及其授权的建筑安全生产监督管理机构，对于建筑安全生产所实施的行业监督管理。凡从事房屋建筑、土木工程、设备安装、管线敷设等施工和构配件生产活动的单位及个人，都必须接受建设行政主管部门及其授权的建筑安全生产监督管理机构行业监督管理，并依法接受国家监察。

建筑工程安全生产监督管理，应当依据"管生产必须管安全"的原则，贯彻"预防为主的方针"，依靠科学管理和技术进步，推动建筑安全生产工作的开展，控制人身伤亡事故的发生。

4. 专项施工方案管理制度

依据《建设工程安全生产管理条例》第二十六条和《危险性较大的分部分项工程安全管理办法》的规定，施工单位应当在危险性较大的分部分项工程施工前编制专项方案；对于超过一定规模的、危险性较大的分部分项工程，施工应当组织专家论证。其中危险性较大的分部分项工程是指建筑工程在施工过程中存在的、可能导致作业人员群死群伤或造成重大不良社会影响的分部分项工程。需要编制专项施工方案的危险性较大的分部分项工程包括：

1）基坑支护和降水工程；

2）土方开挖工程；

3）模板工程及支撑体系；

4）起重吊装及安装拆卸工程；

5）脚手架工程；

专项施工方案
管理制度

6）拆除、爆破工程；

7）其他。

建设单位在申请领取施工许可证或办理安全监督手续时，应当提供危险性较大的分部分项工程清单和安全管理措施。施工单位、监理单位应当建立危险性较大的分部分项工程安全管理制度。

专项方案应当由施工单位技术部门组织本单位施工技术、安全、质量等部门的专业技术人员审核，审核合格后，由施工单位技术负责人签字。施工单位应当指定专人对专项方案实施情况进行现场监督和按规定进行监测。

监理单位应当将危险性较大的分部分项工程列入监理规划和监理实施细则，应当针对工程特点、周边环境和施工工艺等，制定安全监理工作流程、方法和措施。

5. 生产安全事故报告和调查处理制度

《建设工程安全生产管理条例》第五十条对建设工程生产安全事故报告制度的规定为"施工单位发生生产安全事故，应当按照国家有关伤亡事故报告和调查处理的规定，及时、如实地向负责安全生产监督管理的部门、建设行政主管部门或者其他有关部门报告；特种设备发生事故的还应当向特种设备安全监督管理部门报告。接到报告的部门应当按照国家有关规定，如实上报"。除此以外，对于生产安全事故报告制度，《安全生产法》《建筑法》

等也做了相应的规定。

6. 生产安全事故应急救援制度

县级以上地方人民政府建设行政主管部门应当根据本级人民政府的要求，制定本行政区域内建设工程特大生产安全事故应急救援预案；

施工单位制定本单位生产安全事故应急救援预案，建立应急救援组织或配备应急救援人员。应当根据建设工程施工的特点、范围，对施工现场易发生重大事故的部位、环节进行监控。

7. "三同时"制度

"三同时"制度是指凡是我国境内新建、改建、扩建的基本建设项目（工程），技术改建项目（工程）和引进的建设项目，其安全生产设施必须符合国家规定的标准，必须与主体工程同时设计、同时施工、同时投入生产和使用。安全生产设施主要是指安全技术方面的设施、职业卫生方面的设施、生产辅助性设施。

《中华人民共和国劳动法》第五十三条规定："新建、改建、扩建工程的劳动安全卫生设施必须与主体工程同时设计、同时施工、同时投入生产和使用"。

《中华人民共和国劳动法》第二十四条规定："生产经营单位新建、改建、扩建工程项目的安全设施生产设施，必须与主体工程同时设计、同时施工、同时投入生产和使用。安全设施投资应当纳入建设概算"。

新建、改建、扩建工程的初步设计要经过行业主管部门、安全生产管理部门、卫生部门和工会的审查，同意后方可进行施工；工程项目完成后，必须经过主管部门、安全生产管理行政部门、卫生部门和工会的竣工检验；建设工程项目投产后，不得将安全设施闲置不用，生产设施必须和安全设施同时使用。

8. 工伤保险制度

《建筑法》第四十八条规定"建筑施工企业应当依法为职工参加工伤保险缴纳工伤保险费。鼓励企业为从事危险作业的职工办理意外伤害保险，支付保险费"。这是保护建筑业从业人员合法权益，转移企业事故风险，增强企业预防和控制事故的能力，促进企业安全生产的重要手段。

9. 建筑施工企业安全生产许可制度

为了严格规范建筑施工企业安全生产条件，进一步加强安全生产监督管理，防止和减少安全生产事故，住房和城乡建设部根据《安全生产许可证条例》等有关行政法规，制定了《建筑施工企业安全生产许可证管理规定》及《建筑施工企业安全生产许可证动态监管规定》。

国家对建筑施工企业实行安全生产许可制度，建筑施工企业未取得安全生产许可证的，不得参加建设工程施工投标活动。

(1) 安全生产许可证的申请条件

1) 建立、健全安全生产责任制，制定完备的安全生产规章制度和操作规程。

2) 保证本单位安全生产条件所需资金的投入。

3) 设置安全生产管理机构，按照国家有关规定配备专职安全生产管理人员。

4) 主要负责人、项目负责人、专职安全生产管理人员经建设主管部门或者其他有关部门考核合格；特种作业人员经有关业务主管部门考核合格，取得特种作业操作资格证书；管理人员和作业人员每年至少进行一次安全生产教育培训并考核合格。

5）依法参加工伤保险，依法为施工现场从事危险作业的人员办理意外伤害保险，为从业人员交纳保险费。

6）施工现场的办公、生活区及作业场所和安全防护用具、机械设备、施工机具及配件符合有关安全生产法律、法规、标准和规程的要求。

7）有职业危害防治措施，并为作业人员配备符合国家标准或者行业标准的安全防护用具和安全防护服装。

8）有对危险性较大的分部分项工程及施工现场易发生重大事故的部位、环节的预防、监控措施和应急预案。

9）有生产安全事故应急救援预案、应急救援组织或者应急救援人员，配备必要的应急救援器材、设备。

10）法律、法规规定的其他条件。

（2）安全生产许可证的申请和颁发

建设主管部门应当自受理建筑施工企业的申请之日起四十五日内审查完毕；经审查符合安全生产条件的，颁发安全生产许可证；不符合安全生产条件的，不予颁发安全生产许可证，书面通知企业并说明理由。企业自接到通知之日起应当进行整改，整改合格后方可再次提出申请。建设主管部门审查建筑施工企业安全生产许可证申请，涉及铁路、交通、水利等有关专业工程时，可以征求铁路、交通、水利等有关部门的意见。

安全生产许可证的有效期为三年。安全生产许可证有效期满需要延期的，企业应当于期满前三个月向原安全生产许可证颁发管理机关申请办理延期手续。企业在安全生产许可证有效期内，严格遵守有关安全生产的法律法规，未发生死亡事故的，安全生产许可证有效期届满时，经原安全生产许可证颁发管理机关同意，不再审查，安全生产许可证有效期延期三年。

建筑施工企业变更名称、地址、法定代表人等，应当在变更后十日内，到原安全生产许可证颁发管理机关办理安全生产许可证变更手续。

建筑施工企业破产、倒闭、撤销的，应当将安全生产许可证交回原安全生产许可证颁发管理机关予以注销。

建筑施工企业遗失安全生产许可证。应当立即向原安全生产许可证颁发管理机关报告，并在公众媒体上声明作废后，方可申请补办。

安全生产许可证申请表采用住房和城乡建设部规定的统一式样。安全生产许可证采用国务院安全生产监督管理部门规定的统一式样。安全生产许可证分正本和副本，正、副本具有同等法律效力。

（3）安全生产许可证的监督和管理

县级以上人民政府建设主管部门应当加强对建筑施工企业安全生产许可证的监督管理。建设主管部门在审核发放施工许可证时，应当对已经确定的建筑施工企业是否有安全生产许可证进行审查，对没有取得安全生产许可证的，不得颁发施工许可证。

建筑施工企业取得安全生产许可证后，不得降低安全生产条件，并应当加强日常安全生产管理，接受建设主管部门的监督检查。安全生产许可证颁发管理机关发现企业不再具备安全生产条件的，应当暂扣或者吊销安全生产许可证。

安全生产许可证颁发管理机关应当建立、健全安全生产许可证档案管理制度，定期向社会公布企业取得安全生产许可证的情况，每年向同级安全生产监督管理部门通报建筑施工企业安全生产许可证颁发和管理情况。

建设主管部门工作人员在安全生产许可证颁发、管理和监督检查工作中，不得索取或者接受建筑施工企业的财物，不得谋取其他利益。

任何单位或者个人对违反本规定的行为，有权向安全生产许可证颁发管理机关或者监察机关等有关部门举报。

7.3 建设工程职业健康与安全事故的分类和处理

事故是指人们在进行有目的的活动过程中，发生了违背人们意愿的不幸事件，使其有目的的行动暂时或永久地停止。事故可能造成人员的伤亡、疾病、伤害、损坏、财产损失或其他损失。事故通常包含的含义：

（1）事故是意外的，它出乎人们的意料，不希望看到的事情。

（2）事件是引发事故，或可能引起事故的情况，主要是指活动、过程本身的情况，其结果尚不确定，若造成不良结果则形成事故，若侥幸未造成事故也应引起注意。

（3）事故涵盖的范围是：死亡、疾病、工伤事故；设备、设施破坏事故；环境污染或生态破坏事故。

根据我国有关法规和标准，目前应用比较广泛的伤亡事故分类主要有以下几种。

7.3.1 职业伤害事故的分类

1. 按事故的原因和性质分类

从建筑活动的特点及事故的原因和性质来看，建筑安全事故可以分为四类，即生产事故、质量事故、技术事故及环境事故。

（1）生产事故

生产事故主要是指在建筑产品的生产、维修、拆除过程中，操作人员违反有关施工操作规程等而直接导致的安全事故。这类事故一般都是在施工作业中出现的，是建筑安全事故的主要类型之一。

（2）质量事故

质量事故主要是指由于设计不符合规范或施工达不到要求等原因而导致建筑结构实体使用功能存在瑕疵，进而引起安全事故的发生。

（3）技术事故

技术事故主要是指由于工程技术原因而导致的安全事故，技术事故的结果往往具有毁灭性的特点。

（4）环境事故

环境事故主要是指建筑实体在施工和使用过程中，由于使用环境或周边环境的原因而导致的安全事故。环境事故的发生，往往容易归于自然灾害，但其实还是缺乏对于环境事故的预判和防治能力。

2. 按事故类别分类

根据《企业职工伤亡事故分类》GB 6441—1986 将事故类别分为 20 类，即物体打击、车辆伤害、机械伤害、起重伤害、触电、淹溺、灼烫、火灾、高处坠落、坍塌、冒顶片帮、透水、放炮、瓦斯爆炸、火药爆炸、锅炉爆炸、容器爆炸、其他爆炸、中毒和窒息、其他伤害。

3. 按事故受伤性质分类

受伤性质是指人体受伤的类型，实质上是从医学的角度给创伤的具体名称，常见的有：电伤、挫伤、割伤、刺伤、扭伤、倒塌压埋伤、冲击伤等。

4. 按生产安全事故造成的人员伤亡或直接经济损失分类

根据中华人民共和国国务院令第 493 号《生产安全事故报告和调查处理条例》第三条规定：生产安全事故（以下简称事故）造成的人员伤亡或直接经济损失，事故一般分为特别重大事故、重大事故、较大事故、一般事故四个等级。

7.3.2 职业伤害事故的处理

1. 安全事故处理的原则（四不放过的原则）

强化安全生产监管监察行政执法。各级安全生产监督监察机构要增强执法意识，做到严格、公正、文明执法。依法对生产经营单位安全生产情况进行监督检查，指导督促生产经营单位建立健全安全生产责任制，落实各项防范措施。组织开展好企业安全评估，搞好分类指导和重点监管。对严重忽视安全生产的企业及其负责人或业主，要依法加大行政执法和经济处罚力度。认真查处各类事故，坚持事故原因未查清楚不放过、责任人员未处理不放过、整改措施未落实不放过、有关人员未受到教育不放过的"四不放过"原则，不仅要追究事故直接责任人的责任，同时要追究有关负责人的领导责任。

2. 安全事故报告

依据中华人民共和国国务院令第 75 号《企业职工伤亡事故报告和处理规定》及《建设工程安全生产管理条例》，安全事故的报告要求及内容如下：

（1）施工单位事故报告要求

生产安全事故发生后，受伤者或最先发现事故的人员应立即用最快的通信手段，将发生事故的时间、地点、伤亡人数、事故原因等情况，向施工单位负责人报告；施工单位负责人接到报告后，应在 1 小时内向事故发生地县级以上人民政府建设主管部门和有关部门报告。

情况紧急时，事故现场有关人员可以直接向事故发生地县级以上人民政府建设主管部门和有关部门报告。

实行施工总承包的建设工程，由总承包单位负责上报事故。

（2）建设主管部门事故报告要求

建设主管部门接到事故报告后，应当依照下列规定上报事故情况，并通知安全生产监督管理部门、公安机关、劳动保障行政主管部门、工会和人民检察院：

较大事故、重大事故及特别重大事故逐级上报至国务院建设主管部门；

一般事故逐级上报至省、自治区、直辖市人民政府建设主管部门；

建设主管部门依照本条规定上报事故情况，应当同时报告本级人民政府。国务院建设主管部门接到重大事故和特别重大事故的报告后，应当立即报告国务院。

必要时，建设主管部门可以越级上报事故情况。

建设主管部门按照上述规定逐级上报事故情况时，每级上报的时间不得超过 2 小时。

3. 安全事故调查

(1) 参加调查组的单位

1) 轻伤、重伤事故，由企业负责人或者其指定人员组织生产、技术、安全等有关人员以及工会成员参加的事故调查组，进行调查。

2) 死亡事故，由企业主管部门会同企业所在地设区的市（或者相当于社区的市一级）安全行政主管部门、劳动部门、公安部门、工会组成事故调查组，进行调查。

3) 重大伤亡事故，按照企业的隶属关系由省、自治区、直辖市企业主管部门或者国务院有关主管部门会同同级安全行政管理部门、劳动部门、公安部门、监察部门、工会组成事故调查组，进行调查。

4) 事故调查组应当邀请人民检察院派员参加，还可以邀请其他部门的人员参加和有关专家参加。

(2) 事故调查组成员

1) 具有事故调查所需要的某一方面的专长。

2) 与所发生事故没有直接利害关系。

(3) 事故调查组的职责

1) 查明事故发生原因、过程和人员伤亡、经济损失情况；

2) 确定事故责任者；

3) 提出事故处理意见和防范措施的建议；

4) 写出事故调查报告。

事故调查组有权向发生事故的企业和有关单位、有关人员了解有关情况和索取有关资料，相关单位和个人不得拒绝。

事故调查组在查明事故情况后，如果对事故的分析和事故责任者的处理不能取得一致的意见，劳动部门有权提出结论性意见；如果仍有不同意见，应当报上级劳动部门及有关部门处理；仍不能达成一致意见的，报同级人民政府裁决。但不得超过事故处理工作的时限。

任何单位和个人不得阻碍、干涉事故调查组的正常工作。

(4) 事故报告的内容

1) 事故发生单位概况。

2) 事故发生经过和事故救援情况。

3) 事故造成的人员伤亡和直接经济损失。

4) 事故发生的原因和事故的性质。

5) 事故责任的认定及对事故责任者的处理建议。

6) 事故防范和整改措施。

事故调查报告应当附具有关证据材料。事故调查组成员应当在事故调查报告上签名。

事故调查报告报送负责事故调查的人民政府后，事故调查工作即告结束。事故调查的有关资料应当归档保存。

4. 安全事故处理

(1) 施工单位的事故处理

1) 事故现场处理

事故处理是落实"四不放过"原则的核心环节。当事故发生后，事故发生单位应当严格保护事故现场，做好标识，排除险情，采取有效措施抢救伤员和财产，防止事故蔓延扩大。

事故现场是追溯判断发生事故原因和事故责任人的客观物质基础。因抢救人员、疏导交通等原因，需要移动现场物件时，应当做出标志，绘制现场简图并做出书面记录，妥善保存现场重要痕迹、物证，有条件的可以拍照和录像。

2）事故登记

施工现场要建立安全事故登记表，作为安全事故档案，对发生事故人员的姓名、性别、年龄、工种等级，负伤时间、伤害程度、负伤部位及情况、简要经过及原因记录归档。

3）事故分析记录

施工现场要有安全事故分析记录，对发生轻伤、重伤、死亡、重大设备事故及未遂事故必须按"四不放过"的原则组织分析，查处主要原因，分清责任，提出防范措施，应吸取的教训要记录清楚。

4）要坚持安全事故月报制度，若当月无事故也要报空表。

（2）建设主管部门的事故处理

1）建设主管部门应当依照有关人民政府对事故的批复和对有关法律法规的规定，对事故相关责任者实施行政处罚。处罚权限不属本级建设主管部门的，应当在收到事故调查报告批复后15个工作日内，将事故调查报告（附具有关证据材料）、结案批复、本级建设主管部门对有关责任者的处理建议等转送有权限的建设主管部门。

2）建设主管部门应当依照有关法律法规的规定，对因降低安全生产条件导致事故发生的施工单位给予暂扣或吊销安全生产许可证的处罚；对事故负有责任的相关单位给予罚款、停业整顿、降低资质等级或吊销资质证书的处罚。

3）建设主管部门应当依照有关法律法规的规定，对事故发生负有责任的注册职业资格人员给予罚款、停止执业或吊销其注册职业资格证书的处罚。

7.4　建设工程项目环境管理

由于人口迅猛增长和经济的快速发展，导致了生态环境状况的日益恶化。环境问题使人类的基本生存条件面临严峻挑战，保护与改善环境质量，维持生态平衡，已成为世界各国谋求可持续发展的一个重要问题。

建设工程是人类社会发展过程中一项规模浩大、旷日持久的频密生产活动。在这个生产过程中，不仅改变了自然环境，还不可避免地对环境造成污染和损害。因此，在建设工程生产过程中，要竭尽全力控制工程对资源环境污染和损害程度，采用组织、技术、经济和法律的手段，对不可避免的环境污染和资源损坏予以治理，保护环境，造福人类，防止人类与环境关系的失调，促进经济建设、社会发展和环境保护的协调发展。

7.4.1　环境保护概述

环境保护是按照法律法规、各级主管部门和企业的要求，保护和改善作业现场的环境，控制现场的各种粉尘、废水、废气、固体废弃物、噪声和振动等对环境的污染和危害。

1. 环境保护的意义

1）保护和改善施工环境是保证人们身体健康和社会文明的需要。

2）保护和改善施工现场环境是消除对外部干扰、保证施工顺利进行的需要。在城市中施工时，扰民问题反映突出，针对工程情况及时采取措施，也是保证工程顺利进行的条件。

3）保护和改善施工环境是现代化大生产的客观要求。

4）节约能源，保护人类生存环境、保证社会和企业可持续发展的需要。为了保护后代赖以生存的环境条件，每个企业和公民都有责任和义务保护环境，同时这也是企业发展的基础和动力。

2. 环境保护的基本原则

1）经济建设与环境保护协调发展的原则；

2）预防为主、防治结合、综合治理的原则；

3）依靠群众保护环境的原则；

4）环境经济责任原则，即污染者付费的原则。

3. 环境保护的主要内容

1）预防和治理由生产生活活动所引起的环境污染；

2）防止由建设和开发活动引起的环境破坏；

3）保护有特殊价值的自然环境；

4）其他。如防止臭氧层破坏、防止气候变暖、国土整治、城乡规划、植树造林、控制水土流失和荒漠化等。

4. 施工现场的环境因素影响

通常建设工程施工现场环境因素对环境的影响类型见表7-1。

环境因素的影响 表7-1

序号	环境因素	产生的地点、工序和部位	环境影响
1	噪声的排放	施工机械、运输设备、电动工具运行中	影响人体健康、居民休息
2	粉尘的排放	施工场地平整、土堆、砂堆、石灰、现场路面、进出车辆车轮带泥沙、水泥搬运、混凝土搅拌、木工房锯末、喷砂、除锈、衬里	污染大气、影响居民身体健康
3	运输的遗撒	现场渣土、商品混凝土、生活垃圾、原材料运输当中	污染路面、影响居民生活
4	危险化学品、油品的泄漏或挥发	实验室、油漆库、油库、化学材料库及其作业面	污染土地和人员健康
5	有毒有害废弃物排放	施工现场、办公区、生活区废弃物	污染土地、水体、大气
6	生产、生活污水的排放	现场搅拌站、厕所、现场洗车处、生活区服务设施、食堂等	污染水体
7	生产用水、用电消耗	现场、办公室、生活区	资源浪费

续表

序号	环境因素	产生的地点、工序和部位	环境影响
8	办公用纸的消耗	办公室、现场	资源浪费
9	光污染	现场焊接、切割作业、夜间照明	影响居民生活、休息和临近人员健康
10	离子辐射	放射源储存、运输、使用中	严重危害居民、人员健康
11	混凝土防冻剂（氨味）的排放	混凝土使用当中	影响健康
12	混凝土搅拌站噪声、粉尘、运输遗撒污染	混凝土搅拌站	严重影响了周围居民生活、休息

5. 施工现场环境保护的基本规定

1）工程的施工组织设计中应有防治扬尘、噪声、固体废弃物和废水等污染环境的有效措施，并在施工作业中认真组织实施。

2）施工现场应建立环境保护管理体系，责任落实到人，并保证有效运行。

3）对施工现场防治扬尘、噪声、水污染及环境保护管理工作进行检查。

4）定期对职工进行环保法规知识培训考核。

施工现场噪声
污染的处理

7.4.2 建设工程项目环境保护措施

建设工程项目环境保护措施主要是指根据具体施工计划制定防止施工环境污染的措施，以防止工程施工区附近地区的环境污染和破坏。

1. 施工现场防控水污染的基本要求

1）搅拌机前台、混凝土输送泵及运输车辆清洗处应设置沉淀池，废水未经沉淀处理不得直接排入市政污水管网，经二次沉淀后方可排入市政污水管网或回收用于洒水降尘。

2）施工现场现制水磨石作业的污水，禁止随地排放。作业时要严格控制污水流向，在合理位置设置沉淀池，经沉淀后方可排入市政污水管网。

3）对于施工现场气焊用的乙炔发生罐产生的污水严禁随地倾倒，要求专用容器集中存放，并倒入沉淀池处理，以免污染环境。

4）现场要设置专用的油漆油料库，并对库房地面做防渗处理，储存、使用及保管要采取措施和专人负责，防止油料泄漏而污染土壤水体。

5）施工现场的临时食堂，用餐人数在100人以上的，应设置简易有效的隔油池，使产生的污水经过隔油池后再排入市政污水管网。

6）禁止将有害废弃物做土方回填，以免污染地下水和环境。

2. 施工现场防控噪声污染的处理基本要求

噪声是影响与危害非常广泛的环境污染问题。它会影响人的睡眠、工作、心理状态、情绪等。

（1）施工噪声的类型

1）机械性噪声，如：柴油打桩机、推土机、挖土机、搅拌机、风钻、风铲、混凝土振捣器、木材加工机械等发出的噪声。

2）空气动力性噪声，如：通风机、鼓风机、空气锤打桩机、电锤打桩机、空气压缩机、铆枪等发出的噪声。

3）电磁性噪声，如：发电机、变压器等发出的噪声。

4）爆炸性噪声，如：放炮作业过程中发出的噪声。

（2）施工噪声的基本处理措施

1）施工现场的搅拌机、固定式混凝土输送泵、电锯、大型空气压缩机等强噪声机械设备应搭设封闭性机械棚，并应尽可能离居民区远一些设置，以减少强噪声的污染。

2）尽量选用低噪声或备有消声降噪设备的机械。

3）凡在居民密集区进行强噪声施工作业时，要严格控制施工作业时间，晚间作业不超过 22 时，早晨作业不早于 6 时。特殊情况下需昼夜施工时，应尽量采取降噪措施，并会同建设单位做好周围居民的工作，同时报工地所在地环保部门备案后方可施工。

4）施工现场要严格控制人为的大声喧哗，增强施工人员防噪声扰民的自觉意识。加强施工现场环境噪声的长期监测，要有专人监测管理，并做好记录。凡超过国家标准《建筑施工场界环境噪声排放标准》GB 12523—2011 标准（见表 7-2）的，要及时进行调整，达到施工噪声不扰民的目的。

建筑施工场界噪声限值

表 7-2

施工阶段	主要噪声源	噪声限值〔dB（A）〕	
		昼间	夜间
土石方	推土机、挖掘机、装载机等	75	55
打桩	各种打桩机械等	85	禁止施工
结构	混凝土搅拌机、振捣器、电锯等	70	55
装修	吊车、升降机等	65	55

3. 施工现场防控空气污染的基本要求

1）施工现场外围设置的围挡不得低于 1.8m，以便避免或减少污染物向外扩散。

2）施工现场的主要运输道路必须进行硬化处理。现场应采取覆盖、固化、绿化、洒水等有效措施，做到不泥泞、不扬尘。

3）应有专人负责环保工作，并配备相应的洒水设备，及时洒水，减少扬尘污染。

4）对现场有毒有害气体的产生和排放，必须采取有效措施进行严格控制。

5）对于多层或高层建筑物内的施工垃圾，应采用封闭的专用垃圾道或容器吊运，严禁随意临空抛洒造成扬尘。现场内还应设置封闭式垃圾站，施工垃圾和生活垃圾分类存放。施工垃圾应及时清运，消运时应尽量洒水或覆盖减少扬尘。

6）拆除旧建筑物、构筑物时，应配合洒水，减少扬尘污染。

7）水泥和其他易飞扬的细颗粒散体材料应密闭存放，使用过程中应采取有效的措施防止扬尘。

8）对于土方、渣土的运输，必须采取封盖措施。现场出入口处设置冲洗车辆的设施，出场时必须将车辆清洗干净，不得将泥沙带出现场。

9）市政道路施工铣刨作业时，应采用冲洗等措施，控制扬尘污染。灰土和无机料应采用预拌进场，碾压过程中应洒水降尘。

10）混凝土搅拌，对于城区内施工，应使用商品混凝土，从而减少搅拌扬尘；在城区外施工，搅拌站应搭设封闭的搅拌棚，搅拌机上应设置喷淋装置（如 JW－1 型搅拌机雾化器）方可施工。

11）对于现场内的锅炉、茶炉、大灶等，必须设置消烟除尘设备。

12）在城区、郊区城镇和居民稠密区、风景旅游区、疗养区及国家规定的文物保护区内施工的工程，严禁使用敞口锅熬制沥青。凡进行沥青防潮防水作业时，要使用密闭和带有烟尘处理装置的加热设备。

13）暂时不开发的空地 100％必须进行绿化。

4. 施工现场防控固体废弃物污染的基本要求

（1）施工现场固体废物的处理规定

在工程建设中产生的固体废物处理，必须根据《中华人民共和国固体废物污染环境防治法》的有关规定进行。

1）建设产生固体废物的项目以及建设贮存、利用、处置固体废物的项目，必须依法进行环境影响评价，并遵守国家有关建设项目环境保护管理的规定。

2）建设生活垃圾处置的设施、场所，必须符合国务院环境保护行政主管部门和国务院建设行政主管部门规定的环境保护和环境卫生标准。

3）工程施工单位应当及时清运工程施工过程中产生的固体废物，并按照环境卫生行政主管部门的规定进行利用或者处置。

4）从事公共交通运输的经营单位，应当按照国家有关规定，清扫、收集运输过程中产生的生活垃圾。

5）从事城市新区开发、旧区改建和住宅小区开发建设的单位，以及机场、码头、车站、公园、商店等公共设施、场所的经营管理单位，应当按照国家有关环境卫生的规定，配套建设生活垃圾收集设施。

（2）固体废物的类型

施工现场产生的固体废物主要有三种，包括拆建废物、化学废物及生活固体废物。

1）拆建废物，包括渣土、砖瓦、碎石、混凝土碎块、废木材、废钢铁、废弃装饰材料、废水泥、废石灰、碎玻璃等。

2）化学废物，包括废油漆材料、废油类（汽油、机油、柴油等）、废沥青、废塑料、废玻璃纤维等。

3）生活固体废物，包括炊厨废物、丢弃食品、废纸、废电池、生活用具、煤灰渣、粪便等。

（3）固体废物的治理方法

废物处理是指采用物理、化学、生物处理等方法，将废物在自然循环中，加以迅速、有效、无害的分解处理。根据环境科学理论，可将固体废物的治理方法概括为无害化、安定化和减量化三种。

1）无害化（亦称安全化）：是将废物内的生物化或化学性的有害物质，进行无害化或安全化处理。例如，利用焚化处理的化学法，将微生物杀灭，促使有毒物质氧化或分解。

2）安定化：是指为了防止废物中的有机物质腐化分解，产生臭味或衍生成有害微生物，将此类有机物质通过有效的处理方法，不再继续分解或变化。如，以厌氧性的方法处理生活废物，使其实时产生甲烷气，使处理后的残余物完全腐化安定，不再发酵腐化分解。

3) 减量化：大多废物疏松膨胀、体积庞大，不但增加运输费用，而且占用堆填处置场地大。减量化废物处理是将固体废物压缩或液体废物浓缩，或将废物无害焚化处理，烧成灰烬，使其体积缩小至 1/10 以下，以便运输堆填。

(4) 固体废物的处理

1) 物理处理：包括压实浓缩、破碎、分选、脱水干燥等。这种方法可以浓缩或改变固体废物结构，但不破坏固体废物的物理性质。

2) 化学处理：包括氧化还原、中和、化学浸出等。这种方法能破坏固体废物中的有害成分，从而达到无害化，或将其转化成适于进一步处理、处置的形态。

3) 生物处理：包括氧化处理、厌氧处理等。

4) 热处理：包括焚化、热解、焙烧、烧结等。

5) 固化处理：包括水泥固化法和沥青固化法等。

6) 回收利用和循环再造：将拆建物料再作为建筑材料利用；做好挖填土方的平衡设计，减少土方外运；重复使用场地围挡、模板、脚手架等物料；将可用的废金属、沥青等物料循环再用。

建设工程项目
环境保护

7.4.3 建设工程项目文明施工管理

文明施工是环境管理的一部分，鉴于施工现场的特殊性和国家有关部门以及各地对建筑业文明施工的重视，另行列出有关要求。由于各地对施工现场文明施工的要求不尽一致，项目经理部在进行文明施工管理时应按照当地的要求进行。文明施工管理应当与当地的社区文化、民族特点及风土人情有机结合，树立项目管理良好的社会影响。

文明施工主要包括以下几方面的工作：

1) 规范施工现场的场容，保持作业环境的整洁和卫生。

2) 科学组织施工，使生产有序进行。

3) 减少施工对周边居民和环境的影响。

4) 保证职工的安全和身体健康。

1. 围挡管理

围挡设置的目的是为了防止周边无关人员误入施工现场从而造成不必要的伤害，同时也是为了防止在施工过程中，给周边的环境造成影响。围挡一般分为现场围挡和建筑物围挡两部分。基本要求为：

1) 施工现场的围挡必须采用封闭围挡，围挡高度按当地行政区域的划分，市区主要路段高度不低于 2.5m；一般路段高度不低于 1.8m。

2) 施工现场的围挡必须沿工地四周连续设置，不得有缺口。并且围挡要坚固、平稳、严密、整洁、美观。

3) 围挡材料应选用砌体、金属板材等硬质材料，禁止使用彩条布、竹笆、安全网等易变形材料。

4) 施工中建筑物应当使用符合国家标准、规范要求的密目式安全网进行防护。

5) 施工单位应同建设单位、监理单位对围挡进行验收，合格后使用，并建立巡查、验收档案。

2. 封闭管理

1）施工现场出入大门的形式，各企业、地区可以按照自己的特点进行设计。出入口应标有企业名称或者企业标识。

2）施工现场应该为钢制大门，大门牢固、美观。高度不宜低于 4m。

施工现场
安全标志

3）施工现场出入口设门卫室，加强对现场材料、构件、设备的进出监督管理。

4）为加强对出入现场人员的管理，施工人员应佩戴工作卡以示证明。

5）根据工程的性质和特点，出入大门口的形式，各企业各地区可按各自的实际情况确定。

3. 场容场貌

（1）施工现场大门内必须设置明显的"七牌两图"。

1）七牌

施工标志牌、安全生产措施牌、环境保护、文明施工牌、入场须知牌、消防保卫牌、管理人员名单及监督电话牌、建筑工人维权须知牌。

2）两图

施工现场总平面图、工程立体效果图。

（2）对于文明施工、环境保护和易发生伤亡事故（或危险）处，应设置明显的、符合国家标准要求的安全警示标志牌。

（3）设置施工现场安全"五标志"，即：指令标志（佩戴安全帽、系安全带），禁止标志（禁止通行、禁止抛物等），警告标志（当心落物、小心坠落等），提示标志（安全通道、火警、盗警、急救中心电话等）和电力安全标志（禁止合闸、当心有电等）。

（4）现场主要运输通道尽量采用循环方式设置或有车辆调头的位置，保证道路通畅。

（5）现场道路有条件的可采用混凝土路面，无条件的可采用其他硬化路面。现场地面也应进行硬化处理，以免现场扬尘，雨后泥泞。

（6）施工现场必须有良好的排水设施，保证排水通畅。

（7）现场内的施工区、办公区和生活区要分开设置，保持安全距离，并设标志牌。办公区和生活区应根据实际条件进行绿化。

（8）各类临时设施必须根据施工总平面图布置，而且要整齐、美观。办公和生活用的临时设施宜采用轻体保温或隔热的活动房，既可多次周转使用，降低暂设成本，又可达到整洁美观的效果。

（9）施工现场临时用电线路的布置，必须符合安装规范和安全操作规程的要求，严格按施工组织设计进行架设，严禁任意拉线接电。而且必须设有保证施工要求的夜间照明。

（10）工程施工的废水、泥浆应经流水槽或管道流到工地集水池统一沉淀处理，不得随意排放和污染施工区域以外的河道、路面。

（11）现场材料、工具堆放

1）施工现场的材料、构件、工具必须按施工平面图规定的位置堆放，不得侵占场内道路及安全防护等设施。

2）各种材料、构件堆放应按品种、分规格整齐堆放，并设置明显标牌。

3）施工作业区的垃圾不得长期堆放，要随时清理，做到每天工完清场。

4）易燃易爆物品不能混放，要有集中存放的库房。班组使用的零散易燃易爆物品，必须按有关规定存放。

5）对于楼梯间、休息平台、阳台邻边等地方不得堆放物料。

4．现场安全防护

根据建设行政主管部门有关建筑工程安全防护的有关规定，项目经理部必须做好施工现场安全防护工作。

1）施工邻边、洞口交叉、高处作业及楼板、阳台等邻边防护，必须采用密目式安全立网全封闭，作业层要另加防护栏杆和18cm高的踢脚板。

2）通道口设防护棚，防护棚应为不小于5cm厚的木板或两道相距50cm的竹笆，两侧应沿栏杆架用密目式安全网封闭。

3）预留洞口用木板全封闭防护，对于短边超过1.5m长的洞口，除封闭外四周还应设有防护栏杆。

4）电梯井口设置定型化、工具化、标准化的防护门，在电梯井内每隔两层（不大于10m）设置一道安全平网。

5）楼梯边设1.2m高的定型化、工具化、标准化的防护栏杆，18cm高的踢脚板。

6）垂直方向交叉作业，应设置防护隔离棚或其他设施防护。

7）高空作业施工，必须有悬挂安全带的悬索或其他设施，有操作平台，有上下的梯子或其他形式的通道。

5．现场防火

1）施工现场应根据工程实际情况，订立消防制度或消防措施。

2）按照不同作业条件和消防有关规定，合理配备消防器材，符合消防要求。消防器材设置点要有明显标志，夜间设置红色警示灯，消防器材应垫高设置，周围2m内不准乱放物品。

3）当建筑施工高度超过30m（或当地规定）时，为防止单纯依靠消防器材灭火不能满足要求，应配备有足够的消防水源和自救的用水量。扑救电气火灾不得用水，应使用干粉灭火器。

4）在容易发生火灾的区域施工或储存、使用易燃易爆器材时，必须采取特殊的消防安全措施。

5）现场动火必须经有关部门批准，设专人管理。五级风及以上禁止使用明火。

6）坚决执行现场防火"五不走"的规定，即：交接班不交代不走、用火设备火源不熄灭不走、用电设备不拉闸不走、可燃物不清干净不走、发现险情不报告不走。

6．现场临时用电

（1）施工现场临时用电配电线路

1）按照TN-S系统要求配备五芯电缆、四芯电缆和三芯电缆。

2）按要求架设临时用电线路的电杆、横担、瓷夹、瓷瓶等，或电缆埋地的地沟。

3）对靠近施工现场的外电线路，设置木质、塑料等绝缘体的防护设施。

（2）配电箱、开关箱

1）按三级配电要求，配备总配电箱、分配电箱、开关箱、三类标准电箱。开关箱应符合一机、一箱、一闸、一漏。三类电箱中的各类电器应是合格品。

2）按两级保护的要求，选取符合容量要求和质量合格的总配电箱和开关箱中的漏电保护器。

3）接地保护：装置施工现场保护零线的重复接地应不少于三处。

7. 现场生活设施

1）职工生活设施要符合卫生、安全、通风、照明等要求。

2）职工的膳食、饮水供应等应符合卫生要求。炊事员必须有卫生防疫部门颁发的体检合格证。生熟食分别存放，炊事员要穿白工作服，食堂卫生要定期清扫检查。

3）施工现场应设置符合卫生要求的厕所，有条件的应设水冲式厕所，并有专人清扫管理。现场应保持卫生，不得随地大小便。

4）生活区应设置满足使用要求的淋浴设施和管理制度。

5）生活垃圾要及时处理，不能与施工垃圾混放，并设专人管理。

6）职工宿舍要考虑到季节性的要求，冬季应有保暖、防煤气中毒措施；夏季应有消暑、防虫叮咬措施，保证施工人员的良好睡眠。

7）宿舍内床铺及各种生活用品放置要整齐，通风良好，要符合安全疏散的要求。

8）生活设施的周围环境要保持良好的卫生条件，周围道路、院区平整，并要设置垃圾箱和污水池，不得随意乱泼乱倒。

8. 综合治理

1）项目部应做好施工现场安全保卫工作，建立治安保卫制度和责任分子，并有专人负责管理。

2）施工现场在生活区域内适当设置职工业余生活场所，以便施工人员工作后能劳逸结合。

3）现场施工必须采取不扰民措施，要设置防尘和防噪声设施，做到噪声不超标。

4）为适应现场可能发生的意外伤害，现场应配备相应的保健药箱和一般常用药品及应急救援器材，以便保证及时抢救，不扩大伤势。

5）为保障施工作业人员的身心健康，应在流行病发生季节及平时，定期开展卫生防疫的宣传教育工作。

6）施工作业区的垃圾不得长期堆放，要随时清理，做到每天工完场清。

7）施工现场应设置密闭式垃圾站，施工垃圾，生活垃圾应分类存放。施工垃圾必须采用相应容器或管道运输。

 例题讲解

【例7-2】某中心项目按照集团公司企业识别系统规范及施工现场文明标志要求设置宣传栏、警示栏，悬挂企业标志、安全标语、宣传图片，制做了企业精神、企业理念和管理方针等展板，平时非常注重安全培训。为了保证文明施工，专门雇用了保洁队清洗围挡，打扫卫生，设洒水车对工地进行洒水降尘。在施工现场所有单元门和安全通道处，悬挂了"注意脚下，多看头上，安全第一"的温馨告示。项目部为了有效降低噪声，进行了细致的规范并购买了相应的设施。为了防止粉尘的污染，在施工现场入口设置了车辆清洗坪，购置了冲洗设备，确保净车出场。

问题：1）现场文明施工管理的基本要求是什么？

2) 按照文明施工管理的要求，施工现场的场容管理的主要工作有哪些？

【解】1) 现场文明施工管理的基本要求是：①建筑施工现场应当做围挡、大门、标牌标准化，材料码放整齐化，安全设施规范化，生活设施整洁化，职工行为文明化，工作生活秩序化；②建筑工程施工要做到工完场清、施工不扰民、现场不扬尘、运输无遗撒、垃圾不乱弃，努力营造良好的施工作业环境。

2) 施工现场的场容管理的主要工作有：①施工现场的场容管理应建立在施工平面图设计合理安排和物料器具定位管理标准化的基础上，项目经理部应根据施工条件，按照施工总平面图、施工方案和施工进度计划的要求，进行所负责区域的施工平面图的规划、设计、布置、使用和管理；②施工现场的主要机械设备、脚手架、密目式安全网与围挡、模具、施工临时道路、各种管线、施工材料制品堆场及仓库、土方及建筑垃圾堆放区、变配电间、消防栓、警卫室、现场的办公、生产和临时设施等的布置，均应符合施工平面图的要求；③施工现场的施工区域应与办公、生活区划分清晰，并应采取相应的隔离防护措施。施工现场的临时用房应选址合理，并应符合安全、消防要求和国家有关规定。在建工程内严禁住人；④施工现场应设置办公室、宿舍、食堂、厕所、淋浴间、开水房、文体活动室、密闭式垃圾站及盥洗设施等临时设施，临时设施所用建筑材料应符合环保、消防要求；⑤施工现场应设置畅通的排水沟渠系统，保持场地道路的干燥坚实、泥浆和污水未经处理不得直接排放。施工现场应硬化处理，有条件时可对施工现场进行绿化布置。

7.4.4　建设工程项目的绿色施工

1. 建设工程项目绿色施工概述

绿色施工作为建筑全寿命周期中的一个重要阶段，是实现建筑领域资源节约和节能减排的关键环节。绿色施工是指工程建设中，在保证质量、安全等基本要求的前提下，通过科学管理和技术进步，最大限度地节约资源并减少对环境负面影响的施工活动，实现节能、节地、节水、节材和环境保护（"四节一环保"）。

建设工程项目
绿色施工

实施绿色施工，应依据因地制宜的原则，贯彻执行国家、行业和地方相关的技术经济政策。绿色施工应是可持续发展理念在工程施工中全面应用的体现，绿色施工并不仅仅是指在工程施工中实施封闭施工，没有尘土飞扬，没有噪声扰民，在工地四周栽花、种草，实施定时洒水等这些内容，它涉及可持续发展的各个方面，如生态与环境保护、资源与能源利用、社会与经济的发展等内容。

绿色施工是可持续发展思想在工程施工中的应用体现，是绿色施工技术的综合应用。绿色施工技术并不是独立于传统施工技术的全新技术，而是用"可持续"的眼光对传统施工技术的重新审视，是符合可持续发展战略的施工技术。

2. 工程项目绿色施工的施工要求

1) 在临时设施建设方面，现场搭建活动房屋之前应按规划部门的要求取得相关手续。建设单位和施工单位应选用高效保温隔热、可拆卸循环使用的材料搭建施工现场临时设施，并取得产品合格证后方可投入使用。工程竣工后一个月内，选择有合法资质的拆除公司将临时设施拆除。

2) 在限制施工降水方面，建设单位或者施工单位应当采取相应方法，隔断地下水进入施工区域。因地下结构、地层及地下水、施工条件和技术等原因，使得采用帷幕隔水方法很难实施或者虽能实施，但增加的工程投资明显不合理的，施工降水方案经过专家评审并通过后，可以采用管井、井点等方法进行施工降水。

3）在控制施工扬尘方面，工程土方开挖前施工单位应按《绿色施工规程》的要求，做好洗车池和冲洗设施、建筑垃圾和生活垃圾分类密闭存放装置、沙土覆盖、工地路面硬化和绿色施工 生活区绿化美化等工作。

4）在渣土绿色运输方面，施工单位应按照要求，选用已办理"散装货物运输车辆准运证"的车辆，持"渣土消纳许可证"从事渣土运输作业。

5）在降低声、光排放方面，建设单位、施工单位在签订合同时，注意施工工期安排及已签合同施工延长工期的调整，应尽量避免夜间施工。因特殊原因确需夜间施工的，必须到工程所在地区县建委办理夜间施工许可证，施工时要采取封闭措施降低施工噪声并尽可能减少强光对居民生活的干扰。

3. 建设工程项目绿色施工的措施

1）建设和施工单位要尽量选用高性能、低噪声、少污染的设备，采用机械化程度高的施工方式，减少使用污染排放高的各类车辆。

2）施工区域与非施工区域间设置标准的分隔设施，做到连续、稳固、整洁、美观。硬质围栏/围挡的高度不得低于 2.5m。

3）易产生泥浆的施工，须实行硬地坪施工；所有土堆、料堆须采取加盖防止粉尘污染的遮盖物或喷洒覆盖剂等措施。

4）施工现场使用的热水锅炉等必须使用清洁燃料。不得在施工现场熔融沥青或焚烧油毡、油漆以及其他产生有毒、有害烟尘和恶臭气体的物质。

5）建设工程工地应严格按照防汛要求，设置连续、通畅的排水设施和其他应急设施。

6）市区（距居民区 1000m 范围内）禁用柴油冲击桩机、振动桩机、旋转桩机和柴油发电机，严禁敲打导管和钻杆，控制高噪声污染。

7）施工单位须落实门前环境卫生责任制，并指定专人负责日常管理。施工现场应设密闭式垃圾站，施工垃圾、生活垃圾分类存放。

8）生活区应设置封闭式垃圾容器，施工场地生活垃圾应实行袋装化，并委托环卫部门统一清运。

9）鼓励建筑废料、渣土的综合利用。

10）对危险废弃物必须设置统一的标识分类存放，收集到一定量后，交有资质的单位统一处置。

11）合理、节约使用水、电。大型照明灯须采用俯视角，避免光污染。

12）加强绿化工作，搬迁树木须手续齐全；在绿化施工中科学、合理地使用与处置农药，尽量减少对环境的污染。

绿色建筑的等级
划分技术要求
（精简）

综上所述，绿色施工无论是节约资源还是环境保护都是以可持续发展为目的、以绿色施工技术和绿色施工管理为途径、以施工作业对现场周边环境的负面影响最小为重点，追求尽可能减少资源消耗和保护环境的工程建设活动。

 思政案例

宁波博物馆绿色施工案例

宁波博物馆坐落于拥有 7000 年悠久历史的古城宁波，它是一座具有地域特色的综合性博物馆。

博物馆的装饰性外墙采用浙东地区的"瓦爿（pán）墙"和特殊模板清水混凝土墙。"瓦爿（pán）墙"的面积是 1.3 万平方米左右，高 24m，约占整个博物馆外墙的一半，所用的材料为宁波旧城改造中积累下来的旧砖瓦，斜壁采用的是具有江南特色的毛竹制成特殊模板清水混凝土墙，毛竹随意开裂后形成的肌理效果清晰地显现，这是设计师"新乡土主义"建筑理念的表达。

博物馆的入口处，正面的那些高低错落、各种各样的材质的小窗户，基本上也都是利用旧材料完成的。

宁波博物馆的外观被塑造成一座山的片段，主体三层、局部五层，主体二层以下集中布局，两层以上建筑开裂、微微倾斜，演变成抽象的山体，将宁波地域文化特征、传统建筑元素与现代建筑形式和工艺融为一体。

宁波博物馆的建造大量使用了回收的旧材料，节约了资源，体现了绿色施工中"四节一环保"的节材和节能的理念，同时也体现了循环建造这一中国传统美德。墙的砌筑是由工匠手工砌筑而成，体现了对传统技艺的传承。

 本章小结

本章依据《建设工程项目管理规范》GB/T 50326—2017 介绍了职业健康安全与环境管理的相关知识，重点阐述了安全管理的任务、安全生产制度、现场管理及环境保护的相关要求。

安全管理部分重点阐述了我国安全管理比较成熟的各项安全生产管理制度：安全生产责任制度、安全生产教育培训制度、安全监察检查制度、专项施工方案管理制度、生产安全事故报告制度、生产安全事故应急救援制度、"三同时"制度、工伤保险制度、建筑施工企业安全生产许可制度，安全事故的分类及事故的处理。

建筑工程环境管理部分重点强调了施工现场的污染源、施工现场环保的措施、文明施工相关规定、工程项目的绿色施工等。

要求学生在学习本情境过程中，应注意理论联系实际；通过解析多个案例，初步掌握理论知识，再通过有效地完成项目实践，提高实践动手能力。

 本章习题

一、单项选择题

1. 工程施工现场设置的钢制大门高度不宜低于（　　）m。

A. 3.0　　　　　　　　　　　　　　　B. 4.0

C. 4.5　　　　　　　　　　　　　　　D. 5.0

2. 存在于以中心事物为主体的外部周边事物的客体称为环境。在环境科学领域里的中心事物是（　　）。

A. 自然环境
B. 人类环境
C. 社会环境
D. 生态环境

3. 安全控制方针中"安全第一，预防为主"的"安全第一"是充分体现了（　　）的理念。

A. 安全生产，安全施工
B. 以人为本
C. 保证人员健康安全和财产免受损失
D. 以人为本但也要考虑到其他因素

4. 安全生产许可证的有效期限（　　）。

A. 1 年
B. 2 年
C. 3 年
D. 5 年

5. 安全标志中以蓝色为主导颜色的是（　　）。

A. 禁止标志
B. 警告标志
C. 指令标志
D. 提示标志

6. 市区主要路段的维护不得低于（　　）。

A. 1.2m
B. 0.8m
C. 1.5m
D. 2.5m

7. 建设行政主管部门应当在收到事故调查报告批复后（　　）个工作日内，将事故调查报告（附具有关证据材料）、结案批复、本级建设主管部门对有关责任者的处理建议等转送有权限的建设主管部门。

A. 7
B. 14
C. 15
D. 3

8. 按照事故的原因进行分类可分为（　　）。

A. 物体打击，车辆伤害、机械伤害、爆炸伤害、触电等
B. 淹溺、灼烫、火灾、高处坠落以及电烧伤
C. 坍塌以及火灾烧伤等
D. 放炮，爆炸烧伤，烫伤以及爆炸引起的物体打击

9. 一般事故报告逐级上报至（　　）。

A. 省、自治区、直辖市人民政府建设主管部门
B. 县级建设行政主管部门
C. 国务院
D. 国务院建设主管部门

10. 建设工程职业健康安全事故处理原则是（　　）。

A. 事故原因不清楚以及责任者没处理不放过
B. 没有调查而下定论引起的事故不放过
C. 事故责任者逃逸不放过
D. 事故引发原因不清楚，事故责任者未找到不放过

11. 安全事故的处理程序是( )。

A. 报告安全事故，调查对事故责任者进行处理，编写事故报告并上报

B. 报告安全事故，处理安全事故，调查安全事故，对责任者进行处理，编写报告并上报

C. 报告安全事故，调查安全事故，处理安全事故，对责任者进行处理，编写报告并上报

D. 报告安全事故，处理安全事故，调查安全事故，对责任者进行处理

12. 水污染的主要来源不包括( )。

A. 工业污染源　　　　　　　　　　B. 农业污染源

C. 大气污染源　　　　　　　　　　D. 生活污染源

13. 噪声按照振动性质可分为( )。

A. 气体动力噪声、工业噪声、电磁性噪声

B. 气体动力噪声、机械噪声、电磁性噪声

C. 机械噪声、电磁性噪声、建筑施工噪声

D. 机械噪声、气体动力噪声、工业噪声

14. 产品的( )和生产的( )决定了职业健康安全与环境管理的多样性。

A. 单件性；多样性　　　　　　　　B. 多样性；单件性

C. 单件性；复杂性　　　　　　　　D. 多样性；复杂性

15. 产品生产过程的( )决定了职工职业健康安全与环境管理的协调性。

A. 连续性和合作性　　　　　　　　B. 连续性与安全性

C. 连续性与分工性　　　　　　　　D. 安全性与分工性

16. 利用钢筋尾料制作马凳和土支撑，属于绿色施工的"( )"。

A. 节材　　　　　　　　　　　　　B. 节水

C. 节能　　　　　　　　　　　　　D. 节地

17. 利用消防水池或沉淀池，收集雨水或地表水，用于施工生产用水，属于绿色施工的"( )"。

A. 节材　　　　　　　　　　　　　B. 节水

C. 节能　　　　　　　　　　　　　D. 节地

18. 以下属于绿色施工"节能"措施的是( )。

A. 施工现场用绿化代替场地硬化

B. 合理安排施工流程，避免大功率用电设备同时使用

C. 临时设施屋面和墙体采用隔热性能好的材料

D. 生活区采用单独挂表用电计量

19. 施工现场的消防器材应垫高设置，周围( )范围内不准乱放物品。

A. 1.2m　　　　　　　　　　　　　B. 2m

C. 1.5m　　　　　　　　　　　　　D. 2.5m

20. 以下属于绿色施工"节电"措施的是( )。

A. 施工现场用绿化代替场地硬化

B. 合理安排施工流程，避免大功率用电设备同时使用

C. 临时设施屋面和墙体采用隔热性能好的材料

D. 生活区采用单独挂表用电计量

二、多项选择题

1. 建筑工程项目环境管理的目的是（　　）。

A. 保护生态环境，使社会的经济发展与人类的生存环境相协调

B. 控制作业现场的各种粉尘、废水、废气、固体废弃物以及噪声、振动对环境的污染和危害

C. 避免和预防各种不利因素对环境管理造成的影响

D. 考虑能源节约和避免资源的浪费

E. 合理开发和利用自然资源

2. 建筑产品受不同外部环境因素影响多，主要表现在（　　）。

A. 露天作业多 　　　　　　　　　　　B. 气候条件变化的影响

C. 工程地质和水文条件的变化 　　　　D. 地理条件和地域资源的影响

E. 酸雨频繁，使土壤酸化，建筑和材料设备遭腐蚀

3. 建筑工程职业健康安全与环境管理的特点（　　）。

A. 复杂性、多样性、协调性 　　　　　B. 不符合性、时代性

C. 经济性、持续性、不符合性 　　　　D. 可靠性、时代性、经济性

E. 连续性、分工性

4. 在施工安全控制的基本要求中，其中有一项为对查出的安全隐患要做到"五定"，（　　）。

A. 定整改责任人，定整改措施 　　　　B. 定整改完成时间，定整改完成人

C. 定整改检验员，定整改完成人 　　　D. 定整改验收人，定整改监督人

E. 定整改验收人

5. 事故的分类中"五大伤害"是指（　　）。

A. 高处坠落 　　　　　　　　　　　　B. 物体打击

C. 机械伤害 　　　　　　　　　　　　D. 坍塌

E. 起重伤害

6. 绿色施工中的"四节一环保"是指（　　）。

A. 节能 　　　　　　　　　　　　　　B. 节地

C. 节水 　　　　　　　　　　　　　　D. 环境保护

E. 节材

7. 以下对于职业伤害事故描述正确的是（　　）。

A. 物体打击、车辆伤害、机械伤害、触电、淹溺

B. 起重伤害、灼烫、火灾、坍塌、火药爆炸

C. 高处坠落、冒顶片帮、透水、放炮、瓦斯爆炸

D. 锅炉爆炸、容器爆炸、其他爆炸；中毒和窒息、其他伤害等

E. 物体打击属刑事伤害

8. 建设工程职业健康安全事故处理原则为（　　）。

A. 事故原因不清楚不放过

B. 事故责任者和员工没有受到教育不放过

C. 事故责任者没有处理不放过

D. 没有制定防范措施也不放过

E. 事故主要责任人不开除不放过

9. 文明施工主要包括(　　)工作。

A. 规范施工现场的场容，保持作业环境的整洁卫生

B. 科学组织施工，使生产有序进行

C. 减少施工对周围居民和环境的影响

D. 保证职工的安全和身体健康

E. 保护和改善施工环境

10. 施工现场噪声的控制措施有(　　)。

A. 声源控制及传播途径的控制　　　　B. 接收者的防护

C. 严格控制人为噪声　　　　　　　　D. 控制强噪声作业的时间

E. 坚决杜绝强噪声源

三、思考题

1. 事故报告的内容是什么？

2. 施工噪声的主要类型有哪些？

3. 昼间浇筑混凝土，振捣器产生的噪声有何规定？

4. 施工现场固体废物的治理方法有哪些？

5. 什么是三级安全教育？

6. 施工现场中的"三宝""四口""五临边"是什么？

7. 什么是工程项目的"绿色施工"？

8. 绿色施工的措施有哪些？

9. 安全事故处理"四不放过"原则是什么？

10. 文明施工工作的主要内容有哪些？

8 建设工程项目风险管理与信息管理

掌握：建设工程项目风险管理的程序、常用的风险应对策略、风险发生的可能性和大小的度量；建设工程项目信息的基本概念。

熟悉：建设工程风险及风险管理的基本概念、风险管理的重点、风险管理计划的内容；计算机在信息管理中的应用。

了解：建设工程项目信息分类与编码。

8.1 建设工程项目风险概述

古人云"天有不测风云"，意味着生存就有可能面临灾祸。提醒我们要有风险意识，要对世界事物不确定性和风险性有一定程度的认识。在现代的经济活动中，"风险无处不在，风险无时不有"，"风险会带来灾难，风险与机会并存"。而对于规模大、投资多、周期长、产品具有单件性和复杂性特点的建设工程来说，在项目实施过程中存在着更多的不确定因素，比一般产品生产具有更多更大的风险。

建设工程项目
风险概述

工程项目风险管理是指管理人员通过风险识别、风险评价、风险对策及通过多种管理方法、技术和手段对工程项目活动涉及的风险实行有效的控制，采取积极主动的措施，减小风险对项目实施过程的影响，尽量把风险降低到最小，以最小的成本保证工程项目安全、可靠地实现项目的总目标。风险管理直接影响工程项目参与者的经济效益，做好风险管理，可避免许多不必要的损失。因而，在工程项目管理中引入风险管理显得尤为重要。

8.1.1 建设工程项目风险基本概念

1. 风险的概念

风险一词源于法文，17世纪中叶被引入英文（Risk）。风险指的是损失的不确定性，对建设工程项目管理而言，风险是指可能出现的影响项目目标实现的不确定因素。

建设工程项目风险是造成建设项目达不到预期目标的不确定性，或是指那些影响建设项目目标实现的消极的不确定性。建设工程项目的目标是一个十分复杂的系统，其本身建设一次性的特点使其比其他经济活动的不确定性大得多，风险的不可预测性也大得多。

建设工程项目风险会造成项目实施的失控现象，如工期延长、成本增加、计划修改等，最终导致工程经济效益降低。现代工程项目规模大、技术新颖、持续时间长、涉及单位多、与环境接口复杂，可以说在项目建设过程中危机四伏。

2. 风险的基本性质

（1）风险的客观性和必然性

一是表现在它的存在是不是以人的意志为转移的。二是表现在它是无处不在，无时不有的，它存在于人类社会的发展过程中。

（2）风险的不确定性

风险的不确定性，即风险的程度有多大，风险何时何地可能转变为现实均是不肯定的。一方面，不可能准确地预测风险的发生；另一方面，风险的不确定性并不代表风险就完全不可预测。风险活动或事件的发生时间、地点、起因及其后果都具有不确定性，但可以依据历史数据和经验对此做出一定程度上的分析和预测。

（3）风险的不利性

风险一旦产生，就会使风险主体产生挫折、失败甚至损失，这对风险主体是极为不利的。

（4）风险的可变性

风险因素的变化导致风险的性质或后果在一定条件下是可以转化的，也有可能消除风险因素。风险的可变性体现在：

1）风险性质的变化。

2）风险量的变化。

3）某些风险在一定空间和时间范围内被消除。

4）新的风险产生。

（5）风险的相对性

这是针对风险管理主体而言的，在相同的风险情况下，不同的风险主体对风险的承受能力是不同的。也就是说风险对于主体是相对的，风险大小是相对的。

（6）风险同利益的对称性

这是指对风险主体来说风险和利益是必然同时存在的。即风险是利益的代价，利益是风险的回报。

（7）风险的阶段性

风险有潜伏期、发作期和后果期。

3. 工程项目风险的种类

工程项目投资巨大、工期长、参与者众多，整个建设过程都存在着各种各样的风险，从产生风险原因和性质可将风险分为：工程项目外风险和工程项目内风险。

（1）工程项目外风险包括：政治风险、经济风险、自然风险。

1）政治风险。如政局不稳定性，战争、动乱、政变的可能性，国家的对外关系，政府信用和政府廉洁程度，政策及其稳定性，经济的开放程度，国有化的可能性，民众意见及意识形态的变化等。

2）经济风险。经济政策变化，产业结构调整，银根紧缩；工程承包市场、材料供应市场、劳动力市场的变动，物价上涨，通货膨胀速度加快，原材料进口风险、金融风险，外汇汇率的变化等。

3）自然风险。如不可预测的地质条件如泥石流、河塘、垃圾场、流砂、泉眼等，反常的恶劣的雨雪天气，冰冻天气，恶劣的现场条件，周边存在对项目的干扰源，工程项目的建设可能造成对自然环境的破坏，不良的运输条件可能造成供应的中断。

（2）工程项目内风险包括：技术风险和非技术风险。

1）技术风险。是指人们所采取的技术措施及科学技术现状与发展不适应而带来损失的风险，如工程勘测资料和有关文件，工程设计文件，工程施工方案，工程物资，工程机械等。

2）非技术风险。是指项目参与者各方面关系不协调而引起的风险，如计划、组织、管理和协调等。

8.1.2 建设工程项目风险管理

1. 建设工程项目风险管理的概念

风险是客观存在的，不以人的意志为转移的，因此风险管理必不可少。

所谓风险管理，就是人们对潜在的意外损失进行辨识、评估，并根据具体情况采取相应的措施进行处理，即在主观上尽可能做到有备无患，或在客观上无法避免时亦能寻求切实可行的补救措施，从而减少意外损失或化解风险为我所用。

风险因素、风险事件、损失与风险之间的关系

建设工程项目风险管理是指参与工程项目的各方，包括发包方、承包方和勘察、设计、监理单位等在工程项目的策划、设计、施工以及竣工后投入使用等各阶段采取的辨识、评估、处理项目风险的措施和方法。

2. 建设工程项目风险管理的重点

风险管理可以在项目生命周期的任何一个阶段进行。对同一工程项目来说各相关主体利益的不同，其风险管理的侧重点会有所不同；对不同的项目来说，考虑的风险因素和应对策略也有所差异。但是，无论如何目标是共同的，就是力争以最小代价实现项目，即越早对项目进行风险分析和风险管理效果就越好。当然，如果需要实现一些特殊的目标或是目标出现了新的变化时，就更加突出了风险管理的重要性。建设工程项目考虑风险管理的重点如下：

1）重要的时间节点、对象和环节；

2）实施中出现新情况，产生重大变更时；

3）特别的形象进度目标必须实现时；

4）创新项目或引入技术上或组织上的新事物；

5）大规模项目；

6）"三边"工程；

7）涉及敏感问题（生态、移民、拆迁、宗教）的项目。

3. 建设工程风险管理的过程

风险管理是伴随在建设工程项目管理过程中的，已成为项目管理的一大职能，该过程包括以下四个方面：

1）风险识别。确定可能影响项目的风险的种类，识别影响目标实现的风险事件，加以归类整理，决定如何采取和计划一个项目的风险管理活动。

2）风险评估。将项目风险发生的条件、概率及风险事件对项目的影响进行分析，并评估它们对项目目标的影响，按它们对项目目标的影响顺序排列。

3）风险响应。针对不同的风险事件，确定风险对策的最佳组合，编制风险应对计划，制定一些程序和技术手段，用来提高实现项目目标的概率和减少风险的威胁。

4）风险控制。在工程实施过程中对于风险对策的执行情况进行不断的检查，并评估其执行效果，保证对策措施的应用和有效性，监控残余风险，识别新的风险，更新风险计划。

8.2 建设工程项目风险管理

8.2.1 建设工程项目风险识别

风险识别是风险管理的基础和前提,要管理风险必须首先识别风险,对风险的严重程度及可能造成多大的损失必须认真估量,如果风险不能被识别,它就不能被控制、转移或管理。只有弄清楚存在哪些风险,才能对风险的属性和状态进行判断,从而有针对性地提出防范对策。如果不进行风险识别,那么风险评估、风险响应就无从谈起,更不用说风险控制了。

1. 建设工程项目风险识别的含义

风险识别是项目管理人员在收集资料和调查研究之后,运用各种方法对潜在的及存在的各种风险进行系统的归类和识别,确定建设工程项目实施过程中各种可能风险,并将它们作为管理对象的风险管理活动。通常首先罗列对整个工程建设有影响的风险,然后再考虑对本组织有重大影响的风险,以作为全面风险管理的对象。风险识别不是一次性的,而应当贯穿于项目始终。随着项目进展,不确定性逐渐减少,风险识别的内容也会逐渐减少,重点也会有所不同。

2. 建设工程项目风险识别的依据

为了能够正确识别项目风险因素,要从项目相关资料来分析研究。一般来说建设工程项目风险识别的依据包括以下内容:

(1)风险管理计划

风险管理计划是规划和设计如何进行项目风险管理的活动过程。风险管理计划一般是通过召开计划编制会议来制定的,包括一些风险管理的行动方案和方法。在计划中应该对整个项目生命周期内的风险识别、风险评估及风险应对等方面进行详细的描述。

(2)项目计划输出

项目目标、任务、范围、进度、质量、造价及资源等涉及项目进行过程的计划和方案都是进行项目风险识别的依据。

(3)风险分类

明确合理的风险分类可以避免在风险识别时的误判和遗漏,有利于突出重要因素,发现对项目目标实现有严重影响的风险源。

(4)历史资料

包括以往的相关或相似项目的档案资料(如项目最终报告或项目风险应对计划等),其他公开资料(即商业数据库、学术研究、行业标准及其他公开发表的研究成果等)都是风险识别的重要信息和依据。

3. 建设工程项目风险识别的方法

风险识别的方法很多,任何有助于发现风险信息的方法都可以作为风险识别的工具。在建设工程项目中常用的有专家调查法、财务报表法、流程图法、初始清单法、经验数据法和风险调查法。其中前三种方法为风险识别的一般方法,后三种方法为建设工程风险识别的具体方法,使用时应针对实际问题的不同特点进行选择。

(1)专家调查法

有会议和问卷调查两种方式，各有利弊。风险管理者应对专家发表的意见加以归纳分类、整理分析。

（2）财务报表法

要对财务报表中所列的各项会计科目作深入的分析研究，需要结合工程财务报表的特点来识别建设工程风险。

（3）流程图法

将生产活动按步骤组成流程图，将每一个步骤中潜在的风险列出，可使决策者得到清晰的总体印象，但识别结果较为粗略。

（4）初始清单法（核查表法）

反映普遍情况的初始清单源自两个途径：一是保险公司或风险管理学会公布的潜在损失一览表；二是基于 WBS，针对具体的分部分项工程，列举典型的风险事件。在初始清单的基础上，结合具体项目进一步识别风险，或作出必要的补充和修正。

（5）经验数据法（统计资料法）

根据已建各类建设工程与风险有关的统计资料来识别拟建设工程的风险。

（6）风险调查法

在以上方法的基础上，从具体项目的特点入手，作进一步的风险鉴别和确认，或发现以前未能发现的风险。

4. 建设工程项目风险识别的程序

（1）收集数据或信息

风险管理需要大量地占有信息，了解情况，要对项目的系统环境有十分深入的了解，并要进行预测。不熟悉情况，不掌握数据是不可能进行有效的风险管理的。

风险识别是要确定具体项目的风险，必须掌握该项目和项目环境的特征数据，如本项目相关的数据资料、设计与施工文件，以了解该项目系统的复杂性、规模、工艺的成熟程度。

（2）确定风险因素

通过对工程、工程环境、已建类似工程等调查、研究、座谈、查阅资料等手段进行分析，列出风险因素一览表，再经过归纳、整理列出正式风险清单，并建立项目风险的结构体系。

（3）编制项目风险识别报告

编制项目风险识别报告是在风险清单的基础上，补充文字说明，作为风险管理的基础。风险识别报告通常包括已识别风险、潜在的项目风险、项目风险的征兆。

8.2.2 建设工程项目风险评估

建设工程项目风险评估是在充分识别的基础上，对建设工程项目各个阶段存在的风险进行量化，对各个阶段风险事件发生的可能性的大小、可能发生的后果、可能发生的时间和影响范围客观地予以衡量。

1. 风险评估的内容

（1）风险量

风险量反映不确定的损失程度和损失发生的概率。

建设工程项目风险发生概率，是指在单位时间内某一建设工程项目风险可能发生的次数。

（2）风险损失量的估计

1）工期损失的估计；

2）费用损失的估计；

3）对工程的质量、功能、使用效果等方面的影响。

（3）风险等级评估

干扰项目的风险因素很多，涉及各个方面，我们并不是要对所有的风险都十分重视。否则将大大提高管理费用，干扰正常的决策。所以应根据风险因素发生的概率和损失量，确定风险程度，进行分级评估。

1）风险位能

对于一个具体的风险，它如果发生，则损失为 R_H，损失发生的可能性为 E_w，则风险的期望值 R_w 为：

$$R_w = R_H \times E_w \qquad (8-1)$$

例如，一种自然环境风险如果发生，则损失达 30 万元，而发生的可能性为 0.1，则损失的期望值 $R_w = 30 \times 0.1 = 3$ 万元

在这里引用物理学中位能的概念，损失期望值高的，则风险位能高。可以在二维坐标上作等位能线（即损失期望值相等的线，图 8-1），则具体项目中的任何一个风险可以在图上找到一个表示它位能的点。

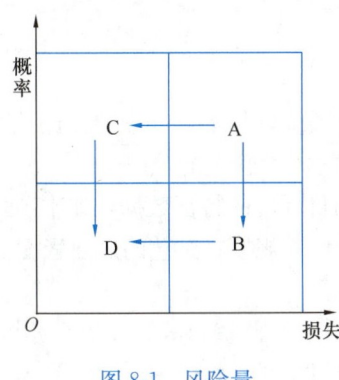

图 8-1　风险量

2）风险分类

不同位能的风险可分为不同的类别。

A 类：即风险发生的可能性很大，同时一旦发生损失也很大。这类风险常常是风险管理的重点。

B 类：如果发生损失很大，但发生的可能性较小的风险。

C 类：发生的可能性较大，但损失很小的风险。

D 类：发生的可能性和损失都很小的风险。

若某事件经过风险评估，它处于风险区 A，则应采取措施，降低其概率，即使它位移至风险区 B；或采取措施降低其损失量，即使它位移至风险区 C。风险区 B 和 C 的事件则应采取措施，使其位移至风险区 D。

3）风险等级

在《建设工程项目管理规范》GB/T 50326—2017 的条文中，也可以用其他形式的分类，例如 1 级，2 级，3 级，4 级等，其意义是相同的，风险等级评估见表 8-1。

风险等级评估表　　　　　　　　　　　　　　表 8-1

可能性	后果		
	轻度损失	中度损失	重大损失
很大	3	4	5
中等	2	3	4
极小	1	2	3

注：表中 1 为可忽略风险；2 为可容许风险；3 为中度风险；4 为重大风险；5 为不容许风险。

按表 8-1 的风险等级划分，图 8-1 中的各风险区的风险等级如下：

风险区 A——5 等风险；风险区 B——3 等风险；

风险区 C——3 等风险；风险区 D——1 等风险。

2. 风险评估步骤

（1）收集信息

风险评估分析时必须收集的信息主要有：承包商类似工程的经验和积累的数据；与工程有关的资料、文件等；对上述两种来源的主观分析结果。

（2）信息整理加工

根据收集的信息和主观分析整理，列出项目所面临的风险，并将发生的概率和损失的后果列成一个表格，风险因素、发生概率、损失后果、风险程度一一对应，见表 8-2。

风险量计算表　　　　　　　　　　表 8-2

风险因素	发生概率 P（%）	损失后果 C（万元）	风险程度 R（万元）
物价上涨	10	50	5
地质处理	20	100	20
恶劣天气	10	30	3
工期拖延罚款	20	50	10
合　计	—	—	38

（3）风险程度评价

风险程度是风险发生的概率和风险发生的损失严重性的综合结果。其表达式为：

$$R = \sum_{i=1}^{n} R_i = \sum_{j=1}^{n} P_i \times C_i \tag{8-2}$$

式中　R——风险程度；

　　　R_i——单一风险因素引起的风险程度；

　　　P_i——单一风险发生的概率；

　　　C_i——单一风险发生的损失后果。

（4）风险评估报告

风险评估分析结果必须用文字、图表的形式作为风险评估报告，进行表达说明，作为风险管理的文档。评估分析结果不仅作为风险评估的成果，而且应作为人们风险管理的基本依据。

风险评估报告中所用表的内容可以按照分析的对象进行编制，例如以项目单元（工作包）作为对象进行编制，见表 8-3。

风险评估报告表（一）　　　　　　　　表 8-3

工作包号	风险名称	风险会产生的影响	原因	损失		可能性	损失期望	预防措施	评价等级 A、B、C
				工期	费用				

对以下两类风险，可以按风险的结构进行分析研究，见表 8-4。

1）在项目目标设计和可行性研究中分析的风险。

2）对项目总体产生影响的风险，例如通货膨胀影响、产品销路不畅、法律变化、合同风险等。

风险评估报告表（二）　　　　　　　　　表 8-4

工作包号	风险名称	风险会产生的影响	原因	损失		可能性	损失期望	预防措施	评价等级 A、B、C
				工期	费用				

3. 风险评估方法

风险评估的方法很多，其中最简单的思路是在所有项目风险中找出最严重者，将其和评价标准相比较，高于标准则拒绝，即放弃该项目或其方案；低于标准则接受，即实施该项目或其方案。基本方法有综合评分法、层次分析法、模糊分析法、计划评审法、决策树及敏感性分析法等。

（1）综合评分法

综合评分法
应用案例

也称主观评分法或调查打分法，是一种最常用、最简单，易于应用的风险评价方法。这种方法分三步进行：首先，识别和评价对象相关的风险因素、风险事件或发生风险的环节；其次，列出风险因素或风险事件的重要性进行评价；最后，综合整体的风险水平。

（2）层次分析法

层次分析法的基本思路是：评价者将复杂的风险问题分解为若干层次和若干要素，并在同一层次各要素间简单进行比较、判断和计算，得到不同方案风险水平，为选择方案提供决策依据。层次分析法既可以用于评价工程项目投标风险、报价风险等单项风险水平，又可以用于评价工程项目不同方案等综合风险水平。

（3）模糊评价法

模糊评价法是利用模糊集理论评价工程项目风险的一种方法。工程项目风险很大一部分难以用完全定量的精确数据加以描述，这种不能定量的或精确的特性就是模糊性。在工程项目风险评价中，常用"风险大"或"风险小"等词汇来描述，这种描述虽没有给出具体的风险率和可能的损失，但人们对该工程项目风险的状况有了基本的了解，并可考虑适当的风险应对措施。

（4）PERT（进度计划评审法）

PERT 是一种进度计划的评审技术，它是以网络图为基础的计划模型，其基本思想是用图来表示组成待执行项目的各种活动之间的顺序关系。在 PERT 网络计划中，某些活动或全部工序的持续时间实现不能准确确定，适用于不可预知因素较多的，过去未曾做过的新项目或复杂项目，或研制新产品的工作中。如，工程项目施工过程中，根据施工的工艺要求和施工组织要求，各施工活动的逻辑关系是不允许改变的，但完成工程项目的工期是确定的，因此工程项目施工进度存在着风险，这种风险可以用 PERT 分析评价。

8.2.3　建设工程项目风险响应

对工程项目风险识别、评估、评价，使风险管理者对风险和潜在损失有了认识。此时，面临的问题是：怎样编制风险应对计划；在规避、转移、缓解、接受和利用风险等众多应对策略中，选择有明显效果的措施。

风险响应指的是针对项目风险而采取的相应对策。常用的风险对策包括风险规避、风险减轻、风险自留、风险转移及其组合等策略。对难以控制的风险向保险公司投保是风险转移的一种措施。将风险对策的决策进一步落实到具体的风险管理计划中。如制定预防计划、应急计划，又如决定购买保险时，选择保险公司、确定保险范围、免赔额、保险费等。

1. 风险规避

风险规避是指在估计建设工程项目风险事故存在和发生的可能性较大时，主动放弃或改变某项可能引起建设工程项目风险损失的方案。

风险规避案例

（1）风险规避方法

在建设工程项目风险管理中，规避风险的具体方法有：终止法、工程法、程序法和教育法。

1）终止法。通过终止项目或项目计划的实施来避免风险的。

2）工程法。工程法是一种有形的规避风险的方法，以工程技术为手段，消除物质性风险的威胁。

3）程序法。程序法是无形的风险规避的方法，要求用标准化、制度化、规范化的方式从事工程项目活动，以避免可能引发的风险或不必要的损失。

4）教育法。工程项目风险管理的实践表明，项目管理人员和操作人员的行为不当是引起风险的重要因素之一。

（2）风险规避具体做法

1）拒绝承担风险

① 对某些存在重大风险的工程拒绝投标。

② 利用合同保护自己，不承担应该由业主承担的风险。

③ 不接受实力差、信誉不佳的分包商和材料、设备供应商，即使是业主或者有实权的其他任何人的推荐。

④ 不委托道德水平低下或其他综合素质不高的中介组织或个人。

2）承担小风险回避大风险

这在建设工程项目决策时要注意，放弃明显导致亏损的项目。对于风险超过自己的承受能力，成功把握不大的项目，不参与投标，不参与合资。甚至有时不得不采取中断项目的措施。

定金与订金
的区别

3）为了避免风险而损失一定的较小利益

因为利益可以计算，但风险损失难以估计的，在特定情况下，采用此种做法。如在建筑材料市场有些材料价格波动较大，承包商与供应商提前订立购销合同并付一定数量的定金，从而避免因涨价带来的风险。

当然，建设工程风险规避的方法也有局限性，具体表现在以下几个方面：

① 由于风险规避措施通常与放弃、中止某项活动相联系，这虽使企业遭受损失的可能性降为零，但同时也使企业获得收益的可能成为泡影。如果处处规避风险，确实减少了风险损失的威胁，但同时也失去了参与竞争获得收益的机会。因此，风险规避是一种消极的风险管理措施，不宜普遍采用。

② 并非所有风险都能够通过规避来进行处理。如项目实施过程中潜在的各种经济风

险（如经济发展的周期性危机）、社会风险（如社会动荡）和自然风险（如气候异常）等都是难以规避的。避免一切风险的唯一办法是放弃任何活动，但这样做无异于停止生存。

③ 风险处处存在，不同的方案具有不同的风险。通过改变活动方案避开了某一种风险却又会面临另一种新的风险，处处规避风险势必失去培养锻炼自己的机会，陷入永远落后甚至被淘汰出局的更大风险。

一般而言，作为战略，风险规避是下策，只有在一些迫不得已的情况下，才使用风险规避措施。但作为经营战术，风险规避大有用武之地：①当某项活动风险发生概率和可能损失程度相当高，而活动的收益并不太高时，冒该风险得不偿失；②虽然冒该风险所得远大于所失，但一旦损失发生，风险损失的严重后果使企业难以承担；③采用其他风险管理措施处置风险所需成本太高。

2. 风险减轻

建设工程项目风险减轻，又称风险缓解，是指在风险事件发生前、发生时及发生后，通过技术、管理、组织等手段，采取的降低风险损失发生概率、减少风险损失程度的对策。也就是说风险减轻主要考虑两个方面：一是减少风险事件发生的概率；二是控制风险事件发生后可能的损失。风险缓解不是消除风险，不是避免风险，是减轻风险。

风险减轻

对于不是十分明确的风险，要将其减轻困难是非常大的，在制定缓解风险措施前，必须将风险缓解的程度具体化，即要确定风险缓解后的可接受水平，例如，风险降低要达到什么目标；风险损失应控制在什么标准之内。

分散风险是风险减轻的一种有效方式，是指通过增加风险承担者，将风险各部分分配给不同的参与方，以达到减轻总体风险的目的。风险要分配给最有能力控制风险的并有最好的控制动机的一方，如果拟分担风险一方不具备这样的条件，就没必要让他们来分担，否则反而会增大风险。例如，在建设工程项目中，为了能在投标竞争中取胜，一些承包商往往组成联合体投标。

由于风险减轻措施成本低、效益好，不会产生不良后果。因此，对于建设工程项目实施过程中的种种风险，应优先采用风险减轻措施。

3. 风险自留

风险自留是指不借助其他力量，完全由自己承担一切建设工程项目风险成本的一种风险处理方法。

需要注意的是，风险自留是一种建立在风险评估基础上的财务技术，主要依靠项目参与主体自己的财力去弥补财务上的损失。因此，在对风险做出较准确的评估后，量力而行，采取适当财务准备主动承担风险。除此之外，至少要符合以下条件之一：

1）自留费用低于保险公司所收取的费用。

2）企业的期望损失低于保险人的估计。

3）企业有较多的风险单位，且企业有能力准确地预测其损失。

4）企业的最大潜在损失或最大期望损失较小。

5）短期内企业有承受最大潜在损失或最大期望损失的经济能力。

6）风险管理目标可以承受年度损失的重大差异。

7）费用和损失支付分布于很长的时间里，因而导致很大的机会成本。

8）投资机会很好。

9）内部服务或非保险人服务优良。

如果实际情况与以上条件相反，则应放弃风险自留的决策。

4. 风险转移

风险转移是指承包商不能回避风险的情况下，将自身面临的风险转移给其他主体来承担。风险转移是进行风险管理的一个十分重要的手段，当有些风险无法回避、必须直面时，而自身的能力有限时，风险转移不失为一种十分有效的选择。风险转移是通过某种方式将某风险的结果连同对风险应对的权利和责任转移给他人。这里需要注意的是，某些业主看来较大的风险在其他业主看来是较小的风险或者不是风险，甚至可能从中受益。工程项目风险转移分为非保险转移和保险转移两种方式。

（1）非保险转移

非保险转移又称为合同转移，就是通过签订合同的方式将工程风险转移给非保险人的对方当事人，一般包括以下三种情况：

1）保证担保

担保是合同的当事人为了使合同能够得到全面履行，根据法律、行政法规的规定，经双方协商一致而采取的一种具有法律效力的保护措施。我国《中华人民共和国民法典》规定的担保方式有五种：保证、抵押、质押、留置和定金。

工程担保是指担保人（一般为银行、担保公司、保险公司以及其他金融机构、商业团体或个人）应工程合同一方（申请人）的要求向另一方（债权人）做出的书面承诺。

工程保证担保包括多种形式，应用最多同时最具实效的有四种：投标保证担保；履约保证担保；付款保证担保；其他保证担保形式。在工程项目实施过程中有两种情况是经常出现的。其一，是在招标投标过程中投标人未能按招标人的意思进行投标或是在签订合同后不履行或未能全部履行合同义务，招标人为了避免投标人上述行为带来风险，可在投标开始或施工开始前要求投标人或中标人提供担保公司或银行出具的投标担保或履约担保。其二，是在项目开工建设后，由于发包人的工程预付款或工程进度款不到位，给承包商带来一定风险，承包商可以要求发包人提供付款担保。

2）工程分包

工程分包是指从事工程总承包的单位将所承包的建筑工程的一部分依法发包给具有相应资质的承包单位的行为。工程分包是工程建设过程中不可避免的承包方式。在合同履行过程中，对某些特殊的项目，作为总承包单位在该领域内的技术和经验不足，自身承担风险较大，分包给具备资质的专业分包商，从工程管理和风险管理角度来说都是不错的选择。承包商在项目中投入的资源越少，一旦遇到风险，便可以进退自如。

3）合同条件

合同条件是多样的，正确的采取合同计价方式，可以达到风险转移的目的。工程施工合同中常用的有总价合同、单价合同和成本加酬金合同三种。不同的合同类型适用于不同条件的工程项目。例如，在较大型复杂的工程项目中，工期长、技术复杂、设计深度不够，实施过程中发生各种不可预见因素较多，如果采用单价合同，工程总价会随着工程量的变化而变化，业主将承担较大的风险；如果采用固定总价合同，工程总价就和工程量的变化无关，该部分的风险就由业主完全转移给承包商承担。这样合同计价方式的改变就达到了风险转移的目的。

(2) 保险转移

1) 保险的定义

保险是指投保人根据合同约定，向保险人支付保险费，保险人对于合同约定的可能发生的事故因其发生所造成的财产损失承担赔偿保险金责任，或者当被保险人死亡、伤残、疾病或者达到合同约定的年龄、期限时承担给付保险金责任的商业保险行为。可见保险最基本的职能就是转移风险、补偿损失，而且这种风险的转移是有偿的。

工程保险是指以各种工程项目为主要承保对象的一种财产保险。它的责任范围由两部分组成，一是针对工程项目的物质损失部分，包括工程标的有形财产的损失和相关费用的损失；二是针对被保险人在施工过程中因可能产生的第三者责任而承担经济赔偿责任导致的损失。

2) 工程项目保险种类

工程项目保险种类较多，常按下列两种办法分类：

① 按保障范围分类。建筑工程一切险；安装工程一切险；人身保险；保证保险；职业责任保险。

② 按实施形式分类。自愿保险，在自愿的原则上，投保人与保险人订立保险合同，构成保险关系；强制保险，也称法定保险，是国家保险法令的效力作用下构成的被保险人与保险人的权利和义务关系。

3) 建筑工程一切险

建筑工程一切险是对工程项目提供全面保险的险种。它承包范围包括，公路、桥梁、电站、港口、宾馆、住宅等工业建筑、民用建筑的土木建筑工程项目。即对施工期间的工程本身、施工机械、建筑设备所遭受的损失，以及因施工给第三者造成的人身、财产伤害承担赔偿责任（建筑工程一切险的附加险第三者责任险）。

建筑工程保险的被保险人大致包括以下几个方面：

① 工程所有人，即建筑工程的最后所有者。

② 工程承包人，即负责建筑工程项目施工的单位，它又可以分为总承包商和分包商。

③ 技术顾问，即由工程所有人聘请的建筑师、设计师、工程师和其他专业技术顾问等。

④ 其他关系方，如贷款银行或其他债权人。当存在多个被保险人时，一般由一方出面投保支付保费。

建筑工程一切险的保险期包括从开工到完工的全过程，由投保人根据需要确定。保险责任开始的标志为：工程破土动工之日；被保险项目运到工地时。终止的标志为：保单规定的终止日期；工程完毕移交给工程所有人时；工程所有人开始使用时，以发生时间在先的为准。

建筑工程一切险的保险率视工程风险程度而定，一般为合同总价的 0.2%～0.6%。

4) 安装工程一切险

安装工程一切险是指以各种大型机器、设备的安装工程项目为保险标的的工程保险，保险人承保安装期间因自然灾害或意外事故造成的物质损失及有关法律赔偿责任。

安装工程保险的适用范围亦包括安装工程项目的所有人、承包人、分承包人、供货人、制造商等，即上述各方均可成为安装工程保险的投保人，但实际情形往往是一方投保，其他各方可以通过交叉责任条款获得相应的保险保障。

安装工程一切险适用于以安装工程为主体的工程项目。土建部分不足总价 20% 的，按安装工程一切险投保；超过 50% 的，按建筑工程一切险投保；在 20%～50% 之间的，按附带安装工程险的建筑工程一切险投保，亦附第三者责任险。

上述风险响应对策各有利弊，适用于不同的风险损失状况。有关风险损失的状况及适宜的处理方法列表见表 8-5。

建设工程项目风险处理方法一览表　　　　　　表 8-5

状况	风险概率	损失程度	适宜的处理方法
1	高	低	避免或自留
2	低	低	自留
3	高	高	避免或预防
4	低	高	转移

8.2.4　建设工程项目风险控制

1. 建设工程项目风险控制定义

建设工程项目风险控制是指在建设工程进展过程中，应收集和分析与风险相关的各种信息，预测可能发生的风险，对其进行监控并提出预警。

2. 风险应急计划

建设工程项目实施过程中，必然会遇到大量未曾预料到的风险因素，或风险因素的后果比预料的更严重，事先编制的计划不能奏效。所以，必须重新研究应对措施，即编制附加的风险应急计划。

3. 风险的分配

建设工程项目风险是时刻存在的，这些风险必须在项目参加者（包括业主、项目管理者、承包商、供应商等）之间进行合理地分配，只有每个参加者都有一定的风险责任，才有对项目管理和控制的积极性和创造性；只有合理地分配风险才能调动各方面的积极性，才能提高项目的投资效益。

8.3　建设工程项目信息管理

8.3.1　建设工程项目信息管理基础知识

1. 建设工程项目信息管理概念

（1）信息

信息是以口头的方式、书面的方式或电子的方式传输（传达、传递）的知识、新闻，或可靠的或不可靠的情报。信息的表达形式包括声音、文字、数字和图像等。信息资源是建设工程项目中十分重要的资源之一，随着信息技术、计算机技术和通信技术的飞速发展，组织应建立项目信息与知识管理制度，及时、准确、全面地收集信息，安全、可靠、方便、快捷地存储、传输信息，有效、适宜地使用信息。

（2）建设工程项目信息

建设工程项目的信息包括在项目决策过程、实施过程（设计准备、设计、施工和动用前准备阶段等）和运营过程中产生的信息，以及其他与项目建设有关的信息，如各种报表、图像、会议记录、签证、合同、函件等。建设项目信息资源，与人力资源和物质资源一样，也是项目实施的重要资源之一。

（3）建设工程项目信息管理

信息管理指的是信息传输的合理组织和控制。项目建设的生产活动及过程必须依赖信息管理，因此信息管理对项目成功实施有着重要作用。建设工程项目信息管理的目的是通过有效的建设工程项目信息传输的组织和控制为项目建设的增值服务。建设工程项目需要处理大量信息，业主方和项目参与各方都有各自的信息管理任务，为充分利用和发挥信息资源的价值，提高信息管理的效率，以及实现有序的和科学的信息管理，各方都应编制各自的信息管理手册，以规范信息管理工作。

在国际上，许多建设工程项目都专门设立信息管理部门（或称为信息中心），以确保信息管理工作的顺利进行；也有一些大型建设工程项目专门委托咨询公司从事项目信息动态跟踪和分析，以信息流指导物质流，从宏观上对项目的实施进行控制。

2. 建设工程项目信息分类与编码

（1）建设工程项目信息分类

业主方和项目参与各方可根据各自项目管理的需求确定其信息的分类，但为了便于进行信息交流和实现部分信息共享，在建设工程项目中，应尽可能统一规定分类标准，下面从不同的角度对建设工程项目的信息进行分类，如：

1）按项目管理工作的对象，即按项目的分解结构，如子项目1、子项目2等进行信息分类。

2）按项目实施的工作过程，如设计准备、设计、招标投标和施工阶段、动用前准备阶段等进行信息分类。

3）按项目管理工作的任务，如投资控制、进度控制、质量控制、合同管理等进行信息分类。

4）按信息的内容属性，如组织类信息、管理类信息、经济类信息、技术类信息等。

为满足项目管理工作的要求，需要对建设工程项目信息进行综合分类，即按多维进行分类，如：

第一维：按项目的分解结构；第二维：按项目实施的工作过程；第三维：按项目管理工作的任务。

（2）建设工程项目信息编码

1）编码的内涵

编码是由一系列符号（如文字和数字）组成，编码工作是信息处理的一项重要的基础工作。

2）服务于各种用途的信息编码

一个建设工程项目有不同类型和不同用途的信息，为了有组织地存储信息、方便信息的检索和信息的加工整理，必须对项目的信息进行编码，如：

① 项目结构编码。依据项目结构图对项目结构每一层的每一个组成部分进行编码。

②项目管理组织结构编码。依据项目管理组织结构图，对每一个工作部门进行编码。

③项目的政府主管部门和各参与单位编码（组织编码）。包括政府主管部门；业主方的上级单位或部门；金融机构；工程咨询单位；设计单位；施工单位；物资供应单位；物业管理单位等。

④项目实施的工作项编码（项目实施的工作过程的编码）。应覆盖项目实施的工作任务目录的全部内容，它包括：设计准备阶段的工作项；设计阶段的工作项；施工和设备安装工作项；项目动用前的准备工作项等。

⑤项目的投资项编码（业主方）/成本项编码（施工方）。它并不是概预算定额确定的分部分项工程的编码，它应综合考虑概算、预算、标底、合同价和工程款的支付等因素，建立统一的编码，以服务于项目投资目标的动态控制。

⑥项目的进度项（进度计划的工作项）编码。应综合考虑不同层次、不同深度和不同用途的进度计划工作项的需要，建立统一的编码，服务于项目进度目标的动态控制。

⑦项目进展报告和各类报表编码。项目进展报告和各类报表编码应包括项目管理形成的各种报告和报表的编码。

⑧合同编码。应参考项目的合同结构和合同的分类，应反映合同的类型、相应的项目结构和合同签订的时间等特征。

⑨函件编码。应反映发函者、收函者、函件内容所涉及的分类和时间等，以便函件的查询和整理。

⑩工程档案编码。应根据有关工程档案的规定、项目的特点和项目实施单位的需求而建立等。

以上这些编码是因不同的用途而编制的，如：投资项编码（业主方）/成本项编码（施工方）服务于投资控制工作/成本控制工作；进度项编码服务于进度控制工作。项目结构的编码和用于投资控制、进度控制、质量控制、合同管理和信息管理等管理工作的编码有紧密的有机联系，但它们之间又有区别。项目结构图和项目结构的编码是编制上述其他编码的基础。

图8-2所示的某国际会展中心进度计划的一个工作项的综合编码由5个部分（5段）组成，其中第3段有4个字符（C1、C2、C3、C4）是项目结构编码。一个工作项的综合编码由13个字符构成：

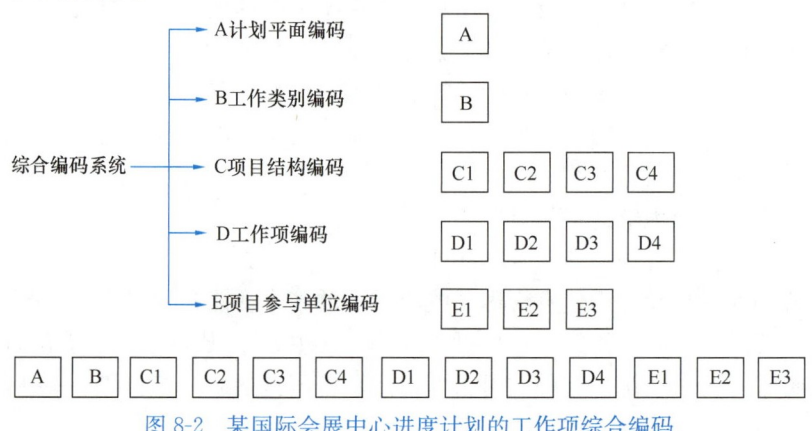

图8-2　某国际会展中心进度计划的工作项综合编码

① 计划平面编码 1 个字符，如 A1 表示总进度计划平面的工作，A2 表示第 2 进度计划平面的工作等。

② 工作类别编码 1 个字符，如 B1 表示设计工作、B2 表示施工工作等。

③ 项目结构编码 4 个字符。

④ 工作项编码（Activity）4 个字符。

⑤ 项目参与单位编码 3 个字符，如 001 表示甲设计单位，002 表示乙设计单位，009 表示丁施工单位等。

8.3.2 计算机在信息管理中的应用

1. 建设项目信息管理系统

（1）应用建设工程信息管理系统的作用

建设工程信息系统作为建设工程的基本手段，其作用在于：

1）利用计算机数据存储技术，集中存储管理与项目有关的信息，并随时进行查询和更新。

2）利用计算机准确、及时地完成工程项目管理所需要信息的处理，比如进度控制中多阶网络的分析和计算。

3）通过建设工程信息系统可以满足决策需要，方便、迅速地生成大量的控制报表。提供高质量的决策信息支持。

国际建设工程实践表明，采用建设工程信息系统作为建设工程的基本手段，不仅提高了信息处理的效率，在一定程度上也达到了规范管理工程流程、增强项目管理工作效率和目标控制工作有效性的目的。随着信息技术的发展及其与工程项目管理思想、方法的不断互动，近年来，建设工程信息系统的功能也在不断发生变化，在建设工程信息管理系统中也发挥出更为巨大的作用。

（2）建设工程项目信息管理系统的含义

在国际建设工程界，建设工程项目信息管理系统是一个较为广泛的概念，在英文中也有着多种名称，如 PMIS（Project Management Information System）或者 PIMS（Project Information Management System）以及 CMIS（Construction Management Information System）等。随着建设工程理论的发展，建设工程信息管理系统又被赋予了许多新的内涵，如项目控制信息系统 PCIS，项目集成管理信息系统 PIMIS。国际上对建设工程信息管理系统普遍认可的定义是：建设工程信息管理系统是处理项目信息的人机系统，它通过收集、存储及分析项目实施过程中的有关数据，辅助工程项目的管理人员和决策者规划、决策和检查，其核心是辅助对项目目标的控制。它与一般管理信息系统的差别在于，一般管理信息系统是针对企业中的人、材、物、产、供、销，是以企业管理系统为辅助工作的对象；而建设工程信息管理系统是针对工程项目中的投资、进度、质量目标的规划与控制，是以建设工程系统为辅助工作对象。

（3）建设工程信息管理系统的基本功能

不论名称如何，建设工程信息管理系统应实现的基本功能是相同的，一般认为建设工程信息管理系统的基本功能构成应包括投资控制（业主方）、成本控制（承包商方）、进度控制及合同管理四个子系统。有些项目管理信息系统还包括质量控制和一些办公自动化的功能。各个子系统应实现的基本功能包括：

1）投资控制的功能

投资控制功能包括：①项目的估算、概算、预算、标底、合同价、投资使用计划和实际投资的数据计算和分析；②进行项目的估算、概算、预算、标底、合同价、投资使用计划和实际投资的动态比较（如概算和预算的比较、概算和标底的比较、概算和合同价的比较、预算和合同价的比较等），并形成各种比较报表；③计划资金的投入和实际资金的投入的比较分析；④根据工程的进展进行投资预测等。

2）成本控制的功能

成本控制功能包括：①投标报价的数据计算和分析；②计划施工成本；③计算实际成本；④计划成本与实际成本的比较分析；⑤根据工程的进展进行施工成本预测等。

3）进度控制的功能

进度控制功能包括：①计算工程网络计划的时间参数，并确定关键工作和关键路线；②绘制网络图和计划横道图；③编制资源需求量计划；④进度计划执行情况的比较分析；⑤根据工程的进展进行工程进度预测。

4）合同管理的功能

合同管理功能包括：①合同基本数据查询；②合同执行情况的查询和统计分析；③标准合同文本查询和合同辅助起草等。

2. 常用项目管理软件

（1）综合进度计划管理软件

1）Primavera Project Planner（P3）

美国 Primavera 公司开发的 Primavera Project Planner（P3）是众多的大型项目管理软件普及程度和占有率是最高的。20 世纪 80 年代中期 P3 开始进入我国，最初是在煤炭部的常村煤矿和水电部的水口电站两个世行贷款项目上使用，效果较好。此后，国内的大型和特大型建设工程项目几乎都采用了 P3，如三峡、小浪底、二滩等大型水利水电工程；大亚湾、岭澳、秦山三期等大型核电工程；京沪高速公路、江阴长江大桥、润扬长江大桥等路桥工程；上海通用汽车厂、上海英特尔工厂、摩托罗拉天津工厂等大型工厂；广州地铁、深圳地铁等市政工程。

Primavera 公司首先推出了项目级的 P3，目前国内广泛使用的 P3 进度计划管理软件主要是指项目级的 P3。随后该公司又推出了项目管理套件 Primavera Enterprise，该套件的核心 Primavera Project Planner for Enterprise，又称 P3e。该套装软件所涵盖的管理内容较之以前推出的项目管理软件更广、功能更强大，充分体现了当今项目管理软件的发展趋势。下面简要介绍这两个软件的情况。

① Primavera Progress Planner（以下简称 P3）。P3 是用于项目进度计划、动态控制、资源管理和费用控制的综合进度计划管理软件，也是目前国内大型项目中应用最多的进度计划管理软件。P3 特点如下：拥有较完善的管理复杂、大型建设工程项目的手段，拥有完善的编码体系，包括 WBS（工作分解结构）编码、作业代码编码、作业分类码编码、资源编码和费用科目编码等，这些编码以及这些编码所带来的分析、管理手段给项目管理人员的管理以充分的回旋余地，项目管理人员可以从多个角度对工程进行有效管理。

② Primavera Project Planner for Enterprise（以下简称 P3e）。P3e 与原 P3 相比，拥有更为直观易用的操作界面和更为全面的在线帮助。P3e 集成有该软件的套装软件 Primavera Enterprise，除了核心部分以外，还包括 Primavera（辅助决策信息定制与采集，可以根据管理人员、项目经理和专业人员自定义的视角为其提供项目的综合信息）、Primavera Progress Reporter（基于网络，采集进度工时数据的工具软件）、Primavera Portfolio Analyst（多项目调度/分析工具软件）和 Primavera Mobile Manager（为手持式移动设备提供相关服务的终端工具软件，可以将手持设备与项目数据直接连接，实现双向数据传输）。

2）Microsoft Project

由 Microsoft 公司推出 Microsoft Project 是到目前为止在全世界范围内应用最为广泛的、以进度计划为核心的项目管理软件，Microsoft Project 可以帮助项目管理人员编制进度计划，管理资源的分配，生成费用预算，也可以绘制商务图表，形成图文并茂的报告。

借助 Microsoft Project 和其他辅助工具，可以满足一般要求不是很高的项目管理的需求；但如果项目比较复杂，或对项目管理的要求很高，那么该软件可能很难让人满意，这主要是该软件在处理复杂项目的管理方面还存在一些不足的地方。例如，资源层次划分上的不足，费用管理方面的功能太弱等。但就其市场定位和低廉的价格来说，Microsoft Project 是一款不错的项目管理软件。

3）其他

此外，常用的项目管理软件还有 JIRA、Edraw Project。国内某些智能项目管理集成系统由智能项目管理动态控制、建设项目投资控制系统、机具设备管理、合同管理与动态控制、材料管理系统、图纸管理系统和安全管理系统组成，可对建设工程项目进行全方位的管理。

（2）合同事务管理与费用控制管理软件

1）Primavera Expedition 合同管理软件

由 Primavera 公司开发的合同管理软件 Expedition。Expedition 以合同为主线，通过对合同执行过程中发生的诸多事务进行分类、处理和登记，并和相应的合同有机地关联，使用户可以对合同的签订、预付款、进度款和工程变更进行控制；同时，可以对各项工程费用进行分摊和反检索分析；可以有效处理合同各方的事务，跟踪有多个审阅回合和多人审阅的文件审批过程，加快事务的处理进程；可以快速检索合同事务文档。

Expedition 可用于建设工程项目管理的全过程。该软件同时也具有很强的拓展能力，用户可以利用软件本身的工具进行二次开发，进一步增强该软件的适用性。以达到适应建设工程项目建设要求的目的。

2）Prolog Manager

Prolog Manager 是 Meridian 公司开发的以合同事务管理为主线的项目管理软件。该软件可以处理项目管理中除进度计划管理外的大部分事务。

3）其他

此外，还有由 Primavera 公司开发的合同管理软件 Expedition，以合同为主线，通过对合同执行过程中发生的诸多事务进行分类、处理和登记，并和相应的合同有机地关联，使用户可以对合同的签订、预付款、进度款和工程变更进行控制；同时可以对各项工程费用进行分摊和反检索分析；可以有效处理合同各方的事务，跟踪有多个审阅回合和多人审阅的文件审批过程，加快事务的处理进程；可以快速检索合同事务文档。

8.3.3　BIM 技术在项目管理中的应用

1. BIM 技术的内涵

BIM 的全称是 Building Information Modeling，是当前工程领域应用最为广泛的一种工程技术。BIM 技术在项目管理中的应用，推动了行业的现代化发展，在具体的应用中，三维数字技术是基础，该技术能够实现土建、安装等工程信息的集成，通过建立工程数据模型，各个工程部门能够以该模型为基础，共享相应的工程信息，保障所有的工程参与者、参与部门，能够在项目实施的全过程中，实现良好的配合与协调。借助 BIM 技术可以建立建筑工程项目 3D 模型，有利于相关工作人员理解与精准把握图纸信息，减少建筑工程项目施工问题，控制项目成本，保证施工进度与安全。在建筑工程管理中 BIM 技术的应用贯穿于全过程，包含进度管理、安全管理、质量管理以及成本管理等，能够有效保证建筑工程项目的顺利进行。因此，BIM 技术在项目管理中的应用，为工程相关部门的决策与实践，提供了重要的工程数据，为项目的顺利实施提供了便捷。

2. BIM 技术在工程项目设计规划阶段的应用

（1）拆分构件方面

BIM 技术应用的主要特点是可视化，即通过合理应用 BIM 技术可直观地呈现建筑工程项目的各项信息，相关的工程人员能够通过直观的三维效果呈现，获得相关构件的信息，准确掌握不同构件之间的关联性。因此，BIM 技术在项目设计环节的应用，使得构件拆分更为精准。与传统的二维设计图纸相比，BIM 技术在设计阶段的应用，可以避免设计漏洞、缺陷的存在，使得工程的设计更为科学。此外，由于 BIM 技术包含了所有的工程数据，相关设计人员能够直接应用这些数据，使得构件的拆分更为科学，保障构件应用的合理性。

（2）提升埋件布置的合理性

工程项目中，涉及的埋件相对较多，在设计阶段，BIM 技术的引入，使得埋件布置更为合理，保障埋件可以符合工程的总体设计要求。以某建筑工程项目为例，在设计阶段，应用 BIM 技术预制构件的数据信息能够使得预制构件的布置更为科学，使得不同的构件之间，连接更为稳固与安全。此外，由于 BIM 技术可以进行冲突检测与碰撞检查，使得建筑工程项目中相关管道、线路分布更为有效。

3. BIM 技术在工程项目施工阶段的应用

（1）加强施工部署

BIM 技术应用于项目施工环节，其可以实现良好的施工部署。在施工阶段，在 BIM 模型内部，相关部门与工程人员能够直接根据建筑工程的具体情况，科学规划施工工序，在后期的施工环节，严格按照该施工工序的要求，实现相关的模拟与优化，而 BIM 技术由于具有三维模拟的特征，能够在模型中虚构工程的施工环境，结合工程施工要求，进行施工部署的优化设计，使得整个施工活动可以有序进行。

（2）加强预制构件管理

在工程项目中，相关预制构件的数量较多、体积庞大，这种情况下，为保障整个施工的进度，一般要尽量保证相关的构件能够在一次搬运以内将其运送至指定的施工地点。有关设计人员应用 BIM 技术，通过施工场地模型的构建，综合考虑多方面的因素，实现了施工场地的科学规划。大型预制构件的进场、检验与保存，是场地规划中的重点，BIM

技术可以减少构件的二次搬运，提升预制构件的管理水平。预制构件的堆放与存储管理方面，引入 RFID 技术，有效发挥了 BIM 与 RFID 技术的优势，使得相关的管理人员，能够获得相关构件的完整信息，将构件应用与施工管理加以有效结合，保障了构件的科学分配。

（3）加强项目施工碰撞检查

在工程项目中，所包含的管道与线路工程较多，这些管道与线路工程也是工程项目管理的重点内容。与其他的施工环节相比，管道与线路分布不具有统一性，且总体分布密集，如果有关的工程人员没有结合工程情况，对这些管道与线路加以科学规划，就会使得管道与线路存在交叉的情况，最终影响整个施工活动的有序进行。而 BIM 技术在施工阶段的应用，为管道、线路的碰撞检查提供了便捷，根据其碰撞检查结果，工程人员能够避免管线的碰撞、交叉情况，降低工程施工难度。而传统的二维模型中，管道、线路的碰撞、交叉情况，往往是通过计算来实现的，在计算过程中，如果存在计算误差，会影响最终的管道、线路布置效果。

（4）提高施工建设参数算量水平

在工程建设中，BIM 模型的建立，使得相关人员可以在模型中直接进行相关信息的提取，提升了施工建设参数的算量水平。由于 BIM 模型中包含了所有的工程参数，再加上 BIM 技术本身能够进行相关构件的自动识别与匹配，也就保障了整个工程项目的施工效率与质量。以装配式建筑为例，有关设计人员可以在 BIM 模型内，输入相应的进度信息，实现模型的优化，原有的 3D 模型逐步转化为 4D 模型，利用该模型，有关的工程人员能够准确获得相应构件的动态信息，也就实现了良好的进度管理。因此，BIM 技术在施工阶段的应用，实现了各个工程要素的科学管理，相关的工程资源得到了的最为有效的利用。

4. BIM 技术在工程项目运营管理阶段的应用

（1）设备维护抢修

BIM 模型的应用，实现了工程设计、施工与运维管理的统一，在模型内部，包含了工程建筑信息、结构信息、给水排水信息等，这些信息为工程项目的运维管理提供了重要的数据支持。三维可视化可以形成最终的设备维护与管理界面，实现设备的管理与维护，保障设备维护抢修的效率。如果在工程项目投入使用以后，相关的设备出现故障，BIM 技术可以进行故障抢修的定位，为维修与管理人员的维护抢修工作提供重要的参考，使得设备可以在短时间内恢复正常的使用状态。

（2）应急疏散及消防演练

BIM 模型内，结合工程项目的具体情况，能够及时进行应急疏散与消防设施的分类显示，从而实现对各类事故相关信息的准确记录。因此，BIM 模型在项目运维管理中的应用，可以进行应急疏散与消防演练，提高项目使用的安全性。

 思政案例

风险响应策略

某桥梁项目在建设过程中，需要使用一种混凝土的连续浇灌技术，该技术能大量节省

资金和时间，但是主要的风险是主要部件的连续浇灌过程不能被打断，任何中断都需要拆毁整个部件来重新浇筑，经过风险分析，可能的风险主要集中在混凝土厂的交付上，卡车可能会延误，从而导致浇筑构成终断。

风险响应策略

这种风险可以通过以下方法降低：即在桥梁项目 20km 内不同的高速公路旁准备两个额外的可拆卸混凝土站，以备在主要的工厂供给中断时使用，这两个可拆卸的混凝土站带有整个桥梁构建所需的原材料，而且每次进行连续浇灌时都在附近装备有额外的卡车。通过这种方法可以有效降低风险，从而节省了大量的资金和时间，起到了很好的效果。

希望同学们通过上述案例了解风险响应的策略，明白如何降低风险，从而具备风险管理意识和进行风险管理的能力，激发在未来工作岗位上的使命担当，培养勇担制造强国建设的时代重任。

 本章小结

随着建设工程规模及技术含量的不断增大，建设工程项目风险管理的重要性日益突出。本章从建设工程项目风险、建设工程项目风险管理含义着手，重点介绍了建设工程项目风险管理程序，即建设工程项目风险识别、风险评估、风险响应、风险控制等环节。最后，介绍了信息管理技术在建设工程项目管理中的应用，重点介绍了 BIM 技术在项目管理中的应用。

 **本章习题**

一、单项选择题

1. 对建设工程项目管理而言，风险是指可能出现的影响项目（　　）的不确定因素。

A. 团队建设　　　　　　　　　B. 风险控制

C. 目标实现　　　　　　　　　D. 组织协调

2. "不要把所有的鸡蛋放在一个篮子里"，反映了工程风险管理的（　　）。

A. 集合理论　　　　　　　　　B. 客观概率理论

C. 主观概率理论　　　　　　　D. 组合理论

3. 风险识别是要确定在工程项目实施中（　　），这些风险可能会对工程项目产生什么影响，并将这些风险及其特性归档。

A. 存在哪些风险　　　　　　　B. 这些风险大小排序

C. 如何应对风险　　　　　　　D. 风险发生的概率

4. 下列关于风险管理工作流程排序，正确的是（　　）。

A. 风险评估→风险识别→风险响应→风险控制

B. 风险识别→风险评估→风险响应→风险控制

C. 风险识别→风险评估→风险控制→风险响应

D. 风险评估→风险识别→风险控制→风险响应

5. 终止法、工程法、程序法和教育法是（　　）风险的具体方法。

A. 规避　　　　　　　　　　　B. 转移

C. 缓解　　　　　　　　　　　　　D. 自留和利用

6. 对大型工程，为了在投标竞争中取胜，一些承包商往往组成联合体投标，以发挥各自的优势，增加竞争实力。该方法是（　　）策略。

A. 规避风险　　　　　　　　　　　B. 转移风险

C. 自留和利用风险　　　　　　　　D. 分散风险

7. 下列针对防范土方开挖过程中的塌方风险而采取的措施，属于风险转移对策的是（　　）。

A. 投保建设工程一切险　　　　　　B. 设置警示牌

C. 进行专题安全教育　　　　　　　D. 设置边坡护壁

8. 在水源保护区内，建设某些特殊的工程项目，可能给该地区的水源造成污染，因此，在进行城市规划时，就不允许建设可能造成水源污染的项目该方法是风险应对的（　　）策略。

A. 分散风险　　　　　　　　　　　B. 转移风险

C. 利用风险　　　　　　　　　　　D. 风险规避

9. 在事件风险量的区域划分中，风险事件一旦发生，会造成重大损失，但发生的概率却极小的区域是（　　）。

A. 风险区 A　　　　　　　　　　　B. 风险区 B

C. 风险区 C　　　　　　　　　　　D. 风险区 D

10. 某施工企业与某建设单位以固定总价合同形式签订了某钢筋混凝土排架结构单层厂房的施工合同，材料价格上涨导致成本增加的风险，属于（　　）风险。

A. 组织　　　　　　　　　　　　　B. 工程环境

C. 经济与管理　　　　　　　　　　D. 技术风险

11. 背景同上题，如果估计价格上涨的风险发生可能性很大，且风险发生造成的损失属于中度损失，则此种风险的等级应评为（　　）。

A. 2　　　　　　B. 3　　　　　　C. 4　　　　　　D. 5

12. 若某事件经过风险评估，位于事件风险两区域图中的风险区 A，则应（　　）。

A. 采取措施，降低其损失量，使它移位至风险区 C

B. 采取措施，降低其发生概率，使它移位至风险区 D

C. 采取措施，降低其损失量，使它移位至风险区 B

D. 采取措施，降低其发生概率，使它移位至风险区 C

13. 灵活巧妙运用合同条件、合同语言应对风险，不需成本，但受国家法律和标准化合同文本限制，存在一定的盲目性，可能会支付较高费用，是风险（　　）策略。

A. 规避　　　　　B. 转移　　　　　C. 缓解　　　　　D. 自留和利用

14. 属于风险评估工作的是（　　）。

A. 分析存在哪些风险因素　　　　　B. 进行投保或担保

C. 对识别出的风险进行监控　　　　D. 分析各种风险的损失量

15. 对一个建设工程项目而言，项目信息门户的主持者一般为项目的（　　）。

A. 业主　　　　B. 建设单位　　　　C. 主管部门　　　　D. 施工单位

16. 建设工程项目管理信息系统是利用计算机辅助进行项目管理的信息系统，

它( )。

A. 主要用于项目的人、财、物的管理　　B. 主要用于企业的产、供、销的管理

C. 是项目进展的跟踪和控制系统　　D. 是项目信息门户（PIP）的一种方式

17. 某投标人在招标工程开标后发现由于自己报价失误，比正常报价少报 18%，虽然被确定为中标人，但拒绝与业主签订施工合同。该投标人所采取的风险对策是( )。

A. 风险自留　　B. 风险规避

C. 风险减轻　　D. 风险转移

18. 下列工程项目风险管理工作中，属于风险识别阶段的工作是( )。

A. 分析各种风险的损失量　　B. 分析各种风险因素发生的概率

C. 确定风险因素　　D. 对风险进行监控

19. 为了实现有序和科学的项目信息管理，应有( )。

A. 业主方编制统一的信息管理职能分工表

B. 业主方和项目参与各方编制各自的信息管理手册

C. 业主方制定统一的信息安全管理规定

D. 业主方制定统一的信息管理保密制度

20. 关于项目信息门户，下列说法正确的是( )。

A. 项目信息门户是一种项目管理信息系统

B. 项目信息门户是一种企业管理信息系统

C. 项目信息门户主要用于项目法人的人、财、物、产、供、销的管理

D. 项目信息门户可以为一个建设工程的各参与方服务

二、多项选择题

1. 风险识别的依据包括( )。

A. 风险管理计划　　B. 项目计划输出

C. 风险种类　　D. 风险管理政策

E. 历史信息

2. 工程项目风险管理的目标( )。

A. 使项目获得成功　　B. 为项目实施创造安全的环境

C. 降低成本，保证质量　　D. 保证项目处于自由状态

E. 使效益稳定，树立信誉，应付变故

3. 常用的风险响应对策包括( )。

A. 风险规避　　B. 风险减轻

C. 风险自留　　D. 风险控制

E. 风险转移

4. 工程项目风险管理的重点要素为( )。

A. 风险管理的重要时间节点　　B. 可行性研究阶段

C. 产生重大变更时　　D. 创新项目

E. 技术上、组织上的新事物

5. 建筑工程一切险的被保险人一般包括( )。

A. 业主或项目管理机构、总承包商、分包商

B. 为业主或项目管理机构聘用的监理工程师

C. 贷款银行或投资人

D. 建设行政主管部门

E. 项目利益相关的所有单位

6. 风险识别过程包括（　　）。

A. 收集资料　　　　　　　　　　　B. 分析不确定性

C. 识别风险事件，编制风险识别报告　D. 风险转移

E. 风险的监控

7. 风险的基本性质有（　　）。

A. 不确定性　　　　　　　　　　　B. 可变性

C. 有利性　　　　　　　　　　　　D. 必然性

E. 相对性

8. 工程承包单位在进行风险管理时，为了降低风险与风险回避可以采用多种风险管理方法和措施。然而，无论采用何种风险管理方法，都应当符合的要求有（　　）。

A. 公众利益　　　　　　　　　　　B. 人身安全

C. 环境保护　　　　　　　　　　　D. 盈利水平

E. 相关法规

9. 建设工程项目信息，按其内容属性可分为（　　）。

A. 资源类信息　　　　　　　　　　B. 组织类信息

C. 管理类信息　　　　　　　　　　D. 技术类信息

E. 经济类信息

10. 建设工程信息管理系统的基本功能包括（　　）。

A. 投资控制的功能　　　　　　　　B. 成本控制的功能

C. 进度控制的功能　　　　　　　　D. 合同管理的功能

E. 组织控制的功能

三、实训题

目的：熟悉掌握常用的风险应对策略，提高分析判断能力。

资料：某工程，监理工程师受建设单位的委托对建设单位的风险事件提出了风险对策，相应制订了风险控制措施（见表1）。

风险控制措施表　　　　　　　　　　　　　　　　　　　　表1

序号	风险事件	风险对策	控制措施
1	通货膨胀	风险转移	建设单位与承包单位签订固定总价合同
2	承包单位技术管理水平低	风险回避	出现问题向承包单位索赔
3	承包单位违约	风险转移	要求承包单位提供第三方担保或履约保函
4	建设单位购买的昂贵设备运输过程中的意外事故	风险转移	从现金净收入中支出
5	第三方责任	风险自留	建立非基金储备

试分析：（1）常用的风险响应对策有哪些？（2）分析监理工程师在表1中提出的各项风险控制措施是否正确，说明理由。

9 建设工程项目收尾管理及绩效评价

 学习要求

掌握：建设工程项目竣工验收的要求、依据和程序；竣工结算的依据、结算价款的支付。

熟悉：建设工程项目保修的范围和期限；建设工程项目竣工决算的内容、依据和编制程序。

了解：建设工程项目竣工验收计划的内容；建设工程项目回访；项目管理总结；绩效评价。

项目收尾管理是指对项目的收尾、试运行、竣工结算、竣工决算、回访保修、项目总结等进行的计划、组织、协调和控制等活动。工程收尾需包括工程竣工验收准备、工程竣工验收、工程竣工结算、工程档案移交、工程竣工决算、工程责任期管理。

9.1 建设工程项目竣工验收及回访保修

9.1.1 建设工程项目竣工验收准备

1. 建立竣工收尾工作小组

项目竣工收尾是项目结束阶段管理工作的关键环节，项目经理部应建立竣工收尾工作小组，做到因事设岗、以岗定责，实现收尾目标。该小组由项目经理、技术负责人、质量人员、计划人员、安全人员组成。

2. 编制竣工验收计划

项目进入竣工验收阶段，项目经理部应编制详细的竣工验收工作计划，采取有效措施逐项落实。项目竣工验收计划的具体内容包括：

1）工程竣工验收工作内容。

2）工程竣工验收工作原则和要求。

3）工程竣工验收工作职责分工。

4）工程竣工验收工作顺序与时间安排。

竣工验收流程

以上内容要求表格化，应由项目经理部编制，项目经理审核，报上级主管部门审批。项目经理应按计划要求，组织实施竣工收尾工作，包括现场施工和资料整理两个部分。

3. 项目竣工计划的检查

项目经理和有关管理人员应对列入计划的收尾、修补、成品保护、资料整理和场地清扫等内容认真检查，依据法律、法规和强制性标准的规定，发现偏差要及时进行调整、纠偏，做到完工一项、验证一项、消除一项。竣工计划的检查应满足以下要求：

　　1)　全部竣工计划项目已经完成,符合竣工报验条件。

　　2)　工程质量自检合格,各种检查记录、评定资料齐全。

　　3)　设备安装经过试车、调试,具备单机试运行要求。

　　4)　建筑物四周 2m 以内的场地达到工完、料净、场地清。

　　5)　工程技术档案和施工管理资料收集整理齐全,装订成册,符合竣工验收规定。

9.1.2　建设工程项目竣工验收

　　建设工程项目竣工验收是指建设工程依照国家有关法律、法规及工程建设规范、标准的规定,已经全部完成工程设计要求和合同约定的各项内容,并取得政府有关主管部门(或其委托机构)出具的工程质量、消防、规划、环保和城建档案等验收文件或准许使用文件后,由建设单位组织勘察、设计、施工和监理等单位和其他有关方面的专家进行工程验收,对工程实物及技术资料进行全面检查及工程移交的过程。由此可见,建设工程项目竣工验收的交工主体应是承包人,验收主体应是发包人。

　　建设工程项目竣工验收阶段既是建设期的结束,又是生产期的开始;既有大量严格的检验验收,又有双方严密的衔接配合;既容易产生利益上的冲突,又要严格按照合同依法履约。此阶段协调难度较大,合同事务,财务结算等具体工作比较琐碎,需引起充分注意。

　　1. 验收的要求

　　1)　完成工程设计和合同约定的各项内容。

　　2)　施工单位在工程完工后对工程质量进行了检查,确认工程质量符合有关法律、法规和工程建设强制性标准,符合设计文件及合同要求,并提出工程竣工报告。工程竣工报告应经项目经理和施工单位有关负责人审核签字。

　　3)　对于委托监理的工程项目,监理单位对工程进行了质量评估,具有完整的监理资料,并提出工程质量评估报告。工程质量评估报告应经总监理工程师和监理单位有关负责人审核签字。

　　4)　勘察、设计单位对勘察、设计文件及施工过程中由设计单位签署的设计变更通知书进行了检查,并提出质量检查报告。质量检查报告应经该项目勘察、设计负责人和勘察、设计单位有关负责人审核签字。

　　5)　有完整的技术档案和施工管理资料。

　　6)　有工程使用的主要建筑材料、建筑构配件和设备的进场试验报告,以及工程质量检测和功能性试验资料。

　　7)　建设单位已按合同约定支付工程款。

　　8)　有施工单位签署的工程质量保修书。

　　9)　对于住宅工程,进行分户验收并验收合格,建设单位按户出具《住宅工程质量分户验收表》。

　　10)　建设主管部门及工程质量监督机构责令整改的问题全部整改完毕。

　　11)　法律、法规规定的其他条件。

　　2. 验收的依据

　　工程项目的竣工验收依据,即用于衡量项目是否达到要求的准则。由于项目性质不同,地理位置不同,行业、类型不同,应达到的标准也不同,验收的依据也有所不同。其主要依据有：

1）国家、省、自治区、直辖市和行业行政主管部门颁布的法律、法规，现行的施工技术验收标准及技术规范、质量标准等。

2）有关部门批准的可行性研究报告、初步设计、实施方案、施工图纸和设备技术说明书。

3）施工图设计文件及设计变更洽商记录。

4）工程承包合同文件。

5）技术设备说明书。

6）建筑安装工程统计规定及主管部门关于工程竣工的规定。

从国外引进的新技术和成套设备的项目，以及中外合资建设项目，要按照签订的合同和进口国提供的设计文件等资料进行验收。

利用世界银行等国际金融机构贷款的建设项目，应按世界银行规定，按时编制《项目完成报告》。

3. 验收的程序

（1）工程完工后，施工单位向建设单位提交工程竣工报告，申请工程竣工验收。实行监理的工程，工程竣工报告须经总监理工程师签署意见。

（2）建设单位收到工程竣工报告后，对符合竣工验收要求的工程，组织勘察、设计、施工、监理等单位组成验收组，制定验收方案。对于重大工程和技术复杂工程，根据需要可邀请有关专家参加验收组。

（3）建设单位应当在工程竣工验收7个工作日前将验收的时间、地点及验收组名单书面通知负责监督该工程的工程质量监督机构。

（4）建设单位组织工程竣工验收。

1）建设、勘察、设计、施工、监理单位分别汇报工程合同履约情况和在工程建设各个环节执行法律、法规和工程建设强制性标准的情况；

2）审阅建设、勘察、设计、施工、监理单位的工程档案资料；

3）实地查验工程质量；

4）对工程勘察、设计、施工、设备安装质量和各管理环节等方面做出全面评价，形成经验收组人员签署的工程竣工验收意见。

参与工程竣工验收的建设、勘察、设计、施工、监理等各方不能形成一致意见时，应当协商提出解决的方法，待意见一致后，重新组织工程竣工验收。

工程竣工验收合格后，建设单位应当及时提出工程竣工验收报告。工程竣工验收报告主要包括工程概况，建设单位执行基本建设程序情况，对工程勘察、设计、施工、监理等方面的评价，工程竣工验收时间、程序、内容和组织形式，工程竣工验收意见等内容。

工程竣工验收报告还应附有下列文件：

（1）施工许可证。

（2）施工图设计文件审查意见。

（3）验收要求中的2）、3）、4）、8）项规定的文件。

（4）验收组人员签署的工程竣工验收意见。

（5）法规、规章规定的其他有关文件。

9.1.3　建设工程项目保修及回访

1. 建设工程项目保修

工程质量保修是指施工单位对房屋建筑工程竣工验收后，在保修期限内出现的质量不符合工程建设强制性标准以及合同的约定等质量缺陷，予以修复。

建设工程承包单位在向建设单位提交工程竣工验收报告时，还应当向建设单位出具质量保修书。建设工程质量保修书中应当明确工程的保修范围、保修期限和保修责任等。

（1）保修范围

凡是承包方的责任或者由于施工质量不良造成的问题，都应该实行保修。建筑工程保修范围包括：地基基础工程，主体结构工程，屋面防水工程，有防水要求的卫生间、房间和外墙面的防渗漏，供热与供冷系统，电气管线、给水排水管道、设备安装和装修工程以及双方约定的其他项目。

凡是由于用户使用不当或第三方造成建筑功能不良或损坏的，或是工业产品项目发生问题，或不可抗力造成的质量缺陷等，均不属保修范围，由建设单位自行组织修理。

（2）保修期限

在正常使用条件下，国家对建设工程施工项目的最低保修期限为：

1）基础设施工程、房屋建筑的地基基础工程和主体结构工程为设计文件规定的合理使用年限。

2）屋面防水工程，有防水要求的卫生间、房间和外墙面的防渗漏为5年。

建设工程项目
保修与回访

3）供热与供冷系统为2个采暖期与供冷期。

4）电气管线、给水排水管道、设备安装和装修工程为2年。

5）其他项目的保修期限，由发包方与承包方约定。

（3）保修期责任

1）由于承包方未按照现行国家标准、规范和设计要求施工造成的质量缺陷，应由承包方负责修理并承担经济责任。

2）由于设计方面造成的质量缺陷，应由设计单位承担经济责任。其费用按有关规定通过发包方向设计单位索赔，不足部分由发包方负责。

3）由于发包方供应的材料、构配件或设备不合格造成的质量缺陷，应由发包方自行承担经济责任。

4）由发包方指定的分包方造成的质量缺陷，应由发包方自行承担经济责任。

5）因使用人未经许可自行改建造成的质量缺陷，应由使用人自行承担经济责任。

6）因地震、洪水和台风等不可抗力原因造成损坏或非施工原因造成的事故，承包方不承担经济责任。

2. 建设工程项目回访

建设工程项目在竣工验收交付使用后，承包人应编制回访计划，主动对交付使用的工程进行回访。回访计划包括以下内容：主管回访保修业务的部门、工程回访的执行单位、回访的对象（发包人或使用人）及其工程名称、回访时间安排和主要内容以及回访工程的保修期限。

回访一般采用三种形式：

1）季节性回访。大多数是雨季回访屋面、墙面的防水情况，冬季回访锅炉房及采暖系统的情况。

2）技术性回访。主要是了解在工程施工过程中所采用的新材料、新技术、新工艺、新设备等的技术性能和使用后的效果，对发现的问题应及时加以补救和解决，同时也便于总结经验，获取科学依据，为今后进一步改进、完善和推广创造条件。这种回访可以定期也可以不定期。

3）保修期满前的回访。这种回访一般是在保修即将届满之前，既可以解决出现的问题，又标志着保修期即将结束，使业主单位注意建筑物的维修和使用。

9.2　建设工程项目竣工结算、决算

9.2.1　建设工程项目竣工结算

建设工程项目竣工结算，是指承包人在完全按照与发包人的约定完成全部承包工作，并通过了竣工验收后与发包人进行的最终工程价款结算过程。

1. 建设工程项目竣工结算依据
1）合同文件；
2）竣工图和工程变更文件；
3）有关技术资料和材料代用核准资料；
4）工程计价文件和工程量清单；
5）双方确认的有关签证和工程索赔资料。

竣工结算

2. 建设工程项目竣工结算程序

1）工程竣工验收报告经发包人认可后的 28 天内，承包人向发包人递交竣工结算报告及完整的结算资料，双方按照协议书约定的合同价款及专用条款约定的合同价款调整内容，进行工程竣工结算。

2）发包人收到承包人递交的竣工结算报告及结算资料后 28 天内进行核实，给予确认或者提出修改意见。发包人确认竣工结算报告后通知经办银行向承包人支付工程竣工结算价款。承包人收到竣工结算价款后 14 天内将竣工工程交付发包人。

3）发包人收到竣工结算报告及结算资料后 28 天内不支付工程竣工结算价款，从第 29 天起按承包人同期向银行贷款利率支付拖欠工程价款的利息，并承担违约责任。

4）发包人收到竣工结算报告及结算资料后 28 天内不支付工程竣工结算价款，承包人可以催告发包人支付结算价款。发包人在收到竣工结算报告及结算资料后 56 天内仍不支付的，承包人可以与发包人协议将该工程折价转让，也可以由承包人申请人民法院将该工程依法拍卖。承包人就该工程折价或者拍卖的价款优先受偿。

5）工程竣工验收报告经发包人认可后 28 天内，承包人未能向发包人提交竣工结算报告及完整的结算资料，造成工程竣工结算不能正常进行或工程竣工结算价款不能及时支付，发包人要求交付工程的，承包人应当交付；发包人不要求交付工程的，承包人承担保管责任。

6）发包人、承包人对工程竣工结算价款发生争议时，按有关争议的约定处理。

3. 建设工程项目竣工结算的价款支付

项目竣工结算的编制方法是在原工程投标报价或合同价的基础上，根据所收集整理的各种结算资料，如设计变更、技术核定、现场签证和工程量核定单等进行直接费的增减调整计算，按取费标准的规定计算各项费用，最后汇总为工程结算造价。

建设工程项目竣工结算价款的支付遵循如下公式：

建设工程项目竣工结算最终价款支付＝合同总价＋工程变更等调整数额－已预付工程价款

工程价款的结算方式通常有以下几种：

1）按月结算。即实行旬末或月中预支，月终结算，竣工后清算的办法。跨年度施工的工程，在年终时进行工程盘点，办理年度结算。

2）竣工后一次结算。建设项目或单项工程全部建筑安装工程建设期在 12 个月以内，或者工程承包合同价值在 100 万元以下的，可以实行工程价款每月月中预支，竣工后一次结算。

3）分段结算。即当年开工，当年不能竣工的单项工程或单位工程按照工程形象进度，划分不同阶段进行结算。分段结算可以按月预支工程款。

4）结算双方约定并经开户银行同意的其他结算方式。实行竣工后一次结算和分段结算的工程，当年结算的工程款应与年度完成工作量一致，年终不另清算。

9.2.2　建设工程项目竣工决算

建设工程项目竣工决算是指建设工程项目在竣工验收、交付使用阶段，由建设单位编制的反映建设项目从筹建开始到竣工投入使用为止全过程中实际费用的经济文件。

1. 建设工程项目竣工决算编制程序

1）收集、整理有关工程竣工决算依据；

2）清理账务、债务，结算物资；

3）填写工程竣工决算报表；

4）编写工程竣工决算说明书；

竣工决算

5）按规定送审。

2. 建设工程项目竣工决算依据

1）项目可行性研究报告和有关文件；

2）项目总概算书和单项工程综合概算书；

3）项目设计文件；

4）设计交底和图纸会审资料；

5）合同文件；

6）工程竣工结算书；

7）设计变更文件及经济签证；

8）设备、材料调价文件及记录；

9）工程竣工档案资料；

10）相关项目资料、财务结算及批复文件。

3. 建设工程项目竣工决算书内容

1）竣工财务决算说明书

竣工财务决算说明书主要包括：工程项目概况；会计账务的处理、财产物资情况及债权债务的清偿情况；资金结余及结余资金的分配处理情况；主要技术经济指标的分析、计算情况；工程项目管理及决算中存在的问题、建议；需要说明的其他事项。

2）财务决算报表

建设项目竣工财务决算报表要根据大、中型建设项目和小型建设项目分别制订。大、中型建设项目竣工决算报表包括：建设项目竣工财务决算审批表、竣工工程概况表、竣工财务决算表、交付使用资产总表、交付使用财产明细表。小型建设项目竣工财务决算报表包括：建设项目竣工决算审批表、竣工财务决算总表、建设项目交付使用资产明细表。

3）工程造价分析表

工程造价分析是指对控制工程造价所采取的措施、效果及其动态的变化进行认真的比较，总结经验教训。工程造价分析应侧重完成的实物工程量和用于工程的材料消耗量。

9.3　建设工程项目管理总结

在项目管理收尾阶段，项目管理机构应进行项目管理总结，编写项目管理总结报告，纳入项目管理档案。

9.3.1　项目管理总结依据

1. 项目可行性研究报告；
2. 项目管理策划；
3. 项目管理目标；
4. 项目合同文件；
5. 项目管理规划；
6. 项目设计文件；
7. 项目合同收尾资料；
8. 项目工程收尾资料；
9. 项目的有关管理标准。

9.3.2　项目管理总结报告应包括的内容

1. 项目可行性研究报告的执行总结；
2. 项目管理策划总结；
3. 项目合同管理总结；
4. 项目管理规划总结；
5. 项目设计管理总结；
6. 项目施工管理总结；
7. 项目管理目标执行情况；
8. 项目管理经验与教训；
9. 项目管理绩效与创新评价。

9.3.3　项目管理总结完成后，应组织进行的工作

1. 在适当的范围内发布项目总结报告；
2. 兑现在项目管理目标责任书中对项目管理机构的承诺；
3. 根据岗位责任制和部门责任制对职能部门进行奖罚。

9.4 建设工程项目管理绩效评价

建设工程项目管理绩效评价是指对项目管理的成绩和效果进行评价，反映和确定项目管理优劣水平的活动。

9.4.1 建设工程项目管理绩效评价一般规定

1) 组织应制定和实施项目管理绩效评价制度，规定相关职责和工作程序，吸收项目相关方的合理评价意见。项目相关方包括：相对于组织之外的建设、设计、监理、施工、分包、供应、监督等单位。

2) 项目管理绩效评价可在项目管理相关过程或项目完成后实施，评价过程应公开、公平、公正，评价结果应符合规定要求。

3) 项目管理绩效评价应采用适合工程项目特点的评价方法，过程评价与结果评价相配套，定性评价与定量评价相结合。

4) 项目管理绩效评价结果应与工程项目管理目标责任书相关内容进行对照，根据目标实现情况予以验证。

5) 项目管理绩效评价结果应作为持续改进的依据。

6) 组织开展项目管理成熟度评价。项目管理成熟度表达的是一个组织具有的按照预定目标和条件成功、可靠地实施项目的能力。项目管理成熟度指的是项目管理过程的成熟度。项目管理成熟度的评价内容是基于项目管理成熟度模型，模型由以下三个基本部分组成：组织项目管理能力和相应的结果，提升能力的顺序，评估能力的方法等。具体评价内容包括：沟通交流能力、风险管理能力、创新改进能力等软指标。

9.4.2 建设工程项目管理绩效评价过程和原则

1. 建设工程项目管理绩效评价过程

建设工程项目管理绩效评价应包括下列过程：成立绩效评价机构、确定绩效评价专家、制定绩效评价标准以及形成绩效评价结果。

（1）成立绩效评价机构

绩效评价机构是组织负责实施项目管理评价的临时性实施小组或委员会，由组织内部专家或外部专家组成。评价机构一般在项目绩效评价前成立，完成评价后予以解体。

项目管理绩效评价机构的职责和任务：

1) 编制项目管理绩效评价的实施方案；

2) 负责评价期间的工作联系和组织协调；

3) 具体实施项目管理绩效评价的各项工作；

4) 查阅资料，考察项目现场，作出评价结论；

5) 整理移交项目管理绩效评价各类资料等。

（2）确定绩效评价专家

项目管理绩效评价专家应具备相关资格和水平，具有项目管理的实践经验和能力，保持相对的独立性。相对独立性是指项目管理绩效评价专家应与被评价对象没有利益关系，如：项目管理团队的评价专家不能自己评价自己的工作。

（3）制定绩效评价标准

项目管理绩效评价标准应由项目管理绩效评价机构负责确定，评价标准应符合项目管理规律、实践经验和发展趋势。

（4）形成绩效评价结果

项目管理绩效评价机构应按项目管理绩效评价内容要求，依据评价标准，采用资料评价、成果发布、现场验证方法进行项目管理绩效评价。组织应采用透明公开的评价结果排序方法，以评价专家形成的评价结果为基础，确定不同等级的项目管理绩效评价结果。项目管理绩效评价机构应在规定时间内完成项目管理绩效评价，保证项目管理绩效评价结果符合客观公正、科学合理、公开透明的要求。

2. 建设工程项目管理绩效评价原则

（1）目标性原则

项目管理绩效评价的目标性原则是由项目的目标性决定的，项目的目标性包括项目的过程性目标、项目的约束性目标、项目的结果性目标，对项目管理的绩效评价必须要以各级项目目标作为项目管理绩效评价的基本依据，对项目的目标实施状况作为基本评价标准，只有这样才能从根本上保证项目管理绩效评价工作不脱离项目所要求的基本轨道。

（2）系统性原则

项目管理绩效评价本身是一个系统，是由一系列评价内容组成，各评价内容并不是孤立存在的，虽然彼此之间相对独立，但又紧密相关，从而使项目管理绩效评价具有目的性、相关性、层次性、整体性等基本特征。项目管理绩效评价过程中，评价机构需要把项目管理绩效评价看成是相互作用和相互依赖的若干个既有区别又相互依存的要素构成的具有特定功能的有机整体。

（3）公开、公平、公正原则

在项目管理绩效评价过程中，评价机构应公开、公平、公正地对相关项目进行有效评价，任何人或者单位必须尊重客观事实，不得营私舞弊，有任何主观偏好。项目管理绩效评价的评价机构或者企业自身或者个人，都要定期或者不定期根据项目的实际情况进行科学的评价，而且必须准确有效，并将其作为提升项目管理能力的一种监督与促进手段。

（4）过程评价与结果评价相配套原则

在项目管理绩效评价过程中，评价机构需要把过程评价和结果评价结合起来，发挥各自的优势。运用过程评价，及时发现项目管理中存在的问题，及时纠正偏差，减少盲目性，避免不必要的资源浪费。同时，也需要运用结果评价对整个项目管理效果进行完整宏观地评估和把握，以结果评价判断整个项目管理实施的程度，为之后的项目管理提供明确的指导，二者在项目管理绩效评价中是不能相互取代的，只有发挥各自的功能和优势才能真正增强项目管理绩效评价的合理性。

（5）定性评价与定量评价相结合原则

在项目管理绩效评价过程中，定性与定量评价是交替使用、互为表里和统一的。定性评价是定量评价的基本前提，没有定性的定量是一种盲目的、毫无价值的定量；而没有定量的定性是一种初步、表面、笼统、含糊的定性，定量可以使定性更加科学、准确，可以促使定性得出广泛而深入的结论。定性与定量评价各有长短：一方面，要根据不同的评价内容和评价目的，选用合适的评价方式；另一方面，要树立两种评价方法有机结合的意识，在项目管理绩效评价过程中，将两种评价方法结合使用，扬长避短，以提高评价结果的客观性和准确性。

9.4.3　建设工程项目管理绩效评价范围、内容和指标

建设工程项目管理绩效评价范围、内容和指标的确定与调整应简单易行、便于评价、与时俱进、创新改进，并经过授权人批准。

1. 项目管理绩效评价范围

1）项目实施的基本情况；

2）项目管理分析与策划；

3）项目管理方法与创新；

4）项目管理效果验证。

2. 项目管理绩效评价内容

1）项目管理特点；

2）项目管理理念、模式；

3）主要管理对策、调整和改进；

4）合同履行与相关方满意度；

5）项目管理过程检查、考核、评价；

6）项目管理实施成果。

3. 项目管理绩效评价指标

1）项目质量、安全、环保、工期、成本目标完成情况；

2）供方（供应商、分包商）管理的有效程度；

3）合同履约率、相关方满意度；

4）风险预防和持续改进能力；

5）项目综合效益。

项目管理绩效评价指标应层次明确，表述准确，计算合理，体现项目管理绩效的内在特征。

9.4.4　管理绩效评价方法

1）项目管理绩效评价机构应在评价前，根据评价需求确定评价方法。

2）项目管理绩效评价机构宜以百分制形式对项目管理绩效进行打分，在合理确定各项评价指标权重的基础上，汇总得出项目管理绩效综合评分。

3）组织应根据项目管理绩效评价需求规定适宜的评价结论等级，以百分制形式进行项目管理绩效评价的结论，宜分为优秀、良好、合格、不合格四个等级。

4）不同等级的项目管理绩效评价结果应分别与相关改进措施的制定相结合，管理绩效评价与项目改进提升同步，确保项目管理绩效的持续改进。

5）项目管理绩效评价完成后，应组织总结评价经验，评估评价过程的改进需求，采取相应措施提升项目管理绩效评价水平。

 思政案例

工程项目收尾管理的重要性

某工程项目经理刘工（化名）与其项目团队在约定的期限内完成了该工程一期工程建设，并且通过了试运行。而后，刘工宣布项目已经结束，团队成员可以进入新项目。翌日，客户项目负责人来电，提出要求，该项目还需要添加一项功能。此外，公司的财务审计部门和项目管理办公室也先后来电，要求刘工与其项目团队配合组织项目审计和项目收尾方面的工作，同时告诉刘工，该项目的尾款对方还没有支付，要求刘工与对方沟通联系，催促其尽快付款。

项目竣工收尾是项目结束阶段管理工作的重要环节，是确保项目顺利投入使用的关键，同时也是容易被忽视的项目管理流程。

项目收尾阶段，工程实体施工任务已经基本完成，剩余任务具有"零、杂、多"的特点。若不加以重视，采取妥善措施，会给项目验收及投入使用带来诸多问题。因此，需认真做好竣工收尾、验收、结算、决算、回访保修以及管理考核评价的管理工作。

项目管理思想需要贯穿于整个建设过程之中，不能只重视开头不重视结尾，应做到慎终如始，始终如一。

 本章小结

建设工程项目收尾管理是整个项目管理周期中的一个重要环节，本单元通过对建设项目收尾管理工作的介绍，着重强调收尾管理工作是项目管理工作的一个重要组成部分，主要介绍了竣工验收、工程质量保修与回访、竣工结算与竣工决算、项目管理总结、管理绩效评价相关知识。

 本章习题

一、单项选择题

1. 竣工决算是由（　　　）编制的反映建设项目实际造价和投资效果的文件。

A. 设计单位
B. 施工单位
C. 建设单位
D. 监理单位

2. 工程竣工后，由于洪水等不可抗力造成的损坏，承担保修费用的单位是（　　　）。

A. 设计单位
B. 施工单位
C. 建设单位
D. 监理单位

3. 根据规定，对于有防水要求的卫生间防渗漏保修期限为（　　　）年。

A. 2
B. 3
C. 5
D. 50

4. 建设工程承包单位在向建设单位提交（　　　）时，还应当向建设单位出具质量保修书。

A. 单位工程质量竣工验收记录
B. 工程竣工验收报告
C. 工程竣工验收申请
D. 其他单位工程竣工验收文件

5. 建设工程的保修期自( )计算。

A. 项目封顶之日起

B. 竣工验收合格之日起

C. 项目竣工之日起

D. 项目竣工验收之日起

二、多项选择题

1. 竣工决算的主要内容包括( )。

A. 竣工财务决算说明书

B. 竣工决算财务报告

C. 竣工财务决算报表

D. 工程竣工图

E. 工程造价比较分析

2. 某住宅楼工程设计合理使用年限为 50 年。以下是该工程施工单位和建设单位签订的《工程质量保修书》，关于工程保修期的条款，其中符合规定合法有效的是( )。

A. 地基基础和主体结构工程为 50 年

B. 屋面防水工程、卫生间防水为 5 年

C. 电气管线、给水排水管道为 2 年

D. 供热与供冷系统为 2 年

E. 装饰装修工程为 1 年

3. 建设工程项目竣工结算依据为( )。

A. 合同文件

B. 竣工图和工程变更文件

C. 有关技术资料和材料代用核准资料

D. 工程计价文件和工程量清单

E. 双方确认的有关签证和工程索赔资料

4. 建设工程承包单位在向建设单位提交工程竣工验收报告时，还应当向建设单位出具质量保修书。建设工程质量保修书中应当明确工程的( )等。

A. 质量

B. 范围

C. 权限

D. 期限

E. 责任

5. 建设工程项目管理绩效评价原则为( )。

A. 目标性原则

B. 系统性原则

C. 公开、公平、公正原则

D. 过程评价与结果评价相配套原则

E. 定性评价与定量评价相结合原则

三、实训题

某单位新建办公楼，建筑面积 20000m²，混凝土现浇结构，筏形基础，地下 2 层，地上 10 层，基础深埋 13.2m。施工过程中发生了如下事件：地基与基础分部工程完工后，总监理工程师组织施工单位和监理单位共同进行验收，并对基底进行了钎探，发现地基东南角有约 290m² 软土区，监理工程师随即指令施工单位进行换填处理。

问题：

(1) 总监理工程师组织施工单位和监理单位共同进行验收的做法是否妥当？并说明理由。

(2) 地基与基础工程验收需要哪些工程资料？

参 考 文 献

[1] 吴涛. 建设工程项目管理规范实施指南[M]. 北京：中国建筑工业出版社，2017.

[2] 全国一级建造师职业资格考试用书编写委员会. 建设工程项目管理[M]. 北京：中国建筑工业出版社，2025.

[3] 韩英爱，刘茉. 工程项目管理[M]. 北京：机械工业出版社，2014.

[4] 银花. 建筑工程项目管理[M]. 北京：机械工业出版社，2022.

[5] 徐霞，叶彩霞. 建设项目可行性研究与申请报告案例与分析[M]. 北京：化学工业出版社，2008.

[6] 高华. 项目可行性研究与评估[M]. 北京：机械工业出版社，2019.

[7] 周惠珍. 投资项目评估[M]. 大连：东北财经大学出版社，2023.

[8] 全国咨询工程师(投资)职业资格考试参考教材编写委员会. 现代咨询方法与实务[M]. 北京：中国计划出版社，2024.

[9] 全国一级建造师职业资格考试用书编写委员会. 建筑工程管理与实务[M]. 北京：中国建筑工业出版社，2025.

[10] 骆珣. 项目管理教程[M]. 2版. 北京：机械工业出版社，2017.

[11] 林滨滨，郑嫣. 建设工程质量控制与安全管理[M]. 北京：清华大学出版社，2019.

[12] 杨青. 工程项目质量管理[M]. 北京：机械工业出版社，2014.

[13] 付庆红. 建设工程质量控制[M]. 北京：中国建筑工业出版社，2011.

[14] 董晶、孙娜. 工程项目管理[M]. 北京：机械工业出版社，2014.

[15] 陈文汉. 管理学原理[M]. 北京：机械工业出版社，2016.

[16] 中华人民共和国住房和城乡建设部. GB/T 50358—2017 建设项目工程总承包管理规范[S]. 北京：中国建筑工业出版社，2017.

[17] 中华人民共和国住房和城乡建设部. GB/T 50326—2017 建设工程项目管理规范[S]. 北京：中国建筑工业出版社，2017.

[18] 中国建设监理协会. 建设工程合同管理[M]. 北京：中国建筑工业出版社，2025.

[19] 危道军. 建筑施工组织[M]. 3版. 北京：中国建筑工业出版社，2022.

[20] 危道军. 工程项目管理[M]. 3版. 武汉：武汉理工大学出版社，2022.

[21] 夏峰，张弘. 装配式混凝土建筑生产工艺与施工技术[M]. 上海：上海交通大学出版社，2018.

[22] 全国二级建造师职业资格考试用书编写委员会. 建筑工程管理与实务[M]. 北京：中国建筑工业出版社，2025.

[23] 全国二级建造师职业资格考试用书编写委员会. 建设工程施工管理[M]. 北京：中国建筑工业出版社，2023.